옮긴이 **이재황**

서울대학교 동양사학과에서 공부하고, 한국방송(KBS), 내외경제(현 헤럴드경제), 중앙일보 등에서 기자로 일했다. 역사와 언어, 문자에 관심을 두고 공부하고 있다.

『한자의 재발견』『기발한 한자사전』등을 집필했으며, 조선왕조실록을 재편집하고 우리말로 옮긴 『태조·정종 본기』『태종 본기(전 3권)』을 비롯해 정인보의 『양명학연론』교주본을 냈다.

『실크로드 세계사』로 제58회 한국출판문화상(번역 부문)을 수상했으며, 『두 강 사이의 땅 메소포타미아』『바다의 황제』『로마 황제는 어떻게 살았는가』『아시아 500년 해양사』『기후변화 세계사(전 2권)』『지중해 세계사』『책을 불태우다』등을 번역했다.

해제 **류한수**

서울대학교 서양사학과에서 공부하고, 같은 대학원에서 석사학위를 받은 뒤 영국 에식스대학 역사학과에서 러시아 혁명 및 내전기 페트로그라드의 산업체에서 일어난 변화를 연구해 박사학위를 받았다. 상명대학교 역사콘텐츠학과 교수로 있으며 유럽현대사, 특히 러시아 혁명과 제2차세계대전을 연구한다.

『러시아의 민족정책과 역사학』『다시 돌아보는 러시아 혁명 100년 1』『서양사강좌』등을 공저했고, 『러시아의 전쟁』『2차세계대전사』『제2차 세계대전의 신화와 진실』『1917년 러시아 혁명』『야시카』등을 번역했다.

전쟁 충동

WHY WAR?

전쟁 충동

과학으로 추적하는 폭력의 역사

WHY WAR?

리처드 오버리 지음 | 이재황 옮김 | 류한수 해제

arte

이 책은 몇 가지 이유로 주제넘은 책이다. 첫째로, 나는 1930년대와 1940년대에 벌어졌던 세계의 전쟁들을 연구한 역사가다. 인간 폭력의 아주 긴 역사에서 거의 *끄트머리* 시기로, 이 책에서 다루는 수만 년은 분명히 나의 전문 영역이 아니다. 둘째로, 초기 호미닌(hominin) 이래 인간의 전쟁 폭력 이야기를 설명하고자 하는 저작 대부분은 인간과학(human sciences)의 영역이었다. 인류학, 민족학, 생태학, 심리학, 인체생물학, 고고학 같은 것들이다. 역사가들은 특이하게도 인간이 왜 전쟁을 하는가 하는 더 큰 문제에 대답하는 일에서는 비켜나 있었다. 그 한 가지 이유는 자신감 결여이며, 이는 이해할 수 있다. 역사가는 많은 비역사가가 쓰는 것에서 나타나는 과학적 훈련을 받지 않았다. 전쟁을 설명하는 문헌에서 기여한 학문을 나열할 때도 역사학은 거의 언제나 빠져 있다. 이것은 이상한 현상이다. 과거 전쟁에 대한 설명은 본질적으로 역사가의 일이기 때문이다.

내 변명은(그런 게 필요하다면) 내가 세계 역사의 가장 큰 규모의 가장 많은 사람이 죽은 전쟁들을 수십 년에 걸쳐 연구했다는 데서 나온다. 혼란에 휘말린 사람 대부분은 틀림없이 평화를 원했을 것이다. 그러나 스스로 선진문명의 일원이라고 생각하는 나라들은 어떤 제약에도 불구하고 모두 전쟁을 추구했다. 인류가 어떻게 그 음울한 근대성의 종점에 도달했는지를 생각하면 더 큰 의문이 생겨난다. 20세기 중반의 '문명화'된 국가들뿐만 아니라 역사 기록을 가능한 곳까지 멀리 거슬러 올라가고 심지어 선사시대로까지 더 거슬러 올라가 봤을 때, 그들이 왜 적극적으로 전쟁을 선택했느냐 하는 것이다. 이것은 내가 호기심을 갖고 탐구해 온 문제들이며, 나는 그 먼 기원에서부터가 아니라 이야기의 맨 끝에서 시작했다. 나의 또 다른 변명은 전쟁이 인류의 역사에 줄곧 존재해 왔다는 것에 관한 토론의 역사적 성격에서 나온다. 전쟁에 관한 담론은 찰스 다윈(Charles Darwin)과 지크문트 프로이트(Sigmund Freud)에서부터 스티븐 핑커(Steven Pinker)와 로런스 킬리(Lawrence Keeley)에 이르기까지 그 자체의 역사가 있다. 이 생각들이 지난 한 세기 동안 더 넓은 맥락에서 만들어진 방식을 설명한 뒤, 전쟁에 관한 생각들이 지금 도달한 지점을 제시하는 것이 유용하다. 이것은 역사가들이 할 수 있는 일이다.

이 책은 '왜 전쟁을 하는가?'라는 질문에 현대의 연구가 대답하려고 하는 방식에 관해 더 알고자 하는 광범위한 독자를 대상으로 한다. 나는 기술적으로 너무 복잡하거나 전문적인 용어를 쓰는 것을 피하려 했다. 다만 필요하다고 확인된 곳은 예외다. 이 책에서는 과거와 현재의 전쟁에 관한, 매우 큰 논쟁으로 이어진 일련의 가정과 주장을 소개하려 한다. 사실 전쟁의 기원에 관해서는 자주 학술적 논쟁이 벌어진다. 갈등을 둘러싼 지뢰밭을 헤치고 나아가는 것은 그것 자체가 훈련이다. 편을 들지 않기는 어렵고, 나는 당파성을 띠지 않는 것이 현명하다고 생각되는 곳에서 언제나 그것을 피했다는 시늉은 하지 않겠다. 나는 진짜 전문 지식을 가지고 마땅한 정도의 비판적인 눈으로 내가 쓴 것 일부를 읽어 준 사람들에게 매우 감사드린다. 특히 앤서니 로페즈(Anthony Lopez), 슈타판 뮐러빌레(Staffan Müller-Wille), 폴 로스코(Paul Roscoe)에게 고마움을 전한다. 또한 사라 바커(Sarah Barker), 스테이시 하인드(Stacey Hynde), 필립 파커(Philip Parker)가 유용한 도움을 준 데 감사드린다. 이번에도 현명한 비판을 해 준 런던의 사이먼 와인더와 뉴욕의 스티브 포먼 등 두 편집자에게 그리고 대리인 카라 존스의 도움에도 감사드린다. 노턴의 돈 리프킨, 제이슨 호이어, 로런 아바테, 엘리자베스 라일리, 스티브 콜카가 원고를 완성된 책으로 만들어 주고 이를 대중 앞에 내놓아 준 일을 한 데 대해 역시 감사드린다. 이 책에 잘못, 실수, 틀린 표현이 남아 있다면 전적으로 내 책임이다.

2023년
브레시아와 엑서터에서
리처드 오버리

왜 전쟁을 하는가?

이 질문은 인간의 과거 및 미래와 관련된 근본적인 문제 가운데 하나다. 그러니 20세기의 두 지적 거인인 물리학자 알베르트 아인슈타인(Albert Einstein)과 심리학자 지크문트 프로이트가 1932년 답을 찾기 위해 서신을 교환한 것도 놀라운 일은 아니다. 아인슈타인은 1931년 말 국제연맹(LN)의 국제지적협력연구원(IICI)에 초청됐다. 그가 선택하는 주제에 관해 서신을 나눌 사람을 고르라는 것이었다. 이미 반전(反戰) 조직을 다루는 일을 하고 있던 아인슈타인은 '인류를 전쟁의 위협에서 구할 방법이 있는가?' 하는 질문의 답을 찾기 위해 자신과 서신을 나눌 상대로 프로이트를 초청했다. 프로이트는 "인간의 의지와 감정의 어두운 부분"을 더 잘 알 것이라고 그는 생각했다.[1] 그 결과가 「왜 전쟁을 하는가?(Why War?)」라는 제목의 소책자이며 독일어, 프랑스어, 네덜란드어, 영어로 발행됐다. 아인슈타인은 대답에 실망했다. 프로이트는 폭력이 인간을 포함해 전체 동물계의 특징이며, 싸우고 파괴하려는 충동을 억제할 효과적인 방법은 찾을 수 없다고 주장했다. 이 충동은 그가 '죽음충동(Todestrieb)'이라고 부르는 것에서 비롯하는데, 살아 있는 모든 존재 안에 있는 파괴하려는 심리적 충동이다.[2]

프로이트의 음울한 결론은 이후 자주 탐구됐다. 전쟁을 인간 이야기의 피할 수 없는 부분으로 만드는 생물학적, 심리학적, 문화적, 환경적 기제를 이해하기 위한 시도들이었다. 이런 시도의 결과로 '왜 전쟁을 하는가?'를 제목으로 삼은 책이 적어도 다섯 권은 나왔고, 그 원인에 관한 것은 훨씬 많다.[3] 그러나 이 질문에 대한 대답은 100년 가까이 더 논쟁을 하고서도 여전히 논란이 있고 갈라져 있고 좌절감을 느낄 정도로 모호하다. 과학과 역사 양쪽이 마찬가지다. 사실 오랜 인간 역사의 상당 기간에 조직적이고 '연합'적인 전쟁을 했던 인간의 성향을 고려하면 질문은 그 반대로 제기돼야 할 것이다. 즉 '어찌 전쟁을 하지 않을 수 있겠는가?'로 말이다. 인간은 호전적인 종(種)임이 드러났다. 심리학자 존 볼비(John Bowlby)는 1939년 싸우고 죽이려는 충동에 관한 한 연구에서 이렇게 말했다. "모든 동물 집단 가운데 가장 공격적이고 무자비한 것은 성인인 인간들이다."[4] 물론 인간이 항상 또는 모든 곳에서 전쟁을 벌이지는 않는다. 그랬다면 호모사피엔스(*Homo sapiens*)는 이미 멸종했을 것이다. 전쟁은 인간 진화의 일부다. 아자르 가트(Azar Gat)가 인간의 생존 도구함이라고 부른 것 속에 있는 도구 가운데 하나이고, 그것도 여럿 가운데 하나일 뿐이다.[5]

　　전쟁과 평화는 흔히 선택지로만 제시되는데, 인류 역사에 걸쳐 더욱 복잡한 생존 전략 뭉치의 일부였다. 전쟁을 이해하는 것은 평화의 시기가 왜 깨지느냐를 설명하는 것이기도 하다. 한 가지 변함없는 모습은 필요나 공포나 야심이나 편견이 (심지어 초자연적인 존재에 대한 호소가) 전쟁을 촉발했을 때 인간 집단들 사이에서 집단적이고 치명적인 폭력에 의존하는 것이었다. 폭력의 가장 이른 증거에서부터 21세기의 전쟁과 내전에 이르기까지 그랬다.

　　이 책의 목적은 프로이트와 아인슈타인이 요령부득의 서신 교환을 하고 이들 설명의 타당성을 평가한 이래 주요 학문이 전쟁을 설명한 방식을 검토하는 것이다. 서로 다른 여러 접근법이 있지만, 크게 두 종류의 설명으로 나눌 수 있다. 생물학, 심리학, 인류학, 생태학 등 주요 인간과학은 전쟁을 자기네 방식으로 설명했다. 진화론적인 적응, 문화적 결정 또는 생태적 압력의 산물 같은 식이다. 이들 관점에서 인류는 진화적 과거에 왜 전쟁이 일어났는지를 결정한 것으로 이해할 수 있는 자연의 힘 또는 문화적 힘의 대상이 된다.[6] 이것이 이 책 1부의 주제를 이루며, 이 분야의 연구 상당수와 달리 현대의 전쟁과 지난 수천 년의 전쟁에 함께 적용된다. 다른 한편으로 역사가와 사회과학 및 정치학 연구자들은(그리고 많은 인류학자와 고고학자는) 인간의 인지라는 관점에서 전쟁을 탐구할 가능성이 크다. 인간을 전쟁을 유지하는 문화의 창조자로 보고, 인류를 시간과 장소에 따라 매우 다양한 목표를 추구하는 의식 있는 대리인으로 보는 것이다. 전쟁에 대한 '선제적' 설명이라고 부를 만한 것은 편리하게 광범위한 동기 네 범주로 귀결될 수 있는데, 그것이 이 책 2부의 주제다. 그 네 범주는 자원, 신념, 권력, 안보이다. 이 가운데 안보라는 인과관계를 바탕으로 한 설명은 국가들이 강대국 사이의 전쟁을 벌일 능력을 발전시키면서 현대에 나타난 전쟁 양상과 더 부합한다. 그러나 자원, 신념, 권력, 안보를 얻기 위한 싸움은 심지어 국가 이전 공동체에서도 초기 충돌의 분명한 추동력이다. 여기서 전쟁은 네 가지 모두의 산물일 수 있다. 앞으로 밝혀지겠지만 이들이 조화를 이룰 수 없는 접근법인 것은 아니며, 전쟁과 전투행위를 설명할 때 탐구된 여러 요소를 구별하는 편리한 방법이다.

첫째로, 여기서 전쟁(war)과 전투행위(warfare)가 어떻게 규정되는지를 분명히 해야 한다. 두 용어는 많은 문헌에서 뒤섞여 사용된다. 전쟁은 특정한 사건이다. 그 시작과 끝이 분명치 않더라도 말이다. 전쟁이 인류학적 모습인 데 비해 전투행위는 사회와 문화권이 충돌을 계획하고 조직하고 실제로 싸우는 여러 방식을 이야기한다. 그럼에도 전쟁이나 전투행위가 무엇으로 이루어지는지는 매우 논란이 있는 문제이며, 지난 50년 동안에 걸친 오랜 논쟁으로 이어졌다. 한쪽은 전쟁이 상당한 병력을 동원하고 비용을 감당하고 보급을 조직할 수 있는 국가가 형성된 이후인 비교적 최근 역사의 산물이라고 보는 사람들이다. 다른 한쪽은 선사시대 또는 국가 이전 시대의 모든 집단 간에 살상이 일어난 폭력이 전투행위의 한 형태라고 주장하는 사람들이다. 얼마나 짧고 간헐적인 것이었는지를 불문하고서다. 전쟁이 문명화된 국가들만이 할 수 있는 것이라는 생각은 역설적이다. 프로이트는 소책자 「왜 전쟁을 하는가?」 직전에 출판된 『문명 속의 불만(Das Unbehagen in der Kultur)』에서 인간이 더 문명화할수록 원시적 폭력으로 파멸적인 추락을 할 가능성이 크다고 추정했다(그 뒤에 일어난 전쟁과 부합하는 견해다).

국가가 통합되고 관료화되고 사회적으로 분절되면서 그에 따라 전쟁이 더 커지고 더 치명적이게 됐으며, 부분적으로 전쟁을 더 효율적으로 할 수 있게 됐다는 역사적 증거를 부정할 수는 없다. 이 분명한 진실은 지난 100년의 상당 기간에 인류학자와 고고학자가 더 평화로운 이야기를 할 수 있게 했다. 즉 아득한 과거의 사람들(혹은 과거로부터 이어져 오늘날에도 세계의 외딴 지역에 현존하는 사람들)이 치명적인 폭력에 거의 또는 전혀 의존하지 않았거나 의례로서 통상 죽이지 않는 대결을 했다는 것이다.[7] 인류학자 브로니스와프 말리노프스키(Bronisław Malinowski)는 1940년에 글을 쓰면서, 자기가 보기에 요령부득이고 허무주의적인 현대 세계의 폭력을 개탄하며 원시인의 '태고 평화주의'를 찬양했다.[8] 오늘날 글을 쓰는 많은 인류학자는 국가가 생기기 전 폭력의 증거를 무시하지는 않지만, 그것을 곧잘 지역적인 다툼이나 내집단 살해 또는 기회주의적인 습격으로 본다. 고질적이거나 특별히 살상을 동반하지는 않았다는 것이다. 이런 독법에서 인간은 성공적인 협력자로 진화했다. 그들에게 전투행위는 수천 년의 비교적 평화로운 공존을 깨는 일탈이었다.[9]

이것은 전쟁에 대한 견해로서 고고학과 민족지학의 많은 새 증거에 비추어 유지되기 어려워 보인다. 치명적인 집단 간 폭력은 심지어 최초의 대규모 정주 공동체나 최초의 국가 이전에도 분명히 존재했다. 먼 과거를 연구하는 사람들이 쌓아올리는 많은 연구물은 분명한 인간 집단들 사이의 전쟁이라고 부를 수 있는 것의 증거를 인정한다. 사상자가 나오고 사람들이 연합해서 벌이는 충돌로 규정된 전쟁이다. 증거는 지리적으로 광범위하고 시간상으로 긴 시간대에 걸쳐 있으며, 심지어 소수의 사례는 호모사피엔스가 지구를 지배하기 전인 홍적세에까지 길게 뻗쳐 있다.[10] 이것은 너무 지나치다고 할 만한 주장이다. 호전적인 과거를 가장 먼저 주장한 사람 가운데 가장 꾸준한 옹호자였던 인류학자 키스 오터바인(Keith Otterbein)은 에스파냐 부르고스 인근 동굴에서 80만 년 전의 호미닌 화석 뼈가 발견되자 환호했다. 식인 희생자 11명이 드러났는데, "알려진 것 가운데 전쟁의 가장 이른 증거"라는 것이었다.[11] 이것은 결과적으로 어떤 식으로도 입증할 수 없는 희망 섞인 추측이었지만, 국가의 등장이 전쟁 폭력을 벌이는 전제 조건은 아니라는 더 가까운 과거의 증거는 매우 많다. 유럽의 신석기시대 유골들 가운데는 화살촉이 등뼈에 박히고 두개골이 부서지고 참수되거나 탈구된 상태를 보여 주는 해골도 있다. 전쟁 폭력의 분명한 징표다.[12] 고고학자 퍼트리샤 램버트(Patricia Lambert)는 북아메리카에서 수십 년 동안의 발굴을 통해 쌓인 증거와 유골 분석이 이 대륙의 모든 주요 지역에서 전쟁 폭력이 존재했음을 의문의 여지 없이 보여 준다고 설명했다. 가장 유명한 곳이 미국 사우스다코타주의 크로크릭인데, 이곳에는 14세기 중반의 해골이 대량으로 묻혀 있었고 415구가 확인됐다. 그 가운데 89퍼센트는 머리가죽이 벗겨졌고, 두개골 표본 101개 가운데 41퍼센트는 돌도끼에 의한 상해를 입었다.[13] 유럽 선대문토기(線帶文土器, *Linearbandkeramik*) 문화 말기인 7000년 전의 대량 학살 유적도 여러 곳에서 발굴됐다. 라인강 유역 탈하임과 빈 부근 아스파른-슐레츠 같은 곳들인데, 후자의 경우 66명이 주로 도끼로 살해돼 성벽 해자에 던져졌다.[14] 인류 진화의 아주 이른 시기에 무기가 될 만한 것이 생산됐고, 작은 남자들이 무장을 하고 접전을 벌이는 동굴 벽 그림이 남아 있으며, 부서지거나 구멍 난 뼈와 해골의 골고고학(骨考古學)적 증거가 거의 어디에나 있다는 것은 '태고 평화주의' 개념이 도무지 유지되기 어렵게 한다.

전투행위는 집단적이고 의도적이고 인명을 살상하는 집단 간 폭력이라는 더 넓은 의미로 사용된다. 습격이든 매복이든 우발적 충돌이든 의례로서의 폭력이든 비교적 낯익은 역사 시기의 회전(會戰)이든 말이다. 그 결과로 이 책 논의의 상당 부분(특히 인간과학과 전쟁에 관한 앞부분 장들)은 조직화된 국가가 등장하기 이전인 2만~3만 년 전으로 거슬러 올라가는 과거를 다룬다. 생물학적 진화와 심리학적 진화에 관한 이론은 때로 훨씬 더 먼 시기까지 올라간다. 과거의 폭력에 관한 고고학적 증거는 현대 수렵채집 공동체에 관해 수집한 민족지학 증거들과 함께 사용될 수 있다. 여기서도 인류학자들은 이들 사회에 살상을 동반한 폭력이 많은 사람이 주장했던 것보다 더 있었고 지금도 있음을 인정해야 했다. 오스트레일리아의 원주민 공동체가 그렇고, 뉴기니의 부족민 사냥꾼들이 그렇고, 훨씬 북쪽 미국과 캐나다의 부족민 거주자들이 그랬다.[15] 심지어 원시국가 정치체들이 오직 제물로 바칠 얼마간의 포로를 잡기 위해서만 폭력을 사용했다는 주장은 마야(Maya)와 아스테카(Azteca) 제국의 경우에 근거가 없음이 드러났다(그리고 제물로 바칠 희생물을 잡는 것 자체가 평화적인 일은 아니다). 당대 기록은 아스테카 군대가 한 도시의 전체 주민을 학살했음을 보여 준다. 케틀라츠틀란에서 병사들은 "노인, 여성, 젊은이, 소년과 소녀, 강보에 싸인 아기"를 죽였다.[16] 마야 문화에는 전투행위와 전사 지배층이 스며들어 있었다. 한 마야 기록은 512년에서 808년 사이에 28군데의 서로 다른 장소에서 107차례의 전쟁 사건이 있었음을 나열했다.[17] 전쟁이 흔했다고 바로잡더라도 그것이 전쟁의 유형이나 동기가 동일했다는 얘기는 아니다. 분명히 그렇지 않았다. 서로 다른 사회는, 각기 분명하고도 때로는 독특한 방식으로 폭력을 추구했다. 초기의 전쟁은 큰 현대 국가들 사이의 전쟁과는 당연히 달랐지만, 규모는 상대적이고 주된 원인과 목표는 매우 비슷할 수 있다. 최종 결과는 전쟁이라고 인식할 수 있는 무언가다. 인류학자 남 킴(Nam Kim)이 아주 이른 시기 공동체들 사이의 '초기 전쟁'이라는 유용한 이름으로 부른 것이든 현대 국민국가 사이의 일상화된 전쟁이든 말이다.[18] 인류 진화의 긴 시간대에 걸쳐 집단적이고 치명적인 집단 간 폭력이 있었고, 바로 이 현상이 설명돼야 한다.

전쟁의 원인을 어떻게 이해할 것인지에 초점을 맞추는 책은 몇 가지 경고를 염두에 둘 필요가 있다. 이 책은 개인의 공격성을 설명하는 것이 목적이 아니다. 그에 관해서는 신경병학자, 정신병학자, 심리학자 들의 많은 전문 연구가 있다. 뇌와 중추신경계의 기능을 이해하는 것은 이제 매우 진척이 돼서 그로 인해 나타나는 개인의 공격적 행동에 관한 병리학은 과학적으로 설명될 수 있다. 그 행동을 멈추게 하지는 못하더라도 말이다.[19] 1930년대 이래 이 연구의 상당 부분은 현대 성인과 아동의 비행에 초점을 맞추었고, 그것은 전쟁에서 나타난 폭력과 쉽게 비교될 수 없다. 공격성은 집단적 또는 연합적 폭력일 경우에 중요하다. 습격에 나선 수컷 침팬지 한 무리가 홀로 있는 이웃의 침팬지를 매복 공격하는 것 같은 경우다. 초기 호미닌의 폭력은 아마도 그런 양상이었을 것이다. 다른 인간들을 죽이려고 마음먹은 인간 집단에게 공격은 그 한 부분이 된다. 직접 맞닥뜨리는 더 이른 형태의 전쟁에서 이는 더욱 분명하다. 많은 개인이 스스로 공격에 나서지 않는 현대의 군대에서 공격성이 드러나는 것은 백병전을 치를 때로, 죽이겠다는 위협에 대한 반응이다. 이런 환경에서는 전쟁이 진화하는 길을 개인의 공격성이 아니라 집단적 공격성이 더 확실하게 안내한다. 부족 공동체가 '적'을 공격할 때는 집단을 이루어 수행한다. 통상 집단적인 목적이 있고, 너무도 흔히 공격의 정도가 심하다.

인간이 지난 수천 년에 걸쳐 덜 폭력적인 쪽으로 변화했는지 아닌지를 다루는 것 역시 이 책의 목적이 아니다. 2011년 출간된 스티븐 핑커의 중요한 연구『우리 본성의 선한 천사』는 전쟁을 포함하는 여러 형태의 폭력이 정말로 줄었는지에 관한 광범위한 토론을 촉발했다.[20] 1945년 이래 대국들 사이의 전쟁이 없었기 때문에(물론 아주 폭력적인 대리전은 많았다) 아마도 국가 간 전쟁 자체는 한물갔을 것이라는 주장이 촉발됐다. 물론 내전과 국가를 초월한 테러전은 분명히 사라지지 않았고, 전쟁이 한물갔다는 주장은 열핵폭탄 전쟁이 아직 가능하다는 사실(아무리 멀게 보일지라도)을 전혀 고려하지 않은 것이기는 하다. 국제관계에 관한 현대 '현실주의'의 견해는 여전히 그 핵심에 전쟁이라는 선택지를 갖고 있다. 그게 아니라면 군비(핵무기와 재래식무기 모두) 축소가 세계적인 현실일 것이다.[21] 이 가운데 어느 것도 실제로 '왜 전쟁을 하는가?'라는 질문과 관련이 없다. 통계적으로 폭력이 줄었든 아니든, 지난 세기에는 전쟁이 이례적인 규모로 일어나 총 사망자 수가 이례적으로 많았다. 두 차례의 세계대전, 러시아 내전, 한국전쟁, 베트남전쟁, 이란-이라크 전쟁 같은 것들이다. 국가 대 국가의 전쟁이 줄었지만 현대에는 그 외 여러 형태의 충돌이 있다. 내전, 반란 대비 활동, 테러활동, 대리전, 심지어 비정규전과 정규전이 병행되는 '복합전'도 있다. 사실 20세기에는 어딘가에서 전쟁이나 내전이 벌어지지 않은 해가 없었다. 지금 21세기에는 최초의 큰 국가 간 전쟁이 벌어졌다. 러시아와 우크라이나의 충돌이다. 다른 행성에서 온 관찰자가 현대 인류의 지난 수천 년 역사를 돌아본다면 전쟁이 결코 한물가지 않았다는 합리적인 결론을 내릴 것이다. 불과 지난 100년 동안 벌어진 기후 전쟁과 인류 상당수를 절멸시킬 수 있는 무기의 존재를 본다면 말이다. 왜 전쟁이 일어나느냐 하는 문제는 인간 폭력의 규모 및 강도와는 별개의 문제로, 두 가지를 혼동하지 말아야 한다.

마지막으로, 이 책에서 다루는 내용이 고대 또는 현대의 전쟁 역사가 아님을 말해 둘 필요가 있다. 그 전쟁들이 어떻게 벌어졌는지 또는 그 결과가 어땠는지에 관한 것이 아니다. 사회문화적 틀, 전쟁이 치러진 방식, 사용할 수 있는 무기 기술, 전쟁의 결과 등은 모두 역사 속에서 왜 전쟁이 일어났는지에 대한 어떤 설명에서도 분명히 한몫한다. 그러나 특정 전쟁에는 나름의 역사적 설명이 있고, 시간과 맥락이 있다.

이하에서 전쟁〔넓은 의미에서의 전투행위 포함〕은 수많은 인간 전쟁에 대한 공식 서술의 일부로서가 아니라 전형적인 방식으로 사용될 것이다. 여기서 주된 관심은 이 길고 폭력적인 역사를, 아인슈타인이 프로이트에게 "인간과 인간 사이의 가장 전형적이고 가장 잔인하며 터무니없는 충돌 형태"[22]를 해명해 달라고 요청한 이래 진보해 온 설명의 주요 경로들을 보여 주는 수단으로 사용하는 것이다.

1부

WHY WAR?

(1)

생물학

자연은 자신의 인간 정원을 건강하게 유지하기 위해 가지치기를 한다. 전쟁은 자연이 사용하는 전지가위다.

— 아서 키스, 1931년[1]

생물학은 인간을 전쟁으로 몰아넣지 않는다. …… 전쟁 또는 그 밖의 폭력적인 행동이 유전적으로 우리 본성에 예정돼 있다고 말하는 것은 과학적으로 옳지 않다.

— 「폭력에 관한 세비야 성명」, 1986년[2]

진화론의 아버지인 19세기 영국 생물학자 찰스 다윈이 모든 종은 '생존을 위한 투쟁'을 한다는 생각을 인정한 이래로 생물학과 전쟁의 관계는 왜 인간이 싸우는가를 설명하려는 시도에서 매우 논쟁적인 문제 가운데 하나가 됐다. 지난 세기 중반에 글을 쓴 신(新)다윈주의 해부학자 아서 키스(Arthur Keith)는 전쟁이 생물학적으로 유용하다는 생각에 찬동했다. 인간 공동체는 약자를 제거하고 강자를 끌어올리기 때문이다. 그는 이것이 자연법칙이라고 생각했다. 1986년 에스파냐의 도시 세비야에서는 다양한 인간과학 분야의 저명 과학자 스무 명이 모여 전쟁을 생물학적 기제에 좌우되는 어떤 것으로 설명하려는 과학적 노력을 완전히 뒤엎고자 했다. 그것이 치명

적인 왜곡이라고 그들은 생각했다. 1989년 11월, 유네스코
(UNESCO, 국제연합교육과학문화기구)는 이 세비야 성명에
공식 지위를 부여하기로 했다. 성명은 널리 전파되고 2002년
다시 공표됐지만 이 활동이 논쟁을 끝내지는 못했다. 오늘날
어떤 과학자도 키스의 조악한 비유를 받아들이지 않겠지만,
생물학은 여전히 이런저런 형태로 전쟁에 관한 논의에서 핵심
적인 참조점이다.

생물학(더 엄밀하게는 진화생물학)은 인간이 왜 전쟁을 하
는가 하는 문제를 처음으로 다룬 과학임을 굳게 자임하지만,
이는 다윈의 의도와는 거리가 먼 것이었다. 모든 종은 생존을
위해 투쟁한다는 그의 주장은 자연사의 일부로서, 동식물이
진화 측면에서 어떻게 환경의 압력에 적응하거나 종 내부 또
는 종 사이의 경쟁에 적응하는지를 설명하기 위해 제시된 것
이었다.[3] 이런 의미에서 '투쟁'은 비유이지 전쟁과 동의어가
아니었다. 그는 1871년 출간된 『인간의 유래』에서 조상 시대
의 인류 간 상호 충돌 가능성을 더 직접적으로 언급했지만, 이
역시 인간이 어떻게 진화(특히 성선택을 통해서)했는지를 설
명하려는 그의 더 중요한 야심에 비해서는 부차적인 것이었
다. 이 무렵 다윈은 사회학자 허버트 스펜서(Herbert Spencer)
가 1851년에 처음 제기한 '적자생존' 개념에 익숙해 있었고,
그가 『인간의 유래』에서 조상들의 어떤 부족들이 살아남고 어
떤 부족들이 절멸했는지에 대해 일부 언급한 것은 적합도가
적어도 하나의 설명(물론 분명히 유일한 설명은 아니다)임을
시사한다. 그는 이렇게 설명했다. "절멸은 주로 부족과 부족

사이의 경쟁에서 온다. …… 이웃한 두 부족 가운데 한 부족의 수가 상대보다 적어지고 힘이 약해지면 경쟁은 곧 전쟁, 학살, 식인, 노예화, 흡수로 정리된다." 수가 줄고 인구증가율이 낮아지는 것이 생존을 위한 생물학적 전망을 훼손하긴 하지만, 한 부족이 최종적으로 사라지는 것은 "정복 부족의 침입으로 빠르게 결정"된다고 그는 결론지었다.[4]

다윈은 전쟁이 인간의 진화에서 중요한 역할을 했음을 시사하는 말을 거의 하지 않았다. 하지만 적합한 자는 살아남고 덜 적합한 자는 사라진다는 관념은 전쟁이 진화에 유용했다고 주장하는 몇 세대에 걸친 '다윈주의자들'에 의해 다윈의 본래 주장을 훨씬 넘어서 과장되고 왜곡됐다. 유럽과 미국의 작가들 사이에서 적자생존은 근대의 전쟁과 제국주의가 서방 사람들이 정복한 사람들의 야만성과 대조적으로 서방의 인종적 우월성을 반영한다는 주장을 뒷받침했다. 아서 키스가 주장했듯이, 전쟁은 생물학적으로 최고인 자가 살아남고 그 수를 늘릴 수 있도록 설계된 자연의 현상이라는 것이다. 진화상의 사실로서 인종 경쟁 개념은 독일에서 가장 열렬하게 받아들여졌는데, 독일의 생물학자 알프레트 플뢰츠(Alfred Ploetz)는 비탈라세(*Vitalrasse*, '활기찬 종족')를 힘, 지능, 신체적 건강에서 집단적 적합성을 물려받은 종족으로 규정했다. 적응하지 못하는 종족은 당연히 멸절될 운명이고, 전쟁은 비탈라세만이 살아남게 하는 도구 가운데 하나였다.[5] 독일의 장군 프리드리히 폰 베른하르디(Friedrich von Bernhardi)는 1914년 제1차세계대전이 발발하기 3년 전에 출간된 그의 베스트셀러 『독일과 다음 전쟁(Deutschland und der Nächste Krieg)』에서 이 주장을 요약했다. 이 책에서 그는 "전쟁은 가장 중요한 생물학적 필요이며, 인간 생명의 조절 요소"라고 주장했다. "자연의 보편적 경제"에서 더 강한 자가 당연히 승리하고 더 약한 자는 몰락했다.[6] 비탈라세 개념은 나중에 나치 독일에서 인종 정책을 개발하는 데 강한 영향을 미쳤다. 그들은 이른바 유전적으로 "적응하지 못한 자들"은 단종시키고 절멸시켰다. 아돌프 히틀러(Adolf Hitler)가 말한 "이 영원한 투쟁의 세계"에서 종족의 질이 떨어지고 약해지는 것을 피하기 위해서였다.[7]

제1차세계대전은 '생존을 위한 투쟁'이 여전히 인간의 현실이라는 관념을 굳히는 데 한몫했다. 인간이 스스로의 진화 경로에 뿌리를 둔 싸움의 본능을 갖고 있다는 관념은 근대 전쟁의 현실과 잘 맞아떨어졌다. 외과의사 헨리 캠벨(Henry Campbell)은 제1차세계대전 막바지인 1918년『전투행위의 생물학적 측면(The Biological Aspects of Warfare)』에서 인간을 본능적으로 폭력을 자행하는 '대(大)도살자'로 규정했다.[8] 아서 키스는 1914년 이전의 인간 화석 유골 연구를 통해 인간이 "여러 차례의 갈지자" 진화를 했다는 주장을 뒷받침했다. 즉, 더 앞서 나간 종이 뒤진 종을 절멸시킴으로써 인류를 현재의 전쟁에까지 이어지는 진화의 길을 따라 나아가게 했다는 것이다. 경쟁과 적대감은 조상 인류부터 현대에 이르기까지 오랜 시간 작동된 인간의 심리적 콤플렉스였다. 1937년 출간된 다윈주의에 관한 앨프리드 매친(Alfred Machin)의 책 서문에서 키스는 "인간이 밀림의 하찮은 거주자였던 시절만큼이나 현재의 세계에서도 '자연선택'이 힘을 발휘하고 있음"을 저자가 이해했다며 칭찬했다. 제2차세계대전 말기에 키스는 현대의 전쟁이 "과학과 문명으로 무장한 고대 부족 시절의 맹렬한 전쟁일 뿐"이라고 주장했다.[9] 키스에게 전쟁은 선택의 논리적 도구였다. '자연의 설계'는 필요한 폭력을 통해 더 수준 높은 형태의 인간을 만들어 내는 것이었다.[10] 인간이 호전성을 타고났고 전쟁이 진화에 이바지한다는 관념에 대해 과학계는 강한 적대감을 보이지만, 인간을 폭력(그 진화 계통을 거슬러 올라가서 사냥, 싸움, 살해)의 대표적 구현자로 보는 견해는 1950년대와 1960년대에도 여전히 찾아볼 수 있다. 작가이자 아마추어 진화론자인 로버트 아드리(Robert Ardrey)가 '도살자 유인원' 논제를 대중화했고, 고고학자 레이먼드 다트(Raymond Dart)는 자신이 발견한 고대 오스트랄로피테쿠스(*Australopithecus*) 화석이 계획적인 폭력의 분명한 증거를 보여 준다고 생각했다. 이 견해는 나중의 법의학 조사를 통해 손상이 사후에 일어났고 죽음의 원인이 아니라는 것이 확인돼 지금은 받아들여지지 않고 있다.

전쟁이 생물학적으로 인간에게 내재해 있다는 관념에 대한 반대는 세비야 성명이 나오기 오래전부터 있었다. 사실 다윈 자신의 저작은 조상 인류의 충돌이 아니라 인간 진화의 핵심 요소였던 인간의 사회성과 협력에 초점을 맞추었다. 그는 인간이 호전적 본능을 갖고 있다는 관념을 거부하고 현대인들이 전쟁을 극복했기를 바랐다. 다윈의 저작을 읽고 전쟁을 위한 생물학적 선택을 끌어내기보다는 '평화 생물학'을 끌어내는 것이 더 쉽다는 사실은 입증됐다.[11] 1900년 이후 유전학의 발전은 충돌 성향이 유전된다는 것을 주장하는 데 어려움이 있음을 드러냈다. 그리고 전쟁이 생물학적으로 적합한 사람의 생존을 보장하는 방법으로 유용하다는 주장은 제1차세계대전 이후 전쟁의 분명한 역도태(逆淘汰) 효과로 조롱의 대상이 됐다. 이 전쟁이 수백만의 적합한 젊은이를 죽였고, 덜 적합한 사람들은 집에 있었으니 말이다. 이 전쟁 이후 진화생물학 연구는 인간 이외의 자연계와 종 변이의 예측에 더 초점을 맞추었다. 인간 집단의 진화에 기여하는 선택의 수단으로서 전쟁은 과학적으로 확실한 것이라기보다는 믿음의 문제로 남았다.

전쟁은 진화 경쟁 때문에 일어나며 따라서 자연스러운 생물학적 현상이라는, 키스 등이 제시한 조악한 다윈주의는 제2차세계대전 이후 인간의 본성에 대한 생물학적 설명이 주변부로 밀려나면서 광범위하게 배척당했다. 1951년 유네스코의 「인종 및 인종 간 차이의 본질에 대한 성명(Statement on the Nature of Race and Race Differences)」은 인간 집단 사이에 생물학적으로 설명되는 천부적 차이가 있다는 생각을 거부하고, 인간의 발전을 이해하는 데 유일하게 적절한 방법인 환경론과 문화인류학에 이 영역을 넘겼다.[12] 그러나 논쟁의 한 요소는 남았다. 즉 집단적 공격성을 어떻게 이해할 것이냐다. 이 문제에 관한 연구는 전쟁 전으로 거슬러 올라간다. 키스는 초기 인간이 어떻게 행동했느냐를 보여 주기 위해 고등 영장류 사이의 집단적 공격성을 이해하는 것이 인간의 공격성을 이해하는 데 도움이 될 것이라는 생각의 선구자 가운데 한 사람이었다. 키스는 서아프리카에서 고등 유인원에 관한 과학적 관찰을 수행한 동물학자 네빌 샤프(Neville Sharp)에게서 침팬지와 고릴라에 관한 상세한 증거를 가져왔다. 샤프는 침팬지가 폭력적(심지어 가학적) 행동을 할 수 있고, 고릴라는 영역 방어를 위해 인간 침입자에게 과도하게 공격적이었다고 주장했다. 고함원숭이와 긴팔원숭이에 대한 연구를 통해 키스는 영장류의 영역 의식과 폭력이 "진정한 전쟁의 초기 단계"임을 확신하게 됐다.[13]

1930년대 초 젊은 해부학자 솔리 저커맨(Solly Zuckerman)이 런던동물원의 망토개코원숭이를 대상으로 진행한 연구에서도 비슷한 결론이 나왔다. 그가 관찰하는 동안에 이 원숭이들 사이의 싸움으로 수컷 여덟 마리와 암컷 서른 마리가 죽었는데, 모든 암컷은 수컷들 사이의 경쟁 탓에 죽었다. 영국의 두 심리학자 존 볼비와 에드워드 더빈(Edward Durbin)은 저커맨의 연구를 바탕으로 유인원과 인간 행동의 자연적 유사성이 확고해 인간의 전쟁이 "우리 동물 유산의 가장 위험한 부분"의 산물이라는 결론을 정당화하기에 충분하다고 주장했다. 개코원숭이들은 소유물, 낯선 자의 침입, 좌절감 때문에 싸웠다. 현대의 인간들과 똑같다. 폭력의 계통적(또는 공통의) 뿌리는 영장류와 인간 사이에서 공유된 패턴을 설명할 수 있으며, 이는 현대 국가들 사이의 전쟁을 설명하기 위해 그들이 '변형된 공격성'이라고 부르는 것을 통해 촉발될 수 있다.[14] 그들이 글을 쓰고 있던 시기에 오스트리아 동물학자 콘라트 로렌츠(Konrad Lorenz)는 회색기러기의 본능적 반응에 대한 연구를 통해 동물행동을 이해하는 데 전념하는 생물학의 새로운 분야를 개척했다. 그것은 동물행동학(ethology)으로 알려지게 된다. 로렌츠는 전쟁을 설명하는 데 그다지 흥미를 가지지 않았으나, 동물에 대한 그의 연구는 한 갈래로 심화되어 공격 본능에 대한 탐구로 이어졌다. 볼비 및 더빈과 마찬가지로 로렌츠 역시 인간의 공격성이 자신이 연구한 쥐와 비둘기의 폭력성과 같은 뿌리에서 나왔으리라는 생각을 떨칠 수 없었다. 1963년 출간한 대중적 연구서『공격성에 대하여(Das sogenannte Böse)』에서 그는 전쟁(또한 그 밖의 "어리석고 바람직하지 않은" 인간의 행위)이 이성이나 문화적 전통만이 아니라 진화의 오랜 과거로부터 온 "계통발생적으로 적응한 본능적 행동"으로 설명될 수 있다고 주장했다.[15]

동물행동학은 인간의 전쟁을 이해하는 데 잠재적으로 새로운 생물학적 접근법을 제공했지만, 진화생물학이 그렇듯이 기본적으로 인간이 아니라 동물을 이해하는 데 관심을 두었다. 로렌츠의『공격성에 대하여』는 때로 인간 폭력의 동물행동학적 이해의 기초가 된 명제로 여겨지기도 하지만, 그의 연구는 거의 전적으로 동물의 공격적 행동과, 같은 종 개체들에 대한 무제한적 공격 행위(또는 '동종' 살해)를 억제하는 기제를 설명하는 데 집중됐다. 인간의 전쟁에 대한 그의 얼마 되지 않는 언급은 다윈의 것만큼이나 지엽적이고 근거가 없었다. 그는 초기 인간 공동체에 "적대적인 이웃 무리의 반대 압력이 인간 진화의 다음 단계를 결정하는 주요 선택 요인이 됐다"라고 생각했다. 그는 인간이 "무분별한 외골수"로 본능적으로 친족집단을 방어하는 일에서는 침팬지와 닮았다고 주장했다. 이런 대응은 발전한 인간 부족 모두에서 "높은 생존가(生存價)"를 가졌을 것이고, 현대 세계에서도 여전히 뚜렷하게 나타났다.[16] 그러나 그는 전쟁을 벌이는 절대적인 무분별을 애석해하는 것 외에 그 기원을 이해하는 데는 전혀 도움을 주지 않았다. 그는 전쟁이 근본적으로 역도태라는 견해를 공유하면서도, 독일 주민의 '퇴행적' 요소를 제거해 종족의 생물학적 생존을 보장한다는 히틀러의 우생학 정책을 확실하게 지지했다. 그는 1945년 이후에도 그런 견해를 유지했다.[17]

1960년대의 동물행동학자들이 주로 동물의 행동을 설명하는 데 초점을 맞추었지만, 인간의 행동이 동물(특히 고등 영장류)의 행동과 상동적이라는 암시는 1930년대에 시작된 동물과 인간의 공격성 사이에서 연관성을 찾는 연구가 이어지게 했다. 그럼에도 자연계 동물의 행동과 인간 세계의 연관성은 설득력 있게 보여 주기는 어려운 것이었다. 라이어널 타이거(Lionel Tiger)와 로빈 폭스(Robin Fox)라는 어울리는 이름('lionel'은 새끼 사자, 'tiger'는 호랑이, 'robin'은 새, 'fox'는 여우다-옮긴이)을 가진 두 선구적인 동물행동학자는 태고의 흔적이 '암호와 메시지'의 형태로 인간의 뇌에 남아 있으며, 이는 읽기 어렵지만 현대인에게도 여전히 나타난다고 주장했다.[18] 이것은 기껏해야 미덥지 않은 추측이었다. 실제로 동물행동학자와 동물학자는 동물의 행동과 각각의 동물이 서식하는 생태적지위의 관계를 이해하는 데 연구 인생을 바쳤다. 여러 가지로 다르게 나타나는 공격성을 이해하는 것은 그 연구의 일부일 뿐이었고, 폭력성과 별로 상관없는 다른 행동들을 광범위하게 다루었다.

연구실 상황이 아닌 야외에서의 동물에 대한 체계적인 과학 연구는 1950년대 이후에야 널리 퍼졌다. 공격성에 관해서는 특정 종이 자기네 종에 대한 폭력을 다룬 동물행동학 연구에서 자주 언급됐고, 이것이 잠재적으로 인간 사회 및 '전쟁'과 유사할 가능성이 있었다. 여기에는 무화과말벌이 포함되는데, 그 수컷은 암컷을 차지하기 위해 죽기를 각오하고 싸웠다. 그리고 꿀단지개미는 회전을 펼쳐 패자를 노예로 삼았다. 로렌츠의 동료이자 동물행동학의 선구자인 니콜라스 틴베르헌(Nikolaas Tinbergen)은 표본으로 큰가시고기를 좋아했다. 그 수컷은 암컷을 차지하기 위해 경쟁자를 물리쳤는데, 이는 생존을 보장하기 위해 설계된 기능적 적응이었다. 그는 인간이 과거의 진화 과정에서 같은 적응 양상을 발전시켜 왔다고 생각했다.[19] 이들과 다른 많은 사례를 발견할 수 있었지만, 자연계에서 이전에 생각했던 것보다 더 광범위한 종내(種內) 폭력이 자행되고 있음을 보여 준 것 외에 인간 세계와 비교한 부분은 아무래도 미약한 듯했다.

이 주장을 더욱 설득력 있게 하기 위해 일부 생물학자와 동물학자는 사회적 동물의 사례를 이용해 특정한 사회적 행동이 어떻게 진화했는지를 보여 주고자 했다. 집단 공격, 집단 이타주의, 집단 양육 관행 같은 것들이다. 진화에 유리한 특정한 형질의 유전을 위한 집단선택 연구는 사회생물학으로 알려지게 되는데, 대부분의 사회생물학자가 인간 이외의 생물을 연구하면서 동물행동학과 밀접하게 연결됐다. 하버드대학교의 곤충학자 에드워드 윌슨(Edward Wilson)이 지도적인 이론가였다. 개미와 기타 곤충의 사회적 행동 연구 전문가였던 그는 진화의 렌즈를 통해 인간의 사회적 행동을 바라보는 것에도 마음이 끌렸다. 1975년에 윌슨은 매우 논란이 된『사회생물학(Sociobiology)』을 출간했다. 사실 이 새로운 학문에 대한 일반적인 합의가 없을 때였다. 다시 한번, 책 내용 대부분은 주로 사회성곤충 사이에서 사회적 행동이 어떻게 진화했는지를 이야기하는 데 할애됐다. 그는 인간에 관한 마지막 장을 포함시켰으나, 인간 또한 생존에 적응성이 있는 형질(공격성 포함)을 물려받았다는 그의 주장은 사회학자와 인류학자로부터 거센 저항을 받았다. 그들은 이것이 생물학적 결정론의 한 형태라고 보았다. 인간의 사회적 행위는 문화와 환경으로 결정된다고 주장돼 왔다.[20] 3년 뒤 윌슨은『인간 본성에 대하여』라는 책을 출간했다. 여기서 그는 여러 가지 인간의 특성(공격성 포함)에 관한 사회생물학적 주장을 확장했는데, 그런 특성들은 천부적인 것이라고 도발적으로 썼다. 그 표출이 환경과 사회적 학습에 의해 제약되기는 하지만 말이다.[21]

그가 촉발한 논쟁은 '후천(nurture)'과 '선천(nature)' 사이의 영원한 토론이라고 느슨하게 정의됐지만, 강력한 정치적 핵을 가지고 있었다. 동료 생물학자들과 생물학 이외 분야의 많은 연구자들은 그의 주장이 유전자결정론을 지지하는 것이라고 보고 이를 거부했다. 인종 결정론과 나치 독일이 추구했던 것 같은 우생학적 정책을 정당화할 수 있다는 이유에서다. 이 생각에 대한 반대의 목소리를 결집하기 위해 좌익의 민중을위한과학(SftP, Science for the People) 운동이 후원하는 사회생물학 연구 집단이 결성됐다. 윌슨은 일시적으로 미국 진보 여론의 혐오 대상이 됐다. 그는 1978년 한 학술회의 무대에서 반인종차별위원회(CAR) 소속원의 공격을 받았는데, 공격자가 그의 머리에 찬물 한 주전자를 끼얹은 일화는 아주 유명하다.[22] 그럼에도 윌슨은 『인간 본성에 대하여』로 퓰리처상을 받았다. 그의 명성에 비유적으로 쏟아진 온갖 혹평에도 불구하고 그 주장이 사회생물학적 연구를 벗어나지 않았다는 증거다. 사실 다윈의 저작에서 핵심 요소 가운데 하나는 진화를 사회생물학적 용어로 이해하는 것이었다. 현대의 행동유전학은 공격성을 포함한 일부 형질의 유전가능성이 크다는 점을 보임으로써 상당 부분 윌슨의 손을 들어 주었다. 사회생물학자(이들은 곧 이 새 학문에 대한 적의를 떠안지 않으려고 스스로 이름을 행동생태학으로 바꾸게 된다)들의 중요한 공헌은 개인적 공격성이 아니라 개인의 집단적 행동에 초점을 맞추었다는 것이다.[23] 곤충이든 인간이든, 어떻게 규정되더라도 전쟁은 개인이 아니라 연합한 집단들에 의해 이루어졌다. 긴 진화 시간을 거치면서 전쟁은 인간이 생존 가능성을 극대화하는 행동으로 적응하는 한 가지 방법이었다는 주장이다.

초기 동물행동학자들과 마찬가지로 사회생물학자들은 인간의 연합 공격이 진화 과정을 거쳐 되살릴 수 없게 된 과거의 요소 가운데 남아 있는 부분이라는 주장을 배제하면 설명하기가 어렵다는 사실을 발견했다. 1970년대 이후 다른 길이 추구됐다. 1930년대의 키스와 마찬가지로 인간의 공격성을 설명하고자 했던 동물행동학자들은 영장류 연구를 선호했다. 영장류는 초기 인간과 마찬가지로 느슨하게 무리를 지어 살았고, 생존을 위해 먹이를 찾아다녔다. 인간과 조금이라도 비교할 수 있는 분명한 종은 상위 영장류였다. 고릴라, 침팬지, 오랑우탄, 보노보('피그미침팬지'라고도 하며, 1920년대 말에야 별개의 종으로 확인됐다) 같은 것들이다. 이들은 호미닌과 포유류 기원을 공유하며, 인간 DNA와 약 98퍼센트 일치한다. 그들의 행동에 대한 전통적인 동물학의 가정은 영장류가 공격성을 그다지 보이지 않으며, 느슨하고 분명치 않은 무리를 지어 산다는 것이었다. 그러나 중앙아프리카 숲의 침팬지를 처음으로 장기간 관찰한 결과 두 가정이 모두 무너졌다. 이 연구는 영국의 동물행동학자 제인 구달(Jane Goodall)이 이끄는 작은 연구 팀이 1960년대부터 1990년대까지 진행했다. 침팬지는 융통성은 있지만 정해진 집단에서 살았고, 특정한 상황에서 심한 폭력을 자행했다. 구달의 결론은 처음에 과학자들에게 배척당했다. 그들은 침팬지가 인간과 여러 가지 비슷한 감정, 몸짓, 성정체성을 공유한다는 사실을 받아들이려 하지 않았다(침팬지 공동체의 개별 개체를 지칭할 때 '그' 또는 '그녀'가 아니라 '그것'이라고 해야 한다고 고집하기도 했다).[24] 그러나 탄자니아 곰베국립공원에서 다년간 관찰한 결과 침팬지가 사회적 동물이고 나이 든 수컷이 지배하는 가족 집단에서 산다는 것이 확인됐다. 그들은 영역을 정하고 침입자로부터 이를 지켰다. 때로 수컷 집단(가끔은 암컷도 있다)이 경쟁 집단의 영역으로 침입하는데, 혼자 있는 이웃 집단 성원을 찾아내려는 것이었다. 그들은 매복을 하고, 막대기와 돌로 치고 한바탕 사납게 물어뜯은 뒤 죽게 내버려둔다. 구달이 관찰하던 집단이 쪼개지자 그중 더 강한 집단이 약한 집단을 유린해 결국 전멸시켰고, 영역은 승자가 차지했다. 그러나 그 뒤 그 승자 역시 이웃의 더 강한 집단에게 희생됐다. 자연선택의 교과서 판이었다.[25]

구달의 연구는 침팬지의 행동이 먹이를 찾아다니던 초기 호미니드(hominid)의 행동과 유사했으리라는 것을 보여 주려는 시도에서 가장 중요한 근거가 되었다. 다만 이 주장을 구달이 처음 한 것은 아니었다. 동아프리카와 서아프리카의 침팬지 공동체에서 이뤄진 다른 관찰들도 있었다. 우간다의 부동고와 키발레, 탄자니아의 마할레, 코트디부아르의 타이 같은 곳들에서는 폭력이 곰베에서보다 산발적으로 나타났다. 1980년대 말 키발레 숲에서는 곰베에서 구달과 함께 일했던 영국 동물학자 리처드 랭엄(Richard Wrangham)이 침팬지 집단을 관찰하기 시작했다. 곰베의 공동체에서 관찰됐던 것과 마찬가지로 이 집단 역시 더 강한 이웃의 손에 제거됐다. 살해된 것이 다섯 마리였는데, 대부분 눈에 띄지 않았다. 현장 연구 초기 수십 년 동안 동종 개체에게 살해된 침팬지의 수는 열 마리를 넘지 않았는데, 영장류의 폭력에 관한 이론을 세우기에는 부실한 토대였다.[26] 그럼에도 랭엄은 침팬지가 야생에서 행동하는 방식과 초기 인간이 수렵채집자(hunter-gatherer)로서 행동했을 방식 사이에 공통점이 있다는 주장의 주요 주창자가 됐다. 때때로 일어나는 연합 폭력(coalitional violence) 같은 행동들을 포함해서다. 침팬지는 무리를 지어 사는데, 젊은 암컷이 다른 집단에 끌리거나 큰 집단이 작은 집단들로 쪼개지는 경우가 있어서 개체 수는 유동적이다. 그들은 강한 사회성 감각을 보여 집단 내의 폭력을 억제한다. 또 영역 의식이 있어서 경계로 표시되지는 않지만 선 양쪽 모두가 알고 있는 서식 구역이 있다. 대략 비슷한 힘을 지닌 두 수컷 집단이 서로 맞닥뜨리면 시끄러운 의식, 비명, 몸짓, 나무 두드리기 또는 짧은 돌격과 후퇴를 하지만 싸움은 하지 않는다. 자기네 영역으로 들어온 침입자들을 상대로 하거나 이웃 영역을 침입한 습격단에 의해 공격이 이루어지는데, 수적으로 우세한 경우에만 진짜 공격을 한다(통상 습격단은 대여섯 마리가 한 마리를 상대한다). 결국 희생자에게 살상이 생기는 공격이 가해지는데, 공격자들은 상해를 입지 않거나 사소한 상해만 입는다.[27]

이 모두는 현대의 일부 채탐자(採探者, forager) 공동체에 대한 인류학적 관찰에서 발견할 수 있는 특성들이다. 그들은 고정된 경계가 없는 유동적인 영역에서 산다. 작은 친족집단이며 그 성원 역시 유동적일 수 있다. 통상 성원 교환을 통해서 생기는 변화다. 이 집단들은 협력을 통한 유대와 사회성을 보이며 그것이 폭력의 양을 줄여 준다. 집단들 사이에 폭력이 일어나면 의례화한 대치가 일어날 수 있는데, 서로 떨어져 시끄럽게 굴지만 실제 위해는 별로 없다. 그러나 침팬지와 마찬가지로 습격은 가장 흔한 공격 형태다. 또한 영역에 침입한 낮선 자는 집단적인 저항을 만나게 된다. 습격은 동맹한 남성 집단들에 의해 이루어지며, 통상 수의 차이가 난다. 대상은 이웃한 수렵민들이나 작은 채탐자 영지다. 공격 참여자들에게 위험성은 작은데, 그런 경우에 폭력은 상대를 멸절시키고 광포해질 수 있다.[28]

이와 비교할 수 있는 대상으로 흔히 인용되는 사례들이 있다. 안다만제도의 씨족 간 폭력이 대표적인데, 이웃한 공동체들이 기습 공격을 하거나 매복을 통해 자기네는 손실을 보지 않고 적을 죽인 뒤 복귀하는 것이 목표다. 아메리카 북쪽의 북극 지방 부족들은 최근까지 자주 이웃 마을을 습격해 몰살했다. 남녀노소를 가리지 않고 죽이는데, 고고학적 증거는 이런 관행이 수천 년간 이어져 왔음을 보여 준다.[29] 인류학자 나폴리언 새그넌(Napoleon Chagnon)의 아마존강 상류 야노마미(Yanomami)족 연구가 흔히 인용되는 사례다. 대체로 친족집단을 기반으로 형성되고 수가 너무 많아지면 쪼개지기 쉬운 이 마을들이 이웃 부족들과 정기적으로 싸움을 벌였기 때문이다. 두 전사가 도끼 또는 곤봉을 이용해 의례화된 대결을 하거나, 침팬지가 그랬듯이 소수의 남성 무리가 습격해 적 가운데 한두 명을 죽이거나 여성을 납치해 서둘러 본거지로 돌아간다. 야노마미족은 채탐자가 아니라 원예를 하는 사람들이지만, 얼핏 보기에 습격에 나선 침팬지들과 비슷한 행동을 보인다고 한다.[30]

자연 속에서 침팬지의 행동을 관찰한 것에서 인간의 행동으로 비약하는 것은 분명한 한계를 지닌다. 과거의 침팬지나 그들의 진화된 행동에 관해서는 알려진 것이 별로 없다. 따라서 추측만 할 수 있을 뿐인 적응 압력 때문에 그들의 행동이 결정됐다고 가정해야 한다. 지난 200만 년 동안의 매우 다양한 인간 채탐자와 수렵채집자에 대해서도 알려진 것이 별로 없다. 그러나 그들이 오늘날의 채탐자 및 수렵채집민과 달랐다는 것은 분명하다. 집단 공격이 침팬지와 인간 모두에서 적응 기능(사회성 및 협력과 같은)이 되려면 그런 행동에 침팬지와 호미닌의 '마지막 공통 조상'(통상 대략 600만 년 전으로 시기를 잡는다)에서 유래한 어떤 계통발생적 뿌리가 있어야 한다.

포유동물의 같은 종 개체 사이에서 일어나는 폭력(즉 동종 폭력)의 계통발생적 뿌리에 대한 최근의 연구는 1024건의 포유동물 표본에 대한 기록을 검토했다. 살상을 동반한 폭력이 사회를 이루고 영역 의식이 있는 동물들 사이에서 더 흔하고 영장류에서 가장 높다는 사실이 발견됐는데, 이는 인간 역시 계통발생적 위치에서 폭력 성향을 물려받았음을 시사한다. 살상을 동반한 폭력의 수준은 정착 공동체, 부족, 군장사회(君長社會), 국가가 등장하면서 증가했다. 이는 계통발생적 유산이 사회 및 정치조직의 변화에 따라 수정될 수 있음을 보여 준다. 그러나 폭력은 인간의 가장 이른 조상들에게 공통으로 존재했으며, 그 수준은 인간이 속한 포유동물군의 행동과 일치한다. 즉 다른 포유류 집단보다 여섯 배 높다.[31] 심지어 사회성과 폭력 모두는 침팬지와 인간의 초기 영장류 조상, 특히 1800만 년쯤 전에 살았던 아프로피테쿠스(*Afropithecus*)에까지 거슬러

올라갈 가능성이 있다는 주장이 있다. 예외적인 유래의 계통 발생적 뿌리가 거기에 있는 것이다.[32]

이 주장에도 문제가 있다. 구달 등의 관찰 기록에도 불구하고 침팬지는 야생에서 치명적 폭력을 거의 가하지 않는다. 공격적 행동은 종을 넘어 일반화되지 않는 것으로 보이며, 다른 공동체보다 더 공격적인 일부 공동체가 있다. 침팬지만큼 인간과 가까운 관계에 있는 보노보는 공동체 내부 또는 공동체 간 어느 경우에도 폭력성을 거의 보이지 않으며, 수컷은 인간 사이에서 분명하게 나타나는 것보다 더 암컷에게 종속적인 역할을 한다. 영장류 사이에서 제한된 폭력은 오랜 공통의 뿌리가 있을 것이다. 대략 200만 년 전의 인간은 곧 여타 영장류와는 아주 다른 방식으로 진화했다. 특히 더 크고 더 복잡한 뇌의 발달로 독특한 인지 능력(언어 포함), 초기 기술의 숙달, 여러 가지 문화의 발달을 가능케 했다.[33] 초기 선행 인류의 뇌 용량은 약 400세제곱센티미터였고, 초기 호미닌은 약 600세제곱센티미터였으며, 호모사피엔스는 1370세제곱센티미터였다. 대뇌피질은 인간 이외의 포식자를 상대로 또는 다른 인간과의 경쟁에서 '포식 공격성'을 사용하는 것을 선택함으로써 생존 방법을 알아내는 능력을 향상시키도록 진화했을 것이다. 더 큰 뇌를 가진 사람들은 적응력이 부족한 호미닌을 생존 가능성이 상당히 줄어드는 주변 환경으로 몰아낼 수 있었을 것이다.[34] 이 진화한 생리적 변화가 연합 폭력을 가능케 하거나 개연성 있게 했는지 또는 그것이 어느 정도였는지는 추측의 영역이지만, 그 폭력이 침팬지나 다른 영장류의 폭력을 그대로 베낀 것은 아니었을 듯하다. 사실 인간의 진화를 가까운 영장류 친척의 진화와 갈라놓는 바로 그 점이 침팬지와 인간 행동(따라서 공격의 패턴도) 사이의 연속성 논제를 유지하기 어렵게 한다. 수백만 년 동안 진화한 침팬지는 먹을 것을 약탈하거나 아니면 가끔 이웃을 때려죽이는 데 여전히 막대기와 돌만 사용할 수 있다. 같은 기간 인간은 막대기와 돌을 사용하는 데서 열핵폭탄을 개발하는 것으로 발전했다.

집단 간 폭력이 인간의 진화에 영향을 미쳤을 가능성에 대해서는 고전적인 다윈주의로 돌아감으로써 더 설득력 있게 주장할 수 있다. 현대의 진화에 관한 연구는 다윈이 글을 쓸 때 그가 알 수 없었던 인간의 진화와 유전학에 관한 현재의 지식으로 무장하고, 인간이 중대한 생태 및 환경의 압력에 직면해 생존을 위해 적응했다는 생각을 발전시켰다. 그 가능한 적응 가운데 하나가 방어 또는 다른 인간들에 대한 공격을 위해 연합 폭력을 선택한 일이었다. 이 적응을 멸종으로 가는 통행증으로 볼 필요는 없다. 폭력은 성공적인 집단이 친족을 보호하고 유전자 풀을 확대할 가능성을 키웠을 것이다.

다윈의 경우에도 그랬듯이 핵심 개념은 적합도이다. 이런 접근은 인간의 경우에 복잡하다. 지금 과학자들에게 알려진 서로 구별되는 여러 호미니드 종 가운데 대부분이 멸종했고 그들의 생존 적합도가 분명히 상대적이었기 때문이다. 진화를 통한 인간의 생존에 대한 연구는 호모사피엔스가 현재까지 멸종을 피한 방식으로 적응한 능력에 초점을 맞추었다. 호미니드의 조상이 존재하던 시기 동안에 그들이 기후, 자원 경쟁, 생태 변화의 압력에 적응했는지는 추측만 할 수 있을 뿐이다. 심지어 수십만 년 동안 살았던 조상들에 대해서도 말이다. 집단 간 폭력이 이런 압력에 적응하는 한 방법이었다면, 작고 약한 채탐자 집단은 적응할 수 없었으리라고 쉽게 생각할 수 있다. 그들에게 치명적인 인구 손실은 집단을 생물학적 위기로까지 몰고 갈 수 있었다. 인간의 경우에 당혹스러운 것은 광범위하고 고의로 동종 성원을 죽이는 일이 나타났다는 것이다. 번식 성공을 극대화하는 것이 인간을 포함한 모든 종에서 작동된다고 생각되기 때문에 분명히 진화 이론에 반하는 일이다. 인간의 집단 간 폭력과 진화를 통한 생존 간에 어떤 관계가 있다면 충돌에 대한 적응이 실제로 지속적인 번식 성공에 기여할 수 있었음을 보여 주어야 한다.

이 당혹스러움에 맞서는 한 가지 방법이 '포괄적합도(inclusive fitness)'다. 이 개념은 영국의 젊은 생물학자 윌리엄 해밀턴(William Hamilton)이 1964년 출간한 사회적 행동의 유전학적 진화에 관한 두 논문에서 처음 개발한 것이다. 해밀턴은 아마도 윌슨보다 더 사회생물학의 창시자로 주장될 수 있을 것이며(윌슨도 인정했다), 그의 결론은 인간의 진화에 관한 현대의 논의에 광범위하게 사용돼 왔다. 다만 해밀턴의 사례는 현대의 인간이 아니라 개미, 벌, 애벌레였다.[35] '포괄적합도'는 가장 단순한 형태에서 유전적으로 연관된(심지어 먼 혈연까지도) 모든 친족이 친족집단의 유전자 번식에 기여한다는 것을 의미한다. 해밀턴은 자신과 가까운 친족을 위한 유전적 적합도를 극대화하는 데서 집단선택보다는 개인의 역할을 강조했다. 개인이 집단으로 움직일 수 있음에도 말이다. 인간의 진화에 적용하면, 포괄적합도는 생존과 번식 성공을 확보하기 위한 개인의 노력과 그것을 이루기 위해 필요한 호혜(互惠) 관계 모두를 설명할 수 있다. 고대의 인간 공동체에서 친족집단을 구성하는 개인들은 주어진 환경 안에서 성공적인 번식을 극대화하기 위해 호혜적인 기반 위에서 협력했기 때문이다. 친족집단에 대한 위협에 맞서는 데 이바지하기 위한 사회적 협력은 관련된 개인의 이익을 늘리고 생존을 위한 진화적 설계로서 포괄적합도를 정착시켰다.[36] 개인이 사회성을 받아들인 것은 그것이 자원 공유, 포식자와 경쟁자로부터의 보호(특히 여성의 경우에), 장기적인 자녀 양육 가능성 제고를 통해 자신들의 적합도를 높였기 때문이다. 포괄적합도를 극대화하는 유전형질은 자연선택을 통해 더 넓은 친족 조직으로 유전됐다. 생존 기회를 늘리기 위한 집단생활은 (많은 다른 동물과 마찬가지로) 물리적 위협과 환경의 압력에 직면하면서 인간이 갖추게 된 특징이었을 가능성이 크지만, 이것이 왜 반드시 개별 친족집단 사이의 경쟁과 충돌 격화로 이어져야 했는지는 더 상세한 설명이 필요하다.

집단생활의 결과 가운데 하나는 친족 조직과 그에 속하지 않는 사람들 사이의 구분이 강화됐다는 점이었던 듯하다. 침팬지와 상당히 비슷하게 초기 인간은 다른 사람들이 '우리' 가운데 하나가 아니라는 관점에서 그들을 상대했을 것이다. 일부 생물학자는 심지어 인간 집단이 타인을 다른 종을 보는 방식으로 보았다고 주장했다. 이른바 '의사 종 분화(擬似種分化, pseudospeciation)'라는 과정을 통한 것인데, 이것이 경쟁과 충돌을 정당화했다는 것이다.[37] 가능성이 더 큰 것은 부족해진 식량 자원을 둘러싼 경쟁이 집중되면서 한 친족집단이 자기네가 차지하고 있는 생태적지위에서 이웃 채탐자 집단을 배제하거나 축소시키는 '경쟁적 배제'가 조장됐다는 것이다.[38] 자원 또는 짝을 둘러싼 경쟁이 있는 곳에서는 충돌이 그곳에 참여하는 개인과 그들이 속하는 전체 집단 모두에게 적합도를 높여 줄 것이다. 거의 확실하게 일부다처제(남성이 복수의 여성과 짝을 짓는 것)를 바탕으로 하는 사회에서는 충돌이 짝을 추가로 확보하고 경쟁자인 남성들을 제거할 가능성을 가져다준다. 목표는 집단의 유전자를 더욱 널리 전파시켜 자기네의 포괄적합도를 높이는 동시에 경쟁 집단의 포괄적합도를 낮추는 것이었다. 이런 적응은 번식 기회를 높였다.[39] 진화론은 이득이 비용(죽음이나 부상)을 분명히 초과하는 곳에서만 충돌이 일어나야 한다고 주장한다. 더 크거나 더 효율적인 집단은 힘의 균형이 자기네 쪽에 유리할 때 외부자에 대한 공격을 선택할 것이다. 짝 또는 자원을 손에 넣어 적합도를 높일 가능성을 끌어올리는 것이다. 폭력을 향한 진화의 경향은 인간 채탐자와 수렵자가 오늘날 부족사회에서처럼 집단 사이에 사회적 협력을 하고 심지어 짝을 교환했을 수도 있다는 사실을 배제하지 않는다. 생존을 위한 적응이라는 측면에서 인간은 유연하게 대응한 듯하다. 그 적응은 진화의 긴 시간 동안 그들이 맞닥뜨린 도전의 성격에 대응해 다양했을 것이다. 폭력과 협력은 반대되는 것이 아니며, 호미닌이 생존과 번식 이익을 만들어 내기 위해 수십만 년에 걸쳐 개발한 진화 꾸러미의 두 요소다.[40]

그럼에도 개인(거의 언제나 남성들이다)을 연합 폭력에 참여하게 설득할 방법이 있어야 한다. 개별적으로 보자면 폭력에 참여하지 않을 때 생존 가능성이 더 클 것이기 때문이다. 한 가지 방법은 참여를 거부하는 사람을 처벌하는 것이다. '무임 승차자'는 집단에서 추방당하거나 더 심한 일을 당할 수 있다. 그리고 확보한 자원에서 어떤 몫도 차지하지 못하게 될 수 있다. 그 밖에 자기 보호가 집단 보호의 한 기능인 집단생활이라는 조건하에서 남성들이 이타주의라는 형질을 진화시켰다는 주장이 존재한다. 이타주의는 때로 개인이 가까운 친족을 돕기 위해서만이 아니라 더 넓은 친족집단을 위해, 심지어 집단에 속해만 있다면 친족이 아닌 사람을 위해서도 개인적인 위험을 감수하게 한다.[41] 이런 행동을 묘사하는 데 흔히 쓰이는 말이 '편협한 이타주의(parochial altruism)'로, 친족집단에 도움을 주는 것이지 외부자에게 도움을 주는 것이 아니다. 충돌은 집단의 순 적합도 이익이 개인이 치러야 하는 비용을 초과할 때 일어난다. 한 집단이 승리를 거두어 더 많은 자원 또는 짝을 확보한다면 참여한 개인들 또한 이득(특히 가까운 친족에 대한 보호)을 얻을 것이다. 다윈이 인식했듯이 "동조적이고 용감하며 믿음직한 성원"의 수가 더 많은, 다시 말해서 편협한 이타주의자가 더 많은 공동체는 자연선택에 의해 그렇지 않은 공동체를 밟고 성공할 가능성이 더 크다.[42] 이타주의는 물론 양날의 검이다. 참여하는 개인들은 많은 것을 얻게 되며, 특히 친족집단을 성공적으로 방어할 수 있다. 그러나 그들은 죽거나 다치거나 붙잡혀서 포로가 될 위험 또한 감수해야 한다. 현대의 부족 공동체들에 대한 민족지학 연구는 부족 간 폭력이 흔히 위험도가 낮은 공격으로 이루어짐을 확인하고 있다. 목표 집단의 일부를 죽이고 여성을 포로로 잡지만, 자기네 사상자는 별로 나오지 않는다. 오스트레일리아 원주민 사이에서는 여성을 차지하기 위해 사람을 죽이는 정규적인 충돌이 새벽 습격, 매복, 야간 조우전(遭遇戰)을 통해 이루어졌다. 공격자들의 손실 가능성을 줄이는 방법들이다. 편협한 이타주의자들의 연합 폭력은 방어를 위한 것이든 공격을 위한 것이든 오랜 진화 기간을 통해 생존과 번식 성공을 확보하는 한 가지 수단이었을 것이다.

참여한 사람들(초기 채탐자 및 수렵채집자에게 아마도 가장 건장한 남성을 의미했을 것이다)은 또한 자기네의 번식 가능성을 키웠을 것이다. 경쟁 집단에서 짝을 추가로 확보하거나, 자기네 집단의 여성들에게 더 매력적인 결합 후보가 되기 때문이다. 전사, 특히 큰 성공을 거둔 전사는 더 많은 자식을 낳아 포괄적합도를 높였을 것이고, 그 자식들이 또 유전자를 더 널리 퍼뜨렸을 것이다. 집단 간 충돌에 적응한 남성의 특성인 호전성과 용감성의 진화는 집단의 번식을 늘리는 효과를 가져왔을 것으로 주장돼 왔다. 남성이 더 많은 짝과 접촉하고 여성에게 영역, 식량 공급 같은 더 많은 자원을 제공함으로써다.[43] 공격적인 습격에서 전사 대부분은 젊은 남성이 되는데,

테스토스테론 분비가 최고치에 이를 뿐만 아니라 자신의 전투 능력을 입증하고 추가적인 개인의 적합도 이익을 확보함으로써 짝(또는 짝들)을 찾기 위해 가장 안달이 난 상태다.[44] 그렇다면 충돌은 남성에게 적응으로서 가치를 지니며, 번식에 도움이 되는 전략으로서 공격성의 생물학적 이점이 확인되는 것이다.

　반면에 여성들에게는 상당한 적합도 비용이 발생한다. 그들은 흔히 폭력 또는 납치의 목표물이 되거나 남편 또는 남성 친족의 피살을 겪는다. 보호와 자원에 대한 접근 가능성이 줄어드는 것이다. 이런 선택압력에 직면해 적합도를 높이기 위해 여성들은 생물학적 생존을 위한 전략을 고안했던 것으로 보인다. 치명적인 공격을 피해 달아나거나 그에 굴복하는 것이다.[45] 여성이 자신과 친족을 보호하기 위해 싸움에 참여하거나 자기네를 공격한 자들을 교란하기 위한 술수를 짜냈음을 시사하는 고고학적 증거도 있다. 미국 일리노이주 중부 노리스팜의 700년 된 공동묘지에서 폭력적이고 상해가 있는 죽음을 보여 주는 43구의 유골은 남녀가 거의 비슷한 수였다. 두개골에 아문 상처가 있는 것은 남성이 아홉, 여성이 여섯이었다. 이곳을 포함해 미국의 다른 유적지에서 발굴된 여성 유해는 공격자와 맞닥뜨려 입은 상처를 보여 주며, 확증할 수는 없지만 이 역시 여성이 필요할 때는 싸움에 참여했음을 시사한다.[46] 탈주 죄수 윌리엄 버클리(William Buckley)가 오스트레일리아 원주민 부족과 생활한 것을 적은 19세기 초 기록은 잦은 조우전과 더 큰 싸움들에서 여성들 또한 친족집단을 보호하기 위해 참여해 죽음을 무릅썼음을 보여 준다. 그 가운데 한 전투에 대해 그는 이렇게 회상한다. "여자들은 깔개를 던져 버리고 각자 짧은 곤봉으로 무장하고 남편과 오라비를 도우러 달려갔다. …… 남자와 여자는 사납게 싸웠고, 너나없이 피투성이가 됐다. 여자 두 명이 살해됐다."[47]

초기 인간 집단의 여성들이 호전적 형질의 진화를 자극했을 가능성이 있다. 더 효율적인 전사가 자기네를 더 효과적으로 방어할 수 있다고 생각했을 것이기 때문이다. 사납기로 소문난 부족 또는 씨족은 더 나은 보호를 제공했을 것이다. 싸움에서 승리한 남자(즉 살아남은 자)는 아내의 생존을 더 잘 보증할 수 있는 사람이었다. 영국 리버풀에서 60명의 남성과 60명의 여성(60퍼센트가 대학생이었다)을 대상으로 행한 한 한정 실험은 여성이 위험을 회피하는 남성보다는 용감한 이타주의자를 짝으로 선택할 가능성이 크다는 가설을 검증했다. 조사 결과는 여성이 정말로 장기적인 짝으로서 용감한 이타주의자를 선호하는 동시에 특성으로서도 용감성을 이타주의보다 중시함을 보여 주었다. 위험을 회피하는 남성은 낮게 평가됐다. 남학생들도 비슷하게 용감성을 이타주의와 위험회피보다 높게 평가해 이 결론을 확인했다. 이 결과는 분명히 예측할 수 있는 것이었다. 겁쟁이를 장기적인 짝으로 받아들이려고 나서는 여성은 별로 없을 것이고, 남성으로서도 위험을 떠안는 것이 아니라 회피하는 것으로 인정되기를 원하는 사람은 없을 것이기 때문이다.[48] 그러나 연구자들이 주장하듯이 그런 선택이 문화적으로 규정된 반응이 아니라 내재해 있던 조상으로부터 물려받은 정서를 반영한 것이라면, 확장된 친족집단의 여성들이 자기네를 보호해 주고 식량을 댈 수 있는 남성을 선호했고 한편으로 전투에서 성공적인 남성은 자식을 많이 낳을 수 있는 일부다처 문화를 유지했으리라고 주장하는 것은 일리가 있다. 전투 승리가 남성을 짝으로서 더 매력적으로 만드는지 아닌지는 현대의 일부 사례에서 확인된다. 야노마미의 한 전사 추장은 8명의 아내에게서 45명의 아이를 두었다고 한다. 그가 통치하는 마을의 사람 가운데 4분의 3이 그의 자손이었다.[49] 61명의 야노마미 노인(모두 이전에 전사였다)에 대한 또 다른 조사를 보면 이들 중 4명의 손주가 합쳐서 191명이었다.[50] 반면에 19세기의 유명한 아프리카 왕 샤카 줄루(Shaka Zulu)는 휘하 병사들이 군대 생활에 전념하게 하려고 그들의 아이를 밴 여성들을 죽여 버렸다.

포괄적합도를 확보하기 위한 한 가지 수단(결코 유일한 수단은 아니다)으로서 충돌과 관련한 진화는 현대의 진화론 및 과학적 개연성에 부합하기는 하지만 여전히 미심쩍다고 해야 할 듯하다. 오랜 인류 역사에서 확실한 증거가 없기 때문이다. 단순한 호미니드 공동체들이 짝을 얻고 자원을 이용하는 것을 놓고 (때로 격렬하게) 경쟁했으리라는 생각에 비판적인 사람들은 단순한 채탐자 및 수렵자들의 긴 시대를 대체로 집단 사이에서가 아니라 집단 안에서 충돌이 있었고 그것이 통상 타협 또는 이주로 해결된 시대로 보는 쪽을 선호한다. 물론 이것은 대체로 현재의 민족지학 사례를 과거에 희망적으로 투사한 것이고, 이 역시 추론적인 주장이기는 하지만 말이다.[51] 그런

비판은 지금 널리 받아들여지고 있는, 초기 인간이 생존과 포
괄적합도를 위한 전략을 추구했다는 통설과 조화를 이루기 어
렵다. 시간이 지나면서 생물학적 성공을 확보하기 위해 경쟁
적 폭력에 의존하는 것 같은 유연하고 변화무쌍한 대응이 필
요해졌기 때문이다. 동물행동학이 보여 주었듯이 그런 생물학
적 결과는 다른 많은 종에 관한 증거들과 일치한다.

　　진화와 관련한 주장은 또한 지난 5000년에 걸친 역사 시기
전쟁의 발전을 고려해야 한다. 병사들은 친족이 아닌 사람들
과 함께 싸웠고, 생물학적으로 무의미한 무리로 보이는 사람
들 속에서 자신을 희생했다. 대다수 진화생물학자는 최근(호
미니드가 존재했던 수백만 년과 비교할 때)의 충돌 역시 초기
에 그랬듯이 포괄적합도를 위한 적응에 몰두하는 문화의 진
화를 수반한다고 생각한다. 사실 문화를 개발하는 능력을 위
한 형질은 인간의 먼 과거로부터 물려받은 것으로 보인다. 생
존과 번식 성공을 보장하기 위한 또 다른 수단처럼 말이다. 종
의 성공은 "유전적으로 진화한 문화적 적응"이라고 불린 것에
의존했다.[52] 문화-생물 공진화(共進化) 개념은 분명히 더 최
근의 역사 시기에 관해 유용하다. 생물학적 측면에서 적합도
와 생존을 추구하는 것의 바탕에 있는 동기는 생존을 위한 도
구인 전쟁을 유지하고 정상화하는 문화와 어울리기 때문이
다.[53] 진화론에서 적합도 증대의 요소는 더 발전한 군장사회
와 국가에도 적용될 수 있다. 그들이 자원과 권력, 심지어 여
자(성적인 전리품으로 포획됐을 것이다)를 차지하려고 싸우
기 때문이다. 사실 부족사회로 합병되고 이어 더 큰 원시국가

체제로 합병되며 결국 발전된 국가로 합병되는 것은 분명히 더욱 조직화되고 실체적인 군사적 대응을 필요로 하는 증대되고 흔히 치열한 경쟁에서 나온 결과였다. 사회조직의 변화는 이렇게 생물학적이고 문화적인 양쪽 모두의 측면에서 필요할 경우 전쟁을 선호하는 쪽으로 선택됐고, 전쟁은 인간 역사의 상당 기간에 걸쳐 어떤 공동체 또는 정치체에 존망의 문제였다.

편협한 이타주의는 또한 너무 많은 왜곡 없이 현대 국가 및 민족 사이의 충돌에도 적용될 수 있다. 여기서 자민족 중심주의는 전쟁 중인 사람들을 단결시킬 수 있고, 그 전사들은 더 넓은 공동체의 생존을 위해 자신을 희생한다. 심지어 많은 개인적 희생을 무릅쓰고서라도 말이다. 제2차세계대전 막바지에 독일과 일본이 남성의 거세와 여성의 성적 정복을 통해 생물학적으로 절멸될 수 있다는 공포를 정부 선전의 일부로 삼고 필사적인 방어를 격려한 것은 특기할 만한 일이다. 이때 합리적인 선택은 항복이었다. 두 나라는 또한 민족의 순수성과 민족 소속감에 대한 과장된 인식을 드러냈고, 초기 인간을 위한 '포괄적합도' 패러다임을 더 큰 규모로 되풀이했다. 실제로 독일은 적합도에 대한 생물학적 필요성을 의식적으로 받아들여 독일 여성들의 출산 증대를 자극하고 정복된 지역에서 아이들을 잡아다가 독일 민족 집단을 확충했다(이들은 생물학적 기준에 따라 '편입'으로 분류됐다). 제2차세계대전 중에 병사들이 국가 지도부의 더 넓은 이데올로기적 목표에 별로 영향을 받지 않았다는 것 또한 분명하다. 그 대신 그들은 자기가 속한 작은 단위에 대한 헌신을 보여 주었다. 무엇보다도 자기네의 역할과 희생이 고국의 친족을 보호한다고 믿었기 때문이다. 이는 병사들이 대개 가족사진을 가지고 전쟁터로 나간 사실로 입증된다. 자기희생이 개재되는 특출한 영웅적 행위는 전우들의 가까운 주변인들을 돕기 위해 흔하게 이루어졌고, 이런 일은 유전적 친연성으로 연결되지 않은 사람들 사이에서 대용 친족집단을 형성했다.

「폭력에 관한 세비야 성명」은 2017년에 같은 도시에서 열린 한 회의에서 다시 거론됐다. '전쟁, 환경, 사회적 불평등, 평화 연구' 모임이 조직한 회의였는데, 그 목표 가운데 하나는 "평화를 촉진하는 효과적인 방법을 규명"하고 한편으로 폭력이 유전적으로 전해진다는 생각을 굳게 거부하는 것이었다. 그러나 이 성명이 처음 발표된 지 30여 년이 지나는 사이에 진화론은 충돌이 생물학적 생존과 관련된 이유로 인간의 과거에 깊숙이 뿌리박고 있다는 가설을 검증하고자 하는 데서 상당한 진전을 이루었다.[54] 전쟁이 '우리 유전자 속에' 있다는 생각은 싸우려는 본능에 대한 오래된 생각과 마찬가지로 진화적 적응을 통한 유전을 더 정교히 이해함으로써 수정됐다. 그러나 지금은 인간 존재의 기간 대부분 동안, 포괄적합도의 추구가 사회성과 협력뿐만 아니라 환경이 그것을 필요로 하는 듯할 때는 충돌까지도 포함한다는 결론을 피할 수 없어 보인다. 전쟁은 선천적인 것이 아니라 후천적인 것, 즉 생물학적인 것이 아니라 사회적·문화적 환경이 만들어 낸 것이라는 끈질긴 주장은 쓸모없는 이분법이다. 먼 과거에 생물학적 생존은 번식 성공에 달려 있었고, 그것은 다시 진화적 적응[내포 집단을 보호하거나 그 생존 가능성을 키우기 위한 암수 이형(異形), 편협한 이타주의, 친족 선택, 수컷의 공격성 등]의 결과였다. 적응 형질 모두가 생존을 보장하는 것은 아니며, 기후의 급격한 변화나 식량 자원 감소 같은 임의 효과에서도 영향을 받을 수 있다. 대부분의 인간 종이 소멸했다는 것은 호미닌에게도 진화의 막다른 골목이 있었음을 나타낸다. 호모사피엔스조차 인구 수준이 아주 낮아 거의 멸종위기종에 가까웠던 시기가 있었다. 그러나 호모사피엔스와 함께 진화한 형질은 경쟁에서 생존을 확보할 수 있을 만큼 매우 강했다. 물론 그러려면 시간이 흐를수록 더 큰 규모로 경쟁자를 살해해야 했지만 말이다.

생물학적 설명에 대한 불신(너무 결정론적인 동시에 너무 이론적이라는 것이다)은 충돌과 인간의 진화에 관한 여러 사회과학의 접근법에 여전히 박혀 있다. 인간의 공격성에 관한 대중서를 조사한 한 인류학자는 '생물학옹알이(biobabble)'라는 경멸적 별칭을 붙이기도 했다.[55] 사회학자 스티브 브루스(Steve Bruce)는 1999년 "인체생물학은 인간 사회 구축을 위해 아무것도 하지 않는다"라고 썼다. 분명히 방어하기 어려운 주장이다.[56] 그 1년 전, 사회생물학의 아버지 에드워드 윌슨은 광범위한 사회과학의 비판에 대응해 사회과학은 인간의 행동에 대한 생물학적 접근으로 대체돼야 한다고 단언했다.[57] 그의 입장이 극단적으로 보일지 모르지만, 이제 다윈의 '생존을 위한 투쟁'의 수정판을 제공하는 진화생물학의 중요성을 부정하

는 것은 도움이 되지 않는 듯하다. 충돌의 형질 그리고 사회성
과 문화 건설의 형질이 결과물로서 인간을 설명하는 데 한몫
했기 때문이다.

(2)

심리학

국제연맹에 의해 또는 국제연맹의 부추김에 의해 얼마나 많은 비용이 전쟁 충동의 본질에 대한 심리학적 연구에 들어갔는가? 개인적 또는 사회적인 인간의 충돌이라는 수수께끼를 풀기 위해 얼마나 많은 나라의 얼마나 많은 심리학 연구 기관이 밤낮으로 일하고 있는가? …… 전쟁의 심리 현상과 동기를 연구하는 일은 세계의 어떤 나라도 하지 않고 한 푼도 들이지 않고 있다.

— 에드워드 글로버, 1931년[1]

영국정신분석연구소의 프로이트학파 지도자 가운데 한 사람인 에드워드 글로버(Edward Glover)는 전쟁의 원인이 인간의 마음에서 발견될 것으로 생각한, 1930년대에 성장하고 있던 서방 심리학자 집단의 일원이었다. 전쟁으로 향하는 본능을 확인하는 것은 새로운 평화의 심리학을 가능케 할 것이라는 희망이 있었다. 그것이 한 열광자의 주장대로 성인 인구 상당수에 대해 정신분석을 한다는 얘기일지라도 말이다. 끊임없는 전쟁이라는 수수께끼에 답하기 위해 비교적 최근의 학문인 심리학의 성과를 이용하려는 야심은 아인슈타인이 프로이트에게 그 대답을 위해 숙고하도록 청한 이유였다. 프로이트의 변치 않는 '죽음충동'에 대한 고집은 비관적인 결론으로 보였지만, 충돌과 공격성을 마음의 작용과 연결하는 더 유용한 방법을 찾는 일은 이후에도 계속됐다.

여러 가지 면에서 프로이트는 아인슈타인이 질문을 던지기에 부적합한 인물이었다. 정신분석학자들은 정신병을 가진 개인에 대한 의료 행위와 임상 결과에 초점을 맞출 뿐 전체 사회나 국가를 대상으로 하지 않았다. 1920년대에 이 분야에서는 그 과업이 소수 환자의 내면에 관한 것이지 전쟁의 원인 같은 바깥 세계의 더 광범위한 문제가 아니라는 것이 널리 받아들여졌다. 그럼에도 심리학자들은 제1차세계대전의 공포를 충돌의 기원에 관해 이야기해야 할 계기라고 보았다. 미국의 심리학자 대니얼 필립스(Daniel Phillips)는 전쟁 발발 직후인 1914년 8월에 글을 쓰면서 전쟁에 대한 하찮은 피상적 설명을 일축하고 영원한 호전 본능에서 "더 깊고 진정한 원인"이 발견될 것이라는 데 가세했다. "모든 역사는 이 들끓는 전쟁의 화산에 대한 증거를 제공"한다고 그는 썼다.[2] 프로이트는 1915년에 쓴 「전쟁과 죽음에 관한 시평(Zeitgemäßes über Krieg und Tod)」에서 인간의 깊숙한 곳에 폭력을 향한 '원초 충동'이 있을 것이라는 필립스의 견해를 공유했다.[3] 그는 이 생각을 제1차세계대전 뒤에 『쾌락 원칙의 저편(Jenseits des Lustprinzips)』에서 발전시켰다. 이 책에서 그는 처음으로 모든 유기물은 무기물 상태로 돌아가고자 한다는 자신의 견해를 상술하고, 쾌락 원칙을 자신이 죽음충동이라고 부른 것과 대비했다. 이런 이분법이 인간이 어떻게 사랑과 증오를 동시에 할 수 있는지를 설명해 준다고 그는 생각했다. 그 시작은 부모와의 관계인데, 그는 이를 '오이디푸스 콤플렉스(Oedipus complex)'로 명명했다. 아이는 어머니를 사랑하지만 또한 어머니에 대해 좌절감을 느끼며, 아버지를 사랑하면서 또한 아버지에 대해 적대감을 느낀다는 것이다. 이 정신적 긴장에서 생겨나는 공격성은 언제나 죄의식에 의해 억제되지만, 최근의 충돌에서 그랬던 것처럼 특정 환경에서는 발휘될 수 있었다. 그럼에도 프로이트는 이 통찰을 개인이 아니라 집단의 분석에 적용하는 데 신중했다. 개인 수준을 넘어 이동시키려는 어떤 시도라도 임상 증거가 없다는 문제가 있음을 알았기 때문이다. 프로이트는 죽기 직전인 1939년에 "인간이 물려받은 태고의 유산"에 대해 암시했다. 집단, 심지어 국가가 '죽음충동'과 씨름하고 있을 때 그들에게도 적용될 수 있는 "이전 세대 경험의 주제와 기억 흔적"이다. 그러나 그는 전쟁의 원인에 관한 어떤 전반적인 심리학 이론도 개발하지 않았고, 그것이 그가 아인슈타인에게 미적지근한 반응을 보인 이유를 설명한다.[4]

정신분석을 전쟁이라는 더 넓은 문제에 적용하는 것은 프로이트의 정신분석학을 계승하는 이들의 몫으로 남았다. 특히 영국이 중심이었는데, 이곳에서는 1930년대에 공격성에 관한 이론이 '쾌락 원칙'에 관한 어떤 관심보다 우세했다. 전쟁이 집단적 광기에 의한 행동으로 널리 받아들여졌기에 심리학은 그것을 설명하는 데 아주 적절한 학문으로 보였고, 전쟁 문제를 다루는 것은 비교적 초기 단계에 있는 이 과학의 긴급한 책무로 보였다. 1930년대에 심화되는 국제적 위기를 맞아 정신분석학자들은 프로이트의 이론을 활용하여 개인의 공격성뿐만 아니라 전쟁으로 표출되는 집단적 공격성이라는 현상을 설명하기 위해 노력했다. 그 결과는 후대의 한 비판자가 말했듯이 "엉성하고 난잡"한 듯했지만, 프로이트의 계승자들은 사회학과 정치학이 지배하던 영역에서 심리학의 외연을 확장할 기회를 발견했다. 그들은 대체로 프로이트의 '죽음충동'을 이해하지 못했는데, 오해의 소지가 컸기 때문이다[특히 이것은 영어로 통상 'death instinct(죽음본능)'로 번역됐는데, 생물학적 뿌리를 시사하는 말이지만 여기에는 증거가 없었다]. '죽음충동'은 오토 페니헬(Otto Fenichel)이 1935년 발표한 저술 「정신분석, 전쟁, 평화에 관하여(Über Psychoanalyse, Krieg und Frieden)」에서 지적했듯이 전쟁을 목표로 한 것이 전혀 아니었고, 그저 파괴를 위한 무의식적 충동과 사랑을 위한 긍정적 능력 사이에 붙잡혀 있는 인간의 분열된 자아를 이해할 수 있게 만들려는 시도였다.[5] 그 대신에 정신분석학자들은 미래 공격성의 근원으로서 오이디푸스 콤플렉스를 통한 유아기의 프로이트식 해석에 초점을 맞추었다. 전쟁을 향한 심성은 "유아기 동안에 확충"된다고 글로버는 주장했다.[6]

글로버는 전쟁의 기원을 설명하려고 노력하는 정신분석학자 중 단연 가장 중요한 인물이었고, 1931년 제네바로 초청돼 국제연맹협회연합회(IFLNS)에서 전쟁과 그 해결책에 관한 자신의 생각을 이야기했다. 그는 프로이트가 유아기 초기에 초점을 맞춘 것은 미래의 성인을 이해하는 데 핵심적이었다고 주장했다. 모든 젖먹이 아이는 어머니를 사랑할 수 있지만, 젖을 먹을 수 없게 되면 공격성이 표출된다. 모든 아이는 아버지를 사랑하지만, 그가 자신과 어머니 사이에 끼어드는 것을 싫어한다. 이 오이디푸스 콤플렉스적 반응은 사랑과 증오, 애정과 가학 사이의 긴장에서 나타나며, 오직 '정상 성인'이 부정적 형질을 무의식적으로 억제함으로써만 극복할 수 있다고 글로버는 주장했다. 공격성은 억눌렸던 죄책감과 성욕이 풀려나 전쟁에서 잠재적인 적을 상대로 투사되면 촉발될 수 있다. 그러나 전쟁은 오로지 정신의 상황이 유아기에 이미 잘 준비됐기 때문에 가능했다.[7]

공격성의 기원에 관한 이 견해는 오스트리아-헝가리의 정신분석학자 멜라니 클라인(Melanie Klein, 1930년대에 글로버의 연구소에 들어왔다)과 영국의 발달심리학자 수전 아이작스(Susan Isaacs)의 임상 연구로 보강됐다. 그들은 유아에 대한 관찰을 통해 글로버가 그랬듯이 젖을 먹는 과정이 어머니에 대한 사랑을 촉발하고, 한편으로 젖을 먹을 수 없는 것이 불안과 공격성의 주요 원천이라는 점을 시사했다. 이 두 충동으로 만들어진 긴장은 모든 유아에게 공격적 좌절감(aggressive frustration)을 만들어 내지만, 또한 공격자인 어머니에 대한 두려움도 느끼게 한다. 클라인은 동료들의 강한 반대를 무릅쓰고 아주 어린 아기의 내적 세계는 공포, 파괴 성향, 가학성, 박해가 얽힌 복합체이며, 이런 악몽 같은 세계가 나중에 핵심 산물로서 공격성을 낳는다고 주장했다.[8] 클라인의 협력자이자 지지자인 아동 분석가 조앤 리비어(Joan Riviere)는 아기의 공격적 환상에서 핵심에 있는 노골적인 폭력성을 생생하게 보여 주었다. "사지로 밟고 차고 때릴 것이다. 입술, 손가락,

손으로 빨고 비틀고 꼬집을 것이다. 이로 물어뜯고 끊고 토막 내고 자를 것이다. 입으로 먹고 삼키고 죽일(전멸시킬) 것이다.”[9] 클라인과 그의 후학들은 전쟁 비슷한 것에 대해 프로이트 이상으로 이야기하려 하지 않았다. 클라인은 1920년대 초 전쟁으로 감정적 상처를 입은 아이들을 연구하기 시작해 전쟁과 전후 고통의 충격으로 상당한 영향을 받았지만 말이다.[10] 그러나 유아의 공격성에 관한 이론을 다른 사람들은 ‘전쟁심리학의 원형’으로 받아들였다. 이 주장은 공격과 전쟁을 위한 마음의 충동이 인간 생애에서 아주 이른 시기의 산물임을 보여 주는 데 이용됐지만, 이런 견해에 대해서는 임상적 증거가 전혀 없었다.[11]

두 번째의 거대하고 파멸적인 충돌을 경험하고 난 1945년 이후 심리학자들은 전쟁과 공격성에 물질적·이데올로기적·정치적 경쟁보다 더 근본적인 심리학적 뿌리가 있다는 생각에 더 기꺼이 의존했다. 정신분석학자들에게 1930년대에 개발된 프로이트 모형은 계속해서 전쟁을 이해하기 위한 토대 구실을 했다. 아버지를 증오하는 오이디푸스 콤플렉스적 충동은 적에게 투사될 수 있었고, 한편으로 아버지 같은 존재에 대한 사랑은 국가 지도자나 군 지휘관을 위해 유보될 수 있었다. 반면 국가에 대한 모독은 어머니 같은 존재에 대한 강간 미수에 해당했고, 남자라면 이에 대해 격렬한 분노로 대응해야 했다. 이런 파괴적 본능이 “전쟁의 가장 큰 원인”이라고, 프로이트 저작의 번역가 가운데 한 사람인 분석가 앨릭스 스트레이치(Alix Strachey)는 말했다.[12] 부자간 경쟁의 상당 부분은 억압된 성욕과 관련이 있기 때문에 정신분석학자들은 억압된 공격성을 풀어 놓는 전쟁에서 아들은 이제 적으로 구현된 아버지를 거세하고자 한다고 생각했다. 이와 동시에 거세에 대한 공포는 그 자체의 폭력을 만들어 낼 수 있다. 프랑스의 분석가 마리 보나파르트(Marie Bonaparte)는 1947년 출간한 『전쟁의 신화(Mythes de guerre)』에서 독일인들은 동프로이센을 나머지 독일과 갈라놓은 '폴란드 회랑'을 국가의 거세나 다름없다고 보았으며, 폴란드인들이 자국에 살고 있는 독일인들을 거세하고 있다는 1939년 여름의 보도를 히틀러가 침략 전쟁을 정당화하고 아마도 자신의 무력화 공포를 극복하는 데 이용했으리라고 주장했다.[13]

1966년 『전쟁의 정신분석(Psicoanalisi della guerra)』(이 주제로서 아직까지 유일하게 진지한 책이다)을 쓴 이탈리아의 정신분석학자 프랑코 포르나리(Franco Fornari)는 유아기의 경험이 제2차세계대전에서의 행동에 영향을 미쳤다는 생각을 더욱 추구했다. 1945년 7월 미국 뉴멕시코주 앨라모고도 폭격 실험장에서 원자폭탄 실험이 성공했을 때 사업 책임자 레슬리 그로브스(Leslie Groves) 장군은 해리 S. 트루먼(Harry S. Truman) 대통령에게 '아기가 태어났음'이라고 전보를 쳤다. 포르나리는 이것이 중요한 단어 선택이라고 보았다. 더욱 눈에 띄는 것은 폭탄을 히로시마에 떨어뜨린 B-29 폭격기 조종사 폴 티베츠(Paul Tibbets)가 항공기 이름을 자기 어머니 이름을 따서 '에놀라 게이(Enola Gay)'라고 한 결정이라고 포르나리는 주장했다.[14] 포르나리는 더 나아가 전쟁 자체는 죽음충동 및 그와 연관된 공격성('죽음본능〔원문대로〕의 외향 굴절')에 의해 만들어진 심각한 불안을 극복하는 한 방법이라고 주장했다. 이 내면의 혼란을 밖으로 투사하는 것은 전쟁 자체를 일종의 치료로 바꾸어 놓는다. 그것이 유아기의 공격성과 관련된 죄의식을 제거하기 때문이다. 투사는 죄를 적에게로 돌린다. 그 적은 이제 모든 남자(포르나리는 오직 남자만 이야기한다)의 내부에 잠복해 있는 악의 구현체로서 살해될 수 있다. 적을 죽이는 것은 죽음충동과 관련된 '나쁜 것'을 파괴하는 일에 해당한다. '원시시대'의 전쟁(포르나리는 최근의 민족지학 연구를 통해 투사가 있었음이 분명하다고 생각했다)이든 현대의 전쟁(무의식적 동기가 가려졌지만 그럼에도 실재한다)이든 말이다. 포르나리의 이른바 '편집증적 전쟁'은 남자에게 내재한 미약한 공격성의 결과가 아니라 '내재적인 광기'의 한 형태다. 남자는 "그것을 통해 그 환경(즉 그의 어머니)과 가장 이른 관계를 수립"한다. 티베츠가 에놀라 게이와 그랬던 것처럼 말이다.[15] 오직 핵전쟁만이 정신분석학적 이해를 변화시킨다고 포르나리는 결론지었다. 그것은 오이디푸스 콤플렉스적 환상의 증오하는 적뿐만 아니라 사랑의 대상인 모국과 어머니 역시 파괴할 것이기 때문이다.

전쟁에서 나타난 억압된 성적 공포와 공격성이라는 강력한 요소는 1930년대 이후 전쟁의 본질을 토론하는 데서 정신분석학과 관련된 비유가 됐다. 전쟁은 갑자기 표면으로 드러난 무의식적 스트레스의 표현이었고, 이는 무의식적 공포와 관련된 상징적 행위를 만들어 냈다. 미국 정신병학자 모리스 월시

(Maurice Walsh)는 1973년 미국 인디애나주 노트르담대학교에서 열린 전쟁의 원인에 관한 대규모 학술회의에 참석해 이것이 고대 이집트에서 패배한 적의 머리를 전리품으로 취하지 않고 음경의 포피를 자른 사례를 설명해 준다고 말했다. 그는 북극 지방 일부 전사 부족이 학살된 여성들의 음문을 잘라 줄에 걸어 놓아 상대방 남자들이 보게 한 관습을 추가할 수 있었을 것이다. 이에 대해 프로이트 심리학은 틀림없이 설명할 수 있었을 것이다.[16] 오이디푸스 콤플렉스적 충동은 너무 강력해서 노인들이 자기 아들들을 전쟁에 내보내 죽게 했으며 [오이디푸스 콤플렉스는 자기 아들들을 먹은 그리스 신의 이름을 따서 '크로노스 콤플렉스(Cronus complex)'로도 알려져 있다], 젊은이들은 어릴 적 어머니와의 사이에 끼어든 아버지의 가증한 이미지로서 적을 죽였다고 월시는 생각했다. 아버지를 죽이거나 거세할 수 없으니 적을 희생양 삼아 죽이는 것이다. 이 심리학적 콤플렉스들은 '원시 전쟁'의 습격과 머리 사냥에서부터 현대의 조직화된 전쟁까지 모든 것을 설명할 수 있었다.[17]

인디애나에서 열린 이 회의는 정신분석을 전쟁의 원인에 적용하는 데서 전환점으로 볼 수 있을 것이다. 학계 참석자들 가운데서는 심리학이 개인에서 사회 또는 기관으로 옮겨 가더라도 정말로 그 주장하는 바를 할 수 있다고 인정하는 데 대체로 주저하는 경향이 있었다. 생물학자 이레네우스 아이블아이베스펠트(Irenäus Eibl-Eibesfeldt)는 오이디푸스 콤플렉스가 허구에 지나지 않는다고 생각했다. 이런 견해는 심지어 다른 심리학자들 사이에서도 널리 공유됐으며, 전쟁에 적용하면 더욱 허구적인 것으로 생각됐다. 참석자 가운데 한 사람인 정신병학 교수 로버트 캔크로(Robert Cancro)는 얼떨결에 정신병리학이 전쟁의 원인을 이해하는 데 기여한 바에 대한 개인적인 견해를 고백했다. "나는 그 기여가 무지 적다고 생각합니다."[18] 이 회의 후 20년 뒤에 전쟁을 이해하는 데 정신분석학의 기여를 요약하면서 심리치료사 다이애나 버킷(Diana Birkett)은 이 학문이 세상사의 외적 삶보다는 환자의 내적 삶을 치유하고자 노력하면서 그 뿌리로 돌아갔음을 발견했다. 미국 정신분석학자들이 오래전에 이미 취했던 방향이다.[19] 지난 25년 동안 이 학문의 주요 출판물인 《국제정신분석학저널(International Journal of Psychoanalysis)》에는 전쟁이나 집단 공격성에 관한 논문이 한 편도 실리지 않았다.

프로이트가 아인슈타인에게 한 대답은 전쟁에 대한 심리학적 설명을 확충하는 데 별다른 기여를 하지 못했다. 죽음충동은 미심쩍은 가치관에 대한 비유에 지나지 않는 것으로 생각됐다. 오이디푸스 콤플렉스라는 관념이 전쟁과 공격성에 책임이 있다거나, 강력한 유아기 환상에 관한 클라인의 이론들이 '전쟁심리학'의 기원을 입증했음을 보여 줄 방법은 없다.

프로이트와 그 추종자들은 억압된 내적 자아를 불러내기 위해서는 어떤 외부 자극이 필요하다는 것을 알았지만 유아기 억압 개념은 그것이 확실하다면 보편적(시간과 공간 모두, 남자와 여자 모두)인 것으로 생각됐고, 그것은 다시 증명이나 타당성을 넘어서는 것이었다. 어떤 부모라도 알겠지만 유아기

억압은 충분히 사실이다. 그러나 그것이 나중에 전쟁터로 갈 의지로 바뀔지 아닐지는 사실이라기보다는 여전히 추측으로 남을 것이다.

정신분석이 설명의 막다른 골목임이 입증된 이상, 전쟁에 필요한 심리적 형질에 대한 연구는 여전히 이 학문이 확실하게 어떤 기여를 할 수 있느냐를 둘러싸고 큰 논쟁이 벌어지는 분야다. 그 결과로 공격성이(따라서 전쟁이) 진화적 압력의 산물인지 아닌지 하는 생물학적 문제와 밀접하게 연결된 논쟁이 벌어졌다. 공격성이 일부 인간(주로 남성)의 특성이라는 데는 논란의 여지가 없지만, 심리학적 논쟁은 생물학적 논쟁과 다르다. 공격은 좌절이나 공포를 촉진하는 상황에 대한 심리학적 반응이며, 따라서 1장에서 탐구한 생물학적 명령이 아니고 학습된 심리로 보이기 때문이다. 여러 세대에 걸친 학습 과정은 진화를 통한 생존에 필요한 심리적 적응에 영향을 미친다. 그 가운데 하나가 전쟁을 위한 성향일 것이고, 다른 하나는 일종의 '정신적 이형성(二形性)'(이를 통해 남성은 심리적으로 싸움을 하려는 경향이 있고, 여성은 번식을 담당한다)을 위한 증거일 것이다. 이들 주장 가운데 어느 것도 인간의 심리와 오랜 전쟁의 역사 간 관계가 어떤 것이냐에 대해 의견의 일치를 만들어 내지 못했다.

1980년대 이래 진화심리학은 인간의 마음이 장기적으로 어떻게 진화하는지를 이해하는 데 중요한 디딤돌이었다. 학문으로서 그것은 여전히 진행 중인 작업으로 많은 논쟁의 여지가 있으나, 전쟁과 관련한 진화는 이 학문이 매달리고 있는 주제 가운데 하나다. 진화심리학에는 마음이 전개되는 보편적인 도구가 없으나, 그 대신 진화적 적응의 구체적인 각 문제를 다루기 위한 여러 가지 하위 구조를 가지고 있다.[20] 그 하위 구조들 사이의 상호작용이 인간 조상의 행동에서 전쟁 폭력의 능력을 만들어 냈을 것이다. 이 폭력은 오직 집단 또는 연합의 산물일 수밖에 없으며, 그 집단은 선사시대라는 무대에서 포식자 및 다른 인간들로부터 자신을 보호할 필요가 있었다. 진화라는 관점에서 핵심 주장들 가운데 가장 큰 논쟁을 불러일으킨 것은 이른바 남성 전사 가설이다. 이 가설은 집단의 남성들이 충돌에 심리적으로 적응했다고 주장한다. 이 주장은 남성의 포괄적합도에 대한 생물학적 추구와 밀접하게 연결돼 있다. 여기서 중요한 문제는 남자들이 다른 집단에 맞서 폭력을 행사하기 위해 연합을 형성할 수 있게 하는 심리적 기제를 규정하는 것이다. 이 기제들은 개별적이거나 직접 수행하는 공격의 심리와는 다르다. 그것은 정의상 집단 폭력(collective violence)을 가능케 하는 협력의 능력이기 때문이다. 그들은 서로 다른 여러 가지 맥락(문화적인 동시에 환경적인) 안에서 움직인다.[21] 오랜 진화의 시간을 거치면서 집단 또는 부족을 경쟁 상대의 위협으로부터 보호할 필요에 의해 생겨난 공포는 남자들 사이에서 연합 전쟁을 위한 학습된 심리적 반응을 만들어 냈을 것이다. 공동체의 나머지를 보호하고 번식을 성공시키기 위해 개인의 위험을 무릅쓰는 이타주의적 자발성 같은 것이다.[22] 진화에 대한 이런 견해에서 내집단 남성은 시간이

  왜 전쟁인가?

지나면서 위협에 직면해 연합의 이점을 배우며, 이에 따라 집단에 분명한 비용편익이 있다면 외집단에 맞서 행동한다. 시간이 지나면서 공격 성공이 입증된 집단들은 미래의 공격(방어적인 것과 공격적인 것 모두)을 심리적으로 받아들일 만한 것으로 볼 가능성이 더 크고, 전사 남성들이 따를 수 있는 공격을 위한 규범을 만드는 경향을 보인다.[23] 남성 전사 가설의 비판자들은 이 과정을 문화적으로 전달된 어떤 것으로 본다. 문화적 집단선택이라고 불리는 것을 통해서다. 그러나 오랜 시간에 걸친 반복과 모방의 과정은 연합 폭력을 위한 성향이 일부 남성에게 심리적으로 규범적인 것이 돼서 학습된 적응이 진화한 상태가 됐음을 시사한다.

진화심리학의 문제는 오랜 시간에 걸친 연합 폭력을 위한 심리적 성향(이에 따라 인간 남성들은 집단 간 충돌에 관여해 왔을 수도, 아닐 수도 있다)을 가리키는 명확한 증거를 찾아내기가 어렵다는 점이다. 전사 엘리트들이 연합 전쟁을 정당화하기 위해 규범적 심리에 어느 정도나 의존했는지를 보여 주는 데 두 역사적 사례가 도움이 될 것이다. 다만 이 사례들은 훨씬 더 긴 시간대에 걸쳐 일어나는 진화적 적응에 관한 것이 아니다. 첫 번째는 기원전 제1천년기 그리스 도시국가 스파르타의 사례고, 두 번째는 기원후 제1천년기 스칸디나비아 바이킹[노르드멘(Nordmän)]의 전쟁이다. 스파르타인들[그들은 자신을 '스파르티아테스(Spartiátēs)'로 불렀다]은 유명한 군국주의적 문화를 발전시켰다. 부유한 남성 시민 모두는 무기를 들고 자주 다른 그리스 도시국가들을 상대로 또는 잘 알려진 크세르크세스(Khashayarsha)의 페르시아군 침공의 경우에는 외국의 침략에 맞서 싸웠다.

스파르타인들은 기원전 480년 300명의 병력으로 페르시아 군대에 맞서 테르모필라이 고개를 지켰는데, 여기서 레오니다스(Leonídas) 왕과 그 병사들은 마지막 한 사람까지 살해됐다. 이것은 스파르타인들이 모두 공동체를 위해 자신을 희생할 각오가 돼 있어야 함을 알고 있었고 또 시민 서약이 요구한 대로 그렇게 했음을 보여 주는 상징적인 전투였다. 대열을 흐트러뜨리거나 전쟁터에서 탈주한 스파르타인은 '겁쟁이'로 알려지고, 불명예의 징표로 수염의 절반을 밀고 누더기를 걸쳐야 했다. 스파르타 시민의 어린 아들들은 결국 병사가 될 그날을 위해 교육을 받고 준비하는 엄격한 체제 아래 양육됐다. 어떤 위반이든 자주 채찍질을 당하고 운동에 뛰어나도록 권장되고 가족과 분리된 그들은 공포, 수치심, 자부심 같은 감정을 버리고 군사 훈련의 가혹한 요구에 심리적으로 준비되도록 권장됐다. 전투에서 희생하는 것까지 포함해서다.[24] 스파르타의 문화는 분명히 이들 가치관을 강화했지만, 세대에서 세대로 넘어가면서 심리적으로 전쟁을 남성의 의무라고 받아들이는 것은 문화적 맥락 이상의 것(수백 년에 걸쳐 매우 강력하게 새겨진)이 필요했을 것이다. 스칸디나비아 바이킹 역시 스파르타인과 마찬가지로 이른바 지배적 남성 집단이 지배하는 군국화한 사회라는 명성과 함께 떠올랐다. 이 전사 지배층이 더 넓은 공동체를 위해 전투에서 희생되는 것은 영광스러운 죽음으로 받아들여졌다. 스파르타에서와 마찬가지로 비겁함은 남자를 사회적 추방자로 전락시켰고, 바이킹 문화에서는 아내가 이혼할 수 있는 이유가 됐다.

어린 소년들에게는 장난감 무기(칼, 활과 화살, 창, 도끼 등)가 주어져 그들이 청소년기가 됐을 때 하게 될 전투를 준비하도록 장려됐다. 『에길 전설(Egils saga)』에서 어린 에길은 다른 소년과 말다툼을 하다가 그를 죽였다고 어머니에게 칭찬을 들었다. 훌륭한 전사가 될 자질을 보여 주었기 때문이다.[25] 바이킹의 전사단(戰士團)은 전형적인 내집단이었다. 강한 정체성을 가지고 전투에 필요한 특성들에 의해 고무되며 희생도 마다하지 않았다. 그 한 사례가 1014년·더블린 교외 클론타프에서 벌어진 전투인데, 여기서 바이킹 군대는 아일랜드인들에게 패해 모두 학살됐다. 고고학적 증거가 보여 주듯이 바이킹 군대에는 외부자들이 합류하는 것이 가능했다. 그들은 합류할 때 충성 맹세를 하고 내집단의 상징을 받아들였으며 같은 무기, 기치, 독특한 색깔의 방패를 들었다. 군사적 가치관이 바이킹 사회를 지배했고, 용감하다는 명성은 더 광범위한 영향력과 좋은 혼처를 예고하는 것이었다.[26] 군사적 용감성, 공동체 보호, 전쟁에서 자신을 희생할 의지라는 심리는 스파르타에서와 마찬가지로 바이킹 사회에서도 깊숙이 박혀 있었던 듯하다. 진화론이 상정한 조상의 행동양식을 반영했을 것이다.

용감성 찬양은 현대의 전쟁에서도 쉽게 인식된다. 여기에는 초기 역사 속 인간의 심리적 성향을 재구성하고자 하는 데서 제기되는 문제는 없다. 인류학자 고드프리 마링기라(Godfrey Maringira)는 짐바브웨 군대에서 15년 동안 복무한 뒤 아주 다른 직업에 뛰어들었다. 그는 신병이자 훈련병이었던 자신의 경험에 대해 썼는데, 교관들은 병사들이 자신을 지배 남성으로 생각하게 하기 위해 온갖 노력을 했다. 교관들은 이렇게 말했다. "우리는 남자들의 집에 들어왔고, 여성스러움을 버려야 한다." 그들은 살해를 이해하고 찬양하며 민간인들을 '여자'로 멸시하도록 훈련받는 환경에 빠르게 적응했다. 그들은 군 복무를 마친 뒤에도 스스로 용맹하고 강인하며 정신적으로나 신체적으로 남성 전사라는 인식을 지녀 자신을 특별한 존재로 여겼다.[27] 입대가 머지않은 43명의 미국인에 대한 한 심리학적 조사에서도 이 예비 군인들은 민간인에 대한 경멸과 복무 기간을 통해 지배적인 남성다움(바이킹 및 스파르타인과 거의 다르지 않은 특성을 지닌)을 구축하려는 욕망을 보여 주었다. 공격과 폭력에 참여하려는 의지, 신체적 건강, 자제와 자립, 감정 조절, 높은 수준의 위험 감수 같은 것들이었다. 현대의 군사 제도는 남자다움의 정체성과 전사 심리를 만들어 내는 독특한 위치에 있다. 미국이든 짐바브웨든 다른 어떤 나라든 마찬가지다.[28]

전쟁의 심리학적 요소 분석에 대한 어떤 분명한 반론도 여전히 증거의 성격은 불확실하다. 마음은 고고학 기록에서 심리학적 용어로 쉽게 해석될 수 있는 흔적을 별로 남기지 않는다. 심지어 역사시대의 전쟁에 대해서도 심리학적 설명은 문화·사회구조의 영향과 분리해 내기 어렵다. 그리고 남자다움과 씩씩함이라는 관념도 그렇지만, 심리와 문화 사이의 역동적인 관계를 규정하는 것은 전형적인 '닭이 먼저냐 달걀이

먼저냐'의 문제다. 미국의 진화심리학자 앤서니 로페즈는 전쟁에 대한 인간의 심리가 어떻게 진화해 왔는지를 이해하려면 현재로부터 거슬러 올라가 연구하는 것이 더 쉽다고 주장했다. 그는 "우리의 적응한 마음은 조상들의 과거로 들어가는 창"이라고 주장한다. 그러나 그 창을 열기는 쉽지 않다. 로페즈는 방어적 전쟁과 공격적 침략에 대해서는 서로 다르지만 연관된 심리적 적응이 있다는 명제에 흥미를 느꼈다. 전자는 전체 공동체가 살아남는 편익을 가져오고, 후자는 주로 공격을 행한 사람들에게 편익을 제공한다. 인간 역사의 상당 기간에 신속한 습격은 군사적 폭력의 전형적인 형태였다. 그가 말한 "작고 일시적이며 형제 같은 성격의 연합"이 수행했고, 아마도 더 공격적이고 지배적인 남성들이 이끌었을 것이다. 진화한 심리는 다양한 형태의 전쟁에 대한 충동을 제공했는데, 이 점은 고대의 부족 간 투쟁이나 현대의 전쟁에 모두 적용될 수 있을 것이다.[29]

이 가설을 검증하기 위해 로페즈는 2007년 한 사회심리학 실험을 했다. 195명의 대학생(여자 83명, 남자 112명)이 참여해 1050년 파슈토(Pashto)인 유목 부족의 두 가지 상황을 상상해 진행했다. 하나는 방어에 바탕을 둔 것이었고, 다른 하나는 공격에 바탕을 둔 것이었다. 첫째로, 이 부족은 중국 신장성에서 쳐들어올 수 있는 공격자들을 상대로 방어전을 펼칠지 말지를 결정해야 했다. 둘째로, 이 부족은 중국의 한 도시를 공격해 재물을 확보할지 말지를 결정해야 했다. 그리고 학생들에게 던진 질문은 인간의 집단행동에 관한 당시의 다른 실험들에서 가져왔다. 그들이 참여할 것인지 아닌지, 그들 자신이나 집단에 어떤 이득이 있을 것으로 기대하고 있는지, 무임승차자를 어떻게 처벌하고 참여한 사람들에게 어떻게 보상할 것인지 같은 것들이었다. 결과는 이랬다. 첫째, 남성이 여성보다 참여하려는 의지가 강했다. 둘째, 남성은 여성보다 공격에서 더 많은 이익을 기대했지만 방어전에서는 그렇지 않았다. 셋째, 방어전에서 얻을 이득에 대해서는 남성과 여성 사이에 별 차이가 없었다(생존은 분명히 모두에게 이익이기 때문이다). 넷째, 방어에서 무임승차자에 대해서는 처벌을 요구했고 공격 참여자에 대해서는 보상이 인정됐다. 로페즈는 증거가 "인간이 전쟁 성향을 타고났다"라는 것을 보여 주지 않지만, 인간은 특정한 우발 사태에 조건부로 반응할 수 있는 특수한 심리를 진화시켜 왔다고 결론지었다. 학생들은 전쟁을 할지 말지를 선택해야 할 때 원시 부족민이 했을 법한 바로 그 방식대로 했다.[30]

옛날 사람들의 심리에 상응하는 현대인의 심리 또한 아동의 행동에 대한 연구를 통해 추적됐다. 정신분석학과는 아주 다른 방식이기는 하지만 말이다. 미국의 발달심리학자 조이스 베넨슨(Joyce Benenson)은 여러 해 동안 초등학교 수준 아이들의 행동과 그들이 이야기하는 공포를 관찰했다. 베넨슨은 남자아이들이 적과 그 적을 물리칠 책임에 관한 공포를 토로하는 경향이 있음을 발견했다. 남자아이들의 언어는 전투, 싸움, 공격, 패배 등과 관련된 비유로 가득 차 있었다. 남자아이들의 놀이는 격투기, 씨름, 적 격퇴에 초점이 맞추어져 있었다.

한 연구는 초등학생 연령의 남자아이 70퍼센트가 공격, 방어, 추적, 탈출, 포획과 관련한 게임에 참여한 반면 여자아이들은 전혀 그렇지 않음을 보여 주었다. 남자아이들은 죽일 수 있는 적을 만들어 내고, 잘 알려져 있듯이 무기에 매혹돼 그것이 금지된 학교나 유치원에서도 무엇이든 구할 수 있는 것을 가지고 무기를 만든다.

베넨슨이 영국의 항구 도시 플리머스에서 4~9세의 남녀 아이 200명을 조사한 결과, 장난감을 가지고 무엇을 하느냐고 물어보면 남자아이들은 대부분이 적을 공격하는 일에 관한 이야기였지만 여자아이들은 충돌과는 관계가 없는 이야기들을 했다. 남자아이들은 또한 적이라는 개념으로 규정된 외집단을 상대로 해서 협력하는 집단을 형성하는 경우가 많았다고 베넨슨은 말했다. 베넨슨은 오랜 시간이 지나면서 진화한 심리가 "효율적인 협력적 전사로서 남성"을 만들어 냈다고 결론지었다.[31]

웬디 바니(Wendy Varney)가 '전쟁물(戰爭物)'이라고 부르는 것에 (대체로) 남자아이들이 친숙해지게 하는 데 놀이의 중요성은 긴 역사를 가지고 있다. 장난감 무기와 병사의 역사는 수천 년을 거슬러 올라간다. 작은 금속제 장난감 병사는 13세기부터 유럽에서 주조되기 시작했고, 19세기가 되자 대량 판매 시장이 형성됐다. 제1차세계대전 발발 직전의 시기에 영국에서는 매년 1000만 개 이상의 장난감 병사가 만들어졌다. 상업 광고는 전쟁 장난감을 가지고 노는 것이 남자아이들에게 앞으로 맞닥뜨리게 될 진짜 전쟁의 세계를 준비시키는 것이라고 주장했다. 미국에서는 전쟁과 관련된 장난감이 잘 팔렸다. 현대의 어린 고객은 적을 파괴돼야 할 환상 속의 존재로, 영웅을 친숙하고 공인된 모델로 만듦으로써 적의 인간성을 말살하는 데로 이끌려 들어간다. 1982년 가장 많이 팔린 방학 선물용 장난감인 '지아이 조(GI Joe)'든 제1차 이라크 침공 전쟁(1990~1991) 때 만들어진 '사막폭풍' 바비인형이든 말이다.[32] 전 세계에 걸쳐 아이들을 위한 전쟁의 대량 소비는 현대 세계에서 전쟁이 필요하며 심지어 필수적인 부분이라는 심리적 수긍을 어느 정도 영속화한다. 이 기제는 폭력적인 비디오게임의 세계에 힘입어 성인이 된 이후에도 이어지는데, 〈배틀필드 2042(Battlefield 2042)〉〈모털 컴뱃(Mortal Kombat)〉〈커맨드 앤드 컨커(Command and Conquer)〉〈콜 오브 듀티(Call of Duty)〉 등의 비디오게임이 전쟁과 군사적 비유에 대한 매혹을 떠받친다. 할리우드 영화 산업 또한 미국 가치관을 영웅적으로 수호하고, 악한 '타자'를 물리치고, 전쟁을 신나는 구경거리로 묘사하는 등 미국 군국주의를 대중적으로 강화해 왔다. 미국 문화의 한 요소로서 군국주의는 널리 퍼지고 널리 받아들여지고 있는데, 이는 미국 문화가 반영하고 강화하는, 깊숙이 뿌리내린 심리를 시사한다.[33]

현대인의 심리를 과거 조상들의 심리로 거슬러 올라가 투사하고자 하거나 남성과 여성 심리의 차이점을 발견해 남성의 호전적 성향을 설명하려는 연구들에 대한 여러 가지 반론이 있었다. 아이들의 행동에 대한 연구에 대해서는 그들이 남성과 여성에 대한 고정관념을 강화하는 사회적 환경에서 살고 있고 그들에게 소비를 부추기는 광고가 쏟아지고 있다는 뻔한 반론이 제기된다. 역사적 사례는 드물지만 여성이 충돌에 참여할 능력을 보여 주는 것은 호전적인 심리가 반드시 남성에 국한된 것은 아님을 보여 준다. 초기 형태의 전쟁 출현에 관한 생물학적 주장에 대한 반론은 똑같은 강도로 진화심리학에도 적용되는 듯하다. 즉 선사시대에 남자 대부분은 싸우지 않고 그 대신 협력이라는 비폭력적 수단을 개발할 능력이 있었다는 것이다.[34] 이 주장은 폭력이 일어났을 때 그것을 설명하기 위해 진화가 일어나는 시간 동안 어떤 형태의 심리적 적응이 있었음을 배제하는 것은 아니지만, 이를 중심적인 것이 아니라 부차적이고 학습된 것으로 보려는 유혹이 있을 수 있다. 오랜 역사 시기 동안에 전쟁의 형태와 장소가 변화했다는 것 또한 폭력에 참여하려는 보편적인 심리적 성향이 있을 가능성이 낮거나 입증할 수 없는 것임을 시사한다. 한편으로 문화적 진화와 물질적 압력은 남성이 전쟁에서 희생을 감수할 의지가 있거나 없음에 대해 개연성이 더 큰 설명이다.

그럼에도 이런 많은 반론은 왜 진화심리학이 사교성이나 공감 같은 진화한 인간의 성격 중 일부에서는 작동하지만 모든 사회와 모든 기록된 시대에 걸쳐 공통적인 것에서는 작동하지 않는지를 설명하지 못한다. 지난 수천 년 동안 번영했던 크고 작은 수많은 사회가 모두 독립적으로 특정한 상황에서 폭력을 사용한다는 생각에 도달했거나 심리적으로 호전성에 몰두하는 전사 지배층이라는 제도를 독립적으로 개발한 것으로 보이지는 않는다. 전쟁에 관한 심리의 진화는 그것이 서로 다른 장소와 시간에서 다양한 방식으로 나타나더라도 보편적이며 종 특유의 적응이다.[35] 전쟁에 관한 심리가 단순한 현상인 것도 아니다. 이 심리는 진화, 특히 전사 자신의 친족·공동체·부족·나라를 방어적으로 보호하거나 가능한 한 적은 비용으로 이익을 얻기 위해 공격을 하거나 지배적인 남성 전사 엘리트가 이끄는 전쟁이 시간이 지나면서 규범이 되는 사회 제도의 발전과 더 광범위하게 연결돼 있다. 그런 의미에서 진화심리학은 수천 년 전만이 아니라 이 심리학적 가정들이 여전히 작동하지만 별로 이야기되지는 않는 현대 전쟁의 시대에도 전쟁을 이해하기 위한 틀을 제공한다. 폴란드를 상대로 한 히틀러의 블리츠크리크(*Blitzkrieg*, 전격전)는 겉으로 드러나는 것보다, 한 부족 마을이 다른 마을을 갑자기 공격적으로 습격하는 방식과 더 많은 공통점을 지닌다. 폴란드에 사는 독일인들에 대해 폴란드인들이 폭력을 저질렀다는 것에 대한 복수, 적인 슬라브인들에 대한 악마화, 폴란드의 땅과 자원에 대한 탐욕스러운 욕망 같은 동기는 부족 전쟁 심리의 확대판일 수 있다. 나중에 제2차세계대전으로 불리는 전쟁에서 독일 병사들이 맨 마지막 1945년까지 싸우고, 전투를 거부한 자들을 처벌하게 이끈 심리는 과거 역사 속의 일들과 비슷한 것이었다. 특히 레오니다스와 그의 결사대 300명이 테르모필라이 고개를 방어한 일이 그 한 예다.

진화심리학이 설명할 수 없는 것은 특정 전쟁의 발발이며, 여기에는 조건적 요인이 필요하다. 또한 전쟁이 일어나기 위해 전제되는 '적'의 개념도 적절하게 설명할 수 없다. 친구와 구분해 적을 규정하는 것은 역사 속에서 전쟁이 어떻게 일어났고 그것이 왜 그렇게 흔히 파멸적인 폭력성과 절멸의 방식으로 추구됐는지를 이해하는 데 중요한 요소다. '적'이라는 개념을 이해하는 데는 사회심리학이 더 많은 기여를 했다. 현재의 연합 폭력에 대한 관심뿐만 아니라 역사 속의 과거(그리고 아마도 호미닌이 존재했던 더 먼 과거)를 이해하는 데도 그랬다.

1932년에 독일 법철학자 카를 슈미트(Carl Schmitt)는 인류가 그 세계를 '친구 또는 적(*Freund oder Feind*)'으로 나눈다는 급진적인 생각을 제시했다. 그는 자신의 저서 『정치적인 것의 개념』에서 이것이 모든 국가 구조의 특징이라고 주장했다. 국가 구조에서 공동체는 주권과 동일시되며, 지배 집단에 흡수될 수 없는 모든 집단은 '적'으로 취급된다는 것이다. 그의 견해에 따르면, 다른 나라는 당연히 적이었다. 그의 가장 큰 관심은 복종으로 묶인 공동체를 조직하고 그에 속하지 않는 모든 상대(반유대주의자인 슈미트는 여기에 유대인을 포함했다)와 싸우는 능력의 관점에서 국가를 정의하는 것이었지만, '친구 또는 적' 개념은 나치 독일이 1년 후 보여 주었듯이 소속과 배제 문제에 더 일반적으로 초점을 맞추었다. 내부의 적을 이기려면 국가를 지키기 위한 일종의 내부 전쟁이 필요하고, 외부의 적을 이기려면 다른 어떤 수단보다도 전쟁이 필요하다.[36] '친구 또는 적'은 아마도 슈미트의 철학에서 가장 오래 지속된 요소일 것이다. 이것은 현대 사회심리학 연구의 핵심이며, 내집단이 어떻게 구축되고 외집단이 배제(심지어 적대)

라는 측면에서 어떻게 규정되는지를 설명하고자 한다. 한 공동체를 포용적이라고 규정하려면 '타자' 또는 슈미트의 용어로 '적'에 대한 규정이 필요한 듯하다.

정체성이 집단의 복종을 통해 구축될 수 있다는 것을 검증하기 위한 진지한 사회심리학 실험은 1950년대에 폴란드계 미국인 솔로몬 아시(Solomon Asch)의 연구에서 시작됐다. 그는 한 실험 집단의 대다수는 집단의 판단이 틀린 듯하더라도 그것을 받아들일 용의가 있음을 보여 주었다. 집단에 대한 소속감을 공유하고 싶어 하기 때문이다. 튀르키예계 미국인 사회심리학자 무자페르 셰리프(Muzaffer Şerif)가 이끈 1950년대의 잘 알려진 실험들은 한 무리의 12세 소년들이 실험을 위해 두 경쟁 집단으로 나뉘었을 때('산적 동굴 실험'), 그들이 긴밀한 내집단 유대를 형성해 두 집단이 함께 모이면 충돌과 적대행위로 이어지는 것을 확인했다. 필립 짐바르도(Philip Zimbardo)의 유명한 1976년 '스탠퍼드 감옥 실험'은 학생들을 간수와 죄수로 나누었는데, 예정됐던 2주를 채우지 못하고 6일 만에 중단해야 했다. 간수들이 죄수들에 대해 갈수록 잔인해졌기 때문이다. 이 실험들은 실험실 상황에서 이루어졌고, 여기서 실험자는 문제가 다루어지는 방식과 참여자들에게 할당된 역할을 규정하는 데 중요한 역할을 했기 때문에 증거로 조심스럽게 사용됐다. 사회심리학자들은 내집단 정체성과 외집단 모욕(둘이 합쳐 충돌을 함축하고 있다)을 설명하는 초기 이론을 다듬기 위해 지난 50년의 상당 부분을 들였다.

핵심 요인은 집단 구성원 간의 긴밀한 동일시이며, 이들은 공유된 가치관과 상징(언어 같은)을 통해 다른 집단과의 차별을 확립한다. 내집단에 소속되는 것은 심리적인 보상이 있고, 내집단은 자신을 이웃 집단(이들에 대해서는 신뢰, 공감, 존경을 비축할 필요가 없다)보다 우월한 도덕적 개체로 본다. 외집단은 소속감이나 심지어 내집단의 우월성을 강화하기 위해 모욕하거나 비인간화할 수 있다.[37] 내집단이 통상 주요 감정 측면에서 자신을 더 '인간적'이라고 생각할 수 있음을 보여 주기 위해 수행된 실험들은 인간의 여러 가지 심리적 특성에서 실험상의 외집단이 부정적으로 여겨지는 것으로 나타났다. 이것이 반드시 충돌로 이어지는 것은 아니지만, 이런 식의 차이를 구축하는 것은 '타자'에 대한 편견·증오·경멸·공포를 부추기거나 정당화할 수 있고 위협이 인지된 특정 상황에서는 폭력으로 이어질 수 있다. 적에 대한 비인간화는 그런 폭력이 정당한 것으로 보이게 해 내집단의 심리적 정체감을 강화하고 위해를 가하는 데 대한 죄책감을 제거한다. 비인간화는 금세 악마화로 이어진다. 이 단계에서는 적이 위협적인 힘을 가진 것으로 보이고, 그에 대해서는 폭력적 대응이 유일한 해결책으로 보인다.[38]

언어가 중요한 역할을 하는 현대에는 이 심리적 장치의 많은 사례가 있다. 르완다 집단학살에서 후투(Hutu)족은 희생자인 투치(Tutsi)족에게 '바퀴벌레'라는 딱지를 붙였다. 두 민족 사이에 절대적인 차이를 만들어 내고 절멸적 폭력을 정당화하기 위해서였다. 히틀러의 유대인과의 전쟁에서는 유대인을 거머리, 해충, 세균으로 표현하는 반복된 이미지가 적을 인간 이하로 규정하고 대량 학살을 일종의 해충 방제나 의료적 개입으로 격상시켰다. 히틀러의 국민계몽선전부 장관 요제프 괴벨스(Joseph Goebbels)는 벼룩과 유대인을 비교하며 이렇게 말했다. "벼룩은 유쾌한 생물이 아니기 때문에 …… 우리의 의무는 당연히 그것을 박멸하는 것이다. 그것은 유대인도 마찬가지다."[39] 살충제 치클론-B(Zyklon-B)를 사용함으로써 이 비유는 결국 현실이 됐다. 본래 이를 제거하기 위해 막사를 소독하는 데 사용하던 것이었는데, 나중에 아우슈비츠-비르케나우 절멸수용소에서 유대인들을 죽이는 데 사용됐다. 태평양에서 벌어진 전쟁에서도 적인 일본인이 해충으로 표현되거나 원숭이, 쥐, 거미 같은 동물에 비유됐다. 이런 견해는 일본인이 잔혹하다는 소문과 일본 병사들이 '인간 이하'라는 널리 퍼진 믿음으로 더 강화됐다. 일본인들은 "쥐처럼 살고, 돼지처럼 끽끽대고, 원숭이처럼 군다"[40]라고 고국에 보낸 글에 한 미국 병사는 썼다. 일본인들은 자주 인간 이하로 규정됐고, 그들에 대한 처우는 그런 규정을 반영했다. 이에 맞서 일본의 선전은 연합군 병사들을 여느 포식 동물처럼 도태돼야 할 맹수로 표현했고, 중국인들은 그저 동물들처럼 도살장에서 도살돼야 할 '돼지'로 간주했다.[41] 한 참전 용사의 회상에 따르면, 베트남에서 미군이 베트남인을 묘사하는 데 사용한 용어인 '때(gook)'는 그들을 인간 이하로 만들어서 "그들을 죽이는 것이 좀 더 쉬워지게" 했다.[42]

내집단에는 가치를 부여하고 외집단에는 부정적 속성을 귀속하려는 사회적 심리는 최근의 국가 이전 공동체들 사이의 충돌에서 널리 확인됐다. 여기서도 이런 심리는 더 크고 분절된 사회보다 소규모 집단에 대해 규정하고 묘사하기가 더 쉽다. 작은 친족집단이나 부족은 공유하는 강한 정체감이 있고 친구와 적을 확인하는 손쉬운 수단이 있기 때문이다. 그런 집단들 사이에서 적은 대개 가까운 이웃이었다. 심지어 교역, 교환, 친족 관계가 있는 이웃조차 적으로 규정되지 않는다고 보장된 것은 아니었다. 전쟁은 인도양 안다만제도의 부족 공동체들 사이에서 일상적인 것이었다. 타자에 대한 불신, 보복에 대한 공포, 의례로서 이루어지는 경쟁에 뿌리를 두었는데 아주 가까이 살고 있더라도 마찬가지였다. 오스트레일리아 북부의 티위(Tiwi) 부족은 낯선 자가 눈에 띄면 모두 죽여 버렸다. '타자'의 침입을 막고 부족의 정체성을 확보하기 위해서다. 오스트레일리아의 머리달링분지에서는 외부 집단들을 가리키는 말로 바라파바라파(Barapa Barapa)·웸바웸바(Wemba Wemba)·와디와디(Wadi Wadi) 같은 것들이 있는데, 모두가 '아니-아니'라고 번역되는 말로 그들의 외부자 신분을 드러낸다.[43] 심지어 더 평화로운 말레이반도 중부의 스마이(Semai)족 사람들도 마을의 모든 사람을 히이(*Hii'*)라고 하고, 마을 내 집단의 신뢰 범위 바깥에 있는 모든 낯선 사람을 마이(*Mai*)라고 했다. 스마이족에게 부근의 숲들은 실재적이든 초자연적이든 적들이 사는 곳이었고, 내집단은 끊임없이 경계해야 했다.[44] 이와 비슷하게, 그리스어 바르바르바르(*bar-bar-bar*, '야만인'을 뜻하는 영어 'barbarian'의 어원)는 그리스인들이 이해할 수 없는 언어를 사용하는 외부자들을 가리켰다. 이 말은 고대 이후로 내집단을 '야만적'인 타자와 구별하는 데 널리 사용됐다.

현대에 들어서는 일반적으로 정체성의 원천이 다양하며, 민족 정서나 정치적 조작이 충분히 전개된 곳에서 내집단 구축과 외집단 비방이 일어날 수 있다. 경쟁 민족에게 심리적으로 부정적 특성을 투사하는 것은 분열될 가능성이 있는 내집단을 결집하는 효과를 가져올 수 있다. 두 차례의 세계대전 사이에 독일에서 발전시킨 '민족'을 의미하는 폴크(*Volk*) 개념(공동의 노력으로 민족적·문화적 통합을 이룬다는 의식)은 히틀러 독재 정권에 의해 거대한 내집단을 구축하고 카를 슈미트의 표현대로 내부에 있는 폴크의 적과 외부에 있는 적을 찾아내 파괴하는 일을 정당화하는 데 사용됐다. 먼저 폴란드인이, 이어서 소련 주민들이 완전히 부정적 특징을 지닌 야만인이라는 오명을 뒤집어썼다. 침략군은 독일 지도부가 구축한 '적'의 이미지를 공유했다. 알렉산더 해슬럼(Alexander Haslam)과 스티븐 라이처(Stephen Reicher)가 주장했듯이, 적을 비인간화하는 데 나설 용의는 지도자들에게만 있는 것이 아니고 그들이 '추종자'라고 부른 사람들에게도 있었다. 추종자가 없으면 친구 대 적이라는 사회심리학적 보증은 가능치 않게 된다. 러시아와 우크라이나의 전쟁은 적에 대한 부정적 이미지 구축의 고전적인 사례다. 이번에는 '신나치'라는 딱지였는데, 러시아의 추종자들이 선한 러시아와 악한 우크라이나라는 이미지에 공감하게 하려는 것이었다.

이 마지막 사례들은 현대 사회에서 가장 흔한 형태의 정체성 차이를 강조한다. 민족의 차이(언어, 종교, 인종, 신분 등 어느 것을 기준으로 한 것이든)는 현대에 많은 충돌의 촉진자다. 민족적 내집단은 민족적 외집단에 대한 반대를 통해 단결과 포괄성을 판단하고, 내집단에 대한 심리적 헌신과 외집단에 대한 외국인 혐오적 배제를 구축한다.[45] 그 결과 폭력에 대한 심리적 인정이 극단적으로 나타날 수 있다. 이는 이례적으로 가학적인 잔혹 행위가 저질러졌던 제1차세계대전 중 튀르크인들의 아르메니아인 대학살 또는 1994년 르완다에서 타민족을 상대로 한 야만성이 발작해 투치족이 이웃 후투족에게 살해당한 일에서 분명히 드러났다. 민족 간 충돌은 내전에서 흔하며, 국가 대 국가의 전쟁에서는 좀 덜하다. 물론 상대 민족에 맞서는 정서 동원은 두 차례의 세계대전 때 그랬듯이 전쟁이 일단 시작되면 금세 이루어질 수 있다. 이들 경우에 '타자'의 개념은 이전에는 구체적으로 민족적인 적이라고 생각하지 않았던 사람들을 죽이는 일을 정당화하기 위해 완전히 부정적인 말로 구축돼야 했다. 대부분의 별개 민족 집단이 이웃의 폭력 없이 살아갈 수 있다는 것은 놀라운 일이다. 그들 사이에 적대와 의혹의 찌꺼기가 있는 경우에도 말이다. 그러나 결국 민족 전쟁이 일어나면 흔히 멀리 있는 위협보다는 이웃에게로 향한다. 규정된 외집단에 대한 유도된 증오의 동원은 매우 빠르게 일어날 수 있어 적을 비인간화하는 것뿐만 아니라 이웃(이제는 절멸돼야 할 위협으로 보이는)에 대한 극단적인 폭력을 정당화하기 위한 심리적 바탕을 만들어 낸다. 1990년대 유고슬라비아 내전은 극단적인 민족주의로 부채질됐으며, 불과 몇 달 전까지만 해도 같은 시민이었던 사람들을 상대로 잔학

행위를 저지르는 일에 대한 모든 심리적 장벽을 무너뜨렸다.[46]

포섭과 배제의 원리는 사회심리에 강력한 효과를 발휘한다. 그 결과는 충돌을 위한 정치적 또는 사회적 방아쇠가 일단 구체적으로 나타나면 비인간화된 타자를 상대로 극단적인 폭력을 자행할 의지가 생겨나는 것에 대해 설명할 수 있다. 절멸적 폭력의 사회심리에 관한 최근의 연구 상당수는 제2차세계대전 동안의 유럽 유대인 몰살에서부터 캄보디아, 보스니아, 르완다에 이르기까지 발생한 20세기 대량 학살로 자극됐다. 이런 사례들에서 문제는, 살인자들이 자기네가 하고 있는 일이 비인간적이고 불법적인 것임을 전혀 알지 못하고 흔히 기괴한 방식으로 대량 살해를 저지르는 일이 어떻게 가능한지를 설명하는 것이다. 전쟁의 오랜 역사를 통해 이는 거의 대답할 필요가 없는 질문이었다. 승자는 심지어 한 도시 규모라도 전체 공동체를 일상적으로 몰살했다. 여자와 아이들도 예외가 아니었다. 로마 병사들이 마케도니아의 안티파트레아 주민들을 칼로 벤 일이든, 칭기즈칸(Činggis Qan)의 군대가 사마르칸트 도시 거주자들을 학살한 일이든, 16세기 유럽의 종교전쟁 때 개신교도와 가톨릭교도가 서로 죽인 일이든 거의 확실하게 죄의식이 없었고 오히려 그 반대였다. 의문의 여지 없이 정당화된다고 생각된, 이른바 폭력에 대한 '상찬'이었다.[47] 부족 간 전쟁에서 내집단에 대한 심리적 헌신은 절대적인 것이어서 다른 부족이나 공동체를 향한 폭력은 무자비한 잔인성을 띤 채 가하도록 보장했을 뿐만 아니라 마땅히 그래야 했다. 사실 많은 경우에 폭력을 충분히 행사하지 못하면 참여한 전사들에게 불리한 사회적 결과를 초래한다. 일부 아메리카 원주민 부족 공동체에서는 젊은 남성이 전쟁 참여를 시작할 때 적의 머리 가죽 하나 이상을 ('무공'으로) 가지고 돌아오도록 의무화했다. 그들이 성인 전사 지위로 들어가는 문턱을 넘었다는 표시였다. 실패하면 사회적 신분이 떨어지고 조롱을 받았을 것이다. 머리 가죽이 벗겨진 희생자는 안중에도 없었다.

현대와 고대를 막론하고 이 모든 경우에 적으로 규정된 집단에 대한 대우는 심각한 '공감 결핍'을 드러냈다. 죽일 대상인 적은 아무런 동정도 받을 가치가 없었는데, 살해자들의 도덕적 세계에 그들의 자리가 없기 때문이다. 실제로 폭력이 선량한 사회의 산물이고 희생자는 선량함이 없을 뿐만 아니라 많은 경우에 악의 화신이라고 보는 것이 심리적으로 필요해진다.[48] 다시 한번, 이 심리적 특징은 부족 간 충돌에서 더 쉽게 드러난다. 이웃 부족이 주술을 부렸다거나 악령을 숨기고 있다고 비난하고, 위협받는 공동체를 보호하기 위해 철저하게 정화해야 한다고 주장한다. 또는 부족민 하나가 죽으면 외부의 주술 탓을 하고 내집단이 폭력적으로(심지어 절멸적인 폭력으로) 처벌해야 한다고 주장한다. 오스트레일리아 원주민들 사이에서는 이웃 집단이 주술을 사용해 위해를 가했다는 의심이 보복 습격을 촉발해 전체 공동체의 학살로 나아갔다.[49] 복수(復讐)의 형질은 서로 다른 아주 많은 역사 무대에서 역할을 해서, 극단적인 폭력을 정당화하고 한편으로 외집단이 저지르는 악행을 이유로 그들을 처벌했다. 많은 경우에 승리의 결과는 잔인성의 향연이었다. 전리품으로 삼기 위해 살아 있는 희생자의 머리를 베고, 포로의 피부를 산 채로 벗기고, 유혈이 낭자한 희생제를 올렸다. 승자들이 그들의 물리적이고 심리적인 승리를 축하할 수 있게 하는 것이었다. 포로 또는 인신 공양 제물에 가해진 충돌 후 폭력 장면은 이를 보는 사람에게 깊숙한 심리적 솔기로부터 인간의 잔인성을 끌어낼 만한 고양된 감정 상태를 불러일으킨다는 주장이 있다. 사회학자 노르베르트 엘리아스(Norbert Elias)는 1930년대에 서방 사람들의 '문명화'를 되돌아보며, 전사들은 수천 년 동안 전쟁에서 "야만적인 즐거움"을 발견했다고 썼다. "적대적이거나 적에게 속한 모든 것을 파괴하고 괴롭히면서" 말이다. 야만적인 짓에 감정을 투입하는 것은 오직 가해자들이 자신들의 사회와 문화적 가치관이 지시하는 대로 비인간화된 희생자들에게 위해를 가하도록 심리적으로 미리 조절돼 있었기 때문에 가능했다.[50]

전사들이 자기네가 죽인 사람들의 신체를 훼손할 생각이 있었다는 증거는 지리적으로 광범위하게 퍼져 있다. 물론 이것이 일반적인 대응은 아니었고, 현대 세계(일부 경우에 공식 협정이 죽은 적을 존중하도록 통제했다)에서는 더욱 드물지만 말이다. 그 일이 일어난 곳에서 죽은 사람에 대한 처리는 흔히 집단의 의례 규범에 따른 것이었고, 그것이 서로 다른 목적에서 서로 다른 형태의 신체 절단을 허용 또는 자극했다. 그러나 의례 규범은 하나의 관행으로서 반드시 문화적으로 구체적이지는 않았는데, 이는 더 일반적인 심리학적 뿌리가 있음을 시사한다. 적을 승자의 세계 바깥에 있는 '타자'로 보고 적이라는 처지에 합당한 처우를 할 용의가 있었다는 것이다. 많

    왜 전쟁인가?

은 사례가 있다. 북아메리카의 부족 간 전쟁에서 머리 가죽을 벗기고 참수하고 신체를 절단하는 관행은 고고학 기록에 광범위하게 나온다. 적의 시신 해체(귀, 코, 팔뚝, 발, 손)까지 포함해서다. 중부 캘리포니아에서는 가까운 이웃으로 이 지역에 살고 있던 열두 부족이 그럼에도 자주 전쟁을 벌였다. 골고고학은 79구의 유해에서 전리품으로서 머리 가죽 벗기기, 참수, 팔·다리 절단의 증거를 드러냈다.[51] 44개 군장사회가 이웃과 서로 싸운 콜롬비아 북부 카우카강 유역에서는 습격당한 마을 주민들이 학살당하고, 머리와 사지가 잘려 훼손됐다. 학살자들은 심장을 잘라 그 자리에서 먹고 희생자들의 피를 마셨다. 현대에 들어서도 아마존강 상류 유역의 히바로(Jívaro)족은 여전히 이웃들을 습격했다. 그들이 "다르게 이야기"하거나 "우리에게 악령을 퍼뜨렸다"라고 주장하는 사람들이다. 전체 공동체가 학살되고 참수됐다. 일부 여성을 잡아서 데려온다고 해도 그들은 흔히 마을에 도착하기 전에 의기양양한 전사들에 의해 참수되고 손발이 잘렸다.[52] 이런 관행이 오래전 과거에 국한되지 않음을 보여 주려는 듯이, 미국과 일본이 태평양에서 전쟁을 벌일 때 미군 병사들은 머리, 치아, 귀, 팔을 전리품으로 삼았다. 잡지 《타임》은 책상 위에 놓인 일본인의 해골을 바라보고 있는 젊은 여성의 사진을 표지에 실었다. 병사인 남자 친구가 보내온 것이었다. 한 일본인의 팔뼈는 편지 개봉칼로 만들어져 한 미국 상원의원이 이를 프랭클린 D. 루스벨트(Franklin D. Roosevelt) 대통령에게 선물로 보냈다. 이때도 절단은 일본인이 '인간 이하'로 간주됐기 때문에 가능했다.[53]

1939년 노르베르트 엘리아스가 『문명화과정』을 출간했을 때, 그는 다가오는 전쟁이 풀어낼 본능적이고 억제되지 않은 폭력의 수준을 거의 상상할 수 없었을 것이다. 그 가장 극단적인 사례들은 이전 시기의 관행들과 모든 면에서 닮았다. 가장 극단적인 사례는 히틀러가 유대인들을 상대로 벌인 전쟁이었다. 독일 보안 기구 요원과 병사들은 독일의 생존에 위협으로 규정된 무방비의 공동체들을 상대로 많은 잔학 행위를 저질렀다. 사회심리학자들은 지난 20년 동안 독일의 대량 학살을 자행한 사람들이, 마치 독일의 미래에 치명적인 위협으로 규정된 상대와 전쟁을 벌이는 것처럼 유대인 대량 학살을 어떻게 수행했는지를 설명하기 위해 많은 노력을 기울였다. 정복하는 폴크라는 강력한 내집단 정체성의 존재와 건전한 국가 조직의 부패 요소인 유대인에 대한 계산된 배제가 이어진 대학살의 틀을 잡았지만, 폭력 자행은 부수적인 정체성과 비인간화의 수준에 달려 있었다. 여기서 이데올로기는 보다 제한된 역할을 했다.

사회심리학자는 통상 스탠리 밀그램(Stanley Milgram)의 명령 복종에 관한 1963년 실험으로 처음 촉발된 개념을 포기했다. 살해를 수행한 사람들은 지시받은 대로 한 자동인형이었다는 개념이다. 그들(독일인이든 비독일인이든)은 작은 내집단에 통합돼 서로를 돕는 데 전념하고, 눈앞에서 인간성이 말살되는 희생자들의 운명에는 무관심했다. 1960년대 독일연방공화국(서독)에서는 잔학 행위에 참여한 일부 경찰관의 공판 전 조서가, 이 사람들이 기억할 수 있는 유일한 도덕적 가책

왜 전쟁인가?

은 동료들과 함께해 그들을 돕지 못한 것이었음을 분명히 했다. 그들이 수행한 대학살 임무가 비열하고 혼란스러운 것임을 그들은 알았다. 그러나 사건 이후 여러 해가 지난 뒤에도 가해자와 피해자 사이에 만들어진 심리적 거리는 모든 부끄러움이나 죄의식을 없애 버렸다. 당시에 살인은 폴크의 미래에 본질적인 가치를 지닌 것으로 취급됐다. 살해 과정에서 각자에게는 특정한 임무가 주어졌고 그것을 잘 이행하도록 기대됐으며, 일부 살해자는 열성을 가지고 자기 일을 했다. 또 다른 사람들에게는 한 심리학자가 말했듯이 살인이 "아무 생각 없이 반복하는 일상적"인 일이 됐다. 유대인을 살해 수용소로 이송하는 일의 조직을 책임졌던 비밀경찰 게슈타포(Gestapo) 총국장 아돌프 아이히만(Adolf Eichmann)은 남아메리카 망명지에서 이 결과에 대해 이렇게 회상했다. "나의 내면 가장 깊숙한 곳에 있는 존재는 우리가 무언가 잘못된 일을 했다고 말하기를 거부한다." 아이히만은 자신이 유럽의 유대인 1000만 명을 모두 죽이는 데 성공했다면 이렇게 말했을 것이라고 주장했다. "좋아. 우리는 적을 박멸했어."[54] 유대인 대학살은 극단적인 사례지만, 내집단-외집단 심리가 어떻게 전시에 자행되는 폭력을 더욱 완전히 이해할 수 있게 하는지를 설명하는 사회심리학의 능력을 실증하는 것이었다.

전쟁을 심리학적 관점에서 설명하는 것은 이 학문의 초기 이후 여러 단계를 거쳤다. 이것은 제1차세계대전이 약간의 연관된 설명 추구를 촉발한 시기에 시작됐다. 전쟁에 관한 생물학적 담론과 마찬가지로 심리학은 특정한 전쟁을 설명하게 할 수 없다. 에드워드 글로버는 카이저 빌헬름 2세(Wilhelm II)가 1914년에 전쟁에 뛰어든 이유는 유아기의 공격성 때문이었다고 주장했는데, 이에 대해 영국국제연맹협회 회장인 옥스퍼드대학교 고전학자 길버트 머리(Gilbert Murray)는 '무의식적 가학성'이 전쟁 발발을 설명한다고 이해할 근거가 없다고 말했다. "정신분석학적 접근은 가장 유망한 것이 아니"라는 머리의 견해는 이 학문의 이후 역사가 증명했다.[55] 진화심리학은 상황이 요구할 경우 싸움이 당연한 것으로 생각되는(생존이라는 편익을 제공하기 때문이다) 심리의 뿌리일 수 있음을 더 설득력 있게 이해할 수 있도록 했다. 인간 집단이 더 커지면서 싸움은 영토와 자원을 방어하기 위한 또는 남에게 속하는 영토와 자원을 공격적으로 추구하기 위한 학습된 적응이었다. 이것은 인간이 생물학을 통해 드러난 것 이상으로 심리적으로 전쟁에 매달린다는 말은 아니다. 그러나 모든 곳에서 전사 계급이 나타나고, 명확한 성별 분업이 존재하고, 충돌이 연합 형태를 띤다는 것은 전쟁에 대한 더 보편적인 심리적 성향이 틀림없이 있음을 시사한다. 전쟁을 그저 특정 사회의 문화적 가치관 또는 물질적 야심의 산물로 볼 수는 없는 것이다.

이 전쟁 폭력을 추구하고 북돋우고 지지하는 능력은 내집단과 '적'(또는 외집단) 이론에서 사회심리학적 설명이 가능하다. 내집단에는 순응하고 소속하려는 강한 구심 압력이 있고, 외집단은 전혀 존중되지 않고 그 결과로 정당화된 공격의 대상이 될 수 있다. 포섭과 배제의 원리는 오이디푸스 콤플렉스나 폭력에 대한 진화적 선택 이상으로 전쟁을 불가피하게 하지 않는다. 그러나 공유된 정체성이 전쟁 중인 사회를 어떻게 단결시키는지를 이해하는 데 한 가지 방법을 제공한다. 배제는 흔히 '타자'에 대한 극단적인 수준의 폭력을 허용할 수 있다. 그들이 집단의 실존에 대한 위협으로 인식되고 공유된 증오와 공포로 추동될 때 그렇다. 여타 심리학적 접근과 달리 사회심리학은 작은 부족 공동체들의 충돌과 지난 세기 전쟁들 모두에 적용될 수 있다. 내집단의 선과 외집단의 악은 실험실 실험에서는 논증될 수 있으나, 역사에는 사회심리학적 확실성이 어떻게 공격적 전쟁을 정당화했는지에 관한 사례들이 그득하다. 그들이 견고한 방어를 정당화했듯이 말이다. 연합 집단(규모가 어떻든)에 대한 심리학은 그 연합이 특정 상황에서 어떻게 전쟁을 하는지를 이해하는 데 핵심적이다.

이 이론들 중 어느 것도 (과거와 현재를 막론하고) 전사들에게 전쟁이 생존자에게 수반되는 명예, 존중, 위신, 영광이라는 측면에서 심리적으로 보람 있는 것으로 여겨졌거나, 단순히 싸움 자체에서 오는 즐거움으로 가치 있게 여겨졌다는 증거를 다루지 않는다. 전투와 그 보상에 대한 정서적 애착은 분명 오랜 역사를 지니고 있지만, 남성들이 전투 자체에서 즐거움을 느낀다는 관점은 전쟁의 원인에 대한 진화론적 또는 문화적 설명에서 일반적으로 탐구되지 않는다. 비록 지난 수천 년 동안 전쟁의 위험에도 불구하고 그에 참여한 많은 이들에게 심리적으로 자극적이고 흥분되는 것으로 인식되었다는 풍부한 증거가 있는데도 말이다. 위험 감수는 진화적 기능을 수

행했으며 심리적 만족의 원천이 됐다. 위험이 보상으로 이어
질 때, 그 결과는 여성들 사이에서 전사의 지위를 높였고 공동
체의 성공적인 공격에 대한 명성에 기여했다. 과거에는 전쟁
의 정서적 매력이 분쟁의 원인에 상당한 역할을 했을 것이다.
전사 지도자들이 다음 전투를 기쁘게 계획하던 시절이 있었으
며, 이는 현대에도 사라지지 않은 심리적 적응이다. 전쟁의 심
리적 근원을 다루는 어떤 설명에서도 이 측면은 더 깊이 다뤄
져야 한다.

（３）

인류학

전쟁은 인간 사회 대부분에 알려진 발명품일 뿐이다. 젊은이들이 위신을 쌓고, 손상된 명예에 대한 복수를 하고, 전리품이나 아내나 노예나 사고야자가 있는 땅이나 소를 얻고, 신들의 피에 대한 갈망이나 최근에 죽은 자들의 떠도는 영혼을 달래기 위해 사용하는 수단이다. 전쟁은 배심원제보다 더 오래되고 더 널리 퍼졌지만, 그럼에도 발명품인 것은 분명하다.

— 마거릿 미드, 1940년[1]

전쟁이 그저 하나의 발명품이라는 미국 인류학자 마거릿 미드(Margaret Mead)의 주장은 전쟁이 생물학적 또는 심리학적으로 인간 존재에 미리 짜여 들어가 있다는 생각에 대한 거부였다. 전쟁은 다른 여러 수단처럼 인간의 삶을 정돈해 주는 발명품이라고 미드는 주장했다. 글쓰기, 혼인, 배심 재판, 요리, 죽은 자의 매장 같은 것들처럼 말이다. 미드 자신의 인류학은 전쟁이나 폭력을 그리 중시하지 않았고, 그 유용성에서 분명히 도움이 되지 않는 이 발명품을 유감스럽게 여겼다. 미드는 인류가 갈등을 해결하는 더 나은 방법을 만들어 낼 수 있었으리라고 생각했다. 많은 인류학 연구 및 이와 밀접하게 연관된 학문인 고고학과 민족지학은 최근까지 미드와 마찬가지로 대체로 전쟁과 폭력을 배제하거나 변두리로 내몰고 문화적 관습과 사회구조(그 대상자들의 삶을 규정했고 지금도 규정하고 있는)를 중시하는 관점에서 인간 사회 발전에 관해 이야기하고자 했다.

미드는 전쟁에 관해 잘못 생각했다. 혼인이나 요리 때문에 사람이 죽는 것은 아주 운이 나쁜 경우의 일이지만, 전쟁은 치명적이고 파괴적이며 광범위하게 정신적 상처를 줄 수 있다. 그럼에도 미드가 동료 인류학자들에게 제기한 질문은 여전히 적절한 것이었다. 전쟁이 문화적 발명품이라면 그것은 언제 발명됐고 무슨 이유에서였을까? 이 질문에 대한 대답을 둘러싸고 인류학자와 고고학자들 사이에 또 다른 논쟁이 벌어졌다. 한쪽은 선사시대의 인간 사회가 기본적으로 평화로웠고 국가의 출현 이전에는 충돌이 드물고 적응되지 못한 것이었다고 생각하는 사람들이고, 다른 한쪽은 전쟁과 유사한 씨족·부족·군장사회 사이의 폭력적 충돌이 국가가 만들어지기 오래 전에(아마도 인간 역사의 먼 과거에) 있었다고 주장하는 사람들이다. 이 논쟁은 단순한 학술적 다툼이 아니었다. 인간의 전쟁이 언제 시작됐고 그 동기가 무엇이었느냐를 이해하는 문제는 생물학적 또는 심리학적 필요 대신에 조상 인류 사회와 문화 연구를 중심 무대에 올려놓았다.

얻을 수 있는 증거(좌절감을 느낄 만큼 대체로 모호하다)의 성격을 평가하는 데서 몇 가지 중요한 실제적 문제를 바탕으로 인류학적 구분이 이루어졌다. 초기 호미닌 이후 인류 역사의 기간 대부분 고고학 기록은 집단 간 폭력의 존재나 그 성격 또는 정말로 평화로운 과거였는지에 관해 어떤 확실한 주장을 하기에는 매우 적은 증거로 무척 빈약하다. 지금으로부터 1만 년 전까지 인류 역사의 기간 대부분 인간은 수렵채집자 또는 어렵자(漁獵者)로서 일정치 않은 규모의 집단을 이루어 활동했고, 돌·뼈·나무로 만든 도구를 사용했다. 그들의 존재 방식은 돌아다니며 식량을 찾았던 종들이 왜 놀랄 만큼 적은 화석 유골을 남겼는지를 설명한다. 나무와 뼈로 만든 유기물 도구(연장이든 무기든)는 오래전에 분해됐다. 돌로 만든 도구는 남았고 때로 많은 양이지만, 그것이 연장과 무기 겸용으로 쓰였는지 아닌지는 사정을 복원할 수 없다. 과거의 공동체들을 '선사(先史)'로 규정하는 것은 이들에게 역사가 없었다는 말이 아니라 다만 그들이 지녔던 역사를 알 수 없다는 것뿐이다. 고고인류학은 남아 있는 증거를 가지고 할 수 있는 최선을 다해야 한다. 그 외에는 고고학자 엘사 레드먼드(Elsa Redmond)가 말했듯이 "보이지 않은 유적지"와 "발견되지 않은 물건"이 있다.[2]

선사시대에 충돌을 보여 주는 주요 증거는 네 가지가 있다. 첫 번째이자 가장 중요한 것이 유골의 상처다. 두 번째는 도상(圖像) 증거로, 폭력에 대한 상징적인 표현이 들어 있다. 세 번째는 축성(築城)을 한 정착지의 증거다. 그리고 마지막은 무기의 존재로, 흔히 전사의 시신과 무기를 함께 묻는 경우에서처럼 매장 관행에 의존한다. 각각의 경우에 물질 증거를 어떻게 해석하느냐에 관한 불확실성이 남는다. 유골의 상처(유골에서 보이는 고의적인 손상)는 여러 가지로 해석될 수 있다.

현존하는 네안데르탈인 남자 뼈에 대한 연구는 55퍼센트가 머리, 목, 팔, 어깨에 상처가 있음을 보여 주었다. 이것이 그럴 싸하게 인간의 폭력을 시사하는 듯도 하지만, 이 상처는 유제류(有蹄類) 거대 동물에 대한 근거리 사냥에서 생긴 것과 일치한다는 주장이 나왔다. 증거에 대한 이런 독법에 따르면 네안데르탈인들은 폭력적인 것이 아니라 사고를 잘 당했던 듯하다.[3] 그러나 13만 년 전의 흔적이 있는 크로아티아의 크라피나(Krapina) 암굴(남아 있는 네안데르탈인 유해의 최대 집적지다)에서 나온 네안데르탈인의 두개골과 뼈 잔편에 대한 최근의 과학적 분석은 많은 수의 분명한 상처와 그것이 유골에서 나타나는 빈도가 사고가 아니라 사람들 사이의 폭력과 일치함을 시사했다. 뼈의 손상은 또한 식인의 증거로도 해석됐다. 논쟁은 이어지고 있다.[4]

다른 여러 상황에서도 골고고학은 여러 가지로 해석될 수 있다. 부서진 두개골은 두 사람 사이의 언쟁, 사고 또는 의도적인 집단 폭력의 결과일 수 있다. 일부 유골의 상처는 청소동물이나 재매장 때의 이차적 손상으로 인한 것이어서 둔기 손상이나 예기(銳器) 손상과는 구분돼야 한다. 가장 좋은 증거는 남아 있는 뼈에 박힌 첨두기(尖頭器)다. 첨두기에 의한 손상은 대개 뼈에까지 흔적을 남기지 않는데도 그 수가 상당하다. 연조직(軟組織)과 기관에 난 상처는 흔적을 남기지 않는다. 적어도 5000년 전 이후 투창, 아틀라틀[atlatl, 투창기(投槍器)], 검, 단도를 사용하면서 두개골의 상처와 손상된 뼈는 줄었겠지만, 치명적 상처의 현실은 그렇지 않았다. 화살에 의한 부상

　　　　　　　　　　　왜 전쟁인가?

의 효과에 관한 19세기 미국 육군의 조사를 보면 3분의 2는 희생자의 뼈에 아무런 흔적을 남기지 않고, 치명적인 발사체의 61퍼센트는 배에 맞았음을 보여 주었다.[5] 그 결과 과거 치명상의 상당 부분은 지금 볼 수 없고, 죽은 사람의 유해 대부분이 그러하다.

도상, 축성, 무기는 비슷하게 문제가 있다. 확실하게 경쟁 집단들 사이의 조우전 또는 전투로 보이는 동굴 그림에 시각적 증거가 있지만, 인류학적 해석은 이를 실제 폭력의 증거가 아니라 상징적 표현으로 보거나 사냥 장면을 전쟁으로 잘못 이해했다고 할 것이다. 축성은 이제 고고학에 의해 전 세계적으로 신석기시대와 청동기시대 정착지의 공통된 특징으로 제시됐지만, 그 의미는 여전히 논란이 있다. 이것 역시 상징적 구조물로 볼 수 있다. 아마도 부족의 성스러운 공간을 보호한다는 의미였을 것이다. 어떤 경우에는 성이 가축을 위한 울타리로 간주됐다. 또 어떤 경우에는 성이 권력 또는 우두머리와 그 씨족의 구분에 대한 표현으로 과시용이지 방어용이 아니었다. 또는 부족이나 군장의 의례를 위한 집회 공간이었다.[6] 성내 유적지에 화살촉이나 부상으로 인한 사망자의 유골이 없는 것은 그것들이 어떻게 해석돼야 하는지에 대한 경고 목록에 추가될 수 있다. 무기의 경우는 모호성은 덜한 것으로 봐야 하지만, 무기가 꼭 겉으로 보이는 대로인 것은 아니다. 유럽의 청동기시대 검은 논쟁의 여러 근원 가운데 하나다. 잘 만들어지고 값비싼 검은 군장 또는 왕의 권위를 상징하는 것이라고 주장돼 왔다. 호전성이 아니라 지위의 상징이었다. 그러나 광범위한 검들에 대한 덴마크 고고학자 크리스티안 크리스티안센(Kristian Kristiansen)의 꼼꼼한 법의학적 검사는 검들이 자주 연마됐음을 보여 주었다. 전투로 손상되고 닳거나 칼끝과 자루 일부가 떨어져 나가기 때문이었다. 이는 검의 의례적 기능이 어떠했든, 실제로 전쟁터에서 휘둘렀다는 결정적인 증거다.[7]

인류학자들은 전쟁이 언제 그리고 왜 나타났는지를 해석하면서 전쟁을 구성하는 것이 무엇인지를 놓고 다시 의견이 갈렸다. 여기서는 규모와 의도의 문제가 모두 있었다. 전쟁이 최근의 발명이며 군대를 양성하고 식량을 공급할 행정적·경제적·사회적 능력을 갖춘 조직화된 국가의 발전에 의해서야 가능했다고 주장(많은 역사가가 동의하는 견해다)하는 사람들에게 국가 이전 폭력의 증거는 단 몇 명에서부터 아마도 수백 명의 무리에 이르는 집단들에 의한 복수, 반목, 매복, 습격으로 규정된다. 이들은 인류학자 레이먼드 켈리(Raymond Kelly)가 말한 '전쟁 없는 사회'로, 여기서는 분명히 살해나 괴롭힘이나 형벌을 통한 폭력은 있었겠지만 전쟁을 하지는 않았다는 것이다.[8] 다른 사람들에게 범위가 정해진 집단들 간 연합 충돌의 존재는 전쟁이었다. 그것이 경쟁 부족민의 살상이 일어나는 매복이든, 적의 마을을 초토화하고 그 주민을 학살하는 것이든, 경쟁 전사들 사이의 살해를 의도한 조우전이든, 폭력적인 노예와 희생제 제물 포획이든 말이다. 대학살의 사례는 의미론적 문제를 보여 준다. 유럽, 중국, 남·북아메리카의 선사 시대에 관한 최근의 고고학 연구에서는 수많은 대학살 유적이 발굴됐다. 한 해석에 따르면 대학살은 피해 공동체에 대한 전쟁 폭력을 가리키고 있음에 틀림없다. 다른 한편으로 대학살은 문화적·사회적 과정의 산물로 볼 수 있다. 여기서 적인 '타자'에 대한 대학살은 사회적 단결과 의례 규범을 강화해, 단순히 전쟁을 벌이는 것과는 다른 상징적 의미를 대학살에 부여한다.[9]

사실, 증거와 규정을 둘러싼 단순한 논쟁보다 더 많은 것이 전쟁에 대한 두 가지 인류학적 접근법 사이를 갈라놓고 있다. 그 차이는 실질적인 것만큼이나 이데올로기적이다. 그리고 그것은 제2차세계대전 훨씬 이전의 과학적 인류학 초기 시절로 거슬러 올라갈 수 있다. 예를 들어 윌리엄 페리(William Perry)와 엘리엇 스미스(Elliot Smith)가 아프리카와 태평양의 부족 공동체들 사이에서 한 초기 현장 연구는 수렵채집민 공동체의 행동이 어떤 공격 성향을 상정할 근거도 제공하지 못한다는 것을 보여 주기 위해 이용됐다. 전쟁은 고대 이집트에 기원을 둔 초기 문명의 "우연한 생성물"이라고 페리는 1924년에 썼다. 초기 인류학의 두 상징적인 인물인 루스 베네딕트(Ruth Benedict)와 마거릿 미드(모두 1930년대에 글을 썼다)는 자기네가 연구한 사람들 사이에서 보이는 어떤 전쟁의 증거에 대해서도 이를 경시하는 비슷한 접근법을 취했다. 미드는 뉴기니의 부키이프(Bukiyip)어[산악 아라페시(Arapesh)어] 사용자들에 관해 쓰면서, 그 남녀들 사이에서 "전쟁은 사실상 알려지지 않"았으며 그들은 "선천적으로 어머니 같고 순하며 공감력이 있고 비공격적"이라고 주장했다.[10] 미국 서남부 부족들에 대한 루스 베네딕트의 1934년 연구는 "평화로운 푸에블로(Pueblo)인들"을 칭찬했다. 이 판단은 1970년대까지도 유지됐다. 1939년, 베네딕트는 '원시'인들의 충돌을 막 출현한 '살상 변종'과 대비해 '비살상종(非殺傷種) 전투행위'로 묘사했다.[11] 미드와 마찬가지로, 런던정경대학에서 영국 최초의 인류학 교수가 된 영향력 있는 폴란드 인류학자 브로니스와프 말리노프스키는 태평양의 부족사회를 연구했다. 그는 1929년 일부 의례화한 폭력 외에 트로브리안드제도(현 키리위나제도) 사람들은 전쟁을 벌이지 않는다고 결론지었으며, 자신의 발견을 전쟁이 인간 조건의 필요물도 아니고 상시적인 특징도 아니라는 더 광범위한 견해를 지지하는 데 사용했다. 그는 이렇게 썼다. "인류학적 논쟁은 약 60만 년에 걸친 인간의 발전에 관한 것이다. 그 가운데 대략 40만 년 동안은 전쟁이 없었다."[12] 베네딕트와 마찬가지로 말리노프스키에게도 현대의 전쟁은 문제였다. 그것은 인류학자가 이해할 수 있는 아무런 진화적 또는 문화적 목적에 이바지하지 못하는 듯했다.

선사시대 사회들이 평화로웠다는 견해는 널리 받아들여졌고, 사회적 과정 또는 문화적 현실로서의 전쟁은 1960년대까지 주류 인류학에서 변두리로 밀려났다. 이후 전쟁과 기타 형태의 폭력은 점차 더 큰 규모로 인류학의 주류 분파에 더욱 온전히 편입됐다. 폭력에 대한 별도의 인류학이 아니라 과거와 현재 인간의 사회적·문화적 진전을 이해하는 요소로서다. 그럼에도 '평화로운 과거'라는 개념은 여전히 남아 있다. 현존하는 부족들 사이에서 나타나는 의례를 위한 싸움을 들어 일부

인류학자는 국가 이전의 싸움 또한 의례화된 것이라고 주장
했다. 떠들썩하게 전선을 치지만 실제 전투는 없고, 전쟁이라
기보다는 놀이에 가깝다는 것이다. 소박한 사람들 사이에서의
폭력은 "투박하고 장난스럽고 짧고 일반적으로 비조직적"이
라고 윌리엄 뉴컴(William Newcomb)은 1960년에 썼다.[13] 심
지어 기원전 제1천년기의 로마 공화국이나 중앙아메리카의
마야문명 같은 더 발달한 사회에서도 이런 방식은 그들을 비
호전적으로 보이게 했다. 최근에 두 미국 인류학자 브라이언
퍼거슨(Brian Ferguson)과 더글러스 프라이(Douglas Fry)는
문명이 시작된 후에 전쟁이 나타났으며 "떠돌아다니는 단순
수렵채집민은 전쟁을 하지 않았다"(프라이의 말이다)라는 주
장을 되살렸다. 이는 인간 역사의 98퍼센트가 그랬다는 말이
다. 둘 다 폭력의 존재를 부정하지는 않지만, 제한적이고 비교
적 살상이 없으며 간헐적인 것으로 본다. 과거 인간 사회에서
필수적인 요소가 아니었고, 그 사회에서는 동종 살해에 대한
혐오가 더 일반적이었던 듯하다는 것이다. 퍼거슨은 서아시아
에서 이른바 1만 년의 기간을 중시했다. 이 시기에 농업으로
이행했고, 제한된 고고학적 증거로 보아 완전히 평화로웠던
것으로 보인다는 것이다. 그는 또한 '부족민 지역' 이론을 개발
해, 유럽 제국들과 접촉한 이후에야 유럽의 위세품이나 무역
로나 노예 공급을 둘러싸고 부족민들 사이의 폭력이 조장됐
음을 보여 주었다. 전쟁의 동기를 제국주의의 유해한 영향으
로 돌린 것이다. 19세기 뉴질랜드 원주민 마오리(Maori)족 사
이의 이른바 '장총 전쟁'과 17세기 이후 미국 동부에서 벌어진

잔인한 부족 전쟁은 가능한 검증 사례로 볼 수 있다. 이들 사례와 발달한 군장사회 및 국가들 사이에서의 전쟁은 다툴 가치가 있는 무언가가 있을 때(그런 주장이 있다) 유형 재화를 얻는 일과 관련된 것이었다.

대체로 평화로운 과거라는 관념은 18세기 프랑스 철학자 장자크 루소(Jean-Jacques Rousseau)의 경우에서처럼 나름의 의제가 있다. 루소는 '선량한 미개인(bon sauvage)'을 그 뒤에 나타난 국가 및 불평등한 계급들의 타락한 세계와 대비시켰다. 1920년대부터 1960년대까지 조상 공동체들에 대한 지배적인 견해는 진화론적 서사였다. 인류학자들은 과거 세계를 그들 주위 도처에 있는 전쟁, 혁명, 내전의 극단적인 폭력과 대비시키는 선택을 했다. 현대의 전쟁하는 인간은 더 단순하고 평등주의적이며 덜 폭력적인 공동체에서 진화했을 것이다. 그 공동체는 무질서하고 폭력적인 현재와 유사한 것으로 볼 것이 아니라 그 자체로서 이해해야 한다. 말리노프스키는 제1차세계대전 동안 뉴기니에서 선구적인 연구를 한 끝에, 국가 이전 사회들은 안에서 밖으로 연구해 아주 다른 가치 체계, 문화적 규범, 사회적 관행을 파악해야 한다는 결론을 내렸다. 인류학자들에게 말리노프스키, 미드, 베네딕트가 추구한 '문화상대주의'는 소박한 사람들을 상투적인 명예훼손으로부터 구하기 위한 인본주의적인 노력이었다. 그들은 "미개하고 잔인"한 것이 아니라 인류학자 키스 오터바인이 말했듯이 "점잖고 온순"해야 했다. 현장 연구의 많은 사례에서 전쟁 폭력에 대한 증거는 전쟁 없는 공동체라는 틀에 맞추기 위해 무시되거나 간과

되거나 재해석됐다. 심지어 1991년 알프스 빙하 속에 보존됐다가 발견된 선사시대의 유명한 '얼음 인간' 외치(Ötzi)조차 10년이 지난 뒤에야 등에 화살촉이 박혀 있고 그의 칼날에 세 명 이상의 다른 인간의 피 흔적이 있음이 드러났다. 다른 누구보다도 말리노프스키가 신념에 차고 활동적인 평화주의자였다는 점은 이 평화로운 과거라는 견해를 심리적으로 호소력 있게 했다. 더 최근에 인류학은 전쟁에 대한 관심이 현재의 군국주의를 떠받친다는, 그리고 부족민(현대와 과거 모두의)에게 전쟁이 있었다고 하는 것이 인종차별적이고 식민주의 유산을 지닌 서방의 견해(그들을 이국적이고 야만적인 사람들로 보는)를 떠받친다는 비난을 피해야 했다. '평화로운 미개인'이 쉽게 21세기까지 이어질 수는 없었지만, 미드가 그랬듯이 인간의 과거에 전쟁이 없었다는 믿음은 인간 사회가 평화로운 미래를 받아들일 가능성이 있음을 시사한다. 평화로운 사회에 대한 연구(많지는 않다)가 그 미래를 어떻게 성취할 수 있을지에 관한 실마리를 제공할 수 있으리라는 희망이 있었다.[14]

지난 50년 동안 인류학과 고고학을 휩쓴 국가 이전 사람들 사이의 전쟁(과거와 현재 모두)에 대한 연구의 물결은 이제 '평화로운 과거'의 이미지를 유지할 수 없게 했다. 1915년에 선구적인 사회학자 레너드 홉하우스(Leonard Hobhouse), 모리스 긴즈버그(Morris Ginsberg), 제럴드 휠러(Gerald Wheeler)는 '더 소박한 사람들'에 대한 연구에서 사회 298개 가운데 오직 4퍼센트에서만 전쟁이 없음을 발견했다.[15] 1950년대 이래 현존하는 부족사회들에 대한 민족지학 연구는 상세한 법의 고고학(法醫考古學)과 결합해 아주 다른 인류학적 주장을 제시했다. 대중적이고 논란이 있는 두 연구가 어떤 종류의 전쟁은 국가와 조직화된 충돌이 있기 오래전에 존재했다고 주장했다. 첫 번째는 1996년 출간된 로런스 킬리의 『원시전쟁』이고, 두 번째는 그로부터 7년 뒤에 출간된 스티븐 르블랑(Steven LeBlanc)의 『끊임없는 싸움(Constant Battles)』이다. 그때쯤에는 이미 전쟁 폭력을 과거와 현재 소규모 사회의 연구에 포괄한 새 연구가 상당히 집적돼 있었다. 명백히 평화로운 현대 공동체들의 경우, 가까운 과거까지 매우 호전적이었던 사람들 사이에 벌어진 전통적인 형태의 충돌을 국가의 개입이 제한하거나 없앴음을 보여 줄 수 있었다. 그 가운데 하나가 미드가 연구한 부키이프어 사용자 집단인데, 그들의 폭력적 행동은 미드가 자신의 본래 주장을 내놓고 몇 년 뒤에 그의 전남편인 인류학자에 의해 드러났다.[16] 원시 및 고전기 공동체의 경우, 폭력의 고고학을 사회 및 문화 환경에 대한 해석에 통합한 것은 많은 경우에 이들 사회가 작동하는 방식과 그 목적이 무엇이었는지에 대해 빠진 부분을 보충해 주었다. 사실 문화적 필요는 이제 크고 작은 대부분의 사회가 왜 전쟁을 하고 있거나 했느냐에 대한 가장 중요한 설명 가운데 하나로 간주된다. 이 주장은 미드 자신이 원했을 듯한 것 이상으로 그의 문화결정론과 더 일치한다.

과거의 집단 간 폭력(전쟁으로 규정되든 그렇지 않든)에 대한 연구가 그것을 받아들이는 더 광범위한 사회적·문화적 환경을 이해하는 데 얼마나 필수적인지를 보여 주는 사례가 있다. 푸에블로 문화가 (루스 베네딕트가 이 옛 부족의 후예를 연구할 때 정말로 그랬던 것처럼) 기본적으로 차분하고 평화적이었다는 그 견해는 심지어 베네딕트가 글을 쓰고 있을 때도 정밀한 질문을 버텨 내지 못하고 있었다. 지난 수십 년 동안의 골고고학은 그 대신 과거의 폭력에 대한 광범위한 증거를 발굴해 냈다. 매복이든 조우전이든 습격이든 마녀 처형이든, 아니면 적어도 2000년을 거슬러 올라가는 전체 공동체의 대학살을 포함하는 집단 간 공격이든 말이다. 아나사지(Anasazi) 지역에서는 900년 이전의 것인 32개 유적지에서 폭력이 발견됐다. 유타주 남부 웨더릴(Wetherill) 동굴이 그중 하나인데, 여기서는 대부분 남성인 유해 92구가 발견됐다. 이들을 치사에 이르게 한 건 곤봉 가격, 머리 가죽 벗기기, 참수 등임을 남은 흔적으로 알 수 있었다. 콜로라도주의 세이크리드리지(Sacred Ridge) 유적지에서는 최소 33명의 남자, 여자, 아이에 대한 학살이 700년 무렵 일어났다. 머리를 둔기로 가격하는 의례를 위한 살해가 있었고, 그 뒤에 발과 발목에 대한 고문, 창자 뽑기, 귀와 입술 제거, 머리 가죽 벗기기 등이 있었음이 유골에서 확인됐다. 신체는 해체됐고, 뼈는 박살이 났다. 살해와 해체에 세밀한 관심이 기울여졌다는 것은 이 학살이 의례적 살해, 즉 오늘날 '공연적' 폭력이라고 불리는 것이었음을 시사한다. 이를 수행한 부족에게 상징적 의미로 가득 차 있고, 거의 틀림없이 이 부족의 우주론과 관련된 동기였을 것이다(6장에서 더 자세히 논의하겠다). 콜로라도주 맨코스(Mancos) 유적지에서 발견된 1100년의 대학살은 마찬가지의 의례 관행을 보여 주어, 대학살 시연이 부족의 문화적 구성 안에서 이해됐으며 세대에서 세대로 전달됐음을 시사한다.[17] 이런 대학살들이 통상적인 싸움인 것은 아니지만, 그것을 전쟁 폭력의 표현으로 보지 않기는 어렵다. 학살된 사람들은 분명히 자원자는 아니었다.

인류학과 고고학 증거에 대한 두 접근법 사이의 구분을 흔히 나타나듯이 극과 극(오터바인은 '매'와 '비둘기'라고 했다)으로 보는 것은 잘못일 것이다. 이 구분은 오늘날 덜 타당해졌다. 수렴되는 부분이 있고, 양편에 속한 어떤 인류학자도 군장 사회와 국가가 사회조직의 특징적인 형태가 된 뒤에는 전쟁의 증거를 부정하지 않는다. 그들의 행동이 보편적으로 동일하지는 않지만 말이다. 전쟁 폭력이 시기에 따라 그리고 사회들 사이에서 매우 다양하고 융통성을 보인다는 것 역시 일반적으로 받아들여지고 있다. 전쟁이 일어나는 곳에서는 모든 전쟁과 재난을 그저 이들이 같은 뿌리를 갖는 것으로 나열하지 않고, 서로 다른 사회에서 전쟁의 문화적 의미와 사회적 목적을 해석하는 것이 필수적이라는 데는 아무도 이의를 제기하지 않을 것이다. 또한 인간이 협력적이고 사교적인 상호작용을 할 능력이 있었고 지금도 그러하며 참으로 이것이 인간 사회들을 하나로 묶어 주는(심지어 싸우는 행위 안에서도) 것이라는 데는 어떤 이견도 없다. 주된 차이는 전쟁이 드물지 않고 흔했으며, 그것이 전쟁을 벌이는 사회들에서 벗어난 것이 아니라 그 안에 들어가 있고, 그것이 시공간 속에서 전 세계적으로 일어났음을(그 증거는 이제 너무도 많다) 받아들일 용의가 있느냐

    왜 전쟁인가?

아니냐다.

　전쟁이 문화적·사회적 현실로서 언제 그리고 왜 나타났느냐의 문제는 이제 50년 전보다 훨씬 더 확실하게 대답할 수 있다. 그러나 충적세(Holocene)와 아마도 홍적세(Pleistocene)의 마지막 1만 년간, 모두 합쳐 지난 2만 년에 대해서만이다. 그렇게 해도 인간이 존재했던 대부분의 시간 그리고 호모사피엔스가 존재했던 20만 년의 대부분은 여전히 '빈 석판(tabula rasa)' 같은 것으로 남는다. 홍적세의 대부분 기간에 폭력을 암시할 수 있는 것으로 남아 있는 고고학 자료는 문서 한 장에 나열될 수 있다. 충돌이 일어나게 할 수 있는 조건들은 수백만 년 전으로 거슬러 올라간다. 초기 호미닌이 만든 첫 번째 석기, 불의 사용, 육식으로의 변화, 언어의 개발, 상징의 사용 같은 것들이다. 초기 인간은 거의 틀림없이 연합한 채탐자들이었던 듯하다. 이어 사냥 도구가 발달하면서 전형적인 인간 공동체는 잡식성의 이동하는 수렵채집민 집단이었다. 첫 번째 손도끼는 거의 200만 년 전으로 거슬러 올라간다. 첫 번째 투창은 대략 50만 년 전의 것이 확인됐다. 첫 번째 목제 무기 및 연장은 대략 40만~30만 년 전 것이었다. 첫 번째 첨두기는 20만 년 전에 이미 나왔다. 첫 번째 활과 화살은 대략 6만 년 전의 것이다.[18] 그러나 이들은 수렵 공동체였기 때문에 종내(種內) 살해를 위한 무기라기보다는 사냥을 위한 도구였을 가능성이 있다. 독일 쇠닝겐(Schöningen) 유적지에서 발견된 30만 년 전의 것인 온전한 목제 투창과 장창은 인공물의 무게, 길이, 치명도에 대한 이해가 비교적 높은 수준이었음을 보여 준다. 그러나 이것들이 사냥에 사용되면서 필요할 때는 전투에도 사용되는 이중 목적의 도구였는지에 대해서는 결론을 내릴 수 없다.[19] 유골에서 나온 증거는 많지 않다. 온전하거나 일부가 남은 유골이 아주 적게 발견됐기 때문이다. 석기로 손상된 것으로 밝혀진 최초의 두개골은 대략 60만 년 전 에티오피아의 인간 화석에서 나왔다. 에스파냐 도시 부르고스 인근의 그란돌리나(Gran Dolina) 유적지에서 발견된 탈구되고 식인의 자취가 있는 11구의 유골은 대략 80만 년 전으로 거슬러 올라가지만, 이것이 충돌을 나타내는 것인지는 입증할 수 없고 그 문화적 의미는 추측의 영역이다.[20] 유럽에서는 중기 구석기시대의 무덤이 겨우 20기만 발굴됐고, 후기 구석기시대(대략 10만 년 전에서 1만 7000년 전)의 것은 100기가 발굴됐다. 전자에서 확인된 21개의 상처 가운데 2개만 치명적인 것으로 나타났고, 후자의 16개 가운데서는 3개였다.[21]

　이것이 현재 얻을 수 있는 증거의 대부분이며, 이런 빈약한 목록이 호미닌이 연합 폭력을 자행할 수 있었음을 시사하는 것인지에 대해서는 여러 가지 추측이 가능하다. 수렵채집민 집단들 사이의 폭력 성향을 검증하는 한 가지 방법은 현대 세계의 수렵채집민에게서 얻은 증거를 이용해 유사성을 생각해 보는 것이다. 물론 이것은 그들을 둘러싸고 있는 현대의 사회적·문화적 환경을 고려하면 문제가 없을 수 없다. 집단 간 폭력 자행에 관한 중요한 요소를 확인하는 상징적 사고와 문화적 관행의 사례는 많다. 아마존강 상류 유역의 히바로족은 최근까지도 자기네 땅에 악령을 퍼뜨리고 있는 적들을 상대로 자주 습격을 나갔다. 통상 유명한 카카람(*kakáram*, 전사)으로 지도자가 정해지고, 그는 전사들을 연회장으로 모아 나테마(*natéma*)라는 환각제와 함께 카사바(cassava)로 만든 술을 같이 마신다. 또한 조상들의 정령을 불러내 습격의 성공 여부를 예측한다. 위장과 용기를 위해 검은 칠을 한다. 습격과 꼼꼼한 시체 참수 후에 승리 잔치가 열린다. 승리한 전사들에게는 그 조상들이 준 새로운 힘이 생겨났다는 말이 전해진다. 가장 많은 적을 죽인 사람은 티카카람(*ti kakáram*), 즉 가장 강한 전사가 될 수 있었다.[22] 오스트레일리아의 수렵채집민 사이에서는 폭력이 흔하게 발생했고, 그것은 여러 형태를 띠었다. 의례로서의 전투가 있었는데, 여기서는 아마도 단 한 사람만이 죽거나 다쳤을 것이다. 그러나 또한 복수를 위한 살해나 매복이나 전체 집단의 학살로 이어지는 치명적인 습격도 있었다. 의례로서의 전쟁과 실제의 치명적인 폭력은 국가가 생기기 이전의 사회에서 양립 불가능한 것이 아니었다. 외부자에 대한 의도적 폭력에서 상징 의례는 중요한 역할을 했다. 습격 전 신체에 칠을 하고, 사냥용이 아닌 전쟁용의 특수한 '죽음의 창'을 사용하며, 마법적 능력을 위해 학살된 적의 신장 지방을 떼 내는 것 따위였다. 부족 간 폭력의 주요 동기는 부족의 성스러운 '알체링가(alcheringa)' 터를 침범했다는 것이었다. 그곳은 오스트레일리아 원주민 신화의 천지창조 시기인 '꿈의 시대'에 영적 조상들로부터 배정받은 곳이었다.[23]

과거 수렵채집민의 행동으로부터 구석기시대로 거슬러 올

라가는 최근 독법에는 분명히 주의할 점이 있다. 그러나 인간 집단들이 완전히 다르지는 않은 방식으로 행동했음을 시사한다는 점에서는 적어도 그럴듯하다. 현대 수렵채집민들 가운데서 61퍼센트는 전쟁을 했고, 27퍼센트는 계속해서 자주 싸웠다.[24] 원시의 수렵채집민 가운데서 전쟁 폭력은 틀림없이 보편적이지도 않았고 지속적이지도 않았다. 현대의 그 후예들에 대한 통계가 이를 시사한다. 그러나 전쟁 폭력은 분명히 일어났을 것이다. 그것을 촉발한 동기와 문화는 사라졌더라도 말이다. 적어도 수만 년에 걸친 호모사피엔스의 시기에, 연합 폭력의 수준에 관해 생각할 때 증거가 없다는 것이 전쟁이 없었던 증거라고 하는 것은 설득력이 없다. 중석기시대 및 대략 1만 년 전 이후의 신석기시대에 분명한 상시적인 폭력(이에 대해서는 훨씬 많은 증거가 있다)이, 구석기시대 말기 인간과 그들이 조직화된 씨족, 마을, 부족 사이에서 일어났던 폭력적인 관행과 행동의 계통에 의존하지 않고 갑자기 시작됐다는 것은 근본적으로 믿기 어렵다.

적어도 1만 년 전부터 시작되는 신석기시대와 그 이후에 전쟁 폭력이 있었다는 데 대해서는 논란의 여지가 별로 없다. 그러나 프랑스 인류학자 피에르 클라스트르(Pierre Clastres)처럼 멀리 가는 학자는 많지 않은데, 그는 1970년대에 이렇게 주장했다. "원시사회는 전쟁 없이는 존재할 수 없었다. …… 원시사회는 '**전쟁을 위한 사회**'였고, 그 사회는 본질적으로 호전적이었다."[25] 원예농업과 정착 공동체로의 변화 그리고 이어 더 광범위한 농업 및 더 큰 정치체로의 변화(문명, 국가, 도시

 왜 전쟁인가?

건설 훨씬 전이었다)는 전쟁 충돌의 증거와 통합됐다. 그 일부는 정주 사회와 남아 있는 넓은 범위에 걸친 수렵채집민들 사이의 새로운 경계로 인해 만들어졌다. 이 증거는 명확한 정치 구조로 이행하는 것과 밀접하게 연결됐다. 평등주의적인 부족이든 전쟁 문화가 발전한 군장사회든 마찬가지였다. 이들 사회의 발전은 직선적인 것이 아니었고, 그 전개와 시기는 지역마다 달랐다. 그러나 고고학 연구가 이루어진 세계의 모든 곳에서는 부족과 군장사회의 전쟁이 확인됐다. 유럽, 중앙유라시아, 서아시아, 중국과 일본, 폴리네시아와 오스트레일리아, 남·북아메리카에서 그랬고, 모든 경우에 유럽 식민지 개척자들과 접촉하기 훨씬 전이었다. 심지어 브라이언 퍼거슨의 '서아시아 1만 년 평화'의 경우에도 사실임이 입증됐다. 여기서도 증거(더 적지만)는 신석기시대 동안에 일정 수준의 소규모 충돌 또는 의례로서의 폭력이 있었음을 시사한다. 두개골 손상, 방어형 골절, 참수의 증거가 있다.[26] 한 예외는 인간이 기원한 사하라 이남 아프리카의 고고학이다. 아프리카의 신석기시대에 해당하는 시기에 전쟁 문화를 확인할 수 있기에는 아프리카 사회들이 발전한 방식에 대한 실마리가 아직 너무 적다. 부족사회와 군장사회가 먼 과거와 더 큰 국가 정치체 또는 연맹 사이의 매개 고리라는 것은 널리 받아들여지고 있다(실로 그것이 많은 인류학자가 현대 부족사회를 연구하겠다고 선택하는 이유다). 충분한 과거가 재구성될 수 있는 곳에서는 공동체 사이에서 전투행위가 만연했던 것으로 보인다. 공동체의 군국주의화는 그들을 불안정하거나 단명하게 했고, 짧고 불확실한 동맹과 신뢰 부족이 특징이었다. 부족 또는 군장사회 수준 사회에서 끊임없이 전쟁이 벌어져 유럽, 아시아, 남·북아메리카에서 국가의 부상과 제도로서의 전쟁으로 가는 길을 열었다.

이 시점에서 부족 및 군장사회 시대에 전쟁을 떠받쳤던 문화들은 과거의 충돌을 재구성하는 데 물질적 바탕을 제공하는 축성, 무기, 도상, 유골의 상처에 있는 많은 고고학적 자료로 돌아감으로써 더 쉽게 이해할 수 있다. 그러면 고고학을 사회적 맥락에 놓음으로써 전투행위가 왜 그렇게 소규모 사회들에 내재해 있는 것처럼 보이는지뿐만이 아니라 그것이 어떤 목적에 이바지하는 것으로 생각됐는지도 이해할 수 있게 된다. 정착 원예농업 또는 농경으로 이행한 것과 관련된 성곽 정착지는 유럽에서 기원전 5500년 무렵부터 발견할 수 있다. 다른 곳과 마찬가지로 여기서도 축성의 시기와 성격이 매우 다양했는데, 농민과 수렵채집민 사이의 경계가 있는 곳이나 기존 정착지에 압박을 가하는 대규모 이주의 증거가 존재하는 곳에서 더 흔했다. 많은 경우에 천연적인 보호를 이용했다. 곶, 산허리, 바위의 노두 같은 곳이나 두세 방향이 강과 습지로 보호되는 곳에 정착지를 세웠다. 그런 뒤에 천연적인 보호는 울타리, 통제용 문, 보루, 둑길을 건설해 보충했고 이 모든 것은 고고학 기록에 광범위하게 나타난다.[27] 정착 지역들 사이에는 때로 정착지가 없는 완충지대가 있었다. 거리를 두어 어느 정도의 안전을 제공하기 위한 무인지경이었다.

유럽의 주민이 증가하고 자원과 토지에 대한 경쟁이 치열해지면서 축성은 더 흔해지고 방어의 필요성도 더 절박해졌

 왜 전쟁인가?

다. 에스파냐 알메리아의 로스미야레스(Los Millares) 유적지에는 기원전 제3천년기에 정교한 방어 시설이 건설됐다. 곶에 건설돼 삼면이 가파른 해안 절벽으로 보호된 이 유적지는 해자로 보호된 세 줄의 성벽·요새·탑이 있었고, 약간 떨어진 곳에 작은 보루를 건설해 접근을 감시하게 했다. 정교한 보호 수준은 어떤 인지된 위협에 대한 방어를 위해 사용한 것이 아니라면 이해가 되지 않는다.[28] 여기서도 다른 곳에서처럼 방어 시설 일부가 불에 탔다는 증거는 폭력이 존재했음을 시사한다. 성곽의 온전하게 남아 있던 부분은 그것이 효율적이었음을 입증한다. 많은 화살촉이 발견되거나 둘러싼 해자에 시체가 격식을 차리지 않고 쌓여 있는 곳들은 포위전과 전투가 가장 설득력 있는 설명으로 보인다. 영국 콘월의 칸브레아(Carn Brea) 유적지는 해자 하나, 석성(石城) 하나, 복잡한 문 여섯 개, 2미터 높이의 내성(內城) 하나로 보호됐는데 이곳에서 800개의 석촉(石鏃)과 불로 파괴된 흔적이 발굴됐다. 분명한 충돌의 증거다.[29] 또 하나의 영국 유적지인 데인버리(Danebury) 성곽 유적지는 기원전 제1천년기의 것으로 해자 하나와 16미터라는 놀라운 높이의 성벽 하나가 있었는데, 출입문 가운데 하나가 불탄 이후 주민이 사라졌으며 100명 가까운 남자, 여자, 아이들의 시체가 습격자들에 의해 구덩이에 버려졌다.[30] 중·동유럽에서는 해자, 성벽, 울타리가 흔한 모습이었다. 신석기시대 선대문토기 문화와 중석기 채탐자들 사이의 단층선을 따라 방어용 축성이 흔했던 듯하다. 이는 폭 2.8미터, 깊이 1.6미터 정도의 대형 해자 같은 것들로 입증되며, 일부는 울타리와 복잡한 출입문을 갖추고 있었다. 슬로바키아의 자메체크(Zámeček)에 있는 유적지에는 깊이 4.5미터, 폭 10미터의 놀라운 해자가 있었다. 독일 서부 될라우어하이데(Dölauer Heide)의 신석기시대 정착지 방어 시설은 나무 울타리 앞에 여섯 개 이상의 해자가 있었다. 역시 공동체가 기울인 노력의 수준은 방어라는 개념으로밖에는 이해할 수 없다.[31] 방어 시설을 한 일부 유적지는 사람이 살지 않았던 듯하지만, 이들은 충돌로 위협받을 경우를 대비한 지역 농민들의 피난처였거나 성스러운 장소 또는 의례가 펼쳐지는 장소를 외부자들로부터 보호하는 것이었을 가능성이 있다. 역시 위협에 대한 대응이었다.

유럽 이외의 지역에서도 축성은 정착으로 이행하고 인구 밀도가 높아지는 시기에 일어났다. 중국에서는 축성이 기원전 4000년 무렵에 나타났다. 농민들과 수렵채집민들이 충돌하면서다. 기원전 제3천년기에 전쟁이 더 널리 확산되면서 마을들은 석성이나 항토장(夯土牆, 판으로 틀을 만들고 안에 흙을 부어 달구 등으로 반복해 다지며 층층이 쌓은 벽-옮긴이)을 둘러쳤다. 같은 시기에 우랄 스텝에서는 성곽 정착지가 나타나는데 성벽과 탑, 깊은 V 자형의 해자가 있으며 밀집된 공동체들을 보호하기 위한 둑이 있었다.[32] 남·북아메리카에서는 축성이 좀 늦게 일어났다. 역시 인구밀도가 높아지고 정착한 원예농업 공동체들이 만들어지면서다. 방어 시설 건설의 가장 이른 증거는 기원전 4000년까지 거슬러 올라가며, 기원후 제1천년기 말이 되면 증거는 광범위해진다. 수렵채집민과 농민 사이 또는 경쟁 농업 부족 사이의 충돌이 10세기 이후 미국 중부 일대에서 축성지의 발달을 부추겼다. 처음에는 단순한 울타리와 해자였고, 이어 성벽, 요새, 전망대를 갖춘 더 튼튼한 방어 시설이 들어섰다. 현대의 미국 세인트루이스 부근 커호키아의 군장사회 중심지에 결합된 마을의 무리는 무거운 통나무로 만든 3킬로미터의 방벽으로 보호됐다.[33] 미시시피강과 테네시강 유역에서는 경쟁 군장사회 및 부족 사이의 전쟁이 900년 이후 대략 600년 동안 고질이 됐다. 앨라배마주에 있었던 13세기 에토와(Etowah) 군장사회는 성곽을 두른 공간이 있었고, 적대 집단들과의 완충지대도 있었다. 중심 유적지는 3.7미터 높이의 거대한 울타리와 폭 9.5미터의 넓은 해자가 있었다. 이것도 충분치 않은 것으로 드러났다. 울타리는 불에 타고 정착지는 15세기에 폐기됐다.[34] 북아메리카의 축성에 대한 고고학 연구는 방어 시설 건설이 위협의 정도나 인구의 분산에 따라 증감이 있었음을 보여 주지만, 그것이 필요해졌을 때 방어를 하려면 축성을 해야 했다.

구석기 및 중석기시대 수천 년과 비교해 신석기시대의[그리고 이후의 순동기(純銅器)시대 및 청동기시대의] 유골 상처 증거는 더 넓은 지역에 퍼져 있고 더 분명하게 어떤 식의 전투와 연결돼 있다. 전투에서 당한 부상은 주로 머리를 둔기 또는 예기에 맞았거나, 가격을 막으면서 팔에 방어형 골절이 생겼거나, 첨두기가 뼈에 박히거나 유골 주위에 있는 것이었다. 일부 부상은 치명적인 것이 아니었고, 때로는 한 무리의 유골에서 치명적이지 않은 부상이 다수인 경우도 있었다. 이것은 의

레로서의 전투를 시사하는 것으로 보이지만, 나은 상처는 현대의 전쟁(일반적으로 죽는 사람보다 부상자가 많다)에서처럼 조우전이나 전투에서 살아남았음을 가리킬 수 있다. 탈구, 참수, 머리 가죽 벗기기, 전리품 확보가 광범위하게 나타났고 이는 폭력적 충돌 또는 포로와 희생 제물을 위한 습격의 결과였다. 전쟁의 기원에 관해 대학살의 발견이 많이 강조됐고, 학살은 아마도 눈에 띄는 성격 때문에 지나친 관심을 끌었을 것이다. 그것들은 이미 보았듯이 인류학적 관점에서 의례 살해의 여러 형태였을 수 있지만, 또한 자원을 얻기 위한 부족 간 경쟁의 섬뜩한 결말이거나 지금은 알 수 없는 동기로 인한 야만적인 복수일 수 있다. 분명히 살해자와 피해자 간 폭력적 충돌의 갑작스러운 분출을 반영한 것이다. 기원전 5000년 무렵의 것인 독일 헤륵스하임(Herxheim)의 신석기 유적지는 가장 잘 알려진 곳 가운데 하나다. 173점의 두개골과 두개골 파편이 있었고, 탈구되고 아마도 식인에 사용된 334구의 남자·여자·아이의 유골이 있었다. 이들은 어떤 종교적 목적을 채우기 위해 의례 중심지에서 먼 지역에서 잡아 왔다. 빈 부근 아스파른-슐레츠(Asparn/Schletz) 유적지의 한 해자에서 발견된 66구의 유골(아마도 100구를 훨씬 넘었을 것이다)은 거의 모두가 도끼로 살해됐다. 기원전 5700년 무렵에 라인강 유역 탈하임(Talheim)에서는 작은 정착지가 습격당해 16명의 아이와 유아, 9명의 남자, 7명의 여자가 도끼·곤봉·화살로 살해당했다.[35] 남·북아메리카에서는 북쪽에서부터 남쪽까지 대학살을 보여 주는 고고학 기록들이 있다. 페루 해안의 파라카스만

(Paracas Bay) 유적지에는 56구의 탈구된 어른의 시체가 뼈 동굴에 던져져 있었다. 대략 7000년 전의 것으로, 아메리카 고(古)원주민 폭력의 초기 사례다.[36]

부족과 군장사회의 일상적인 현실이었던 전투의 증거로서 대학살보다 더 중요한 것은 소규모지만 일상적인 유골 상처의 세부 내용이다. 돌, 뼈 그리고 결국 초기 금속으로 만든 무기로 입은 상처다. 박힌 첨두기와 두개골의 상처는 핵심 지표이며, 풍부하지는 않지만 전쟁 폭력이 제한적이거나 임의적인 것은 아니었음을 나타내기에는 충분할 만큼 존재한다.

기원전 8000년에서 기원전 7000년 사이의 아메리카 고원주민 유골 가운데 58퍼센트는 폭력에 의한 죽음을 맞았다. 미시시피강 유역에서는 폭력이 적어도 6800년 전까지 거슬러 올라간다. 박힌 첨두기, 유골의 상처, 전리품 취득은 모두 기원전 제4천년기 이후 분명하다. 폭력은 기원후 제1천년기에 들어서도 계속됐다. 삼림지 문화 후기(기원후 500~1000)에 유골의 4분의 1이 방어형 골절과 박힌 첨두기를 보여 주었다. 취득하는 전리품에는 머리와 손이 포함됐다.[37] 캐나다 브리티시 컬럼비아주 해안에서 기원전 3500년에서 기원전 1500년 사이 부족사회 시대의 유골 57구 가운데 21퍼센트가 상처의 영향을 보여 주었다. 그러나 기원전 1500년부터 기원후 500년까지 북쪽 해안 일대에서는 발굴된 유골의 3분의 1이 폭력으로 인한 손상 흔적을 보였다.[38]

신석기시대, 청동기시대, 철기시대 유럽에서는 박힌 첨두기와 두개골 상처가 대륙 일대에서 폭력이 있었음을 보여 준다.

다만 유골의 손상을 정리하려는 조직적인 노력은 적었다. 에스파냐의 신석기시대 말기에 관한 한 조사는 서로 다른 유적지 13군데에서 나온 40구의 유골이 발사 무기로 인한 죽음임을 보여 주었고, 일부는 또한 이전 폭력으로 인한 골절이 나왔음을 보여 주었다. 에스파냐 라오야(La Hoya)의 철기시대 마을에 대한 최근 발굴은 이웃 부족에 의한 폭력적인 습격을 보여 주었다. 그들은 마을을 불태웠고, 달아나는 마을 사람들을 거리에서 죽였다. 현재까지 발굴된 13구의 유골 가운데는 참수된 것이 1구이고 팔이 잘린 것이 2구다.[39] 슬로바키아의 신석기시대 정착지 옐쇼브체(Jelšovce)에 대한 연구에서는 유골의 27퍼센트가 두개골에 상처가 있었고, 그 대부분이 사망의 원인이었다.[40] 프랑스 베르가임(Bergheim)에 있는 6000년 전 신석기시대 매장갱 가운데 하나에는 탈구된 유골, 팔, 손들이 들어 있었다. 동시에 함께 쌓인 것이었고, 거의 틀림없이 장례를 치른 것이 아니라 무장 폭력의 희생자들이었다.[41] 목록은 길지만 분명한 결론을 가리킨다. 이제는 오직 추측만 할 수 있는 상황에서 부족 공동체들 사이 또는 내부에서 일어난 다양한 규모의 폭력이 더 큰 원시국가 또는 국가 정치체의 발전 이전 수천 년 동안의 일상적인 모습이었다는 것이다.

　부족 및 군장 공동체가 이용할 수 있는 무기는 돌, 나무, 뼈로 만들어 무기와 연장 겸용으로 쓸 수 있는 것으로부터 주로 전투를 위해 설계된 전문화된 도구인 전용 무기로 꾸준히 진화했음을 보여 준다. 초기의 무기는 장거리 발사체와 적을 쳐서 죽이기 위한 근접전 무기로 나눌 수 있다. 전자는 투창, 장창, 아틀라틀, 활과 화살 같은 것이고 후자는 돌도끼, 다듬은 뿔, 경질목(硬質木)으로 만든 전곤(戰棍) 같은 것들이다. 아프리카에서 아마도 8만 년 전 무렵에 처음 개발된 것으로 보이는 활과 화살은 수천 년 뒤 유라시아 대륙과 아메리카 대륙으로 전해지면서 세계적으로 가장 중요한 무기가 됐다. 그것은 동물을 사냥하거나 사람을 죽이는 데 사용할 수 있었고, 부싯돌 촉은 어떤 경우에 변형돼 두 가지로 나뉘었다. 미늘이 있는 것 또는 삼각형 잎 모양의 것으로, 상처를 헤집어 죽음에 이르게 할 의도로 설계된 것이었다. 대부분의 활은 시간이 지나면서 사라졌지만, 남아 있는 활들은 그 충격을 어떻게 극대화할 수 있느냐에 대해 비교적 정교하게 이해할 수 있게 해 준다. 적합한 나무를 선택하고(유럽에서는 주목과 느릅나무를 선호했다) 뿔, 나무, 힘줄을 가지고 합성궁을 만드는 방식이었다. 합성궁 방식은 유라시아 스텝 기마 궁수의 특징이 됐다. 활과 화살은 기원전 9000년 이후 어느 시점에 동북아시아에서 북극지방의 아메리카 대륙 북쪽에 처음 도달한 뒤 대륙을 종단하는 데 시간이 걸렸다. 이 기술은 기원후 제1천년기 후반까지 여전히 아주 북쪽에 머물렀고, 활과 화살이 북아메리카 일대에 퍼지자 사냥에 사용되던 투창을 대신했다. 고고학적 증거는 이 새 무기가 전쟁에 사용돼 그것을 이용한 부족들에게 승리를 안겨 주었음을 시사한다.[42]

기원전 제3천년기부터 유럽과 아시아에서 금속 기술이 발전하면서 살상력을 높인 근접전 무기들이 개발됐다. 단도, 검, 도끼창, 가는 검, 금속 살촉, 찌르는 창, 금속 창이 유럽의 순

동기시대와 청동기시대 매장지에서 나왔다. 투구, 갑옷, 방패(나무, 가죽, 두꺼운 천, 금속으로 만들었다)가 새로운 무기들과 함께 개발됐다. 중앙아시아 북부에서는 금속 가공술을 통해 무거운 창과 투창을 만들고, 운전자와 투창병이 충분히 탈 수 있을 정도로 큰 전차를 처음으로 만들었다. 더 남쪽 중국에서는 옥과 청동 무기, 청동 투구, 가죽 갑주, 전차가 기원전 제2천년기에 널리 퍼졌다. 지중해와 유라시아 일대에서는 부싯돌 살촉, 단도, 도끼에서부터 청동 검과 소도(小刀)에 이르기까지 전문화된 공장이 나타나면서 초기 무기 거래라고 할 수 있는 것이 발달했다. 무역 또는 생산을 가능케 하는 광석과 돌에 대한 접근권이 초기 전쟁의 동기가 됐다. 심지어 금속 가공이 발달하지 않은 곳에서도 무기의 구색은 증가한 전쟁을 감당할 만큼 복잡해질 수 있었다. 1519년 유카탄반도에 상륙한 에스파냐인들은 투석기, 창, 활과 화살, 불로 단련한 화살, 끝에 흑요석을 박은 양손 목검으로 무장한 마야 군대와 맞닥뜨렸다. 아오테아로아(Aotearoa, 뉴질랜드)에 처음 간 유럽인들은 고래뼈, 나무 또는 돌로 만든 정교하며 치명적인 전투용 곤봉으로 무장한 마오리족과 마주했다. 남아메리카 부족들은 유럽인과 접촉하기 훨씬 전에 투석기, 창, 활과 화살, 독화살, 도끼, 철퇴로 무장하고 있었다.[43] 이들은 모두 전쟁이 이미 자리 잡은 부족사회 또는 군장사회였다. 전쟁은 새로운 식민지 개척자들을 상대하기 위해서만 만들어진 것이 아니었다.

누가 새로운 무기를 휘두르느냐 하는 문제는 초기 부족사회 및 군장사회에서 어떤 식의 사회구조 또는 위계가 작동됐는지를 밝혀내는 더 어려운 문제를 제기한다. 일부 부족은 현대의 일부 부족 공동체와 마찬가지로 틀림없이 평등주의적이었다. 이런 곳에서는 모든 성인 남성이 습격 또는 복수를 위한 공격에 참여했을 것이다. 그러나 또 어떤 곳에서는 초기 단계의 위계를 발전시켰을 것이다. 여기서는 남성들 가운데 가장 용감하거나 지략이 있는 사람들이 전사 지배층으로 떠올랐다. 이 시기 유럽과 아시아의 무덤에서 나온 증거는 시간이 지나면서 일부 남성이 사회적·군사적 지위에 대한 존중의 표시로 무기와 함께 매장되었음을 시사한다. 기원전 제4천년기로 거슬러 올라가는 덴마크 유틀란트반도의 초기 사례에서는 전사들이 화살촉, 손도끼, 석제 단도 그리고 때로 도끼창(이탈리아의 산지에서 사 온 것이다)과 함께 묻혔다.[44] 북유럽과 동유럽에서는 무기(그리고 아마도 전사의 유골)가 들어 있는 신석기시대 말기의 무덤이 발굴된 것의 37퍼센트에 달했다.[45] 신석기시대 말기와 청동기시대의 무덤 유적지에는 흔히 전쟁의 도구가 그것을 지녔던 전사와 함께 묻혀 있음을 보여 준다. 기원전 제3천년기 중반 이후의 이른바 단장묘(單葬墓) 문화에서는 1000년 동안 전사들이 도끼, 단도, 손목 보호대, 화살촉과 함께 묻힌 것을 쉽게 확인할 수 있다.[46] 이 시기의 도상 또한 전사의 지위와 모습을 더욱 분명하게 보여 주기 시작한다. 세계 전역에 수많은 사례가 있다. 이탈리아 사르데냐에서 발견된 기원전 제1천년기 초로 거슬러 올라가는 500점의 청동 소조각상은 단도, 투구, 활과 화살, 갑주를 가지고 있고 남아메리카의 금세공품은 곤봉, 창, 아틀라틀, 전리품인 머리를 들고 있는 전사들의 모습을 보여 주며 안데스의 기원전 900년 무렵의 통짜 조각품은 전사들이 무기를 들고 적의 시체를 해체하는 모습을 보여 준다. 오스트레일리아 아넘랜드에는 대략 1만 년 전으로 거슬러 올라가는 전쟁 폭력에 관한 암각화가 있다. 막대기로 표현된 인간이 창에 찔리고 부메랑을 피하는 모습이다. 6000년 전쯤에는 실제 전투처럼 보이는 장면들이 있는데, 그중 한곳에는 무기를 든 68개의 인물상이 그려져 있다. 비평가들은 이 모습이 비유이며 그 의미는 이제 알 수 없다고 주장하지만, 현대 아넘랜드의 부족들은 이 바위 위의 모습을 재현하는 치명적인 충돌을 자주 벌였다.[47]

정확히 언제 그리고 어떻게 전사 계급이 등장했는지는 사회마다 다르지만, 모든 남성이 참여하는 것이 규범이었던 사례들을 제외하고는 공통의 경험이었다. 남·북아메리카의 부족 공동체들이나 스칸디나비아와 유라시아의 많은 전쟁하는 사회들이 마찬가지였다. 여기서도 일부 전사는 전투에서 두드러진 활약을 했다. 아마도 더 많은 적을 죽이거나 습격과 매복에서 흔히 지도자 역할을 자임했을 것이다. 이들은 아마도 무용을 통해 부족의 군장이 되는 길을 개척한 사람들이었을 것이다. 현대 부족 공동체와 관련해서 인류학은 카카람이 되기 위해 노력한 히바로족 남자들이나 항상 전쟁을 하는[남자들이 와이테리(*waiteri*) 즉 '사나운 자'가 되거나 우노카이(*unokai*) 즉 '뛰어난 도살자'가 되는 명성을 원했기 때문이다] 베네수엘라 야노마미족 같은 사례를 많이 갖고 있다.[48] 폴리네시아의 전쟁은 토아(*toa*, '전사')가 적을 죽이고 마나(*mana*,

왜 전쟁인가?

'힘')를 소모하며 전사를 더 강하게 할 수 있도록 설계한 것이었다. 지난 수천 년 동안 전사들에게 더 고상한 역할을 부여하고 적(상상 또는 실제의)을 상대로 한 전쟁 수행을 정당화하기 위해 비슷한 상징적 세계들이 부족 및 군장 공동체들과 함께 작동됐다고 상상하는 것은 어렵지 않다.

전투행위의 진화를 이해하기 위한 고고학 및 인류학의 자료들은 이제 한 세대 전보다 더 자리를 잡았다. 문제는 이 자료들을 이용해 그들이 함의하고 있는 전쟁 문화의 모습을 그려내는 것이다. 지금 많은 인류학자가 주장하듯이 전쟁이 문화적 진화로 추동된 무언가라고 이해해야 한다면, 시간이 흐르면서 이 과정이 어떻게 작동했는지를 보여 주는 것은 여전히 필요하다. 광범위한 문화를 포함하는 현대의 부족사회와 군장사회에 관한 인류학은 하나의 출발점이다. 작은 소수민족은 보통 전쟁을 하지 않지만 말이다. 이런 사회들은 오랜 세월 지속될 수 있다. 가치관, 규범, 신념, 의미, 기대, 우주론은 인류학자 클레이턴 로바첵(Clayton Robarchek)이 "문화적으로 구축된 경험"이라고 말한 것 속에서 세대에서 세대로 전해졌다.[49] 전쟁에 대한 문화적 적응의 증거는 폭력이 물건, 음식, 포로, 아내의 취득 같은 물질적 측면에서 유리할 뿐만 아니라 전쟁을 우선시하는 사회적 관행(젊은이들을 위한 성년식, 마법 또는 주술을 썼다는 비난에 대한 보복, 포로를 잡아 희생으로 바치거나 신체를 훼손하라는 지역 신들의 만족할 줄 모르는 요구 같은) 속에 들어 있는 것임을 시사한다.

콜롬비아 북부 카우카강 유역 군장사회의 전쟁은 16세기

에스파냐인들이 도착해서 기록했는데, 폭력이 어떻게 특정 사회의 맥락에서 영속화하고 수행됐는지를 일부 시사한다. 전쟁은 마을 회의에서 준비됐는데, 이때 전사들을 지원하기 위한 사나운 고양이 형상을 불러내기 위해 혈제(血祭)를 올렸다. 무기와 식량을 비축하고 정착지는 보통 울타리, 탑, 성벽으로 보호했다. 전쟁은 언제나 있는 위협이었기 때문이다. 습격 전에 전사들은 잔치를 하고 몸에 칠을 한 뒤 새벽에 공격을 위해 떠났다. 출발은 북, 소라껍데기 나팔, 인간의 뼈로 만든 도구로 알렸다. 습격당한 정착지의 주민은 학살당하고 해체돼 인육으로 먹혔다. 일부 포로는 군장의 집으로 데려와서 노예로 삼거나 희생제에 바쳤다. 콜롬비아의 카라파(Carrapa)족과 피카라(Picara)족이 포소(Pozo)족 군장사회를 상대로 벌인 한 전쟁에서 300명의 희생자가 제물로 바쳐졌고, 200바리의 살덩어리를 실어 와 승자들이 소비했다. 전리품인 머리, 수족, 박제한 가죽을 군장의 집 울타리에 걸어 공동체 전사들의 뛰어남을 과시했다. 승리 이후 의례로서의 인육 먹기는 참여한 전사들의 힘을 늘려 주는 것으로 생각됐다. 이 경우 전쟁 문화는 오랜 연원이 있는 관행을 반영했다. 현대의 전리품 머리는 흔히 등골뼈 첫 세 마디가 붙은 상태로 자르는데, 비슷한 두개골과 등골의 사례가 기원전 1400년으로 거슬러 올라가는 페루 아시아구의 고고학 유적지에서 발견됐다.[50]

비슷하게 내재한 폭력이 북아메리카 부족사회들에도 있었다. 유크파(Yukpa)족 사이에서는 전쟁이 기존 사회체제를 존중하는 수단이었으며, 여러 세대에 걸쳐 실행돼 왔다. 젊은이들은 모두 참여하는 것이 당연시됐다. 성년식 때는 살아 있는 말벌을 먹게 해서 그들을 검증했다. 그들은 이렇게 노래했다. "나는 사나이다. 나는 용감하다. 그리고 나는 싸울 것이다." 아파치(Apache)족의 우주론은 부족 바깥이 낯선 자들과 위험이 있는 세계라고 주장했다. 나예네즈가니(Nayenezgani, '괴물 제거자')가 적들이 오지 못하게 하고, 부족의 젊은 전사들이 전투를 벌일 때 그들에게 힘과 꾀를 주었다. 전쟁의 필요성은 문화적으로 결정됐으며, 여기에는 부족의 모든 남성이 참여하는 엄격한 준비와 실행의 원칙이 필요했다.[51] 사실 알려진 많은 사례에서 사람들이 다른 사람들을 죽이는 것을 받아들이도록 준비시키기 위한 의례가 필수적이었다. 무용, 음주, 환각제 사용, 조상의 정령 소환 같은 것들이었다. 이런 의미에서 전쟁은 문화 속에 짜 넣어진 현상처럼 보인다. 외부 환경에 대한 반응인 것만큼이나 내부 사회조직의 산물이기도 했다.

이 문화인류학을 더 먼 과거의 고고학적 증거에도 적용할 수 있다. 전쟁의 기능과 의미가 여전히 여러 해석의 여지가 있지만 말이다. 헤릌스하임의 머리 전리품은 카우카 계곡의 머리 사냥꾼과 비교함 직하다. 전리품 취득, 시신 절단, 희생을 묘사한 초기 도상은 수천 년 동안 지속된 관행을 기록하고 있다. 기원전 제1천년기 철기시대 영국을 기반으로 하는 고고학 연구에서는 이런 식의 '공연성' 폭력을 살짝 엿볼 수 있는데 자주 벌어진 습격, 산지 요새의 훼손, 의례로서의 죽음을 보여 준다. 그들은 희생제 또는 판매를 위해 포로와 노예를 잡아갔다. 또한 철쇄(鐵鎖)와 항쇄(項鎖)가 발견돼 포로 노동자와 의례를 위한 살해의 희생자를 암시했다. 유골 증거는 희생 의례의 폭력과 성인 및 아이 신체의 해체를 보여 준다. 머리 사냥 풍습은 인류학이 최근 과거의 머리 사냥꾼에 대해 주장했듯이 마을의 번영과 사냥꾼들의 위신 및 명성을 촉진하기 위해 수행했을 것이다.[52]

기록은 부족사회 및 군장사회로부터 더 큰 정치체로 점차 이행하면서 더 완전해진다. 큰 정치체들은 부족 및 군장사회 조상들이 했던 것과 똑같이 자주 전쟁을 벌였다. 사실 전쟁 문화의 진화는 더 큰 사회구조 및 정치구조의 등장과 밀접하게 연결돼 있다. 새로운 사회들은 전쟁의 관습, 의미, 실행에서 부족 및 군장사회의 것에 자기네 것을 덧칠했다. 이 단계에서 전쟁은 이미 인간 사회의 조직과 운영에서 되돌릴 수 없는 요소가 됐고, 이후 계속 그러했다. 전쟁 문화가 분명히 표현되고 이어 시간이 지나면서 전파되는 방식을 정반대로 보여 주는 두 사례가 있다. 첫 번째는 기원 이후의 초기 로마다. 두 번째는 기원후 제1천년기 중앙아메리카의 마야 문화다. 대략 기원전 600년에서 기원전 300년 사이의 기간에 로마는 느슨한 부족 연맹에서 도시를 중심으로 하는 원시국가로 이행했다. 로마가 확장 초기 수백 년 동안 어쩔 수 없이 전쟁에 끌려들어 갔다는 이전의 해석은 로마를 매우 군국화된 사회로 보는 쪽으로 뒤집혔다. 사실 로마 건설에 관한 잘 알려진 신화는 전쟁을 바탕으로 한 것이었다. 전쟁의 신 마르스(Mars)의 쌍둥이 아들인 로물루스(Romulus)와 레무스(Remus)는 습격단을 꾸려 도시를 건설했다고 한다. 건국 신화는 전사의 무용 개념과 이어졌

고, 이는 전쟁을 벌이는 일에 몰두한 문화에서 영원한 주제가 됐다.[53]

이 신화는 그 자신의 문화적 목적에 이바지했다. 실제로 로마는 테베레강과 주요 무역로를 타고 앉은 여러 부족 마을이 기원전 8세기에서 기원전 6세기 사이의 어느 시기에 합쳐 더 큰 도시 집합체를 형성하면서 떠올랐다. 이 부족연맹은 이웃 씨족들을 상대로 습격과 가축 도둑질을 자행했다. 습격단은 시골과 소도시 출신의 20개 부족 가문을 대표하는 뛰어난 전사들이 지휘했고, 이들 전체는 '왕'으로 불리는 부족의 군사 지도자가 이끌었다. 초기의 많은 전쟁은 부족의 중심지 바로 인근에 국한됐다. 기원전 4세기 말까지도 그랬다. 기원전 396년 점령된 도시 베이이(Veii, 셰익스피어의 비극『코리올라누스』로 영원히 전해졌다)는 로마에서 불과 15킬로미터 떨어졌을 뿐이었다.[54] 전쟁은 시민군이 수행했고, 모든 남성은 여기에서 복무해야 했다. 사실 '민중'을 의미하는 라틴어 '포풀루스(*populus*)'도 본래는 '군대'를 의미하는 말이었다. 나중에 콘술(consul, 집정관)이라는 자리가 생긴 것은 전쟁과 밀접하게 연관된 것이었다. 집정관은 자주 전쟁을 벌이고 직접 로마 군대를 이끌어야 했다. 콰이스토르(quaestor, 재무관) 자리는 전쟁의 약탈품이 싸운 사람들 사이에서 공평하게 분배될 수 있도록 보장하기 위해 만들어졌다. 이곳은 군사적 가치관이 지배하는 사회였다.[55]

전쟁의 승리를 담보하기 위해 복잡한 의례가 개재됐다. 전투 전에 페티알리스(*fetiālis*)라는 사제가 신의 승인을 청했다.

사제는 적과의 경계에 서서 적의 땅으로 창을 던져 도전 의사를 표했다. 군사 행동 기간의 시작과 끝에는 매번 마르스 신에 대한 복잡한 의식이 치러졌다. 로마 중심부 야누스(Ianus) 신전의 문은 관례에 따라 로마가 전쟁을 하지 않을 때만 닫혔다. 고대 저자들은 이 문이 기원전 3세기 중반 제1차 로마-카르타고 전쟁 마지막 휴지기에 딱 한 번 닫혔음을 확인했다. 150년 뒤에 12년 동안 전쟁이 없는 시기가 있었고, 이는 달마치야에 대한 원로원의 선전포고를 촉발했다. 그리스인 역사가 폴리비오스(Polýbios)는 그 이유를 이렇게 말했다. "그들은 평화로운 기간이 오래 지속된 탓에 이탈리아의 남자들이 어떻든 약하고 여자같이 되는 것을 원치 않았다."[56] 평화의 여신 팍스(Pax)는 공화국 시대 말기 로마 만신전(萬神殿)에 들어왔지만 그다지 존경을 받지 못했다. 전쟁이 더 많은 찬양을 받았다. 이는 특히 큰 승리를 거둔 지휘관들에게 허용됐던 흔한 개선식에서 잘 나타났다. 이때 포로 및 전리품이 함께 시내를 행진했다. 계산에 따르면 평균 1년 반 만에 한 번꼴이었다고 한다.[57] 비교적 드물었지만 패배하면 통상 점을 잘못 치거나 사전 의례를 아주 꼼꼼하게 치르지 않았다는 탓을 했다. 전쟁은 부족의 시작에서부터 기원전 3세기 그 팽창의 시작까지 로마 문화에 붙박여 있었다.

한때 전쟁이 대체로 없었다고 생각됐던 문화의 두 번째 사례는 유카탄반도(오늘날의 멕시코 일부, 벨리즈, 과테말라)의 마야 사회들에서 찾아볼 수 있다. 토머스 갠(Thomas Gann)과 에릭 톰슨(Eric Thompson)은 마거릿 미드를 흉내 내 1937년의 한 기록에서 "마야인은 …… 지금까지 존재했던 민족들 가운데 가장 전쟁을 하지 않은 사람들 가운데 하나"라고 주장했다.[58] 이런 견해는 지난 50년 동안 발견된 고고학 증거로 뒤집혔다. 그 증거는 여러 가지 형태를 띤 마야의 전쟁 규모와 빈도에 관한 이해뿐만 아니라 마야 사회와 문화에서 전쟁이 차지하던 위치도 바꾸어 놓았다. 로마의 사례에서와 마찬가지로 마야의 전쟁은 250년 이전의 전(前)고전기에 특징적이었던 지역 부족 군장사회로부터 이후 800년 동안에 해당하는 고전기 및 후(後)고전기에 나타난 도시 중심의 작은 정치체로 이행하면서 확대됐다. 마야 도시들은 서로를 상대로 싸웠다. 흔히 비교적 멀지 않은 거리였다. 어떤 경우에는 아마도 무역로(특히 소금과 무기에 사용되는 흑요석·각암 같은 광물의 입수)를 보호하거나 확보하려는 것이었겠지만, 더욱 분명한 것은 희생제에 쓸 포로를 잡고 공물을 거두며 지역 지배자인 전사의 권력을 확대하기 위한 것이었다. 일부 지역의 충돌은 조금 덜 확실하지만 성곽, 무기, 도상 증거로 볼 때 기원전 제1천년기로 거슬러 올라갈 수 있다. 그러나 충돌의 성격 및 그와 관련된 문화는 대략 기원후 250년에서 1000년 사이인 고전기의 경우에 더 잘 이해할 수 있다. 이에 대해서는 그림문자 기록이 있고, 그 복잡한 의미는 결국 해독됐다.[59] 기원후 제1천년기 동안에 전쟁은 유카탄반도 일대 마야의 경험에서 필수적인 부분이 됐던 것으로 보이며, 그 존재가 더는 의문시되지 않는 여러 가지 전쟁 문화로 확인됐다. 다만 폭력의 규모와 의미에 대해서는 여전히 여러 가지 해석의 여지가 남아 있다.

마야의 전쟁은 전사 엘리트에 의해 유지됐다. 지배자(왕)와 그 궁정에 입주하는 서기 및 미술가 같은 사람들이었다. 지배자는 전투를 위해 군사 계층인 나콤(*nacom*, 그들 가운데서 전쟁 지도자들이 선출됐다)과 핵심 병력인 홀칸(*holcan*)의 섬김을 받았다. 벽화와 석비에 나오는 지배자들의 모습은 그들이 화려한 군복을 입고 무기를 들고 때로 묶인 포로나 참수되고 절단된 시신과 함께 있는 모습을 보여 준다. 도상, 특히 보남팍(Bonampak)에서 발견된 벽화는 충돌의 모든 단계에 대한 풍부한 자료다. 경쟁 집단 사이의 전투, 포로 잡기, 피해자들을 희생제로 이끌고 가는 사제들과의 행진, 의례에 따른 희생자 처형 등이다.[60] 벽화 증거들이 더 발견되면서 전쟁이 마야 중심지들의 대중적 서사에 얼마나 깊이 박혀 있었는지를 보여 주었다. 유카탄반도 서북부의 산지 푸욱(Puuk) 지역은 한때 그 북쪽과 남쪽의 저지에 비해 덜 호전적이라고 생각됐는데, 지배자인 전사들이 평범하거나 장식된 창, 방패, 기치를 든 전사들과 함께 있는 모습을 보여 주는 비슷한 벽화들이 발견됐다. 화려한 복장과 특정 용도의 무기들을 자세히 살펴보면 군사적인 과시와 연출 그리고 군사 '경제'가 핵심 요소였던 사회의 모습이 보인다.[61] 그림문자 문서와 조각품에서 문자들은 이제 충돌과 그 여파를 나타낸 것으로 밝혀졌고, 이 문자들은 자주 등장한다. 도끼인 '착(*ch'ak*)'은 승리를 상징하며 동사형 '차카흐(*ch'akah*)'로 나타나 '도끼로 베다' '참수하다'를 의미하며, 더 복잡한 차카흐쿤(*ch'akah kun*)은 경쟁 권력의 중심지 파괴를 나타낸 것으로 생각됐다. 한 전쟁 사건 목록은 '찍다' '떨어

지다' '잡다'에 해당하는 문자를 사용하고, 6~9세기 28개 중심지의 107개 사건을 나열한다.[62]

이들 공동체에서 전쟁은 초자연적인 일 및 신앙과 밀접하게 관련돼 있었다. 그것은 충돌의 주요 동기가 물질적인 이득에 있을지라도 살펴봐야 하는 것이었다. 지배자들은 신들과 거의 동일시됐고, 신들의 이름을 채택했으며, 종교적으로 승인된 의식에서 신들을 의인화했다. 습격 또는 전투 전에 신의 지도와 지원을 구하기 위해, 종종 동굴 안이나 근처에서 점을 쳤다. 호볼(*Hobol*, '움푹한 배') 점에서는 희생 제물이 들어갈 구덩이를 팠고, 아흐훌넵(*Ah Hulneb*, '궁수') 점은 형상을 가로질러 화살이 그려진 도구를 썼다. 전쟁터에는 초자연적인 존재의 기치와 그림을 가지고 가서 전개되는 상황에 대해 상담했다.[63] 전쟁의 목적 가운데 하나는 공격자들의 성스러운 장소와 영적인 힘을 보호하면서 적의 성스러운 장소를 점령하고 파괴하는 것이었다. 성스러운 공간을 상실한다는 것은 곧 공동체 붕괴의 신호였다. 승리한 군대는 의례로서 적의 도시를 훼손하고, 적의 영적인 힘을 모두 부정하기 위해 종료시키는 의례를 치렀다. 종료라는 말은 보통 새 건물 또는 신전이 옛것을 대체했을 때 이용됐지만, 전쟁에서 종료는 섬뜩할 정도로 문자적인 의미대로였다. 마야 북부의 도시 야수나(Yaxuná)에 400년경의 무덤이 숨겨져 있었는데, 고고학자들은 여기서 11구의 살해된 시신을 발견했다. 현지 지배자를 포함하는 남자, 여자, 아이였고 모두 참수돼 있었다. 이 무덤에는 아스테카 우주론 속 대여신(大女神)의 모습과 틀랄록(Tláloc, 금성을 상징한다) 전쟁 제의를 위한 제복을 입은 전사의 모습이 들어 있었다. 이것은 정복당한 야수나 왕조의 멸망과 아스테카의 동맹인 인근의 도시 오스킨톡(Oxkintok)의 승리를 기념하기 위해 의도적으로 남긴 것이다.[64] 연장과 무기를 만드는 데 사용하는 각암의 생산 중심지인 소도시 콜라(Colha)에서는 8세기에 갑작스러운 공격을 받아 엘리트의 의례가 종료되고 건물이 파괴됐다. 한 구덩이에는 30점의 참수된 남자, 여자, 아이의 두개골이 들어 있었고 그들의 얼굴은 가죽이 벗겨져, 승리 또는 패배 이후에 치러진 의식의 역할을 드러냈다. 또 다른 구덩이에는 의례를 위해 훼손되고 절단되고 파괴된 유골들이 더 들어 있었다. 이 도시에는 다시 사람이 들어와 살지 않았다.[65]

로마와 마야 두 경우 모두 사회는 신을 빙자한 폭력의 가능성 또는 실행을 중심으로 돌아갔다. 의례로 보증된 전쟁과 거기서 싸운 전사들은 공동체의 장기적인 진화 속에 짜 넣어졌고, 그것은 다음 세대로 전해져 그들에게는 전쟁이 문화적 요소의 필수적인 부분이 됐다. 바로 이 부분에서 전투행위의 문화는 사회적 현실과 부족사회, 군장사회, 원시국가 정치체의 지배적인 우주론 속에 틀어박히게 돼서 인류학은 전쟁의 기원과 진화에 대해 보여 줄 무언가가 생겼다. 일단 요정이 병 밖으로 나가자 그것을 억지로 다시 병 속에 집어넣기는 불가능함이 드러났다. 아마도 그것이, 인류학이 지난 2000년 역사 속의 전쟁에 관해 할 말이 적었던 이유를 설명해 줄 것이다. 반면에 현대 소규모 사회의 민족지학에 깊은 관심이 기울여졌고, 과거의 비슷한 사회들이 어떻게 전쟁의 한 형태로 인식할 수 있는 무언가를 했거나 하지 않았는지를 설명하는 데 인류학적 관심이 더 기울여졌다. 현대의 인류학이 현대의 전쟁을 다루면서, 현대인이 왜 갈수록 더 큰 규모로 싸우고 죽이기를 계속했는가를 되돌아보기보다는 전쟁의 희생자들에 대한 인류학적 영향을 더 자주 이해하게 되는 것이다.

문화가 전쟁을 유발하는가? 유전자나 마음의 작용보다 더? 전쟁은 발명품이며 그것은 언젠가 다시 없어질 것이라는 미드의 견해는 여전히 지배적인 문화가 전쟁의 영향을 많이 받았음을 인정했다. "전쟁은 여기 있다. 우리 생각의 일부로서다. 전사들의 행위는 우리 시인들의 말 속에 영원히 남았다. 우리 아이들의 장난감은 병사들의 무기를 본떴다. 우리 정치가와 외교관이 일하는 데 기준으로 삼는 것에는 언제나 전쟁이 포함된다."[66] 오늘날 인류학자들이 연구한 과거와 현재의 많은 사례는 전쟁에 뿌리를 박고 있는 사회에서 전쟁을 가능케 하고 바람직하게 만들며 어떤 경우에는 거의 불가피하게 하는 신념, 기대, 관습에 문화가 영향을 미치는 방식을 탐구한다. 먼 과거의 전쟁에 대한 고고학적 증거는 더 이상 부정할 수 없다. 문화가 자연과 마찬가지로 작동한다는 일부 주장이 있다. 전쟁에서 승리한 사회는 덜 호전적이거나 덜 유능한 경쟁자를 물리치고 공동체의 생존을 확보한다. 문화적 다원주의 관념은 결정론적이다. 자연선택 이론과 매우 비슷한 방식이다. 그리고 그것은 분명하게 공격을 선택한 많은 사회가 어떻든 생존에 실패한다는 분명한 비판을 받지 않을 수 없다. 문화는 그

안에서 사는 사람들에 의해 만들어지며, 이제 지난 1만 년에 걸쳐 모방을 통해서든 전파를 통해서든 인간의 문화적 발전에 계속 존재했던 요소가 어떤 형태의 전쟁(습격이든 반목이든 공개적인 전투든, 아니면 많은 경우에 그렇듯이 그 셋 모두든)에 대한 선호였다는 많은 증거가 있다. 그것이 지배적인 문화와 영향을 주고받고 있다. 문화적 가변성은 서로 다른 시기와 상황에서 전쟁이 어떻게 간주될지를 좌우하며, 전쟁에 대한 물질적 또는 비물질적 동기는 여전히 전쟁이 일어나기 위해 필요하다. 그러나 전쟁〔전투행위 포함〕의 문화는 보편적이며, 그것은 단순히 또 하나의 발명품 이상인 현상을 설명하는 데서 생물학과 심리학이 여전히 문화와 함께 어떤 기여를 할 수 있음을 시사한다.

(**4**)

생태학

기후변화는 세계의 가장 위험한 지역 일부에서 불안정을 증폭하는 위협의 역할을 한다. …… 특정한 방식과 시점에 작동하는 단일한 행위자가 관계되는 대부분의 통상적인 안보 위협과 달리 기후변화는 여러 가지 만성 질환을 낳고 같은 시기에 전 세계적으로 일어날 수 있다. …… 예상되는 기후변화는 심지어 세계의 안정된 지역에서도 긴장을 더할 것이다.

— 미 해군분석센터(CNA) 보고서, 2007년[1]

생태적 재난이 국가 내부 또는 국가 간 충돌로 이어질 가능성은 21세기의 강박관념이 됐다. 2007년, 11명의 미국 퇴역 장성 및 제독들은 기후변화와 안보에 관한 문서를 발표해, 환경 상황의 급속한 변화로 촉발될 불안정과 충돌 가능성의 함의에 대해 국방부에 경고했다. 그들은 미국 정부가 기후변화의 영향을 "국가 안보 및 국방 전략"에 즉각 통합해야 한다고 권고했다. 전 세계의 정책연구소와 안보 기구들은 기후변화와 그 정치적 영향을 충돌의 미래에 관한 당장의 관심 한가운데에 놓았다.[2] 그러나 이런 걱정은 수천 년 동안의 기후 충격과 환경 위기 속에서 생태와 전쟁 사이에 실질적인 관계가 있었는지에 관한 의문을 불러일으킨다.

생태학은 기원이 오래되지 않았다. '생태학(Ökologie)'이라는 말은 1860년대 독일 과학자 에른스트 헤켈(Ernst Haeckel)이 만들었다. 그러나 인간과 환경 사이에 직접적이고 잠재적으로 위험한 관계를 찾아볼 수 있다는 생각은 영국의 성직자 토머스 맬서스(Thomas Malthus)가 일찌감치 주장한 것으로 유명하다. 1798년에 출간되고 이후 계속 찍어 낸 그의 책『인구론』은 인구가 토지의 수용력을 초과하면 기근, 유행병, 전쟁이 복합적으로 작용하여 환경이 감당할 수 있는 수준으로 인구를 조정하고, 이런 일은 생존에 대한 주기적인 압박을 통해 계속 이루어질 것이라고 주장했다. 그의 견해에는 냉엄한 현실이 있었다. "전쟁을 하는 것은 악이며 그 결과는 고통이지만, 아무도 식량 부족의 고통에 대해 의문을 품을 수 없다." 그러나 전쟁은 결국 인류에게 이득이 되는 기제 가운데 하나였다. 인간의 숫자와 그들이 사는 환경 사이의 균형을 회복하게 하기 때문이다. 야만 민족들 가운데서 승자는 "더 커지고 더 강력해지며 …… 전쟁을 즐기"게 되고, 바로 그 순간에 패자는 고난과 기근을 겪으며 소멸한다고 맬서스는 주장했다.[3] 인구 증가에 대해 맬서스가 주장하는 세 가지 억지력 가운데 하나인 전쟁은 그 자체를 위해서가 아니라 생태 위기 완화에 도움을 주는 외부 작용으로서 작동됐다.

맬서스는 오래전에 인구 증가가 언제나 식량 생산 증가를 앞질렀는지 아닌지와 그것이 어떤 결과를 가져왔는지에 대해 더 정확하게 평가할 수 있다고 썼다. 미래 생태학의 관점에서 이것은 생물학적 문제였다. 모든 생태계는 그 안에 서식하는 동식물 종들이 균형을 이루는 데 달려 있는 것이다. 이 자연계 요소들의 상호 의존성은 환경의 충격, 장기적인 환경 변화 또는 외래 종의 침입으로 교란될 수 있다. 동식물의 개체 수가 생태계가 떠받칠 수 있는 수준을 넘어서면 자연의 적응이 새로운 평형 상태를 만들어 낸다. 이런 주장은 다윈의 생물학적 사고와도 일치한다. 한 가지 해법은 생태적지위의 규모를 변화시킴으로써 한 종이 생존할 '여지'를 더 찾아내는 것이었다. 종을 위한 더 큰 영역이라는 이런 생각을 표현한 가장 유명한 사례는 독일의 동물학자 프리드리히 라첼(Friedrich Ratzel)에게서 나왔다. 그는 1890년대에 이를 묘사하기 위해 '레벤스라움(*Lebensraum*, 생존 공간)'이라는 말을 만들어 냈다.

라첼은 각 종이 생존을 위해 그 생존 공간과 개체 수 규모의 균형을 맞출 필요가 있다고 주장했다. 이것이 자원을 얻기 위한 경쟁을 촉발한다면 그 결과는 그가 말한 '캄프움라움(*Kampf um Raum*, 공간을 둘러싼 투쟁)'이었다. 라첼은 다윈이 말한 생존을 위한 투쟁이 아니라 공간을 둘러싼 투쟁이 자연에서 결정적인 요소라고 생각했다. 생존을 위한 투쟁은 더 큰 공간 추구로부터 나오는 것이었다. 모든 각각의 종은 그 공간(즉 생태적지위)을 확대하지 않으면 자연스러운 쇠락에 처했다. 그는 주로 동식물에 관해 썼지만(현대 생태학자들도 여전히 마찬가지다), 라첼의 주장은 쉽게 인간 종에 적용했다. 그는 자신의 생태학 이론을 1901년 출간한 『생존 공간(Der Lebensraum)』에서 공간을 두고 경쟁하는 인간의 행동에 적용했다. "생존을 위한 투쟁에서 공간은 사람들 사이 투쟁(우리가 전투라고 부르는)의 결정적으로 중요한 시점에 똑같은 중요성이 부여돼야 한다."[4] 새, 초목 또는 그 밖의 포유동물과 마찬가지로 인간은 자연적으로 경쟁했다. 물론 인간은 자연스러운 진화론적 필요에 의해서가 아니라 의식적인 폭력을 통해서 했지만 말이다.

'레벤스라움'이라는 말은 이후 히틀러의 영토 정복 비전을 고무한 개념으로 악명이 높아졌다. 그것이 아마도 라첼이 인간 생태 환경에 관한 어떤 논의에서도 대체로 사라진 이유를 설명해 줄 것이다. 1960년대와 1970년대 생태학이 환경에 대한 더욱 폭넓은 관심 안에서 논쟁의 핵심 영역이 됐을 때 초점은 세계 생태계의 자연사(自然史)에 관한 것이었다. 인간의 활동이 그것을 교란할 위험이 있었다. 생태학을 인간과 환경의 관계를 이해하는 데 적용한 것은 맬서스와 라첼이 그랬듯이 땅이라는 불충분한 자원에 대한 인구 압력 문제에 초점을 맞추었다. 이것은 이전의 이론이 주장했듯이 식량 부족, 인구 규모 증대, 인간의 충돌 사이에 역사적으로 관계가 있었는지 또는 그 폭이 어느 정도였는지에 대한 의문을 불러일으켰다. 현대의 이론은 이 문제를 '토지 수용력'으로 묘사한다. 인간 집단의 기존 영역이 그것을 유지하는 데 충분한 필수 식량과 자원을 제공할 수 있는 정도다. 이 개념은 시간을 거슬러 올라가 인간이 채탐이나 수렵 또는 덜 생산적인 형태의 농업에 더 의존했던 시기의 것으로 쉽게 옮겨 놓을 수 있다. 인구밀도가 높아지면 과거의 공동체들이 살았던 생태적지위의 안정성을 위협할 수 있었고, 기후변화나 자연재해 등의 환경 압력 역시 서서히 또는 갑작스러운 환경 충격을 통해 같은 영향을 미칠 수 있었다. 예를 들어 536년 중앙아메리카 일로팡고 화산의 거대한 분출은 당대 기록에 따르면 구세계에서 "태양이 빛을 잃"고 "유행병과 전쟁"을 촉발했다. 더 잘 알려진 1815년의 현재 인도네시아의 탐보라 화산 폭발은 유럽 일대에서 "여름이 없는 해", 광범위한 흉작, 격렬한 저항을 초래했다.[5]

'토지 수용력'의 위기는 오랜 인류의 과거에 충돌을 촉발했을까? 선사시대와 원시국가 사람들에 대한 확실한 역사적 증거는 없지만, 그렇지 않았다고 생각하기는 어렵다. 심지어 인구가 희박한 곳에서도 줄어드는 식량 자원(예컨대 남획으로 인한 거대 동물 감소)을 둘러싼 경쟁은 충돌을 촉발할 수 있었을 것이다. 밀집되고 증가하는 인구 압력과 마찬가지로 즉각적이었다.[6] 추가적인 땅을 찾기 위한 대규모 이주는 그 지역에 살고 있는 주민들에게 쫓겨나거나 맞서 싸워야 하는 문제였다. 선사시대 칠레나 신석기시대 독일 같은 다양한 지역에서 그랬던 것처럼, 한 골짜기에서 다음 골짜기로 이동하는 것조차 충돌을 불러올 수 있었다. 세계 곳곳에서 작은 수렵채집민 씨족이 합쳐져 부족 집단으로 발전하면서 고정된 영토가 만들어졌다. 물론 인간은 거의 틀림없이 오래전 단순한 채탐자나 수렵자였을 때도 오늘날의 침팬지 공동체와 마찬가지로 관념적인 영토를 만들었겠지만 말이다. 영토 의식이 있는 상황에서, 특히 정주하는 원예 또는 농업 정착민들 사이에서 이용할 수 있는 더 많은 영토를 차지하거나 기존 영토를 지키는 것은 어떤 규모가 됐든 폭력을 알리는 것이었다. 영토가 더 이상

주민을 부양할 만큼 적절한 식량을 생산해 내지 못할 때, 식량 생산을 늘리거나 생계를 꾸리는 습관을 바꾸거나 사람이 살지 않는 곳으로 이주할 가망이 없다면, 다른 누군가를 희생시켜 '생존 공간'을 확대했을 것이다. 현대 부족 집단에 대한 민족지학 연구에서 볼 수 있듯이 언제나 충돌이 초래되지는 않는다. 그러나 그것은 선택의 본질에 내재해 있다. 자원을 확대하려는 사람들이든 가진 것을 지키려는 사람들이든 마찬가지다.[7] 현대의 전근대 공동체에 대한 연구는 인구밀도가 극에 달했을 때 수렵채집민과 단순 원예농들은 사례의 66퍼센트에서 전쟁을 추구했음을 보여 주었다. 고급 원예농과 농업 사회에서는 그것이 사례의 85퍼센트였다.[8] 현대 민족지학자들의 실험실인 뉴기니에서는 26개 부족을 대상으로 한 한 연구가 그 가운데 인구밀도가 보통이거나 높은 19개 부족에서 땅으로 인한 강한 전쟁의 가능성을 보여 주었고, 인구밀도가 낮은 곳 가운데서는 단 하나의 부족에서 가능성이 있었다.[9]

집단 간 폭력을 촉발할 수 있는 생태 압력에 관해서는 현대의 민족지학 연구에 많은 사례가 있지만, 고고학 기록 역시 생태 위기를 충돌의 근원으로 지목한다. 먹여야 할 너무 많은 인구 또는 자연환경의 불리한 변화 또는 식량, 물, 삼림 같은 자원에 대한 단순한 경쟁에 의해 제기된 도전을 주민들이 해결하고자 할 때 일어난다. 아주 초기의 증거는 역시 여기저기서 주워 모은 것이며, 그 중요성은 환경결정론을 시사하는 어떤 설명도 학자들이 불신하기 때문에 여전히 논란이 있다. 그러나 인간이 사는 생태계가 인류의 맨 처음 이후로 진화해 왔기

왜 전쟁인가?

때문에 생태의 불균형이 간헐적 또는 지속적인 폭력을 촉발했을 가능성은 매우 클 것이다. 과학적으로 보여 줄 수는 없다고 하더라도 말이다. 고고학은 호모사피엔스의 시대인 충적세 이후에나 일부 가능한 사례가 있음을 보여 준다. 그 가운데 하나가 현대 케냐의 투르카나 호수 서쪽 나타룩(Nataruk)에서 발견된 1만 년 전 것으로 추정되는 사례다. 여기서 2012년에 수렵채집민 집단인 27명의 남자, 여자, 아이의 유골이 발굴됐는데, 학살의 희생자였던 것으로 보인다. 여전히 분명한 형태를 유지하고 있는 12구 가운데 10구에서는 사망 당시에 입은 부상이 있었다. 일부는 날카로운 무기에 의한 것이고, 일부는 둔기에 의한 것이었다. 그들은 늪가의 살해된 장소에 그대로 있었고, 아이 여섯과 여자 넷은 남자와 분리돼 있었다. 이 지역에 흔치 않은 형태의 흑요석 날과 촉이 여러 점 유해의 뼈에 박혀 있는 것이 발견돼, 이것이 이들 영토의 바깥에서 침입해 온 또 다른 집단이 자행한 학살이었음을 시사한다. 다만 이 경우는 과학적 증거에 관해 해석이 매우 분분하다.[10]

역시 확실한 것은 아니지만 또 다른 사례는 유라시아에서 나타난다. 기원전 제4천년기 수보로보(Suvorovo) 문화 스텝 유목민의 이주가 번영하던 트리필랴(Trypillia) 문화를 밀어냈다. 트리필랴 문화는 유럽 동남부와 흑해 지역에 많은 대규모 정착지를 건설하고 있었다. 기원전 4000년 무렵 스텝 유목민들이 말을 사용하기 시작하면서 더 많은 양 떼와 소 떼를 기를 수 있게 됐지만, 그와 함께 목초지도 더 많이 필요해졌다. 유목민들이 카스피해 스텝에서 서쪽으로 밀려들면서 목초지로 인한 부족 간 폭력 증대가 촉발됐다. 우크라이나 남부 베르테바(Verteba) 동굴에서는 또 하나의 대학살이 드러났다. 확인된 남자, 여자, 아이의 두개골이 25점이었다. 18점은 사망 당시 머리를 가격당했다. 대부분 뒤나 위에서 가격한 것이어서, 희생자들이 엎드리거나 무릎을 꿇은 상태에서 살해됐음을 시사한다. 이 시기는 이 지역의 '고(古)유럽'이라고 불리는 문화가 파괴될 때여서, 베르테바 동굴의 살해가 비옥한 트리필랴 지역으로 밀고 들어온 유목민들의 습격의 결과였다고 생각하는 것이 그럴듯해 보인다. 기원전 3300년 무렵에 이 대규모 정착지가 버려졌다. 불가리아 북부 호트니차와 불가리아 서남부 유나치테에서 다른 대학살의 증거가 발견됐는데, 후자는 46구의 여자, 아이, 노인이 파괴된 정착지의 바닥에 흩어진 채 발견됐다. 수보로보 문화가 정착 농업 지역을 인구가 희박한 목초지로 변모시키면서 폭력적 습격이 격화됐음을 시사한다.[11]

보다 최근의 시기에, 환경 압력과 식량 부족의 영향은 900년에서 1300년 사이에 미국 중부 및 서남부 지역에서 나타난 광범위한 폭력의 증거를 설명하는 핵심 요소다. 그 원인은 심한 기후변화 때문이기도 했고, 인구가 증가하면서 수렵채집민과 정착 농민이 땅과 식량을 두고 벌인 경쟁 탓에 생긴 긴장 때문이기도 했다. 생계 압박은 경작에 더 적합한 땅을 찾아 이주하거나 덜 생산적인 한계 농경지(더 춥고 더 건조한 기후가 수용력을 떨어뜨리는 곳이다)로 밀려난 집단들이 이주하면서 더욱 악화했다. 부족 집단 사이의 경계 지역은 환경 조건과 영토

방위가 열악해지면서 분명한 발화점이 됐다. 서론에서 이야기한 사우스다코타주 크로크릭의 유명한 14세기 중반 대학살은 이주해 온 신참자들(환경 압력으로 이 지역으로 밀려왔다)과 기존 주민들 사이에 있었음 직한 긴장의 한 결과였다. 작은 지역이 습격단에 공격당하고 불태워졌으며, 400여 명이 학살되고 절단되고 머리 가죽이 벗겨졌다. 비슷한 운명이 사우스다코타주의 미주리 강변에 있는 페이톨튼 정착지를 덮쳤다. 여기서는 자기 집 바닥에 놓인 시신들이 발굴됐다. 그 가운데는 머리 가죽이 벗겨진 아이도 있었다.[12]

더 서쪽으로 콜로라도주 서남부 푸에블로족의 12세기 정착지는 생물고고학 증거를 기반으로 극심한 식량 부족이 있었음이 확인된 시기에 습격과 폭력이 벌어진 곳이었다. 메사베르데(Mesa Verde)의 번영하던 차코(Chaco) 문화는 세기 중반에 붕괴했다. 대학살과 식인의 증거가 몇몇 유적지에서 발견됐다. 한 군데에서는 일곱 명의 남자, 여자, 아이가 살해되고 해체되고 인육으로 먹혔다. 아마도 얼마 되지 않는 땅을 지키려는 현지 부족이 한 짓이었을 것이다. 콜로라도고원은 전쟁 폭력의 현장이었다. 14세기로 가면서 생태 상황이 악화되었기 때문인데, 이 시기에 이곳에 살던 주민들은 거의 떠나갔다.[13] 이 모든 경우에 고고학자들은 유럽인들이 도래하기 오래전에 북아메리카의 주요 지역에서는 기후변화, 인구 증가, 식량 부족으로 인한 생태적 압력이 많은 전쟁에 영향을 미쳤다는 데 갈수록 의견의 일치를 보인다.

뉴질랜드의 마오리족이 생태적 이유로 전쟁에 내몰렸다는

확실한 사례도 있다. 이 섬들에는 800년에서 1200년 사이에 인간이 처음 들어와 살았는데, 300년 정도로 추정되는 기간에는 마오리족이 수렵채집민으로 살았다. 13종에 이르는 모아(moa)라는 큰 새를 잡아먹고 살았으나, 결국 남획으로 새가 멸종했다. 식량을 얻기 위한 경쟁은 집단 간 폭력의 최초 증거를 재촉했다. 이 대형동물이 사라진 뒤 마오리족은 광범위한 삼림 벌채와 인구 증가에 직면했다. 원예농업으로 전환하고 식량을 저장하면서 당장의 생태 위기를 해결했지만, 그것은 또한 영속적인 폭력을 촉진했다. 식량 저장은 요새화한 정착지인 파(pā)로 보호됐다. 파는 방어를 위해 정교하게 건설됐다. 땅과 저장된 식량을 둘러싼 경쟁은 치열해서, 군장사회 사이의 전쟁은 생태 압력을 극복하려는 노력에서 고질이 됐다. 식인 풍습은 선사시대 말기 이래 널리 퍼졌고, 아마도 이제 큰 새가 사라진 상황에서 식량을 보충하는 차원이었을 것이다. 1542년 네덜란드 탐험가 아벌 타스만(Abel Tasman)이 선원을 보내 남섬에 상륙시켰는데, 불운한 선원들은 곧바로 살해돼 인육으로 먹혔다.[14] 이것이 사람들이 말하는 '영양학적인 인육 먹기'였는지 아니면 의례로서의 희생이었는지는 확실히 알 수 없다. 그러나 사람을 음식으로 먹는 일은 폴리네시아와 식량 압박이 생태 문제가 된 다른 상황에서도 흔한 일이었다. 쿡제도의 한 유적지에서는 선사고고학이 연령과 성별의 구분 없이 인육이 먹혔다는 증거를 보여 주었다. 거의 틀림없이 고질적인 식량 압박의 결과였을 것이다.[15]

다른 인간을 먹는 것은 아마도 생태 위기의 가장 극단적인 증거일 것이다. 영토에서 더 이상 적절한 영양을 공급할 수 없는 상황이다. 식인 풍습이 퍼진 정도에 대해서는 인류학자들 사이에서 인정하기를 꺼리는 분위기가 있었지만, 골고고학은 광범위한 초기 사례를 제공했다. 그리고 이 풍습은 타스만 선원들의 운명이 입증하듯이 역사 기록에도 나와 있다. 식인 풍습의 성격은 많은 논쟁을 촉발했다. 식인 풍습이 일종의 영양으로서가 아니라 종교 의례의 한 요소라거나 충돌 후의 축하라거나 부족 소멸을 기리는 것이라는 등의 문화적 설명이 있기 때문이다. 식인은 크게 두 가지로 구분된다. 이른바 족내식인(族內食人)과 족외식인(族外食人)이다. 전자는 집단의 의례를 준수하기 위해 친족을 먹는 것이고, 후자는 충돌에서 확보한 포로의 살을 먹는 것이다. 후자는 다시 두 가지로 나눌 수 있다. 의례를 위해 적인 '타자'를 소비하는 것과 생존을 위해 먹는 영양 및 음식 차원의 식인이다. 어느 경우든 포로인 희생자는 형태를 불문하고 충돌의 결과로서만 얻을 수 있었다. 급습이든 매복이든 포식자의 살해든 말이다. 따라서 족외식인은 전쟁의 형태와 밀접하게 연결돼 있다.

식인 행위가 어느 정도나 생존을 위한 것이었는지는 확실히 알 수 없다. 하지만 동물처럼 도살돼 잘린 자국, 부러진 뼈, 골수를 파낸 흔적이 있는 인간의 유해가 발굴된 사례라면 예외일 것이다. 가장 이른 사례 가운데 하나일 가능성이 있는 것이 남아프리카 클라시스리비어르(Klasiesrivier) 동굴들에서 나왔다. 이곳의 식인 잔해는 11만 5000년 전으로 추정되는 시기의 도살하고 불태운 흔적을 보여 준다.[16] 다른 사례들은 비교적 최근의 것이다. 프랑스의 퐁브레구아(Fontbrégoua) 동굴에서는 기원전 제4천년기 초의 것으로, 최대 14명의 도살되고 해체된 유해가 그 유적지에서 발견된 다른 동물들과 같은 방식으로 처리됐음을 보여 준다. 독일 헤륵스하임에서는 기원전 5000년 무렵의 신석기시대 마을 발굴에서 해체된 인간의 뼈 무더기가 발견됐다. 여기서는 살을 발라내고 뼈를 부러뜨리고 골수와 뇌수를 파낸 흔적이 음식으로서 의도적으로 소비했음을 보여 준다.[17] 에스파냐 엘미라도르(El Mirador) 동굴에서는 여섯 명의 도살된 남자, 여자, 아이의 유해가 발견됐는데, 분명히 영양을 위해 먹은 것이었다. 뼈에 인간의 이 자국이 있는데, 육식성 청소동물이 만들어 내는 이의 흔적과는 확연히 달랐다.[18] 중세 유럽에서는 기원후 793년에서 1052년 사이에 쓰인 10여 개의 프랑스와 독일 연대기가 대기근으로 촉발된 식인 사례를 묘사한다.[19] 콜로라도 메사베르데 살해의 증거는 습격 희생자들이 극도의 식량 압박이 있던 시기에 먹혔음을 시사한다. 발굴된 40군데 중 32군데에서 12세기에 있었던 식인의 증거가 보였다. 그러나 13세기에는 거의 없었다. 일시적인 생존 위기가 있었음을 시사하는 것이다.[20] 반면에 애리조나와 뉴멕시코에서 발굴된 아나사지 문화(대략 900년에서 1300년 사이에 번영했다) 유적지에서 광범위한 식인 흔적이 발견된 것은 멕시코 사회들에서 차용한 의례 풍습에 더 영향을 받아 촉진된 것으로 보인다. 동물 유해가 많아 굶주림은 식인으로 몰아간 동기가 아님을 시사한다. 이 의례를 위한 식인 가능성이 있는 경우조차 미국 서남부가 점차 환경 압력이 커지고 식량

이 부족해지는 시기에 일어난 것이어서 식인의 일부는 영양을 위한 것이었을 가능성도 있다.[21]

생태적 요인은 민족지학자와 인류학자가 현대 부족 공동체에 대한 연구에서 더 쉽게 보여 주었다. 물론 뿌리 박힌 문화적 관습이나 사회·정치적 목표보다 인구 압력, 식량 부족, '생존 공간' 부족이 진정한 전쟁 유발자였는지에 대해서는 계속 논쟁이 이어지고 있지만 말이다. 생태적지위를 지키는 것은 분명히 중요하다. 그 지위는 생존의 원천이며, 반드시 남과 공유해야 하는 것은 아니기 때문이다. 다른 부족이 식량을 얻는 영역을 침범하거나 끼어드는 것은 그 자체로 전쟁의 원인이 될 수 있다. 인구가 희박하지만 식량 공급이 제한적인 알래스카 서부 에스키모(Eskimo)와 데네(Dene)어[애서배스카(Athabaska)어] 사용자들 사이에서는 영토 또는 식량 공급원 방어로 전쟁이 흔했다. 남자들은 언제나 무장을 하고, 수렵대와 정착지를 위해 보초를 서고, 상아색 갑주를 입고, 먼 거리에서나 바로 앞에서 사람을 죽이기 위해 활·화살과 곤봉을 지녔다. 영토 침범에 대한 복수는 흔한 동기였고, 습격자들은 통상 정착지의 모든 사람을 도살했다. 싸움을 통해 전멸시키면 승자는 점령된 영토를 이용할 수 있었다. 수렵지를 둘러싼 사나운 싸움은 또한 북극 인접 지역의 더 먼 동쪽에서도 일어났다. 허드슨만의 이누이트(Inuit)족 주민들은 16~17세기에 남쪽으로 이동해 저지크리[低地-Cree, 머시케고웍(Mushkegowuk)]족의 땅으로 들어가기 시작했다. 물고기, 새, 바다표범 등 해양 자원을 찾아서였다. 한 유명한 습격에서 이누이트족은 젖을 먹이는 어머니들의 가슴을 잘라 지금 와바가무슈사강간(*Wabagamushusagangan*, '젖빛 호수')이라고 불리는 곳에 던져 버렸다. 적의 인구를 줄여 그 생태 자원을 이누이트가 이용하겠다는 상징적인 행위였다.[22]

이 마지막 사례는 부족사회들이 전쟁을 통해 인구 조절에 나서는 방식을 보여 준다. 적의 인구를 줄이거나 전염병 또는 충돌로 감소를 겪은 자기네 인구를 늘리는 것이다. 역사 시기의 많은 부족 습격 기록에서 습격자들의 목표는 여성과 어린아이들을 잡는 것이었다. 공격자들의 인구 규모를 늘리기 위해서였다. 이누이트에게 학살당한 앞서의 저지크리족이 나중에 습격을 나갔는데, 그들은 남자와 늙은 여자는 모두 죽이고 여자와 아이들은 포로로 잡아갔다. 오대호 동쪽의 이로쿼이[Iroquois, 호디노쇼니(Haudenosaunee)] 부족들은 17세기에 이웃 부족 집단들과 잔혹한 전쟁을 벌여, 유럽인들에게서 옮은 전염병으로 인한 부족 인구 격감을 벌충할 수 있었다. 경쟁 집단의 영토를 비우고 남자들은 죽였으며 여자와 아이들을 잡아 오면서 이로쿼이 인구는 다시 늘었다.[23] 중·남아메리카의 부족 전쟁에서도 정착지 전체 주민이 학살될 수 있었지만, 젊은 여성과 아이들은 흔히 죽이지 않았다. 부족의 유전자 창고를 보충하기 위한 것이었다. 고고학적 증거는 이것이 오랜 역사를 지닌 관행임을 시사한다. 신석기시대와 중석기시대의 대학살 장소 상당수는 남자의 유골이 불균형적으로 많다. 여자는 인구학적 전리품으로 데려갔다는 얘기다. 어떤 경우에는 성별과 나이를 불문하고 전체 주민을 죽였다. 공격자들에게 필요한 자원에 대한 경쟁을 줄이고 그들의 생태적 순익을 늘리기 위한 것이었다.

영토 및 식량 자원 방어와 마찬가지로 인구 조절은 분명한 생태학적 동기가 있지만, 흔히 폭력적인 대응을 유발하는 것은 특히 영토 침범이다. 오스트레일리아 원주민들 사이에서는 침입자들이 그 정착지 몰살을 의도한 보복 야습을 당할 수 있었다. 혼자 들어온 경우에는 가는 도중에 살해됐을 것이다. 멧돼지를 단백질원으로 삼는 브라질의 문두루쿠(Munduruku) 부족은 이 동물이 줄자 지역 마을들을 상대로 절멸 전쟁을 일으켰다. 이 지역에서 자기들만 멧돼지 사냥을 하려는 것이었다. 전리품으로 적의 머리를 가져갔는데, 이는 자기 부족에게는 더 많은 사냥감이 있고 공격당한 마을에는 사냥감이 적다는 것을 상징하는 것이었다.[24] 우간다의 카리마종(Karimajong)족은 자기네 집단들 사이에서 소와 곡물을 공유하는 데 협력했지만, 카리마종족이 아닌 누구라도 부족의 경계선을 넘으려 하면 극단적인 폭력으로 대응했다.[25] 동시에, 영토권을 둘러싸고 협정이 이루어지거나 부족 간 교역을 하는 경우에는 폭력을 피할 수 있었다. 알래스카 서부의 에스키모들 사이에서는 공식적으로 허락을 구한다면 외부인이 일시적인 통과 권리를 얻을 수 있고 심지어 일회적으로 식량 자원도 이용할 수 있었다. 오스트레일리아에서는 원주민 집단들이 다른 부족의 영토에 들어가 정착할 권리를 협상할 수 있었다. 다만 '신고식'을 해야 했다.[26] 공식적으로 인사를 했다는 증거가 없으면 침입자는 폭력에 직면했다. 영토와 식량과 수자원 보호 때문에 충돌이 일어난 많은 경우에, 대응을 좌우하는 문화 전통과 폭력의 정도를 결정하는 사회적 조건이 있었다. 그러나 근본적인 원인은 생태적지위의 혼란이었다.

역사 시기의 전쟁에 대해 생태학적 주장을 하기는 어렵다. 다만 이 장의 뒤에서 이야기하겠지만 기후변화가 의문의 여지없이 유라시아, 남·북아메리카, 지중해 연안에서 충돌을 위한 자극을 제공했다. 전쟁이 인류학적·역사적으로 복잡하게 설명되는 제국, 정주민 왕국, 군장사회의 등장은 생태 압력과의 직접적인 연결을 모호하게 한다. 맬서스가 이해했듯이 그것이 역사 시기에 분명히 존재했지만 말이다. 기근, 환경 악화, 치명적 질병은 근래의 이야기에서 흔한 일이다. 그럼에도 전 세계 인구는 이따금(때로는 상당한) 후퇴도 있었지만 수천 년 동안 증가했고, 그러다가 마침내 19세기 이후 폭발했다. 맬서스가 말한 억지력이 이를 크게 후퇴시키지 않았다. 더 큰 정치조직 및 사회조직들은 식량 생산을 확대하거나 더 정규적으로 교역을 하거나 식민지 영토를 수탈(로마제국과 후대 유럽 국가들의 해외 영토에서 이루어진 것처럼)하는 방법을 발견했다. 그 결과로 일어난 식민지 정복 전쟁은 영토 팽창을 추동한 다른 많은 요인을 무시한다면 '생태 전쟁'으로 분류될 수 있을 것이다.

한 가지 예외는 20세기에 레벤스라움(생존 공간) 개념을 받아들인 것이다. 종의 진화에 관한 라첼의 생태학적 이론을 민족주의 정치가와 그들을 지지하는 군부가 끌어다가 폭력적인 영토 확장을 정당화했다. 독일의 미래에 관한 히틀러의 견해는 1920년대 독일 지리학자 및 생물학자들 사이의 통속화한 '생존 공간' 개념에서 곧바로 끌어왔다. 히틀러가 1928년에 썼으나 출간되지 않은 『두 번째 책(Zweites Buch)』(그의 사후인 1961년 위 제목으로 출간됐다-옮긴이)에서 그는 인구, 영토, 전쟁의 관계에 대해 분명한 생태학적 개관을 제시했다.

> 한 민족의 생존을 위한 투쟁은 주로 다음 사실에 의해 결정된다. 민족의 문화적 수준과 관계없이 나날의 빵을 위한 투쟁은 모든 절대적인 필요성 가운데 가장 중요한 것이다. …… 그러나 한 민족이 살기 위해 필요한 빵은 민족이 이용할 수 있는 레벤스라움에 의해 결정된다. …… 주민과 영토의 관계를 관리하는 것은 민족의 생존에 가장 중요한 일이다. …… 이제 한 민족의 생활에서 인구와 영토 사이의 불균형을 바로잡는 방법이 몇 가지 있다. 가장 자연스러운 것이 늘어나는 인구에 맞춰 때때로 영토를 조정하는 것이다. 이것은 전투를 위한 결정을 필요로 한다. …… 전쟁의 고통으로부터 자유의 빵이 자란다.[27]

히틀러는 인구를 더 이상 적절히 먹여 살릴 수 없을 때 추가로 땅을 찾는 것은 '자연법칙'을 따르는 것이라고 결론지었다. 그 법칙이 수천 년 동안 사람들이 영토를 확장하도록 몰아간 것이다.

이 분석은 상당 부분을 라첼에게 의존하고 있다. 그의 저작은 독일 지리학자 카를 하우스호퍼(Karl Haushofer)가 히틀러에게 소개했다. 하우스호퍼는 히틀러가 1923년 11월 정변을 시도했다가 실패한 뒤 란츠베르크 감옥에 있던 1924년 그와 루돌프 헤스(Rudolf Hess)를 만나러 자주 갔다.[28] 히틀러는 독재 정권 초기에 자신의 가장 큰 야심은 독일 민족을 위해 '생존 공간'을 확보하는 것이라는 생각으로 돌아갔다. 1933년 2월, 히틀러는 군 지도자들에게 더 많은 영토를 얻는 것이 자신의 궁극적 목표라고 말했다. 1937년 11월, 그는 오스트리아와 체코슬로바키아를 생존 공간으로 확보한다는 자기 계획의 윤곽을 그렸다. 그리고 마침내 1939년 5월, 폴란드를 침공하기 위한 계획에서 그는 그 목적이 독일의 생존 공간을 확장하는 것이라고 휘하 장군들에게 말했다. 이어진 1941년 6월의 소련 침공은 생존을 위해 필요한 공간을 확보하기 위한 마지막 단계였다. 그곳에서는 식량과 땅이 엄청난 규모로 풍부하게 발견될 터였다. 영토와 식량 공급의 확대에는 생물학적 동기 또한 있었다. 그 동기는 '피와 땅(Blut und Boden)'이라는 대중적인 구호에 포착돼 있다. 그것이 라첼의 동식물과 마찬가지로 무제한의 독일 국민 증가를 위해 이 지역을 제공하게 되는 것이다. 슈츠슈타펠(SS, 친위대) 전국 지도자이자 1939년 독일민족성강화 국가위원으로 임명된 하인리히 힘러(Heinrich Himmler)는 유라시아 공간의 생태적 비전에 공감했다. 그곳에서 독일 민족은 다른 민족을 희생시키며 살아남을 터였다. 그는 수백 년 뒤에 새 영토는 6억 명의 독일인 주민을 부양할 것이고, 지금 그곳에 살고 있는 유대인과 슬라브인은 오래전에 살해되거나 굶주려 죽었을 것이라고 상상했다. 이것은 기괴한 생태학적 환상이었다. 그러나 독일 민족을 부양할 물리

적 환경을 변모시키려는 시도는 자연의 생태학적 필요를 분명하게(왜곡되기는 했지만) 모방한 것이었다.[29]

1930년대와 1940년대에 일본과 이탈리아가 일으킨 전쟁 또한 충분한 땅과 식량에 굶주린 국민들의 미래 삶을 보장하기 위한 전쟁으로 정당화됐다. 레벤스라움의 이탈리아 판은 '로스파치오비탈레(*lo spazio vitale*)'로, 독일의 용어를 직역한 것이다. 베니토 무솔리니(Benito Mussolini)의 1930년대 침략주의는 인구 과잉의 이탈리아에 경작할 수 있는 땅을 더 주려고 어설프게 설계한 것이었다. 이탈리아가 리비아와 에티오피아를 정복한 것은 적어도 600만의 이탈리아 농민들을 위한 땅을 제공할 것으로 생각됐다. 알바니아는 또 200만 명을 위한 공간을 제공하기 위해 1939년 4월 병합됐다.[30] 이곳 역시 이탈리아 민족을 위한 생물학적 공간이었고, 그들의 유전자 창고는 엄격한 격리 원칙을 통해 보호될 예정이었다. 20세기 초 인구밀도가 높고 농업 위기에 직면한 일본에서도 생존 공간에 대한 호소는 자명한 듯했다. 1931년 9월 일본 간토군의 만주 점령은 영토 팽창 계획의 시작일 뿐이었다. 이 계획은 500만 일본 농민의 국외 이주를 지원하고, 이미 그 땅을 차지하고 있는 사람들을 희생시켜 일본 민족의 발전을 위해 사용할 공간을 확장하기 위한 것이었다.[31] 세 나라 모두의 경우에 또 다른 동기도 작동되고 있었지만(뒤에서 이야기하겠다), 너무 적은 영토와 식량 공급을 걱정하는 주민들에게 충분한 '토지 수용력'을 제공하기 위해 설계된 영토 취득은 무엇보다도 생태학적인 야망이었다.

　　그것은 또한 거대한 실패였다. 1945년 이후 선진국들은 인구 증가와 식량 공급 압박이 무역과 농업 발전으로 쉽게 해소될 수 있음을 알았다. 심지어 맬서스가 글을 쓰고 있을 당시에도 이미 그것은 실제로 사실이었다. 환경의 압력과 충돌 간의 관계는 1945년 이후 후진국들에서 더욱 분명했다. 후진국에서는 삼림 벌채, 수자원 부족, 어족 자원 감소, 경작지 과다 사용 등으로 인한 환경 악화가 충돌(특히 지역 수준의) 가능성을 키우고 있다. 무엇보다도 빠르게 증가하는 인구는 신맬서스주의자들이 주장하듯이 세계의 이런저런 자원 스트레스가 존재하는 지역에서 기근, 유행병 확산, 충돌 증가의 개연성이 있음을 시사한다(물론 맬서스의 이론에 따르면 인구는 애초에 그렇게 빠르게 증가할 수 없다). 한 사례는 물에 대한 수요가 기하급수적으로 늘어나면서 물의 이용을 둘러싸고 생기는 충돌의 가능성일 것이다. 2030년에 민물의 수요는 2009년(세계은행이 후원한 수자원그룹이 민물 공급의 미래에 대해 처음 보고한 때다)에 비해 64퍼센트 증가할 것으로 보인다.[32] 강물 자원을 둘러싸고 충돌 가능성이 있는 지역(예를 들어 시르강의 물을 둘러싼 우즈베키스탄과 키르기스스탄 사이의 긴장 같은 것인데, 한쪽은 관개를 위해 필요하고 다른 한쪽은 수력 발전을 위해 필요하다)에서 견해차가 아직 무장 충돌로 이어지지는 않았다.[33] 서로 다른 150개 국가가 공유하고 있는 310개 국제하천 유역에서는 수자원 규제에 관한 협력이 널리 이루어지고 있고, 충돌은 제한적이거나 다른 요인에 의한 것으로 나타났다.[34] 우물에서 얻는 지하수 수요가 높고 동시에 다른 수

자원이 부족하고 이용하기 어려운 아프리카와 서아시아 같은 곳에서는 목축 지역과 농경 지역 사이에서 충돌이 일어났지만, 여기서도 지역 공동체 또는 국가의 노력으로 긴장이 누그러졌다.[35]

수자원의 사례는 환경 위기가 더 많은 폭력으로 이어질 것인지를 평가하는 데 많은 모호성이 있음을 보여 준다. 취리히에 본부를 둔 환경과충돌계획(ENCOP)은 1990년대 중반에 환경 악화, 생태 압력, 충돌 가능성 사이에 직접적인 관계가 있다고 주장했다. 특히 자원을 이용하기 어렵거나 그에 대한 예측이 불가능한 경제적 한계 지역에 사는 공동체들의 경우에 그렇다는 것이다. 결핍(과도한 수요로 초래됐든 제한된 공급이나 이용의 불평등으로 초래됐든)은 내전의 가능성을 20퍼센트, 무장 충돌의 가능성을 45퍼센트 더 높인다는 주장이 있었다. 그런 통계는 역사적으로 입증하기 어렵다. 그러나 환경 변화에 대한 대처 능력이 떨어지는 나라들의 폭력 사건에 대한 증거는 많다. 충돌을 생태학적으로 설명하는 현대 신맬서스주의에 대한 비판자들은 자원 부족, 인구 증가, 폭력 사이의 직접적인 연결을 거의 찾지 못했다. 이 결론은 200년 전 맬서스가 제기한 핵심 주장을 손상하는 것이다.[36] 이것은 거의 틀림없이 지나치게 낙관적인 평가다. 동아프리카의 충돌과 벵골 및 방글라데시의 공동체 폭력은 명백히 환경 위기 문제가 일부 원인을 제공한 두 가지 사례일 뿐이다. 물론 '수자원전쟁'이나 폭력적인 추가 생존 공간 추구는 아직 없긴 하다.

환경 위기와 충돌을 둘러싼 주장의 중심에는 기후변화의

중요성이 놓여 있다. 변화하는 기후(장기적인 변천이든 단기적인 기후 충격이든)는 호미닌이 존재했던 수백만 년 동안 분명한 방식으로 생태 위기에 영향을 미쳤다. 기온이 내려가고 여기에 건조화가 진행되는 일이 오랫동안 겹치면 기본 식품을 얻기 어렵고, 삼림 지역과 열대림이 줄어들며, 초지가 확대되고, 지역 동물의 분포를 변화시킬 수 있다. 계절풍 주기의 변화는 파멸적인 홍수를 일으키고 강변 환경을 파괴할 수 있다. 빙하와 남·북극의 얼음이 녹으면 해수면이 상당히 높아져 해안 저지대를 침수시키거나 농민과 수렵채집민이 사는 육교 지역을 뒤덮을 수 있다. 빙하가 확산되는 시기에 북반구의 인간 집단은 동토 지대에서 살아남아야 했고, 완전히 다른 환경에 적응했다. 300만 년 전 이후 빙기와 간빙기의 순환이 대략 10만 년마다 이루어져 인간과 다른 많은 종이 생존의 위협을 받았다. 변화에 적응하면 살아남고 그러지 못하면 사라졌다. 이 주기 사이에는 단기적인 기후 충격을 초래할 수 있는 극심한 기상 변동이 일어났다. 때로 기후변화에 반응해 인구가 줄고 주거 지역이 줄어들었다. 대략 4만 년 전에 분명히 유럽에서 호미닌의 마지막 생존자인 호모사피엔스가 또 하나의 긴 한랭기를 헤쳐 나가야 했고, 대략 2만 년 전의 마지막 극대빙기도 마찬가지였다. 1만 년 전에 세계의 인구는 아주 적었고(460만 명으로 추정), 이 시기에 이미 모든 대륙에 퍼져 있었다.[37]

　보다 예측 가능하며 습하고 따뜻한 기후가 대략 1만 1600년 전에 시작됐다. 인간의 수를 줄이고 식량을 구할 지역을 줄인

　　　　　　　　　　　　　　　　　왜 전쟁인가?

신드리아스기(Younger Dryas)로 알려진 마지막으로 아주 춥고 건조했던 시기가 지나고서였다. 그 시기 이후 최근 인간으로 인한 기후변화가 시작될 때까지 기후는 전체적으로 비교적 안정된 상태를 유지했다. 한랭화, 건조화, 가뭄 등 단기적인 충격이나 지나친 강우나 간혹 큰 화산활동의 파멸적인 충격이 있어 몇 년씩 지구를 냉각시킬 수 있었다. 이제 고기후학(古氣候學)의 발전에 따라 과거의 기후 조건에 대해 많은 것을 알 수 있다. 주로 기후학자 휴버트 램(Hubert Lamb) 덕분이다. 그가 1972년 설립한 이스트앵글리아대학교 기후연구소(CRU)는 기후와 역사를 한데 묶는 데 집중했다.[38] 그러나 인간 공동체들이 진화의 관점에서 변화하는 기후에 정확히 어떻게 대응했는지는 여러 가지 해석이 있을 수 있다. 변화하는 조건에 적응하는 것이 어려움을 겪는 공동체들 사이 또는 서로 다른 호미닌 혈통 사이의 충돌을 부추겼는지는 대부분 추측에 불과하지만, 특히 4만 년 전에서 4만 5000년 전 유럽 같은 상황에서는 그랬을 가능성이 크다. 추워지는 기후가 줄어드는 동물 자원을 둘러싼 호모사피엔스와 네안데르탈인 사이의 경쟁을 격화했다. 네안데르탈인의 소멸은 이제 마지막 큰 빙하기가 아니라 이 과도기에 일어난 것으로 받아들여진다. 기후변화와 충돌 사이의 더 가시적인 연결에 대해서는 지난 수천 년에 초점을 맞출 필요가 있음이 입증됐다. 이 시기는 기후변화를 고고학 및 역사적 증거와 함께 측정할 수 있다.

앞서 설명한 기원전 제4천년기 유라시아 스텝에서 온 유목민과 트리필랴 문화 간 갈등은 급격한 기후변화, 즉 피오라

(Piora) 진동과 맞물려 발생했다. 이것이 추운 기후, 일조량 감소, 범람원(氾濫原)을 침식하는 홍수로 이어졌으며, 기원전 3960년에서 기원전 3821년까지 오랫동안 매서운 추위가 있었다. 고고학적 증거는 정착지 축성 증가, 새로운 무기, 다수의 불태워지거나 버려진 유적지를 보여 준다. 가축을 먹일 마초가 필수적이었던 유목민 습격자들은 기후 문제 때문에 적극적으로 서방으로 이동했을 것이다. 더 동쪽의 우랄 스텝에서도 기후변화가 지역 주민들에게 영향을 미쳤다. 건조하고 더 추운 조건이 삼림과 습지를 줄이고 초지를 늘렸다. 목축민들은 겨울 목초를 위해 습지를 이용할 필요가 있었고, 습지가 줄면서 그 이용권을 방어할 필요가 있었다. 대략 4000년 전 이후 토볼강과 우랄강 유역의 신타슈타(Sintashta) 문화 정착지에서는 엄중한 요새화가 시작됐다. 높은 성벽과 탑이 만들어지고 새로운 무기(최초의 전차 포함)가 개발됐으며, 전사 계급이 등장했다. 성인 남성과 함께 묻힌 많은 양의 무기로 보아 분명하다.[39] 여기서 변화하는 기후와 격화한 전쟁(바뀐 환경에서 하나의 생존 수단이었다)의 증거 간 연결을 고고학적으로 정리할 수 있다.

기후변화가 더 큰 전쟁을 부추겼으리라는 비슷한 증거는 중앙아시아 동부 유목 부족과 중국 한족(漢族) 사이 지난 2000년 동안의 충돌에서도 볼 수 있다. 상당히 더 춥고 더 건조했던 긴 기간을 보여 주는 중요한 온도 변화의 시기는 특정할 수 있음이 입증됐다. 이 변화는 수입한 비축 식량과 비옥한 초지에 의존하는 유목민 부족에게 영향을 미쳤다. 그들은 취

　　　　　　　　　　　　　　　　　왜 전쟁인가?

약한 생태적지위에 살았기에 갑작스러운 기후 충격에 민감했다.[40] 열악한 기후는 가축 규모를 줄였고, 때로 극심한 가뭄과 기근 상황으로 이어졌다. 몽골족과 만주족의 중국 침략은 기후 위기의 시기와 일치했다. 갈수록 건조해지는 땅의 수용력이 떨어지고 남쪽으로 이주하거나 그 지역을 습격하는 것이 생존을 위해 필요해진 시기였다. 더 추운 기후는 중국 안에서의 내부 충돌 역시 부추겼다. 이런 시기에는 1년 이모작으로 많은 인구를 부양하는 것이 더 이상 불가능했다. 그 결과 기근 상황에 대한 반응으로서 세금 폭동과 지방 반란이 일어났고, 그 마지막인 1850년대의 태평천국운동(太平天國運動) 때는 중국의 인구가 1850년 4억 4000만 명에서 15년 뒤 3억 6000만 명으로 줄었다.[41] 1000년의 중국 역사에서 453년간의 추운 시기에는 603건에 달하는 온갖 전쟁이 발생했지만, 더운 기후였던 459년 동안에는 296건만 발생했다. 기후변화와 관련된 전쟁이 중국의 주요 세 왕조, 즉 송(宋), 명(明), 청(淸)의 멸망에 기여했다는 주장이 있다. 기근과 낮은 기온이 아마도 만주족을 움직여 1644년 베이징을 점령하고 중국에 자기네 왕조를 뿌리 내리게 했을 것이다.[42]

북아메리카 서부에서 전쟁으로 이어진 환경 악화 역시 기후 위기와 상당한 관계가 있었다. 800년에서 1350년 사이에 이 지역은 심하고 오랜 가뭄을 겪었다. '중세 기후 이변'으로 건조하고 주기적으로 비가 내리지 않는 기후가 만들어진 것이다. 이 지역의 수렵채집민과 원예농민은 갑작스러운 기후변화에 매우 민감했다. 생존이 더욱 어려워지면서 정착지가 버려지고 이주가 시도됐으며 충돌이 늘었다. 그리고 늘던 인구가 줄었다. 한 무리의 나이테 증거는 1020~1070년, 1197~1217년, 1249~1365년이 심한 가뭄의 시기였음을 보여 준다. 또한 높은 온도와 잦은 산불의 증거는 극적으로 변하는 기후의 모습을 확인해 준다. 자원(특히 물의 이용)을 둘러싼 경쟁 격화는 전쟁의 빈도를 높였다. 이는 방어 시설을 둔 정착지, 유골의 상처, 활과 화살 기술의 확산으로 보아 분명하다. 콜로라도고원과 기타 서남부 지역은 기후 탓에 지역의 생존 방식이 무너지고 인구가 줄면서 버려졌다. 캘리포니아 중·남부에서는 가뭄 상황이 정착지 폐기, 무기의 증거 증가, 지역 사이의 교역 감소라는 비슷한 조합을 촉발했음을 고고학이 보여 주었다.[43]

이 모든 역사적 사례에서 기후변화의 영향은 분명히 존재했지만 전쟁에 대한 결정에 영향을 미친 다른 요인들도 함께 고려해야 한다. 오직 환경 악화 하나가 5000년의 기간에 걸쳐 유목 부족들을 중앙아시아에서 서쪽으로 내몰았는지에 대해서는 많은 논란이 있다. 그 기간에 이주는 중앙아시아 동부 유목민과 중국의 정착 문명 간 2000년에 걸친 충돌을 만들어 내거나 자극할 수 있었다. 다른 지역들 역시 추운 기후가 전쟁의 빈도 증가와 시기적으로 일치함을 보여 주지만(유럽에서는 중세 말의 이른바 소빙기가 그렇다), 원인 경로를 찾기는 쉽지 않다. 기후변화가 특정 충돌을 더 쉽게 설명할 수 있는 갑작스러운 충격을 촉발하기보다는 흔히 수백 년에 걸쳐 일어났다는 것이 그 한 이유다. 지난 1000년 동안 유럽의 전쟁과 기후에

관한 한 연구는 더 추운 시기와 충돌이 중국의 경우와 마찬가
지로 상관관계가 있음을 발견했지만, 그 관계는 설명으로서는
약하고 19세기에 유럽 국가들이 현대화하면서 사라진다. 소
빙기의 심한 기온 하강 초기 단계에서 기근, 전염병, 전쟁이 나
타나면서 맬서스의 전형적인 억지력이 14세기에 작동됐다는
주장이 분명히 가능할 것이다. 17세기 중반의 '전반적 위기'에
서도 마찬가지다. 이때 기후 악화를 배경으로 세 가지 인구 억
지력이 다시 널리 눈에 띄었다.[44] 그럼에도 역사가들은 전쟁
을 기후변화의 결과로 설명하는 데 여전히 신중하다. 너무 결
정론적으로 보일 수 있어서다. 휴버트 램이 선구적인 기후와
역사 연구의 끄트머리에 기후변화의 영향을 요약했을 때 "가
장 큰 영향"을 받은 것으로서 전쟁은 언급하지 않았다.[45]

기후변화를 충돌과 연결하는 기제를 이해하는 데서 비슷한
어려움은 세계 기후의 현 상태를 분석하는 일과 관련해 존재
한다. 빠르게 더워지는 기후에 의해 촉발된 환경 위기가 어느
시점에 국가 간 또는 국가 하위의 행위자들 간 충돌로 이어지
리라는 것은 널리 인정되고 있다. 그들이 증가하는 위험 상황
에 대응하는 과정에서다. 그러나 인간이 초래한 환경 악화의
증거에서와 마찬가지로, 그런 기후가(사회적·정치적·제도적
요인이 아니라) 충돌을 유발하는 정도에 대해서는 여러 가지
해석이 가능하다. 특히 장기적 기후변화(거시적 과정)와 단기
적 기상 충격(기상의 변덕)은 생태적 압력을 설명할 때 혼동
하지 말아야 한다는 주장 때문이다.[46]

기후변화와 충돌 사이의 분명한 연관성 찾기는 적어도 환

경에 대한 위험이 다가올 안보 문제로서 강조된 1970년대로 거슬러 올라가지만, 공식적인 관심은 21세기의 현상이다. 유엔 안전보장이사회는 기후변화와 안보 문제를 거듭 논의했다. 2007년, 2011년, 2013년, 2020년, 2021년이다. 세 번째 논의에서 독일 대표는 기후가 "평화와 안보에 중대한 위협"을 제기한다고 주장했다. 2021년 9월의 논의에서 안토니우 구테흐스(António Guterres) 유엔 사무총장은 기후변화와 충돌 사이의 연결이 "인류에게 최고 수준의 경고"라고 주의를 주었다.[47] 1988년 유엔에서 설립한 정부간기후변화협의체(IPCC)는 제기된 주요 주제에 관해 여섯 차례 보고서를 냈고, 2014년의 「제5차 평가 보고」는 기후변화가 충돌 증가를 자극했는지 또는 자극할 것인지 하는 문제를 직접 다뤘다. 다만 결론은 대체로 부정적이었다.[48] 1987년 세계 과학계에서 만든 국제지구권생물권계획(IGBP)의 초대 책임자는 "갈등 대부분은 기후와 어떤 관련이 있다"라고 주장했다. IGBP는 2006년 기후와 역사에 관한 연구 결과를 출간하고 과거의 증거에 대해 더욱 분명하게 결론지었다. 인간 생태계의 균형이 압력에 의해 무너진다면 "그 결과는 궁극적으로 환경 붕괴가 될 수 있다"라는 것이다. 과거의 문명들에서 그랬듯이 말이다.[49]

관리들의 비관론은 과학계가 그 관계를 본 방식과 전혀 일치하지 않았다. 현대의 기후변화와 충돌 사이의 연결에 관심을 둔 연구는 그 가능성에 대한 관리들의 인식에 앞섰고 부분적으로 그것을 자극했지만, 그것은 이제 인간과학 전체에서

 왜 전쟁인가?

주요 연구 주제가 됐다. 초점은 국가 간 폭력의 가능성(여기에 대해서는 무시해도 좋은 증거가 있다)에 두어지지 않았고, 경제 발전과 자원 스트레스 문제가 기상 패턴의 단기적인 변동성 또는 더 길고 지속적인 기후의 변화에 의해 악화하거나 심지어 초래될 가능성이 있는 곳에서의 지역적 충돌에 두어졌다. 이 충돌의 일부는 국경을 넘지만 국가 간 대결로 번지지는 않았다. 연구 대부분은 아프리카(특히 동아프리카), 남아시아, 필리핀과 남태평양에서 나온 증거에 의존한다. 동아프리카에서는 불규칙한 강우와 건조화 확대가 이미 취약한 생태계를 망가뜨렸고, 남아시아에서는 변덕스러운 강우가 공동체 간 폭력을 불러왔으며, 필리핀과 남태평양에서는 공동체들이 한계 농업에 매우 크게 의존하고 따라서 갑작스러운 기상 충격에 심하게 영향을 받는다. 통상 연구되는 사례들에서는 위기의 결과를 처리할 제도적·재정적·사회적 능력이 없다. 약한 나라들이 단연 가장 취약한 것이다.

그럼에도 기후가 정말로 폭력적 충돌을 초래하는지에 관해서는 심각한 견해차가 존재한다. 기후변화와 충돌에 관해 발표된 학술 논문들에 대한 2016년의 한 조사는 의견의 대립을 잘 보여 준다. 바로 62.3퍼센트는 그런 연결이 있다고 주장했고, 나머지 37.7퍼센트는 사회적·정치적·제도적 변수가 날씨보다 더 중요하다고 주장했다.[50] 모든 지역 연구 가운데서 아프리카가 가장 많이 조사됐고 가장 논란이 많았다. 여기서 토론은 케냐, 에티오피아, 소말리아, 수단 국경의 부족 집단들 사이에서 일어나는 폭력적인 가축 습격에 집중됐다. 이것은 상당한 규모의 폭력을 수반할 수 있다. 1978년에서 2009년 사이에 기록된 109건의 충돌에서 1307명이 죽었고, 2만 마리로 추산되는 가축이 최대 500명으로 이루어진 약탈단에게 탈취됐다. 케냐의 투르카나와 마르사빗에서 습격은 가뭄이 계속되는 시기 또는 보통 때보다 더 건조한 시기에 가장 자주 일어났다. 이럴 때 습격자들은 목초지와 물을 찾아 나서거나 손실을 벌충하기 위해 더 많은 가축을 탈취한다. 오직 한 집단 보라나(Borana)족은 습한 날씨일 때 습격을 하는데 이들은 목축 경제가 아니라 농업에 의존하는 유일한 집단이었고, 이들에게 습격은 새로 전사 집단에 편입되는 사람들의 성년식과 더 연결돼 있는 듯하다. 생태학적 선택이 아니라 문화적 선택인 것이다. 동아프리카의 경우에 기후변화가 폭력에 의존하는 것을 직접 설명해 주지는 못하겠지만, 그것은 폭력적인 행동을 취한다는 결정에 영향을 미치는 기여 요인으로(아마도 중요한 것 중 하나로) 생각돼야 한다.[51] 장기간 이어지는 수단의 내전도 마찬가지인 듯하다. 여기서는 기온 상승과 잦은 가뭄이 이 지역 목축민들 사이에서의 충돌을 동반하고 수자원을 둘러싼 경쟁을 부채질했다. 한 추산에 따르면 기록된 폭력 사건의 4분의 1에 날씨의 변동성이 영향을 미쳤으며, 환경 위기도 여기에 한몫했다. 그러나 기후는 분명히 20년 이상 지속되고 이제까지 190만 명으로 추산되는 인명을 앗아간 전쟁을 설명하는 많은 요소 가운데 하나였다.[52]

심지어 아프리카 사례의 경우에도 결론들은 논쟁의 대상이다. 일부 연구자는 습격이 이례적으로 습한 조건과 더 긴밀하게 연결돼 있음을 발견했다. 다만 지금 대체적인 의견은 기온 상승, 가뭄, 사막화가 새로운 충돌을 유발한다기보다는 분명히 기존의 충돌을 유지하는 데 주요 요인이라고 보고 있다.[53] 부족민 지역들 사이에서도 다양한 문화적 관습과 사회 규범들이 있어서 상당한 차이가 존재한다. 따라서 장래의 기후변화에 대한 대응은 보편적으로 같지 않을 것이다. 필리핀에서 진행되고 있는 네 개의 반란에 대한 연구에서도 비슷한 모호성이 발견됐다. 공산당의 신인민군, 두 개의 이슬람 운동, 남부 다도해 섬들의 모로(Moro)민족해방전선이 이끄는 반란 등이다. 폭력적인 사건들은 이례적인 강우와 태풍(농사를 망치고 식량 공급을 줄였다) 또는 건조한 시기(작황에 비슷한 영향을 미쳤다) 뒤에 일어났다. 폭동 가담자는 강우가 순조롭지 않은 시기에 증가할 수 있지만, 다른 경우에라면 생존이 위협받는 가운데서 위험을 감수하려는 의지를 줄일 수 있다. 네 집단 중 셋은 반란에 대한 이데올로기적 설명이 있고 기후와의 연결은 빈약하다. 이보다 의존할 만한 변수는 필리핀의 반란 진압 세력이 강우 충격 이후 병력을 충원해 싸우려는 의지였다. 이럴 때는 자원자들이 나설 가능성이 더 컸다. 어느 경우든 과도한 강우는 전투 사상자가 나오는 폭력적 사건 증가와 시기적으로 일치한다. 여기서는 가뭄보다 물이 유발자로 생각된다.[54]

기후변화와 폭력 사이의 연결이 얼마나 직접적인지에 대한 의구심은 여전히 있지만, 온도가 급격히 높아지고 건조해지는 지구의 미래에 관한 예측은 그 연결이 더욱 분명해질 것임을 시사한다. 1950년대 이래 충돌에 관한 분석을 바탕으로 한 2015년의 한 추산에 따르면 지구의 온도가 섭씨 1도 상승하면 집단 간 충돌이 11.5퍼센트 증가하는 것으로 나타났다. 이 수치를 가지고 예상되는 온도 상승에 맞추어 추정하면 2030년까지 아프리카의 충돌은 54퍼센트 늘고 전투 사망자는 39만 3000명이 늘어날 가능성이 있다고 한다.[55] 연구자 대부분이 동의하는 변수 하나는 강우 또는 그 부재가 충돌 촉발에서 하는 역할이다. 비가 너무 많이 내리면 농사를 망치고 심한 홍수가 나며 질병이 확산되고, 반면에 가뭄은 농작물과 생계를 파괴하고 줄어드는 물 공급을 둘러싼 충돌을 부추긴다. 특히 목축 사회와 자급자족적 농민에게 그렇다. 1991년부터 2007년까지의 아프리카 47개국을 상대로 한 연구는 비가 너무 많이 오거나 너무 적게 온 해에는 지역 공동체 간 또는 시위자와 정부 간 충돌 사건 수가 증가했음을 보여 준다.[56] 그러나 이 충돌 문제는 어떤 국가에서도 경제 발전 및 제도의 건전성 수준과 밀접하게 연관된다. 기후변화에 기술 변화, 연구와 혁신에 대한 투자, 국가가 관여된 활동으로 대응할 수 있는 곳에서는 충돌이 대체로 일어나지 않는다. 전근대 사회에서는 기후변화 또는 기상 충격이 모든 종류의 사회에 영향을 미쳤지만, 21세기의 역효과는 고르지 않게 분포한다.

'왜 전쟁을 하는가?'라는 질문에 대해 생태학이 기여할 수 있는 부분은 식량 부족, 인구 압력, 환경 악화, 변화하는 기후가 분명히 폭력의 잠재적 촉발자인 것처럼 보임에도 전혀 간

단치가 않다. 인간 역사의 대부분에 걸쳐 증거가 태부족이다. 식량 공급이나 영토 보호나 환경문제로 인한 이주를 둘러싼 충돌의 전망은 분명히 발견됐겠지만 말이다. 지난 1만 년 동안에 관해서는, 적어도 고고학 및 기후학 증거를 찾을 수 있는 경우에는(흔히 소략하기는 하지만) 그것이 발견됐다. 대략 12만 년 전 빙하기 말기부터 1만 년 전 충적세 시작까지의 기후변화는 매우 느리게 진행됐기에 인간 공동체에는 변화하는 환경에 적응할 수천 년의 시간이 있었다. 환경의 압력이 인간 집단 사이의 마찰을 만들어 낼 때 생태적지위 보호를 위해 더욱 강력한 주장을 할 수 있었다. 이 주장의 영향은 작은 사회 단위(친족집단이든 부족이든)에 대해 더 컸다. 그들은 후대의 정착민들보다 생존의 한계에 더욱 취약했고, 생태가 전쟁을 촉발할 가능성이 더 컸다는(그리고 지금도 크다는) 것은 이런 맥락에서다. 뉴질랜드와 알래스카의 부족사회들처럼 멀리 떨어진 국가 이전의 사례들에서 특정한 생태적지위를 둘러싼 경쟁을 배경으로 영토와 식량 자원을 폭력적이고 때로는 야만적으로 방어하는 것은 흔한 일이었다. 이런 상황에서 생태 자원을 둘러싼 충돌은 부족민들에게 생존을 위한 결정적인 열쇠 가운데 하나였을 것이다. 그러나 20세기의 '생존 공간' 전쟁이라는 이례적인 경험은 현대 사회에서도 생태적 제약이 폭력적 팽창을 위한 구실로 사용될 수 있음을 보여준다.

기후변화와 폭력의 연결성은 비교적 약하다. 최근의 증거로 보면 몇 년 동안의 가뭄, 화산 폭발로 인한 '여름 없는 해',

지속적인 억수장마 같은 갑작스러운 기후 충격은 자원이 갑작스럽게 말라 버리거나 파괴되고 남들을 습격해서 찾아내거나 다른 공동체의 땅을 침범해 레벤스라움을 확보해야 해서 충돌을 촉발하는 듯하다. 역사시대에 기후로 인한 기근은 일상다반사로 민중의 폭력적인 저항을 촉발했다. 다른 상황(예를 들어 중국과 중앙아시아 동부 유목 부족 사이의 수천 년에 걸친 충돌)에서 잦은 가뭄과 사막화 진척은 추가적인 식량이나 목초지를 얻기 위한 유목 부족들의 폭력적인 노력을 부채질했다. 이런 경우에라도 항상 전쟁에 의존하기보다 때로는 타협에 이를 수도 있었다. 중국 제국의 담당자들은 할 수 있을 때는 비축 식량이나 위세품(威勢品)을 이용해 유목민들로부터 평화를 사거나 유목 부족들이 한족의 땅에 들어와 살게 허용했다. 그렇게 해서 기후 충격의 영향을 무디게 한 것이다.[57]

최대한 말할 수 있는 것은 생태적 맥락이 폭력을 촉발할 수 있는 환경에 여러 가지 방법으로 기여했다는 것이다. 어떤 경우에는 직접적이었고, 더 흔하게는 간접적이었다. 인간 집단과 라첼의 동식물 간 차이는 더 많은 생존 공간을 추구하거나 식량 또는 여자를 얻기 위해 남을 습격한다는 결정이 자연적인 반응이 아니라 의식적인 결정이었다는 것이다. 생태적 압력을 인식하고 있었고 때로는(필요하다고 생각되면) 어느 정도의 폭력을 가미해 행동했다. 현재 기후변화는 가장 어려운 생태 상황을 제공하고 있다(과거에도 그랬다). 그러나 그 영향에 대처하기 위한 국제적인 협력의 가능성은 '기후 전쟁'의 가능성을 줄였고 앞으로도 계속 그럴 것이다. 세계에서 기후

충격으로 가장 큰 어려움을 겪고 있고 그 영향을 누그러뜨릴
능력이 가장 부족한 지역들만이 예외다.

충격으로 가장 큰 어려움을 겪고 있고 그 영향을 누그러뜨릴
능력이 가장 부족한 지역들만이 예외다.

2부

WHY WAR?

(**5**)

자원

가지지 못했지만 필요하다면, 정복해야 한다.

— 아돌프 히틀러, 1941년 6월[1]

현대의 전쟁 가운데 1941년 6월 22일 시작된 독일의 소련 침공만큼 노골적으로 자원을 손에 넣기 위해 벌인 전쟁은 별로 없었다. 특히 땅, 광물, 석유 같은 자원들이었다. 히틀러는 1941년 1월 9일 고위 지휘관들과의 회의에서 소련 지역 정복이 가져다주게 될 "헤아릴 수 없는 부"를 즐거워하며 그들에게 상기시켰다.[2] 이에 관해 그는 적어도 1920년대 말 이래 자신이 지녔던 견해를 고수했다. 그는 생존 공간을 위한 생태적 필요를 설명한 『두 번째 책』에서 "이 공간은 오직 동방에만 존재할 수 있다"라고 결론지었다.[3] 그가 소련에 건설하려고 계획한 제국은 착취의 제국이었다. 많은 슬라브 주민을 노예로 부리고, 독일인들이 제국 신민에 걸맞은 생활을 할 수 있도록 물자를 계속 보내 주는 제국이었다.

폭력적 충돌을 통한 자원 추구는 그 연원이 엄청나게 오래다. 사실 인간의 긴 전쟁 역사에 대한 주된 설명 가운데 하나는 히틀러가 말했듯이 정복을 통해 필요한 것(또는 그저 탐나는 것)을 취하려는 야망이었다. 캐럴 엠버(Carol Ember)와 멜빈 엠버(Melvin Ember) 부부는 1990년대에 186개 사회를 대상으로 한 비교문화연구에서 자원 부족에 대한 공포가 충돌의 대부분을 차지한다는 사실을 발견했다. 국가 이전의 부족사회 사이에서는 사례의 85퍼센트에서 승자가 자원을 취하고 77퍼센트가 땅을 차지했다.[4] 민족지학 증거는 역사 시기의 알려진 전쟁을 통한 유추 및 선사시대(증거를 찾기가 쉽진 않지만 불가능하지는 않다) 충돌의 암시를 통해 과거로 거슬러 올라갈 수 있다. 전쟁의 유물론적(즉, 경제적) 기반은 아인슈타인의 질문이 제기됐을 때 그에 대한 가장 널리 받아들여진 답변이었고, 이후 계속해서 그랬다.

전쟁에 관한 경제적 주장(단어의 가장 넓은 의미에서 자원을 독점하는 것이다)은 앞 장에서 탐구한 '자원 스트레스'에 대한 생태학적 설명과는 다르다. 생태학적 갈등은 특정 환경에서 생명을 유지하는 데 필수적인 천연자원과 관계된다. 부족하지만 필수적인 자원이 남들의 손에 있고 따라서 자유로운 이용이 제한될 때, 한때 풍부했던 자원이 남획이나 기후변화로 줄어들었을 때, 인구 증가로 필요 자원이 고갈돼 다른 곳에서 찾아야만 할 때 일어난다. 그러나 자원 스트레스가 덜 분명한 사례들에서는 히틀러의 침공 같은 자원을 둘러싼 싸움이 상대를 희생시켜 제국, 민족, 부족의 권력을 강화하기 위해 기획됐다. 생태적 위기가 가하는 압력이라기보다는 전쟁의 바탕에 깔린 물질적 야심의 약탈적 성격이다. 그 결과로 논의의 상당 부분은 지난 1만 년에 집중돼 있다. 원자재든 보물이든 노예든 공물이든 가져갈 가치가 있는 것들이 존재했던 시기다. 전쟁에 의존해 자원을 추구하는 것(약탈을 위한 것이든, 경제적 통제를 가하는 것이든, 이득을 짜내는 것이든)은 그에 관한 해석이 단순하다. 물질적 동기는 합리적인 동시에 입증 가능한 듯하다. 수렵채집민 사이의 작은 충돌이든 부족의 출정이든 현대의 대규모 전쟁이든 마찬가지다.

히틀러의 물질적 동기는 1941년과 1942년에 그가 추구한 전략을 지배했다. 그는 휘하 장군들의 조언을 받아들이지 않았다. 장군들은 1941년 가을 모스크바를 공격해 적군(赤軍)의 잔여 병력을 파괴하기를 원했으나, 히틀러는 남쪽으로 진격해 돈바스의 풍부한 석탄과 철 산지를 먼저 점령할 것을 고집했다. 1942년 여름, 그의 군대 지도자들은 중부 러시아에 있는 소련군과의 전투를 재개하기를 원했으나 히틀러는 더 남쪽으로 내려가 돈바스를 완전히 장악하고 캅카스 지방에 있는 소련의 풍부한 유전을 차지하기를 원했다.

자원을 차지하려는 야심이 이 전략을 좌우했지만, 결국 석유는 차지할 수 없었고 돈바스 대부분은 1년 뒤 상실했다. 심지어 고국 독일 주민들에게 곡물과 식료품을 제공한다는 야심조차 얻을 수 있는 것의 대부분을 동방에 나간 대규모 군대가 먹어 치우는 바람에 실패했다. 독일의 소련 침공이 약탈적

'자원전쟁'이었다면 그것은 모든 측면에서 실패했다.

자원에 대한 집착이 독일 지휘관들을 좌절시켰지만, 그들의 적인 공산주의자들은 그것을 전쟁의 동기로서 잘 이해하고 있었다. 자본주의는 경제체제상 내재적인 모순의 결과로 전쟁을 벌이지 않을 수 없다는 것이 정통 레닌주의 이론이었다. 이오시프 스탈린(Iosif Stalin)은 1930년대의 경제적·정치적 위기를 "자본주의의 **'보편적'** 위기"로 보고, "사태가 새로운 제국주의 전쟁을 향하고 있다"라고 생각했다. 자본주의적 제국주의가 현대 전쟁의 기원을 설명한다는 『제국주의: 자본주의의 최고 단계』(제1차세계대전 중에 출간됐다)에 제시된 레닌의 견해와 일치하는 것이었다.[5] 현대 전쟁의 원인은 이용할 자원, 지배할 시장, 얻어야 할 자본이득, 정복할 영토를 찾는 경제체제의 물질적 동기에서 발견할 수 있다는 마르크스레닌주의의 주장은 20세기 중반 전 세계 정치적 좌파의 정통 이론이 됐고, 이후에도 계속해서 유효한 설명이 됐다. 따라서 평화는 무산계급 또는 그 정치적 전위가 사회주의적 대안으로 유산계급 국가를 대체했을 때만 가능하다는 주장이었다. 대안 사회에서는 자원을 부자가 축적하지 않고 공유한다고 했다.

전쟁의 이유에 관한 마르크스주의적 해석은 마르크스에게서 직접 내려온 것이 별로 없다. 그는 동시대인인 다윈과 마찬가지로 그런 전쟁에 별로 관심이 없었다. 그는 인간 역사의 서로 다른 경제적 시기(먼저 고전기의 노예제 경제, 이어서 봉건제도 그리고 마지막으로 유산계급 자본주의)에 계급투쟁 형태가 장기적으로 발전하는 과정을 설명하는 역사유물주의에 초점을 맞추었다. 마르크스는 1866년 자신의 협력자 프리드리히 엥겔스에게 이렇게 썼다. "'**노동 조직은 생산수단에 의해 결정된다**'라는 우리의 이론이 인간 살육 산업에서보다 더 잘 확인되는 곳이 있을까요?"[6] 그러나 레닌 이후 경제적 약탈을 전쟁의 원인으로 보는 것은 당연한 일로 여겨졌다. 1919년 새로 설립된 코민테른(Comintern, 국제공산당)이 유럽 노동계급에 한 최초의 호소는 "제국주의 전쟁을 기억하라"였다. 1935년 8월의 코민테른 제7차 대회에서 이탈리아 공산주의자 팔미로 톨리아티[Palmiro Togliatti, '에르콜레 에르콜리(Ercole Ercoli)'라는 정치적 별명을 썼다]는 전쟁이 왜 일어나느냐에 관한 공산주의적 설명을 분석하는 긴 연설을 했다. 자본을 거대 기업합동과 법인에 집중하는 것은 제국주의적 정복을 통해 시장과 자원을 장악하려는 투쟁을 첨예화했다. 경쟁 자본 세력들 사이의 다툼으로 촉발된 위기는 유산계급의 가장 반동적인 요소를 촉진했다고 톨리아티는 이어 갔다. 전쟁은 어떤 시기에 그것을 극복하는 '최선의 수단'(때로는 '유일한 수단')임을 받아들이는 것이다.[7] 그 결과로 전쟁은 불가피하다고 대부분의 마르크스주의자는 생각했다. 영국의 사회주의자 엘런 윌킨슨(Ellen Wilkinson)과 에드워드 콘즈(Edward Conze)는 프로이트와 아인슈타인이 서신을 교환하고 2년 뒤에 출간된 『왜 전쟁을 하는가?(Why War?)』라는 또 다른 책에서 이런 주장으로 아인슈타인의 질문에 대답했다. "자본주의적 제국주의는 불가피하게 전쟁을 만들어 낸다. 산소와 수소가 급증하면 물이 만들어지는 것과 마찬가지다." 공산주의자들에게 히틀러의 폴란드 침공 그리고 나중에 소련 침공으로 촉발된 전쟁은 놀라운 일이 아니었다. 그것은 "일시적인 구실이 무엇이든 …… 바탕 깊숙이 깔린 경제적 요인"[8]을 이해하기 위해 필요한 일일 뿐이라고 윌킨슨은 썼다.

역사유물주의는 과거와 현재의 전쟁 모두에 적용될 수 있다. 마르크스에 따르면 역사 속에서 전쟁은 "계급적 이익의 성격과 관여하고 있는 계급 세력들의 관계"[9]에 의존했기 때문이다. 마르크스주의적 분석은 고대 세계의 전쟁을 설명하는 데 사용됐다. 전쟁은 고전기 경제에서 부릴 노예를 확보하기 위한 것이었고, 그 경제는 토지를 소유한 착취적인 도시 상류층이 지배하고 있었다. 아스테카인들이 대규모 인신 공양을 위해 전쟁 포로를 잡은 데 관해 마르크스주의자들은 지배계급의 힘을 과시하는 도구였다고 설명했다.[10] 마르크스주의는 봉건 지배계급이 왜 땅과 그곳에서 부리기 위해 필요한 농노를 확보하기 위해 끊임없이 전쟁을 벌였는지를 설명하는 데 사용될 수 있다. 나중에 초기 자본주의가 봉건시대를 뛰어넘으면서, 유럽의 부유한 상인 계급이 전 세계적으로 개척한 영토들에서 해외 자원을 장악하고 토착민들의 저항을 분쇄하기 위해 경쟁자들을 상대로 폭력을 사용했다. 내전의 발발에 관한 마르크스주의적인 설명은 경제적 계급의 이익 충돌이라는 것이다. 경쟁 자본가들 사이의 미국 내전이 그랬고, 나중에 혁명 이후 소련의 무산계급과 유산계급 간 내전이 그랬다.

그러나 전쟁 일반의 원인에 대해서뿐만 아니라 특정 전쟁들의 원인에 대한 마르크스레닌주의적 관점의 바탕을 제공한 것은 독점자본주의(19세기 말 이후 등장했다)가 성행한 나중의 역사 시기였다. 이 해석에 따르면 제1차세계대전은 부자들의 물질적 탐욕으로 어떻게 충돌이 촉발되는지에 대한 본보기였다. 영국의 역사가이자 공산주의자인 도나 토어(Dona Torr)는 1942년 이렇게 썼다. "이것은 처음부터 끝까지 '**제국주의 전쟁**'이었다. 양쪽 모두에서 전쟁을 지배하고 수행한 세력이 각 나라의 '자본가 계급'이었기 때문이다. 그들은 약탈과 식민지 억압이라는 목표에만 관심이 있었다."[11] 1939년의 제2차세계대전은 다시 한번 경쟁 관계에 있는 두 '제국주의 집단' 사이의 싸움으로 규정됐다. 이후 히틀러의 소련 침공은 이를 일부는 제국주의 전쟁, 일부는 사회주의 해방 전쟁인 혼성 전쟁으로 변모시켰다. 1945년 이후 마르크스레닌주의의 공식 노선은 "썩어 가고 소멸 직전의" 체제인 자본주의의 전반적 위기가 존재한다는 주장을 유지했다. 한반도와 베트남에서 공격성이 증가한 것은 독점자본의 가장 극단적인 제국주의적 세력에 의해 추동된 것이었다. 그들의 군국주의적 지향은 "끊임없이 증대"되고 있었다.[12] 위기가 더욱 분명해질수록 자본가들(특히 미국의 자본가들)은 더욱 정부를 압박해 군사 분야에 더 많은 지출을 하고 공격적인 외교 정책을 추구하게 했다. 신마르크스주의 경제학자들인 심숀 비흘러(Shimshon Bichler)와 조너선 니찬(Jonathan Nitzan)에 따르면, 페르시아만에서 일어난 전쟁들은 백악관이 전쟁을 받아들이도록 '지배 자본'(가장 큰 무기 및 석유 기업들의 '무기자본-석유자본 연합체')의 권력이 압박한 결과였다. 전쟁이 발발하는 것에 발맞추어 이 기업들의 수익이 늘어나게 하기 위한 것이었고, 실제로 그렇게 됐다는 것이다.[13] 현대의 마르크스주의자들이 보기에 악화하는 경제체제의 모순은 다시 한번 전쟁을 촉발했고, 그런 일은 다시 나타날 것이다. 2006년 노동자인터내셔널위원회(CWI) 주최 측은 이렇게 썼다. "자본주의는 전쟁 자체를 위해 전쟁을 하는 것이 아니라 시장을 정복하고 수익을 늘리기 위해 전쟁을 한다."[14]

전쟁이 특정 경제체제의 모순에 내몰린 경제 세력들에 의해 촉발된다는 공산주의의 설명은 억압받는 사람들이 경제적 억압에서 스스로 해방하고 자신들이 억압자의 자원을 인수할 수 있게 하기 위한 의전(義戰) 개념을 배제하지 않는다. 이런 전쟁은 지배적인 경제적 무대의 희생자들이 현행 계급 관계를 거부하는 것으로 설명할 수 있다. 흔히 마르크스주의자들이 초기 계급투쟁의 사례로 드는, 검투사 스파르타쿠스(Spartacus)가 이끈 기원전 73~71년의 로마 노예 반란 같은 것들이다. 스탈린은 레닌주의를 설명하면서 의전과 불의전(不義戰)을 구분했다. 후자는 경제적 착취 체제를 떠받치기 위한 전쟁이고, 전자는 해방을 위한 전쟁이다. 두 경우 모두 계급 관계와 계급 이익이 충돌의 기원을 설명한다. 소련의 이론에 따르면 냉전은 공산주의 사회체제와 쇠락하는 자본주의적 제국주의 체제 간 충돌이었다. 그것이 진짜 전쟁이 된다면 이는 인류 가운데 진보 세력의 해방을 위한 전쟁이고 세계 규모에 걸치는 계급 전쟁이 될 터였다. 핵전쟁이 일어나면 전 세계 진보 세력의 책무는 "전쟁 없이는 존재할 수 없는 자본주의 체제 전체의 파괴"[15]가 된다. 서방의 눈으로는 냉전이 이데올로기 전쟁으로 보였지만, 공산주의자들의 한결같은 관점으로는 "경제적 모순의 파생물"이었고 이데올로기는 부차적이었다. 그들은 앞으로도 마찬가지라고 주장했다.

전쟁이 지배적인 경제 및 사회 현실의 표현이라는 마르크스주의의 설명은 1990~1991년 유럽의 사회주의 체제 붕괴 이후 거의 사라졌다. 전쟁과 자본주의적 제국주의의 관계에 관한 공산주의(더 정확하게는 소련의) 이데올로기는 이론적으로 결함이 있고, 이해하기에는 너무 규범적이고 일차원적인 것으로 널리 간주됐다. 전쟁이 언제나 "기본적인 경제적 원인"의 결과라는 주장을 계속하는 것은 또한 경험적으로 문제가 있다. 자본주의는 현재 이야기되고 있는 그 모든 문제에도 불구하고 전쟁 때 소멸로 이어지는 총체적 위기를 보여 주지 않았다. 1939년에서 1945년 사이의 제2차세계대전에서도 그랬다. 서로 다른 경제체제의 지배계급이 추가적인 자원을 획득하기 위해 전쟁을 한다는 주장은 분명히 그럴듯하지만, 경제결정론을 시사한다. 그것은 인간의 작용에 관한 어떤 생각도 훼손할 뿐만 아니라 규범적 용어로 표현되는 것(너무 일반적이어서 유용성이 없다) 말고는 역사적으로 보여 주기도 어렵다. 또한 국가가 등장하기 전의 전쟁 역시 만족스럽게 설명할 수 없다. 이때는 자원을, 분명한 사회 계급을 바탕으로 해서 소유한 것이 아니라 평등주의적인 공동체가 가지고 있었을 시기다.

'독점자본주의' 시대는 아마도 마르크스주의적 해석이 가장 곤란한 시기일 것이다. 무기 생산과 연구에 전념하는 강력한 산업 및 금융 조직이 있음에도 특정 전쟁이 거대 기업에 의해 기획됐다는 입증 책임을 계속해서 충족시키기 어려움이 드러났기 때문이다. 1914년에 유럽을 전쟁으로 밀어 넣은 것은 무기 재벌이 아니었다. 그 뒤에 있었던 히틀러의 소련 침공은 자본가의 야심이 아니라 급진적인 민족주의적 의제로 추진된 것이었다. 독일의 주요 기업 지도자들은 승리로부터 이득을 얻기를 원했을지언정 히틀러에게 압박을 가하지는 않았다. '무기자본-석유자본 연합체'가 이라크 전쟁(2003~2011)을 기획했다는 주장은 추측만 할 수 있을 뿐이고 입증되지 않았다. 결국 석촉에서부터 기관총에 이르기까지 무기의 생산은 생산된 무기의 사용을 부추김으로써 전쟁을 가능하게 하지만, 과거의 오랜 역사 속에서 이 무기들을 언제 그리고 무슨 이유로 사용하느냐를 결정한 것은 국가와 비국가 행위자들이었다. 자본가들이 핵전쟁을 압박하기를 주저한 유일한 이유는 핵무기가 시장을 파괴하고 고객을 죽일 것임을 그들이 알기 때문이라는 주장은 설득력이 없다. 그들은 분명한 이유로 핵전쟁을 피하기를 원한다.

물론 마르크스주의자만 전쟁을 유물론적 개념으로 설명하는 것은 아니다. 전쟁을 통해 자원을 손에 넣거나 이용하려는 약탈적 욕망에서 작동되는 경제적 동기가 있을 수 있다는 것은 흔한 주장이다. 자원이 어느 단계에서 승자에게 이용되지 않는 전쟁은 별로 없었다. 자원을 취하는 것이 가장 가깝거나 중요한 원인이 아니고 승리의 결과일지라도 말이다. 충적세 이전의 인류에게 자원을 놓고 다투는 것은 거의 틀림없이 주로 생태 조건에서 필요한 천연자원이 대상이었을 것이다. 인구가 늘거나 기후 문제로 생존을 위한 식량이 줄거나 가뭄으로 물을 먹기 어렵거나 한 경우들 말이다. 정착 영농을 하기 전에는 풀을 뜯는 동물들을 습격해 잡을 수 있었겠지만, 목부나 사냥꾼이던 시절의 초기 인간 공동체에 관해서는 확실하게 알려진 것이 별로 없다. 약탈적인 동물 습격은 기원전 제4천년기 이후 유라시아 스텝에서 확실성이 더 크게 나타난다. 여기에 살던 부족 공동체의 경제·사회구조에 중심적 존재가 된 것은 소였다. 인도유럽인의 신화에 따르면 트리토(Trito, '셋째' 또는 '전사')라는 인물이 거대한 뱀의 소유인 소를 습격했다. 점을 쳐서 자신에게 권리가 있음을 확인했기 때문이다. 이 세계관에서 트리토는 최초의 전사였고, 괴물을 죽이고 소를 차지했다. 그러나 동시에 소 사냥을, 자신을 따르는 모든 전사의 정당한 행위로 규정했다.[16]

물질 자원을 취하거나 통제하기 위한 싸움은 농경의 시작, 더 큰 부족 공동체로의 변화 그리고 이어 도시와 최초의 원시 국가 또는 국가의 출현에 이르면 더 쉽게 알아볼 수 있다. 이 시기 이후 물자를 약탈하고 적의 정착지를 노략질하는 것은 흔하고 지리적으로 널리 확산됐다. 약탈은 병사들에게 보상을 하고 그들의 참여를 이끄는 방법이었다. 공물은 또한 평화가 회복된 뒤에도 승자의 금고를 채우기 위해 강요될 수 있었다. 충돌은 무역로 장악, 소금 같은 귀중한 물자나 동광이나 옥 같은 광물 산지에 대한 접근권 또는 통제권 그리고 마지막으로 노예 또는 인신 공양(불과 몇백 년 전까지만 해도 거의 보편적이었던 것으로 보인다), 제물 포획을 둘러싸고 일어났다. 최초의 대규모 부족 정치체와 이어 최초의 국가가 발전하면서 자원에는 금, 보석, 위세품 같은 보물도 포함됐다. 현대 국가들에 자원은 본국 주민들의 소비 수요를 채워 줄 영토나 석유 같은 핵심 에너지원에 대한 통제권이나 독일의 소련 정복에서처럼 포획 노동력을 의미할 수 있다.

국가 이전 공동체에서 자원을 취하거나 지키기 위해 폭력을 동원했을 가능성을 밝혀내는 데는 고고학적 증거에 크게 의존한다. 신석기시대 유럽에서 정착과 파괴 유형은 희귀 광물(특히 부싯돌과 기타 경질석), 소금, 금속 원광을 둘러싼 충돌을 시사한다. 중부 유럽의 슬로바키아와 모라비아에서는 충돌 증거가 니트라강 유역의 동광 유적지 부근에서 나타난다. 또한 무기, 목걸이, 장신구 같은 위세품 무역도 무역로의 통제를 둘러싼 이웃 공동체들 사이의 충돌을 촉발했던 듯하다. 전사들의 유골에서 사망 당시의 상처는 동광이 있는 지역에서 더욱 분명하다.[17] 기원전 제3천년기부터 제1천년기까지 금속 문화 시대(먼저 순동기시대, 이어서 청동기시대 그리고 마지막으로 철기시대)가 되면 귀중한 자원 또는 그 공급에 대한 통제를 둘러싼 싸움은 더욱 분명하게 전쟁의 일반적인 방식에 영향을 미쳤다. 자원이나 풍부한 목초지에 접근할 수 있는 땅을 차지하는 것이 대표적이다. 무기, 갑주, 마구(馬具)의 유형은 폭력적 습격이 흔해졌음을 시사한다. 이탈리아에서는 순동기시대와 청동기시대 초기에 무역과 부가 갈수록 중요해졌고, 리구리아나 베네토를 지나는 주요 교역로는 엄중한 방어 시설이 갖춰진 해안 도시들이 보호했다. 노예, 가축, 귀중품을 약탈하기 위한 해상 습격 또한 이탈리아 해안을 따라 이루어졌다.[18]

중국과 남·북아메리카에서도 비슷한 패턴이 일상적인 전쟁의 증거와 함께 나왔다. 중국 초기 원시국가들 사이의 전쟁에서 핵심적인 금속(특히 구리와 주석)에 대한 통제가 한몫했다. 안양의 상(商)나라 유적지(기원전 제2천년기의 것이다)에서 나온 초기의 한 새김글에는 땅, 노동력, 운반할 수 있는 물품, 희생제의 제물을 위한 잦은 전쟁이 기록돼 있다. 한 사례에서는 창(羌)족 300명이 상나라 조상들을 위한 희생제의 제물로 포획됐다.[19] 가죽이 벗겨지고 절단되고 살해된 같은 수의 희생자가 멕시코 남부 몬테알반(Monte Albán)의 돌 토막에 그려졌다. 이곳에서는 기원전 500년 무렵에 건설된 사포테카(Zapoteca) 문화가 이웃 민족들에게 가혹한 지배권을 행사했다. 공물, 노예, 인신 공양을 위한 포로를 요구하고 물건과 재물을 내놓으라는 요구를 거부한 마을들을 파괴했다.[20] 유카탄반도의 마야인들 사이에서 전쟁은 노예를 잡는 것이었고, 귀중한 무역로와 핵심 자원(특히 소금)에 대한 통제권을 얻는 것이었다. 사포테카 문화와 마찬가지로 마야의 전쟁 역시 파괴와 약탈이 수반됐다. 경쟁 중심지들은 불태웠고 그 주민들은 공물을 내지 않으면 죽이거나 노예로 삼았다.[21]

남아메리카에서는 비교적 최근의 국가 이전 사회들이 일상적으로 탐욕적인 전쟁을 벌였다. 콜롬비아 북부 카우카강 유역에서는 만성적인 군장사회들 사이의 전쟁이 분명하게 물질적 동기를 지니고 있었다. 노예, 인신 공양 제물, 여자를 탈취해 오거나 무역을 통제하고 땅을 차지하기 위한 것이었다. 타이로나(Tairona) 문화는 어로권 장악, 여성 약취(참여한 전사들에게 분배됐다), 이웃 마을의 물품 약탈(그런 뒤에 마을을 불태우고 주민들을 죽였다)을 위해 싸웠다. 파나마의 쿠에바(Cueva)인 군장들은 어장과 사냥터와 무역을 놓고, 또한 금과 여자를 얻기 위해 싸웠다.[22] 교역품에 대한 통제권이 거의 틀림없이 주요 동기였을 것이고, 16세기 이후 유럽인과 접촉함에 따라 금속으로 만든 위세품의 공급이 이루어지면서 더욱 그랬을 것이다. 악명 높은 아마존강 상류의 야노마미족은 강철 제품과 총에 대한 접근 및 분배를 둘러싸고 분쟁이 있을 때는 더욱 집중적으로 습격했다고 한다. 중개자와의 경쟁이 이유가 되기도 했다. 에콰도르의 히바로 부족들, 특히 슈아르(Shuar)족은 또한 19세기 말 서방 상품을 더 쉽게 구할 수 있게 되면서 전쟁과 머리 사냥을 강화했고, 심지어 위세품으로 간주된 찬차(Tsantsa)라는 말린 머리를 총과 바꾸기도 했다. 이 기괴한 거래는 20세기에 들어서도 한동안 계속됐다.[23]

정복된 민족에 대한 조직적인 강탈은 서아시아와 지중해 연안에 첫 번째 주요 문명들이 등장하면서 새로운 수준으로 올라섰다. 가장 좋은 사례는 기원전 제1천년기의 로마 공화국이다. 여기서는 보물 및 자원 탈취와 연례 공물 강요가 이례적인 수준에 이르렀다. 로마의 초기 팽창은 지역의 도시와 마을에 대한 습격을 바탕으로 했다. 전쟁은 공물을 강요할 가능성을 제공했을 뿐만 아니라 참여한 병사들 사이에서 물품을 분배(로마의 전쟁에만 국한되지 않는 핵심 요소였다)할 수도 있었다. 전투행위는 전쟁을 수행할 능력을 키우는 데 필요했다. 패배한 적과 맺은 초기 로마의 협정들은 제공해야 할 전리품들을 물건과 사람을 포함해 상세히 명기했다. 기원전 202년 카르타고 격파는 상당한 규모의 전리품을 안겨 주었다. 로마 국가, 군 지도자들, 일반 병사들 사이에서 분배될 것들이었다. 달마치야와 그리스에서 벌인 로마의 전쟁들은 주목적이 일리리아 해안 일대의 해적들을 상대로 풍요로운 아드리아해 무역(로마는 이를 지배하고자 했다)의 안전을 보장하는 것이었다. 정치적 야심으로 자극된 것이기는 했지만, 그리스로 팽창해 나가면서 더 많은 부가 생겼다. 기원전 229년에서 기원전 167년 사이의 전쟁을 통해 얻은 부는 7000만 데나리우스에 달하는 것으로 추산됐고, 여기에 더해 미술품과 조각품들도 로마로 가져왔다. 현대의 그리스-알바니아 접경 지역인 에페이로스 정복에서는 15만 명의 포로를 잡아서 노예로 팔아 금고를 채웠다. 로마의 정복 장군 루키우스 아이밀리우스 파울루스(Lucius Aemilius Paullus)가 로마에 너무도 많은 부를 제공하자 원로원은 로마 시민의 직접세 납부를 무기한 중지했다. 코린토스는 저항을 계속하다가 기원전 146년 약탈당했고, 그 주민들은 살해되거나 노예가 됐고 골동품들도 조직적으로 약탈당했다.[24] 로마가 벌인 전쟁의 약탈적 본성은 그 팽창 전략의 핵심이었다. 전쟁은 로마, 로마 상류층, 로마 장군들을 부유하게 했다. 원정에서 자원을 가져오지 못하는 것은 굴욕의 징표였고, 약탈로부터 한몫을 기대했던 병사들에게 돈을 주어야 하는 문제도 있었다.

로마 공화국과 로마제국은 역사 시기 내내 남게 되는 패턴을 만들었다. 이후 2000년 동안의 전쟁 모두가 물질적 이득 및 약탈적 전략과 관련된 것은 아니었지만, 경제적 동기가 어느 정도의 역할을 한 사례는 셀 수 없을 정도로 많다. 어떤 정치적, 이데올로기적, 안보적 이해관계가 개재되든 말이다. 중세 전쟁에서는 대체로 정규 급여가 없었으므로 전리품에 대한 약속은 군대 또는 민병대가 전투에 집중할 수 있도록 유지하는 유일한 방법이었다. 왕이나 군주에게도 나름의 동기가 있었겠지만, 많은 일반 병사에게는 물질적 이득이 가장 중요했다. 14세기에 일부 스위스 용병은 봉급이 없었지만 보상으로 약탈물을 분급받을 것으로 기대했기 때문에 외국 군대에 들어갔다.[25] 술탄 메메트 2세(Mehmed II, 그는 서아시아의 이슬람 지배에 남아 있는 유일한 장벽을 제거하고 싶었다)가 이끈 7주간의 포위전 끝에 1453년 5월 오스만('Osmān)이 콘스탄티노폴리스를 약탈한 것은 약탈 전쟁의 본보기였다. 이슬람법 아래서는 사흘 동안의 약탈이 허용됐지만, 이 도시를 자기의 수도로 삼으려 했던 메메트는 단 하루만 허용했다. 장기간의 포위전 동안 약탈에 대한 약속이 흐릿해지면서 폭동 직전까지 갔던 그의 군대는 하루만으로도 충분했다. 운반할 수 있는 것은 모두 가져갔다. 수천 명의 여성과 아이들이 작은 무리로 한데 묶여 포획자들에게 끌려갔는데, 노예와 첩이

라는 새로운 생활을 하게 될 것이었다. 나머지 주민들은 학살당했다.[26]

이런 장면들은 어느 역사 시기에도 반복돼 책을 메울 수 있었다. 서방 세계의 박물관과 미술관들에는 수백 년에 걸친 폭력적인 제국 팽창 과정에서 약탈한 골동품과 보물이 그득하다. 어느 정도 규모 이상의 도시들은 거의 언제나 목표물이 됐다. 부가 집중된 곳이기 때문이다. 베이징의 방대한 문화유산은 유럽과 일본 침략군에 약탈당했다. 1900년 서방에 반대하는 의화단운동(義和團運動)을 진압하는 과정에서였다. 중국의 반란자들이 진압되자 한 신문이 '광란의 약탈'이라고 부른 것이 이어졌다. 병사들과 외교관들이 중국 황제 지배의 중심지인 쯔진청(紫禁城)을 돌아다니며 무엇이든 눈에 띄는 것을 챙겼다. 한 영국인은 자기 어머니에게 이렇게 썼다. "매일 약탈하는 무리가 나갔어요. 나는 벌써 근사한 약탈물을 몇 개 챙겼죠." 약탈은 곧 조직적으로 변했다. 일본군은 청나라의 보고를 발견했고, 금은괴를 일본으로 보냈다. 영국 관리들은 일요일을 제외하고 매일 이 도시에서 장을 열어 노획물을 판매했다. 이는 이듬해까지 일상적으로 계속됐고, 죄의식이라고는 눈곱만큼도 없었다. 수익금이 33만 달러에 달했는데, 아직 베이징에 남아 있는 영국 병사들 사이에서 계급과 인종을 기준으로 분배됐다.[27] 약탈은 분명히 출정의 원인이라기보다는 승리의 결과였지만, 당시만이 아니라 비교적 최근의 전쟁에서도 이를 막으려는 노력은 별로 없었다.

제2차세계대전에서 약탈은 광범위했고 불가피한 것으로

간주됐다. 심지어 동맹군을 약탈하거나 약탈할 것이 별로 없는 적을 약탈하는 경우도 있었다. 소련에서 독일 병사들은 마을들을 뒤졌지만 건진 것이 별로 없었다. 1941년 말 모스크바 점령을 눈앞에 두자 전선의 병사들은 마침내 무언가 값나가는 것을 찾을 기회의 순간이라고 기뻐했지만, 모스크바를 점령하지 못했다. 태평양전쟁에서는 죽었거나 죽어 가는 일본 병사들의 금니를 뽑아 가기도 했다. 병사들은 이를 작은 금붙이 주머니에 넣어 지니고, 고국으로 돌아가면 돈으로 바꾸려고 생각했다. 현대의 전쟁이 과거 고전기 또는 중세의 전쟁에 비해 경제적 기회가 적은 것은 아니었지만, 아무래도 20세기의 전쟁은 대체로 무엇을 얻기보다는 대규모 파괴가 목적이었다. 이는 주로 공중 폭격으로 인한 것이며, 중세의 약탈이 그랬던 것처럼 도시 전체를 철저히 파괴했다. 이는 또한 독일-소련 전쟁과 중국-일본 전쟁에서처럼 초토화 작전에 따른 결과이기도 했다. 적에게 자원을 넘겨주지 않으려는 의도를 지닌 작전이었다. 추축국 점령 지역에서 더 흔했던 것은 징발된 노동자나 강제수용소 수용자 때로는 전쟁 포로들에 대한 사실상 노예 노동의 도입이었다. 인적자원은 인류 역사 수천 년 동안 해 왔던 것처럼 포획되고 사용됐다.

'자원'(또는 재산이나 상품)으로서 인간은 특별한 종류의 자원 착취를 보여 주었다. 이 약탈 방식은 역사적으로 다양한 형태를 띠었다. 인간 전리품(머리 또는 신체 일부) 사냥은 오랜 역사가 있다. 아마도 대부분의 경우에 약탈은 의례 관습과 습관적인 적대감으로 인한 것이었을 테지만 말이다. 인신 공양을 위한 포로를 잡는 것 역시 마찬가지였다. 국가 이전 및 초기 국가에서 광범위했지만, 이것 역시 제한적인 의미에서의 자원이었다. 희생자들은 의례에 따라 살해되는 것 외에 어떤 노동력이나 가치도 제공하지 않았기 때문이다. 자원으로서의 인간에 대한 약탈의 핵심적인 형태는 노예로 삼는 것이었다. 여러 분명한 형태와 국면의 노예화가 언제나 전쟁(대규모 원정이든 작은 습격이든)의 결과인 것은 아니었다. 인도양 지역 또는 중국의 노예는 채무 또는 빈곤, 심지어 자발적 예속의 결과일 수 있었다. 많은 경우에 노예는 강제 노동이나 농노 같은 형태와 구분하기 어렵다. 그러나 노예무역이 인간 자원을 공급하는 대부분의 지역에서 노예는 처음에 폭력적으로 포획됐다. 이후 그들에 대한 대우나 사회적 경험은 다른 사회로 팔린 사람과 그들을 포획한 사회에서 일하도록 유지된 사람들 사이에 큰 차이가 있었다.[28] 그러나 노예가 어떻게 포획됐는지는 그들이 상품으로 정의되거나 거래된 후의 삶보다 재구성하기가 훨씬 어려웠다. 팔리거나 교환된 노예는 거의 모두가 우선 폭력적인 징발의 희생자였다. 북아프리카와 서아시아의 이슬람 국가들에 필요한 수요를 채우기 위해 수백 년 동안 사하라 일대에서 잡은 노예, 16세기에서 19세기 사이에 아메리카 대륙으로 실려 간 950만 명으로 추산되는 아프리카인 노예, 1630년에서 1780년 사이에 바르바리아 사략선(私掠船)에 포획돼 팔린 100만 명 이상으로 추산되는 유럽인들이 모두 그렇다.[29]

노예로 부리기 위해 인간을 포획하기 시작한 시기는 분명치 않다. 아마도 초기 군장사회들이 권력과 위신을 다투면서 그들 사이에서 일어났겠지만, 현대의 민족지학 사례를 살펴보는 것 외에는 확실하게 알 방법이 없다. 고고학자들은 손이 묶인 중석기시대의 '미녀' 모형들을 발견했다. 돈강 유역의 코스톤키(Kostyonki)에서 발견된 2만 5000년 전의 것이 그중 하나다. 그러나 이것이 확실하게 노예제를 입증하는 것은 아니다.[30] 역사적으로 최초의 증거는 서아시아와 중국의 알려진 최초 정치체들로 거슬러 올라갈 수 있다. 메소포타미아 초기 문화들의 쐐기문자에는 노예를 의미하는 듯한 말들이 있다. '남자-머리' '여자-머리' 같은 것들인데, 통상 가축을 나열하는 데 사용됐다. 때로 이들은 '산'에 해당하는 말과 연결돼 있는데, 노예가 북쪽 산악 지역(현 이란)에서 포획됐음을 시사한다. 함무라비(Hammurapi)의 바빌로니아 왕국 것인 기원전 제2천년기의 한 '지혜 문헌'은 노예 상인을 피하고 싶다면 산에 가지 말라고 독자들에게 경고한다. 고대 이집트에서는 기원전 제2천년기에 전쟁의 결과로 나일강 상류 지역에서 포획되거나 전쟁의 결과로 서아시아에서 온 노예의 증거가 있고, 기원전 제1천년기에는 파라오 사회에서 노예제가 완전하게 자리를 잡았다.[31]

헬레니즘 세계와 로마 세계에서는 더 확실하다. 여기서는 노예제가 사회구조와 관습에 뿌리를 내렸다. 그리스 국가들에서 노예는 경제와 부의 산출에 필수적이었다. 노예는 상품으로 간주돼 교환과 거래의 대상이 됐다. 예컨대 기원전 1세기에 그리스 지리학자 스트라본(Strábōn)은 그리스인 상인과 러

시아 남부 아조프해 부근 유목민 사이의 만남을 묘사했다. 이
들 사이에서는 동물 가죽 및 노예가 술 및 의류와 교환됐다.
노예는 유라시아 내륙 어딘가에서 포획됐지만, 상인들은 또
한 그리스의 전쟁으로부터도 직접 이득을 얻을 수 있었다. 많
은 수의 생포된 적을 사고 나누어서 그리스의 여러 도시로 보
내 팔 수 있었다. 또한 일부 군사적 습격은 의도적으로 인간 상
품을 얻는 것을 목표로 삼았다. 군인이자 역사가인 크세노폰
(Xenophon)이 현재 튀르키예의 비티니아에서 벌였던 기원전
5세기의 습격이 그랬다. 돈을 벌기 위해 노예를 잡는 것이 목
표였다. 노예는 거래와 습격, 그리스 변방 일대의 전쟁에서 주
로 공급됐기 때문에 그리스인이 노예가 되는 일은 별로 많지
않았던 듯하다.[32]

　이와 상당히 유사한 패턴이 로마 공화국 시기에 성행했다.
이때는 적의 주민 전체를 노예로 삼을 수 있었다. 로마 동쪽 삼
니움(Samnium)인을 상대로 한 세 번째 전쟁은 기원전 293년
에 끝났는데, 이때 5만 8000명에서 7만 7000명 사이의 노예
를 잡았다. 기원전 264년에서 241년 사이에 벌어진 제1차 로
마-카르타고 전쟁에서는 또 10만 명을 잡았다. 율리우스 카이
사르(Julius Caesar)가 기원전 1세기 갈리아 정복에서 100만
명의 노예를 포획했다는 주장은 입증할 수 없지만, 많은 노예
를 잡는 것은 로마의 전쟁에서 특징적인 모습이었다. 메르카
토르(*mercator*, 상인)가 로마 군대와 동행해 포획된 노예를 몽
땅 사들여서 제국의 여러 시장에서 팔았다.[33] 로마의 엄청난
노예 수요는 이탈리아의 상품 공급 동맥을 따라 이루어지는

노예무역에 댈 희생자들을 잡기 위해 변경 너머의 부족사회들이 서로 싸우게 했다. 기원전 제1천년기 철기시대 영국에는 한 역사가가 '약탈 풍경'이라고 부른 것이 있었다. 로마제국에 팔거나 지역 군장들이 노예노동에 사용할 노예와 인신 공양 제물을 습격자들이 잡는 것이다. 영국 동남부 에식스 일부 지역에는 버려진 정착지의 고고학적 증거가 있는데, 아마도 이 지역 일대에서 자주 노예를 사냥해다 판 결과로 인구가 줄었기 때문이었을 것이다.[34] 한 개략적인 평가는 로마제국 시기 동안에 대략 1억 명의 남자, 여자, 아이들(물론 통상적으로 남자가 훨씬 적은데, 그들은 노예로 삼는 대신 학살하는 일이 많았다)이 노예가 됐다고 추산한다.

노예화와 폭력의 연결은 다른 맥락에서 보여 주기가 쉽지 않다. 대부분의 역사 기록은 처음의 폭력이 끝나고 그들이 붙잡힌 이후의 노예를 다루기 때문이다. 이것은 대서양 횡단 노예무역이 시작되기 훨씬 전에 성행했던 아프리카 안에서 이루어진 노예화의 경우에 진실이다. 노예화로 이어진 전쟁이나 습격에 대해 그리고 노예제가 취하는 여러 가지 형태에 대해서는 알려진 것이 많지 않다. 17세기 말 이후 대서양을 건너는 대규모 노예 수송이 시작된 이후에야 노예가 어디서 왜 잡혔는지에 관한 추가적인 정보(그러나 상세한 것은 많지 않다)가 존재한다. 이들 중 상당수는 수출을 위한 것이 아니라 아프리카 사회들에서 노예로 부리기 위한 것이었다. 아프리카 왕국들 사이의 전쟁 또는 이슬람교도들이 비신자들을 상대로 벌인 전쟁이 무역에 기여했다. 노예가 아프리카인들이 탐내는 서방 상품들과 교환될 수 있었기 때문이다. 전쟁에서 잡은 남자들을 유럽인에게 파는 것은 장래에 위협이 될 요소를 제거하는 것이기도 했다. 1680년대 이후 서아프리카의 아샨티(Ashanti) 전쟁, 18세기 콩고 왕국과 그 이웃들 사이의 전쟁, 서수단의 지하드(*jihād*) 전쟁은 모두 포획돼 유럽 상인들에게 팔리는 사람이 급증하는 원인이 됐다. 습격은 1880년대에 대서양 노예무역이 마침내 끝날 때까지 만연한 관행이 됐다.[35]

소수의 사례에는 노예를 잡기 위한 습격이 정확히 어떻게 이루어지는가에 관한 역사적 증거가 남아 있다. 17세기에 포르투갈 및 네덜란드가 티모르섬과 주변 작은 섬들에 노예를 요구했을 때는 노예를 찾아내고 거래하는 데서 통상 오지나 산악 지형에서 이루어지는 토착민들의 활동에 의존했다. 공동체가 주변적이거나 지역 권력자들에게 적대적인 곳들이었다. 수바섬에서는 지역 기병대가 산에서 포로를 사냥했다. 솔로르섬에서는 산악 주민들이 붙잡혀 넘겨졌다. 유럽인들 역시 독자적인 습격에 나섰다. 흔히 징벌 목적이었다. 1665년, 마테우스 다코스타(Mateus da Costa)는 웨위쿠웨할리(Wewiku-Wehali) 왕국을 공격해 포르투갈령의 고립지인 고아와 마카우에 보낼 포로를 잡았다. 1676년에 수바섬에서는 네덜란드가 디무의 수바인들을 물리치고 240명을 노예로 잡았다. 바타비아(자카르타) 또는 동남아시아의 다른 곳으로 보내기 위해서였다.[36] 19세기 초 미얀마와 타이 사이 변경 지역의 또 다른 사례에서 두 영국 관리는 현지 부족들의 노예를 잡기 위한 습격에 대한 기록을 제공했다. 국가의 통제 밖에 있는 산악과 삼림 지역에서 카렌(Karen)족과 치앙마이(Chiang Mai) 왕국(지금의 타이 북부 지역) 출신의 노예 사냥꾼들이 전적으로 팔거나 부릴 사람들을 잡기 위한 작전을 벌였다. '노예'에 해당하는 현지 단어는 타이어로 '카(*kha*)'이고 크메르어로 '타트(*that*)'인데, '전쟁 포로'라는 뜻도 있어 폭력과 노예화 사이의 문화적 연결을 보여 준다. 1839년에 한 영국인 목격자는 치앙마이 왕국의 7500명에 이르는 병사 무리가 세 군데의 소도시를 공격해 모든 연령대의 남녀 1815명을 노예로 삼기 위해 붙잡았다고 전했다.[37] 최근의 해석들은 구세계의 노예가 흔히 아메리카 대륙의 농장 노동에 비해 강제성이나 처벌 수준이 낮았음을 보여 주려 애썼지만, 많은 경우(아마도 지난 4000년 동안의 노예 대부분이) 그들의 신분이 군사적 폭력의 희생자로서 시작됐다는 사실은 변할 수 없다.

전쟁의 경제적(즉, 유물론적) 근원을 설명하는 데서 생기는 문제는 약탈이라는 단순한 행동에서 다른 동기들을 잘라 낸다는 것이다. 보편적인 원칙은 없다. 선사시대 또는 초기 문명들의 전쟁은 약탈 전쟁으로 보기가 더 쉽다. 파악된 증거들 때문이다. 광물 산지 또는 무역로를 둘러싼 일부 충돌은 그것이 주요 목표였다면 자원전쟁으로 간주할 수 있다. 노예 또는 인신 공양 제물을 잡기 위한 싸움 역시 선사시대로부터 19세기에 이르기까지 습격의 주요 동기가 될 수 있었다. 그러나 많은 경우에 경제적 이득은 습격이나 원정에 추가된 특별 배당금이나 대가였다. 기대는 하지만 주요 동기는 아니었다. 심지어 로마의 그리스 약탈도 원로원의 결정을 이해할 수 있게 하는 정치적·안보적 문제가 있었다. 우선 일리리아의 경쟁 군주국을 약화해야 했고, 다음으로 그리스를 정복해 더 동쪽의 제국들이 발칸반도를 로마를 상대로 한 전쟁의 출발점으로 삼지 못하게 해야 했다[기원전 270년대에 피로스(Pýrrhos)가 카르타고 원정을 지원해 이탈리아 남부와 시칠리아에서 했던 일이다]. 유럽의 중세와 근세 전쟁에서 약탈은 틀림없이 지휘관과 병사 모두를 만족시키기 위해 기대되고 필요했지만, 그것이 언제나 군대가 전쟁터에 나가는 첫 번째 이유는 아니었다. 야노마미와 히바로의 전쟁을 설명하는 데서 언급된 습격과 금속 제품 간 연결조차 영토나 인간의 머리나 복수를 위한 습격의 오랜 전통(유럽인과 접촉함으로써 강화됐지만 꼭 그것 때문에 일어난 것은 아니다)을 무시한다. 16세기에 이미 에스파냐인 관찰자들은 히바로 영토의 특히 호전적인 한 지역을 '티에라 데 게라(*tierra de Guerra*, 전쟁의 땅)'로 묘사했다. 이후의 역사 시기에 자원에 대한 추구는 가변적인 전략이 됐지만, 그것은 보통 다른 의도들과 함께했다.

전쟁에 대한 어떤 경제적 이론에도 나타나는 일부 모호한 느낌을, 일반적으로 자원을 둘러싼 전쟁으로 간주되는 현대의 두 사례에서 발견할 수 있다. 1899년에서 1902년 사이의 남아프리카 전쟁과 1932년에서 1937년 사이 볼리비아-파라과이 간의 '차코(Chaco) 전쟁'이다. 전자는 금과 다이아몬드를 놓고 벌어진 것이었고, 후자는 석유를 놓고 벌어진 것이었다. 두 경우 모두 이른바 자본가들의 개입이, 물질적 야심이 충돌을 설명해 준다는 증거로 받아들여졌다. 남아프리카 전쟁에 자본가들이 연루됐다는 음모설은 자유주의 언론인 존 앳킨슨 홉슨(John Atkinson Hobson)이 1900년 출간한 책에서 처음 제기했다. 그는 전쟁이 '국제 금융가의 작은 동맹'에 의해 초래됐다고 주장했다. 그들은 아프리카너르(Afrikaner)의 공화국인 트란스발(Transvaal)에서 권력을 잡고 싶어 했으며, 이곳에서 비트바테르스란트의 풍부한 금광 지역에 관심을 갖고 있었다. 몇 년 뒤 영국 역사가 에릭 홉스봄(Eric Hobsbawm)은 "이데올로기야 어떻든, 남아프리카 전쟁의 동기는 금이었다"[38]라고 주장해 홉슨의 말에 동조했다. 차코 전쟁에서는 루이지애나 출신의 미국 상원의원 휴이 롱(Huey Long)이 자본가의 음모라는 생각을 제기했다. 그는 1934년부터 1935년 초까지 네 차례의 상원 별도 연설에서 자신이 혐오하는 형태의 '제국주의 자본'인 스탠더드오일컴퍼니(Standard Oil Company)가 의도적으로 전쟁을 부추겼다고 주장했다. 볼리비아의 석유로 자기네의 수익을 늘리기 위해서라는 것이었다. 음모설은 전쟁이 끝나고 오랜 뒤에도 그대로 남아 전쟁 발발 이유에 관한 남아메리카 민간전승에 편입됐다.[39]

두 경우 모두 시간의 검증은 견뎌 내지 못했다. 남아프리카 전쟁의 기원에 관한 상세한 연구는 광산을 소유하고 투자한 집단들(분명히 자본가의 외양을 하고 있었다)이 영국 정부를 압박해 전쟁에 의존하게 하거나 영국 정치가들이 비트바테르스란트에서 금의 생산과 유통을 통제할 야심을 가졌다는 증거를 발견하지 못했다. 오히려 트란스발의 광업 기업들은 전쟁을 피하고 싶어 했다. 물론 그들은 영국 정부가 남아프리카공화국 파울루스 크뤼거(Paulus Krüger) 정부에 압박을 가해 계속되는 경제 현대화에 도움이 되고 비네덜란드계 주민인 아위틀란더르(*Uitlander*, '외부인')에 더 주의를 기울이는 정책을 채택하기를 바랐다. 중요한 것은 영국의 남아프리카 고등판무관 앨프리드 밀너(Alfred Milner)가 밝혔던, 남아프리카 전체에 대한 대영제국의 야심이었다. 런던에 있는 정부의 우선 과제는 경제적인 것이 아니라 정치적인 것이었다. 트란스발을 포함해 이 지역에서 종주권을 주장하고 지리정치학적으로 핵심 지역이라고 간주되는 곳에서 다른 열강(특히 독일)의 제국주의적 경쟁에 맞서 영국의 전략적 이익을 확보하는 것이었다. 전쟁 발발로 이어지는 시기에 크뤼거 정권과 영국 사이의 대결 증가는 영국이 개혁과 자기네의 지상권 인정을 요구하면서 생긴 것이었고, 그것은 트란스발의 네덜란드인들이 가능한 한 영국의 간섭으로부터 독립을 유지하려는 욕망을 허물어뜨렸다. 그런 독립이 없으면 "아프리카는 비양심적인 자본가들이 지배하게 될 것"[40]이라고 아프리카너르 정치가 얀 스뮈츠(Jan Smuts)는 썼다. 1899년에 트란스발은 남부 아프리카에서 군사적·경제적으로 주요 세력으로 빠르게 변모하고 있었다. 전쟁은 그 힘을 억제하고 영국의 우위를 다시 관철할 수 있는 유일한 방법으로 보이게 됐다. 광산 소유자들은 영국의 식민지 기득권층에 개혁과 정치적 우위를 관철할 수 있는 한 수단이었다. 그러나 자본가의 이익을 보호하는 것은 남아프리카 전쟁의 최종 목표가 아니었다.[41] 잉글랜드은행으로 들어간 금괴는 전쟁 전에도 후에도 많지 않았다. 그것은 영국의 핵심 요구 사항이 아니었기 때문이다. 자원은 전쟁이 일어난 근원이 아니었고, 전쟁은 영국 통치 계급의 제국주의적 욕구에서 비롯했다.

차코 전쟁에서 경제적 동기는 더욱 분명했지만, 전쟁이 자본가들이 조작한 산물이라는 믿음은 공상이었다. 볼리비아의 다니엘 살라만카(Daniel Salamanca) 정권에 재앙으로 드러난 전쟁의 책임을 물을 누군가를 찾아야 하는 필요성에 내몰린 것이었다. 살라만카는 1932년 국내의 사회적·정치적 위기에 대한 해법으로 전쟁을 압박했다. 스탠더드오일이 1924년 볼리비아 정부와 이 나라의 소규모 유전을 개발하고 나라 동반부 저지대에서 더 많은 유전을 탐사하기 위한 55년간의 면허에 대해 협정을 맺은 것은 분명히 사실이지만, 이 회사는 이를 위해 미적지근한 노력만을 했고 1920년대 후반에 석유 가격이 떨어지자 넘쳐 나는 세계 시장에 추가적인 공급을 하는 데 관심이 별로 없었다.[42] 석유는 볼리비아 정부에 중요했다. 그것이 주석 무역에 대한 심한 의존을 줄여 줄 것으로 보였기 때문이다. 특히 1929년 세계 경제 붕괴 이후 주석 가격까지 폭락한 이후에는 더더욱 그랬다. 볼리비아는 내륙국이었기 때문에 석유를 수출하기 위해 대서양으로 나가려면 파라과이강에 항구를 확보해야만 했다. 그것은 질병이 만연한 아열대의 건조한 북(北)차코를 지나간다는 얘기였고, 이곳은 파라과이와 볼리비아가 수십 년째 영유권을 다투고 있었다. 1920년대의 몇몇 위기에서 두 나라는 차코에서 거의 충돌 직전까지 갔다. 그곳에 두 나라는 모두 군사 전초기지를 갖고 있었지만, 국제 중재를 통해 평화가 유지됐다. 경제 침체가 한창일 때 살라만카가 대통령이 되자 전쟁은 사회적 위기를 전환하고 파라과이를 밀어낼 수 있다면 대양으로 나갈 수 있는 길을 열어 주는 수단이 될 것으로 보였다.[43] 1932년 4월, 양국 군대는 북차코의 한 작은 호수에서 충돌했다. 그리고 두 달 뒤 파라과이가 복수하자 전면전으로 비화했다. 양쪽은 모두 이 황량한 지역을 누가 소유하느냐를 놓고 이루어진 계속된 대치에서 생겨난 대중적인 강경론의 지원을 받았다.

이 모든 일에서 스탠더드오일은 아무런 역할도 하지 않았다. 파라과이와 아르헨티나의 언론은 석유 제국주의가 볼리비아의 결정을 추동했다는 생각을 크게 강조했지만 말이다. 이 회사는 충돌에 대해 중립을 선언하고 안전을 위해 장비를 아르헨티나로 이동시켰다. 스탠더드오일은 회사 트럭이 볼리비아군에 징발되자 정부를 상대로 손실에 대한 소송을 제기했다. 이 회사가 소유한 몇몇 유정에서 생산이 늘기는커녕 물량이 제한적이자 볼리비아 정부는 생산 확대를 고집하고 정유 공장을 접수해 전쟁 활동에 필요한 더 많은 석유 공급을 확보하고자 했다. 볼리비아 정권은 실제로 해외의 관점과 반대로 스탠더드오일이 전쟁을 방해하고 있다고 비난했다. 파라과이는 아르헨티나에서 공급되는 석유(그 가운데 일부는 그곳의 스탠더드오일 공장 것이었다)를 이용해 곧 북차코 거의 전역을 장악했다. 그들은 안데스산맥 발치의 작은 볼리비아 유전을 지키는 결연한 수비대에 막혔고, 이 수비대는 곧 '석유의 보호자'라는 별명으로 불렸다. 휴전이 이루어지고 이어 파라과이가 차코의 대부분을 차지한다는 협정이 맺어졌으며, 이후 볼리비아는 1937년 이 나라의 스탠더드오일 자산을 국유화한다는 결정을 내렸다. 국가가 외국 회사를 국유화한 것은 남아메리카 역사상 이것이 최초였다.[44] 스탠더드오일이 석유 개발을 위한 영토를 차지하기 위해 전쟁을 기획했다는 이야기는 계속됐지만, 이 회사가 볼리비아의 전쟁 활동에 협조하지 않고 이후에 나라에서 쫓겨났다는 사실은 전혀 다른 상황을 말해 준다. 볼리비아는 전쟁을 대중의 민족주의에 호소함으로써 실패한 경제를 구제할 수단으로 보았으나, 이 결정은 경제적인 만큼이나 정치적이었다. 이것은 오직 간접적으로만 석유 전쟁이었다. 볼리비아는 이미 석유를 가지고 있었고, 파라과이는 석유를 가지려는 계획을 세우지도 않았다. 차코에서는 석유가 발견된 적이 없었다.

그럼에도 '자원전쟁'이라는 개념은 최근 수십 년 동안의 전쟁, 특히 내전과 반란에서 비국가 행위자들 사이의 폭력을 설명하는 핵심적 주장이 됐다. 그것은 또한 '기후 전쟁'과 마찬가지로 빠른 인구 증가, 세계 소비자의 수요, 재생 불가능한 자원(가장 잘 알려진 것이 석유다)의 공급 감소 간 잠재적 긴장이 현대 국가들 간(또는 내부)의 갈등을 부채질하면서 미래에 어떤 일이 일어날 것인지를 예측하는 한 방법이 됐다. '자원전쟁'이라는 말은 1980년대에 냉전의 일부로서 자원을 두고 벌어질 가능성이 있는 다툼을 묘사하기 위해 처음 사용됐지만, 1990년대에 재생 불가능한 자원이 풍부한 지역(나이지리아나 시에라리온 같은 곳)의 끊임없는 내부 분규를 설명하기 위해 더욱 널리 사용됐다. 이후 그것은 재생 불가능한 자원과 재생 가능한 자원 모두의 생산, 분배, 국제 무역에 대한 통제권을 폭력적으로 다투는 모든 충돌에 대해 두루뭉술하게 적용됐다. 세계은행이 1999년에 낸 한 보고서는 목재, 금강석, 희유 광물 같은 '약탈 가능한 자산'이라고 불리는 것에 의존하는 국가는 충돌을 경험할 가능성이 네 배 크다고 밝혔다. 2001년 이 주제의 중요한 책 『자원의 지배』를 쓴 마이클 클레어(Michael Klare)는 "미래의 전쟁은 대체로 필수적인 경제재의 소유와 통제를 둘러싸고 벌어질 것"이라고 썼다.[45]

현대의 자원전쟁은 훨씬 이른 시기의 충돌들(이때는 무역로나 광물 산지의 통제 또는 노예로 삼거나 제물로 바칠 인간을 포획하는 것이 싸움의 주요 원인이었다)과 공통적인 구석이 있다. 그러나 선사시대에는 자원의 범위가 제한적이었고 실제로 자원은 풍부했다. 현대 자원전쟁의 배경은 2000년 세계자원연구소(WRI)가 예측한 엄혹한 현실이다. 2050년에는 90억 명의 인간이 네 배 늘어난 공업 생산으로 부양될 것이며, 그 생산은 재생 불가능한 광물과 에너지 자원뿐만 아니라 삼림(보충되는 속도보다 사라지는 속도가 더 빠르다) 같은 재생 가능한 자원도 먹어 치울 것이다. 이런 예측에 따르면 자원을 둘러싼 궁극적인 충돌은 피할 수 없을 것이다.[46] 2009년 유엔의 한 보고서는 그 이전 10년 동안의 35개 전쟁 가운데 18개가 천연자원의 개발 및 통제와 관련된 것이었다고 결론지었다. 여기에는 2003년의 이라크 전쟁이 포함되지 않았지만, 이

전쟁은 사실 석유 공급 조절이 핵심 요인이었다. 그럼에도 정치생태학자 필리프 르 비용(Philippe Le Billon)이 지적했듯이 자원 자체는 충돌을 초래하지 않는다. 폭력은 정치적·상업적 동기가 있어 지역 자원이나 상품 교역의 흐름 또는 수출 목적지에 대한 통제가 개재되며, 어떤 상품을 다툼의 대상으로 만드는 것은 정치적 야심이나 상업적 탐욕이나 어떤 경우에는 군사적 활동이다.[47]

현대의 충돌-자원 논쟁에 관한 어떤 평가에서도 서로 다른 자원, 서로 다른 충돌, 서로 다른 지리정치학적 상황을 구분하는 것이 중요하다. 대부분의 자원은 평화롭고 합법적으로 거래된다. 심지어 공급자와 소비자 사이의 긴장이 있는 곳에서도 그렇다. 많은 자원은 공급을 둘러싸고 충돌이 필요하지 않을 정도로 풍부하다. 충돌과 가장 가깝게 연관된 자원은 정치적·민족적 긴장이나 사회적 불만이 이미 존재하는 지역에서 발견된다. 여기에는 금강석과 기타 보석 원석, 원시림의 경목(硬木), 금홍석(티타늄 원광), 구리 광상, 희귀 동물 또는 동물 기관 그리고 무엇보다 석유 같은 것들이 포함된다. 그것들이 충돌과 관련되는 것은 이전 식민지 지역이나 제국주의 세력(가장 두드러진 나라가 영국과 프랑스다)이 지배적인 정치적·상업적 위치를 지니고 있던 지역에서 압도적으로 자주 나타난다. 서아시아, 식민지였던 아프리카, 남아시아, 태평양 지역 등이다. 이들 지역뿐만이 아니지만(카스피해 지역과 라틴아메리카의 석유 산지에서도 석유 공급을 둘러싼 긴장이 있다), 이들 지역은 통상 자원전쟁 목록의 일부로 간주되는 내전, 반란, 외부의 군사적 개입이 일어나는 곳들이다. 충돌은 범위와 목적이 매우 다양하지만, 대개 그저 자원을 취하고 통제하는 것으로 그치는 일은 아니다. 때로는 분리 요구와 관련돼 있다. 나이지리아 내전이나 태평양의 섬 부건빌에서의 반란 같은 경우다. 또 다른 경우에 자원은 진행 중인 반란이나 내전의 연료로서 필요하다. 시에라리온이나 앙골라 같은 경우다. 때로 자원에 대한 통제의 동기는 물질적 탐욕이다. 다른 경우에 내부 갈등은 자원 의존과 환경 손상이 자원 보유로 아무런 이득도 누리지 못하는 대중 다수파에게 가하는 손상 효과의 결과다.[48] 자원 갈등으로 인한 인간의 희생은 매우 다양하면서 엄청나게 클 수 있다. 1983년부터 2002년까지의 수단 내전에서는 연평균 3000명이 전투에서 죽었다. 나이지리아 내전에서는 4년 동안 7만 명으로 추산되는 사람이 죽었다.[49]

자원이 충돌의 원인이 되기보다는 그것을 부채질하는 데 사용되는 곳에서는 국제 기업들이 자산의 약탈 사실을 외면하고 반란 집단이나 비공식 원천에서 제공되는 보석, 광물, 목재 등에서 이익을 취하려 할 가능성이 크다. 자원을 팔(통상 불법적으로) 가능성이 없다면 자원을 통제하는 일은 의미가 없을 것이다. 해외 판매가 필수적인 자원을 놓고 벌이는 전쟁은 상품 판매로 올릴 수 있는 수익을 현실화하기 위해 중개자 연결망에 의존하며, 일부는 범죄화된다. 반란이나 내전으로 수입 상실이 발생할 경우, 통제를 위한 투쟁에서 분명히 드러났듯이 반란이나 내전을 종식할 유인이 거의 없다. 이는 시에라리온 금강석 산지의 통제권을 둘러싼 다툼에서 분명했고, 이 내전은 1991년 시작돼 2002년에야 최종 평화 협상이 타결됐다. 서아프리카의 이 갈등은 자원전쟁 연구의 모형을 제공했다. 그러나 이 내전은 금강석 광산의 통제권 장악 자체가 목적이 아니라, 금강석(그리고 다른 고가의 광물)에서 얻는 수입을 세계의 최빈국 가운데 하나에서 부패하고 무신경한 것으로 널리 생각되는 정권을 상대로 한 반란을 유지하는 데 사용하는 것과 관련된 것이었다.

1991년 포다이 상코(Foday Sankoh)가 조지프 모모(Joseph Momoh) 장군의 정권을 상대로 일으킨 이 반란은 금강석에서 얻는 수입이 시에라리온 사람들을 돕지 않고 빼돌려지는 데 대한 사회적 저항으로 촉발됐다. 상코의 혁명통일전선(RUF)은 재빨리 이 나라 동남부의 금강석 산지를 장악하고, 금강석 밀매를 통해 운동에 필요한 무기를 사고 반대자들을 매수하며 정부의 금강석 수입원을 막아 버렸다. 상코는 이웃 나라인 라이베리아의 반란 지도자 찰스 테일러(Charles Taylor)의 지원을 받았는데, 테일러는 자신의 반란 활동을 위해 금강석에서 나오는 수입이 필요했다. 혁명통일전선은 또 다른 자금원으로 금홍석 광산도 장악했다. 이 지역은 1997년 정부가 남아프리카에서 활동하는 사설 용병 부대인 이그제큐티브아웃컴스(Executive Outcomes)를 이용해 탈환했으나, 2년 뒤 토고의 로메에서 맺은 협정으로 상코는 부통령이 되고 시에라리온의 핵심 상품들에 대한 실질적인 통제권이 주어졌다. 2002년, 아마드 카바(Ahmad Kabbah) 대통령이 영국군의 개입을 끌어냈고, 상코의 혁명 활동은 10년 만에 끝이 났다. 이 잔혹한 폭

력으로 이 작은 나라에서 5만 명으로 추산되는 사람이 희생됐
다. 금강석·광물과 충돌 사이의 비슷한 연결은 앙골라의 내전
에서도 나타났다. 앙골라해방인민운동(MPLA)과 앙골라완전
독립전국연맹(UNITA) 사이의 내전이었고, 여기서는 해외 판
매 수익금이 전쟁에서 쓰이는 무기를 사는 데 들어갔다. 이 경
우에는 사망자가 100만 명으로 추산됐다. 이 전쟁 역시 탐욕
이 원인은 아니었으나 판매 수익금이 연료 노릇을 했고, 이곳
과 다른 많은 사례에서 자원 개발은 이익을 부당하게 빼돌릴
가능성을 키우면서 전쟁을 더욱 연장시키고 격화시켰다.

자원을 둘러싼 충돌의 아주 다른 사례는 부건빌에서 일어
난 반란이다. 열대 지역의 산이 많은 섬인 부건빌은 1919년
독일 식민지들이 재분배되면서 오스트레일리아에 위임 통치
권이 주어진 뉴기니 준주(準州)의 관할이 됐다. 1945년 이후
이 섬은 파푸아뉴기니에서 통치하는 유엔 신탁의 일부가 됐
다. 영국 광산 회사 리오틴토징크(Rio Tinto Zinc)의 한 자회
사가 부건빌에서 대형 노천 동광 설립 허가를 받았다. 이 팡구
나(Panguna) 동광은 회사와 정부에 많은 수익을 안겨 주었지
만, 섬 주민들에게 돌아가는 건 거의 아무것도 없었다. 1975년
파푸아뉴기니가 독립한 이후 광산 수입은 계속해서 정부를 떠
받쳤지만, 22.7제곱킬로미터의 지역을 차지하고 있는 이 광산
은 부건빌에 엄청난 환경 피해를 입혔다. 1988년, 부건빌혁명
군(BRA)은 광산을 점령하고 생산을 중지시켰으며, 2년 뒤 독
립을 선언했다. 파푸아뉴기니 방위군과의 긴 싸움 끝에 마침
내 2000년에 이 섬을 자치 지역으로 만드는 협정이 타결됐다.

2019년의 국민투표에서는 98퍼센트가 독립에 찬성해 2027년 독립을 앞두고 있다. 여기서도 자원을 둘러싼 전투는 많은 희생을 발생시킨 것으로 드러났다. 양쪽에서 2만 명의 희생자가 났다.[50]

1976년 인도네시아 수마트라섬 아체주에서 일어난 비슷한 분리주의자들의 반란 역시 자원 및 자원 수익에 대한 관심을 바탕으로 했다. 이곳은 거의 완전한 이슬람교도 지역이며, 1890년대에 네덜란드 식민지 개척자들이 폭력적으로 병합하기 전까지 독립 군주국의 역사를 갖고 있었다. 이런 이질감은 인도네시아로부터 이탈할 권리를 요구하는 아체인들의 욕구를 일부 설명해 준다. 1971년 이 지역에서 대형 천연가스전이 발견되고 해외 자본과 중앙정부가 공동 개발하면서 하산 디티로(Hasan di Tiro)가 이끄는 자유아체운동(GAM)의 형성을 촉발했다. 천연가스 경기가 좋아지면서 수하르토(Suharto) 대통령은 아체의 제한된 자치권을 박탈했으며, 가스에서 만들어진 수입은 모빌오일[Mobil Oil, 현재 엑손모빌(Exxon-Mobil)]과 중앙정부로 들어가고 아체에 떨어지는 것은 별로 없었다. 자유아체운동은 민족해방과 신식민주의적 경제 수탈(가스전을 중심으로 형성된 새로운 산업 복합체의 특성이다)의 종식을 요구했다. 이어 군사 반란이 일어났고, 인도네시아 방위군과 운동 세력 사이에 전투가 벌어졌다. 디티로가 망명한 뒤 잠시 주춤했던 충돌은 1989년 재개됐고, 20세기 말이 되면 폭력은 엑손모빌 노동자들과 가스전 시설들로도 향했다. 2001년, 운동 세력의 유격대가 육상의 생산을 일시 중지시키

왜 전쟁인가?

자 정부는 수입의 상당한 몫을 잃지 않으려고 노심초사하며 강경히 대응했다. 2003년, 운동 세력은 아체의 약 80퍼센트를 장악했고 몸값, 강탈 그리고 이제 공업 지대에 들어와 있는 공업 대기업에 대한 '과세'로 자금을 마련했다. 새로운 반란 진압 작전이 펼쳐져 반란 세력에 극심한 타격을 입혔고, 2005년에 평화협정이 이루어졌다. 아체가 인도네시아 안에서 '특수 영토'로 자치권을 부여받고 이슬람 샤리아(Sharī'a) 법 아래서 살 권리를 갖는다는 조건이었다. 시에라리온에서와 마찬가지로 천연자원이 무장 대결의 직접적인 원인은 아니었으나, 수입에 대한 통제권이 핵심 사안이 됐고 외국 회사들의 자원 착취는 지속적인 반란을 정당화하는 데 이용됐다.[51]

20세기와 21세기에 국가 이하 수준의 충돌이 아니라 국가 간 전쟁을 빚어낸 한 가지 자원은 석유다. 1960년대부터 광범위하게 개발되기 시작한 천연가스와 함께 석유는 선진국은 물론이고 발전도상국에서도 산업과 생활 방식을 떠받치는 데 결정적인 역할을 한다. 늘어나는 소비를 충족하기 위한 추가적인 발견이 이루어졌지만, 새로 발견되는 물량은 소비량의 절반 수준에 불과하다. 세계 석유 생산량은 2010년 무렵에 알려진 채굴 가능 매장량의 절반에 도달했고, 널리 인정되는 예측에 따르면 2040년에서 2060년 사이의 어느 시점에 바닥이 날 것으로 보인다.[52] 천연가스는 여전히 많은 양이 발견되지만 그 상당 부분은 채굴하기가 어렵고, 채굴량은 채굴 기술의 발전에 달려 있다. 석유 의존도가 가장 높은 미국과 유럽·동아시아의 나라들에 석유 안보는 중요한 전략적 우선 과제였다. 특히 석유 매장량의 상당 부분이 오랜 갈등의 역사와 불안정 가능성이 있는 지역(특히 서아시아) 또는 식민주의가 민족적·종교적 갈등과 민주주의 실패의 유산을 남긴 지역(리비아, 수단, 나이지리아, 콩고분지 등)에 있기 때문이다. 석유는 1980년 이란의 이슬람 혁명 이후 제임스 카터(James Carter) 미국 대통령이 발표한 이른바 '카터 원칙'의 핵심에 있었다. 페르시아만 지역에서 나오는 석유의 이동에 대한 의도적인 방해는 "군사력을 포함해 필요한 모든 수단을 동원해 격퇴"하겠다는 것이었다. 서아시아를 담당하는 미국 중앙사령부(CENTCOM) 초대 사령관인 로버트 킹스턴(Robert Kingston) 장군은 자신의 역할이 "아라비아만(페르시아만)에서 나오는 석유의 이동이 방해받지 않도록 보장"하는 것이라고 이해했다.[53] 2000년, 대통령으로 갓 취임한 블라디미르 푸틴(Vladimir Putin)이 승인한 러시아의 군사 교리는 석유와 가스 등의 매장량이 풍부할 가능성이 있는 러시아의 영해, 대륙붕, 배타적 연안 경제 수역의 안전 유지를 구체적으로 지적했다.[54] 2007년, 두 척의 러시아 잠수함이 대량의 천연가스와 석유가 매장된 것으로 알려진 북극 아래 4000미터 지점에 러시아 국기를 꽂았다. 러시아 영토와 연결됐다고 이야기되는 해저 산맥 로모노소프 해령에 대한 권리를 주장하기 위한 사전 조치였다. 이 주장에 캐나다가 이의를 제기함으로써 충돌의 가능성이 있는 지점으로 남아 있다.

석유를 둘러싼 20세기 국가 간 전쟁의 역사는 잘 알려져 있다. 제2차세계대전 때 원유 생산의 90퍼센트 정도는 연합군의 통제하에 있었다. 독일, 이탈리아, 일본 등 추축국은 고작 생산의 3퍼센트와 정제 능력의 4퍼센트만 통제했다. 독일은 동맹국 루마니아의 공급을 지배했지만, 독일 소비자들의 군사적·경제적 수요를 충족시키기에는 공급량이 너무 적었다. 소련 침공은 이데올로기적이고 물질적인 여러 가지 동기가 있었지만, 캅카스 지역의 소련 석유를 장악하고 이용하려는 목적이 가장 중요한 것이었다. 설사 그곳을 점령한다고 해도 독일의 공업은 석유를 신속하게 채굴하는 데 필요한 기술과 전문 지식이 없었지만 말이다. 석유 의존이 더욱 뚜렷했던 일본에 1941년 여름 미국이 가한 제재는 일본 군부의 전략 논쟁에서 균형을 무너뜨려, 미국 및 식민 세력(영국과 네덜란드)과의 대결 쪽으로 기울게 했다. 영국과 네덜란드의 동남아시아 식민지에는 많은 석유가 매장돼 있었다. 독일이 그랬듯이 서방과의 충돌은 그저 석유를 탐사하는 것보다 훨씬 복잡한 문제였지만, 1941년 여름 일본이 취한 전략 선택과 계획된 전진 방향에 이보다 더 중요한 동기는 없었다. 석유 외에 일본의 전쟁 활동에 필요한 다른 자원들, 즉 철광석, 알루미늄 생산을 위한 보크사이트, 망간 원광 같은 것들에 대한 전망도 있었다. 하지만 결과는 의도했던 바와 달랐다. 석유는 채굴했지만 그중 4분의 3이 일본 본토로 가기보다는 태평양 지역에서 일본이 전쟁 활동을 하는 데 연료로 사용됐다. 일본의 유조선 함대(100만 톤짜리 새 유조선도 있었다) 대부분은 1945년에 미국 잠수함 함대에 파괴돼 해저에 가라앉았다. 공군력, 지상 이동, 긴 대양 항로에 크게 의존했던 연합군에게 석유는 거의 문제가 되지 않았다. 1941년 이라크에서 반란이 일어나 서아시아의 대영제국 군대에 가는 석유의 흐름이 위협받았지만, 반란은 신속하게 진압됐고 이라크는 전쟁 기간 내내 점령 상태가 유지됐다.

1945년 이후 국가 간에 발생한 최소 세 차례의 전쟁은 서방의 석유 안보를 둘러싼 것이었다. 1956년에 일어난 첫 번째 전쟁은 영국과 프랑스가 공동으로 관리하던 수에즈 운하를 이집트가 국유화하기로 한 일과 관련이 있다. 이 결정이 서아시아 석유를 유럽으로 운송하는 것을 위협했기 때문에 두 나라는 이스라엘과 함께 운하를 탈환하기 위한 전쟁을 시작했다. 소련과 미국이 개입하고 나서야 운하 재점령을 막고 짧은 전쟁을 끝낼 수 있었다. 특히 미국은 전쟁 자체가 정말로 석유 공급을 불안정하게 만들 수 있다는 두려움을 가지고 있었기에 개입에 나섰다. 서방의 일부 정치적 행위자가 더 중요한 다른 요인들이 작동됐다고 강력히 이의를 제기했음에도, 1991년과 2003년에 발발한 두 차례의 페르시아만 전쟁은 분명히 세계 최대의 석유 매장 지역에서 오는 석유 공급에 대한 불안과 연결돼 있었다. 이라크 독재자 사담 후세인(Saddam Hussein)이 이라크 남부 유전을 공유하는 작은 산유국 쿠웨이트를 점령하기로 한 결정은 이란과의 8년에 걸친 소모적인 전쟁 끝에 나온 것으로, 이 전쟁에는 국경 석유 자원 장악도 한몫했다. 쿠웨이트를 차지하면 이라크가 세계 석유 매장량의 5분의 1을 통제하는 것이었고, 사우디아라비아 쪽으로 밀고 나아가면 더 많은 석유가 예측할 수 없는 독재자의 손아귀에 들어가는 것이다. 이라크 군대를 몰아낸 표면적인 이유는 쿠웨이트의 주권 회복이었지만, 미군은 이미 이라크-미국 전쟁을 위해 '작계 1002-90'이라는 작전 계획을 만들어 군사적 위기가 발생하면 미국 중앙사령부가 실행하게 했다. 1990년 8월 사담이 쿠웨이트를 침공하자 이 작전 계획이 실행에 옮겨졌고, 넉 달 뒤 제1차 페르시아만 전쟁의 '사막폭풍' 작전으로 이라크군을 압도하고 몰아냈다. 사담이 자신의 정통성과 권력을 유지하려 애쓰면서 1990년대 양국 간에는 긴장 상태가 지속됐고, 2003년 제2차 페르시아만 전쟁의 '이라크의 자유' 작전에서 서방은 경제적 이익에 필수적인 지역에 더 큰 안보를 제공하는 유일한 방법으로 정권 교체를 추구했다. 이라크가 대량살상무기를 갖고 있고 여차하면 사용할 것이라는 표면상의 주장은 당시에 근거가 없는 것으로 생각됐고, 나중에 그렇게 판명됐다.

제2차 페르시아만 전쟁은 제1차만큼이나 빨리 끝났지만, 그 과정에서 사담 후세인이 권력을 잃었고 국제 동맹이 이라크를 점령했다. 이 동맹에는 영국군이 포함됐는데, 영국군은 이 지역의 석유 안보 작전을 수행한 오랜 전통을 갖고 있었다. 그 결과, 서방이 기대했던 완벽한 단절을 통해 이라크 석유가 안정적으로 더 많이 흘러가는 일은 이루어지지 않았다. 오히려 메리 칼도어(Mary Kaldor)가 '새로운 석유 전쟁'이라고 부른 전쟁이 시작됐다. 이 전쟁은 석유가 필요한 부유한 국가들의 석유 안보를 유지하는 것이 아니라, 석유 수입을 지역 및 지역 이익을 위해 활용하는 것이다. 이라크에서 이는 쿠르드인들이 주요 석유 중심지인 키르쿠크에서 나는 석유의 수입과 유통의 통제권을 요구하거나, 석유 수입을 빼돌려 이슬람 테러리즘 또는 반서방 반란 자금으로 유출하거나, 페르시아만이나 튀르키예를 통해 석유를 사적 이익을 위해 불법적으로 유용하는 것을 의미했다. 이라크는 전후 폭력으로 60만 명으로 추산되는 인명의 희생을 치렀다. '새로운 석유 전쟁'의 동기는 복합적이었다. 일부는 정치적이었고, 일부는 종교적이었고, 일부는 탐욕이었다. 따라서 2003년 이후 이라크에서의 긴 평화를 특징 지운 전쟁은 그저 석유 수입과만 관계된 것이 아니었다. 현대의 대다수 자원전쟁과 마찬가지로 자원 수입의 통제권과 폭력의 진상 사이에는 단순하거나 직접적인 연관성이 없다.

니제르강 삼각주의 '새로운 석유 전쟁'에 대해서도 거의 비슷한 이야기를 할 수 있다. 이 지역은 민족 갈등과 정치적 분열의 오랜 역사를 갖고 있다. 나이지리아는 1962년 독립 이후 초기 30년의 기간 대부분 군부의 지배를 받았다. 가혹하고 부패하고 무능한 정권들이었다. 니제르강 삼각주의 풍부한 석유 자원 발견은 석유 수입 대부분을 군사 정권이 유용하고 복잡한 후견 체제를 통해 분배하는 반면, 석유 생산이 광범위한 환경 악화를 일으키는 삼각주 지역에는 거의 아무런 재투자가 이루어지지 않는 상황으로 전개됐다. 세계의 큰 석유 회사들은 자신들의 전문 지식과 투자를 필요로 하는 정권에 협력했다. 석유는 이전의 일차 농산물 수출을 바탕으로 한 경제를 손상시켜, 21세기가 시작될 무렵에는 나이지리아의 환금 작물 생산 토대가 거의 파괴되고 석유가 국내총생산(GDP)의 절반, 외환 수입의 95퍼센트를 차지했다.[55] 긴 석유 호황 기간에 나이지리아인 가운데 빈곤선 이하의 비율은 1980년 4분의 1에서 1996년 3분의 2로 늘었다. 그 결과로 석유 산업에 가장 큰 영향을 받는 지역에서 끊임없이 저항이 일어났다. 그런 곳들에서는 지역 투자와 서비스 부족이 대중의 분노를 촉발했다. 1990년 셸(Shell) 공장이 있는 마을에서 주민들이 시위를 벌였는데, 경찰의 진압으로 80명이 죽고 가옥 400채가 파괴됐다. 같은 해에 석유 산업으로 피해를 당한 민족 가운데 하나인 오고니(Ogoni)족의 오고니족생존운동(MOSOP)이 평화적인 항의 활동을 시작했는데, 이 역시 가혹한 대응과 학살로 이어졌다. 삼각주 지역의 또 다른 민족인 이조(Ijaw)족의 청년운동은 1998년 이 지역의 경제정의와 석유가 나는 지역의 석유 수입 재분배를 요구하는 '카이아마(Kaiama) 선언'을 발표했다. 석유 다국적 기업들을 상대로 한 청년들의 폭력은 추가적인 억압을 촉발했다. 나이지리아는 1999년 이후 헌정 통치로 전환됐지만, 2003년 선거 이전의 기간에 삼각주 지역에서는 여전히 연평균 1000명이 죽었다.[56] 정치체제를 먹여 살린 석유 수입을 둘러싼 논쟁은 해결되지 않았고, 이 삼각주는 가장 불안정한 석유 채굴 지역 가운데 하나로 남았다. 송유관과 시설이 자주 공격당하고, 범죄적인 수익을 위한 불법적 석유 '적재'가 이루어졌다.

석유와 가스 공급이 감소함에 따라 국가 간 긴장이 다시 표면화할 가능성이 크다. 러시아와 우크라이나의 전쟁은 자원을 둘러싸고 벌어진 것은 아니었지만, 충돌이 격해지고 북대

서양조약기구(NATO)의 대리전으로 확대되면서 러시아에서
유럽으로 가는 석유·가스 공급의 위기가 초래됐다. 이 전쟁
은 '새로운 석유 전쟁'이 반드시 서아시아와 아프리카에만 국
한되지 않고 에너지 공급과 수입이 정치적 또는 군사적 대립
의 대상이 될 가능성이 있는 곳이라면 어디에서나 발생할 수
있음을 상기시켜 주었다. 자원과 미래의 충돌에 관한 대부분
의 예측은 주로 재생 불가능한 자원의 공급과 이에 대한 통제
력(지역적, 국가적, 초국가적)의 성격 간 격차에 기반한다. 역
사적으로 자원전쟁은 다양한 형태를 띠었으며, 갈등에 내재해
있는 자원은 그것이 약탈할 수 있는 것이냐 고정된 자산이냐
에 따라 큰 차이를 보인다. 생태 위기와 마찬가지로 미래는 에
너지 공급, 희유 광물 및 금속의 광범위한 대체, 생산과 유통에
관한 국제적 합의로 점철될 수 있다. 오늘날 대부분의 자원은
여전히 폭력의 고리 밖에서 거래되고 있다.

역사 시기 내내 그리고 그보다 더 이른 시기에도 자원이 다
양한 형태의 전쟁에서 직접적인 대상이 됐다는 것은 의심할
여지가 없다. 심지어 역사 기록 이전의 시기에도 폭력적인 약
탈의 대상이었으리라고 주장하는 것은 타당하다. 다투거나 지
킬 필요가 있는 동물의 무리, 상품, 정착된 교역이 있었다면 말
이다. 사람을 사고파는 일 역시 아마도 더 조직화된 군장사회
및 국가의 발달보다 시기적으로 앞섰을 것이다. 물자의 득실
을 둘러싼 부족들의 충돌과 현대의 자원전쟁은 비슷한 부분
이 많다. 후자의 경우 약한 나라는 기성 국제시장이 있는 상품

    왜 전쟁인가?

에서 나오는 수익을 둘러싼 충돌을 막기 위해 할 수 있는 일이 별로 없다. 전쟁을 물질적 욕심의 결과로 묘사하는 데서 가장 큰 어려움은 얻고자 하는 욕구를 충돌을 촉발하는 다른 동기들과 구분하는 것이다. 정규 병사와 지휘관에게 약탈은 전쟁의 필연적인 귀결이고 흔히 충성심을 유지하는 유일한 수단이었지만, 그들이 벌인 전쟁은 그럼에도 주로 정치적 이득, 종교적 의무, 왕조의 야심을 위한 일이었을 것이다. 여기서 약탈은 만족감을 주는 부산물이었지 그 자체로 성과는 아니었다.

어떤 폭력은 더 확실하게 주로 물질적 이득을 위해 행해졌다고 볼 수 있다. 예를 들어 북유럽을 습격한 바이킹들은 정착을 위한 것이 아니라 상품(노예와 여자에서부터 소금과 금에 이르기까지)을 약탈하는 것이 목적이었다. 『울라 편년사(Annála Uladh)』는 아일랜드 해안에 대한 잦은 습격을 기록하고 있다. 821년에 그들은 "매우 많은 여성을 포로로 납치"했다. 9세기의 브르타뉴 습격은 인간 상품과 소금을 탈취하기 위해 이루어졌다. 844년의 세비야 습격에서는 매우 많은 여자와 아이 포로를 확보했는데, 그들 가운데 일부는 바이킹 무역망을 통해 서아시아의 아라비아 및 동로마 영토에까지 팔려 갔을 것이다.[57] '상업 전쟁'이라고 부를 수 있는 이 형태는 모든 시기와 모든 장소에 존재했지만, 이데올로기적·정치적·전략적인 동기와 견주어야 하는 것은 역사적 전쟁의 한 측면이다. 석유는 현대의 주요 사례였다. 자원으로서 필수적일 뿐만 아니라 석유 없이는 현대의 군대가 작동할 수 없고 민간 통신이 붕괴하기 때문이다. 오랜 세월 약탈자의 표적이 되어 온 자원은 약탈자가 문화적·경제적·정치적으로 그에 부여한 가치 때문에 그렇게 됐다. 가치의 구축은 왜 자원을 놓고 전쟁이 벌어졌는지를 설명해 준다. 고전기 세계의 노예 습격에서부터 오늘날의 금강석과 석유 약탈에 이르기까지 말이다.

(**6**)

신념

믿는 자들아, 네 주변의 믿지 않는 자들과 싸우고, 그들이 네게 엄격함이 있음을 발견하고 신이 거룩함을 알게 하라.

— 「코란」, 9:123[1]

당신이 우리와 함께 기독교 신앙을 고백하는 사람들을 돕지 않으면 주님께서는 꾸짖음으로 우리를 쩔쩔매게 할 것입니다! 독실한 신자들을 상대로 부당하게 사적인 전쟁을 벌이는 버릇이 있는 사람들은 이제 이교도들에 맞서고 이 전쟁을 승리로 마무리해야 합니다.

— 우르바누스 2세 교황, 1095년 11월 27일[2]

신념(belief)이 전쟁의 동력이 되는 것은 과거나 현재 모든 전쟁의 일반적인 성격은 아니지만, 신앙(faith)이나 초자연적 믿음이나 정치 이데올로기는 수천 년 인류 역사를 통해 다양한 여러 맥락에서 전쟁을 하겠다고 결정한 일들을 분명하게 설명할 수 있다. 우르바누스 2세(Urbanus II) 교황이 1095년 11월 클레르몽(Clermont) 공의회를 이용해 기독교 공동체들이 싸우고 있다며 참석자들을 비판했을 때, 그는 신앙을 지키라는 요구를 할 생각이었다. 팔레스티나와 다른 많은 곳에 있는 성지들이 이슬람교도들에게 더럽혀지고 있다고들 했다. 십자군의 시대가 그해 시작됐고, 이후 수백 년 동안 이어졌다. 이에 대응해 성지를 둘러싼 땅의 이슬람 정복자들이 마침내 반

격에 나섰다. 「코란(al-Qur'ān)」이 그들에게 요구한 대로였
다. '성전(聖戰)'으로 엉성하게 번역되는 이슬람교도들의 '지
하드' 개념은 수백 년 동안 이슬람교도의 폭력으로 흔히 비난
받아 왔다. 이슬람법에서 해석돼야 하지만, 지하드 개념은 이
슬람 신앙을 범하거나 위협하는 사람, 나쁜 신앙에 따라 행동
하는 사람, 선지자 무함마드(Muḥammad)의 요구인 다와흐
(da'wah)를 억압하는 사람들을 상대로 한 매우 비타협적인 종
류의 방어 전쟁을 허용했다.[3] 기독교도와 이슬람교도 모두의
경우에 종교적 이익 방어는 이 충돌을 역사적으로 규정짓는
요소가 됐다. 물론 더 세속적인 열망과 욕구가 그 야심에 동반
되기는 했지만 말이다.

전쟁 유발자로서 신념은 세계 종교 가운데 가장 호전적인
두 종교인 기독교도와 이슬람교도 사이의 역사적 충돌 훨씬
이전으로 거슬러 올라간다. 부족사회의 우주론 속에서든 20세
기의 정치적 종교든, 신념은 대중의 전투 참여를 동원할 수 있
고 필요한 그 과잉 행위를 정당화한다. 이런 조건으로 전쟁을
벌일 때 참여자 모두가 같은 강도의 신념을 가질 필요는 없지
만, 지도자와 추종자 사이에 대의는 공유된다. 신념이 반드시
충돌로 이어지는 것도 아니다. 고대의 여러 신앙이든 현대의
이데올로기든 신념은 유연한 성질을 지니고 있다. 결과적으로
전쟁이 일어나는 곳에서 신념은 흔히 단기적이다. 고양된 열
의의 결과이며, 그 열의의 힘은 폭력이 처음 분출된 이후 사그
라든다. 정복된 자들은 한 신앙을 버리고 다른 신앙을 택할 것

이다. 신들이 자기 이름으로 싸우는 전사들을 돌보지 않는 것으로 생각되면 신앙이 버려지거나 신심이 약화할 수 있다. 현대의 이데올로기는 놀랄 만큼 빠르게 버려질 수 있다. 1945년 이후 독일의 국가사회주의가 그랬고, 1991년 소련 붕괴 이후 마르크스레닌주의가 그랬다.

이런 이유가 한몫해서, 외견상 현저하게 세속적인 서방의 현대사는 신앙을 전쟁의 원인으로 표현하는 데 회의적인 태도를 키워 왔다. 신념은 의식적으로 합리적인 계몽주의 이후의 시기에 더 잘 이해할 수 있는 진짜 동기를 은폐하는 데 사용된다는 것이 일반적인 생각이었다. 계급 이익, 정치적 야망, 약탈적 탐욕, 물질적 필요 같은 동기들이다.[4] 영국 역사가 크리스토퍼 힐(Christopher Hill)은 1980년대에 잉글랜드 내전(1642~1651)이 '종교전쟁'이었다는 생각에 반대하는 글을 쓰면서, 많은 역사가가 그랬듯이 경제 및 헌법과 관련된 설명을 앞세웠다. "종교는 독자적인 유발 요인은 아니"었지만, 유산계급이 정치적·사회적 야심을 가리는 데 매우 편리한 표현물이었다고 그는 주장했다.[5] 신념은 분명히 다른 목적을 위해 조작될 수 있다. 북아일랜드 내전이나 1983년 이후의 제2차 수단 내전 때 그랬다. 여기서 이슬람교는 정치 지도자들이 충돌을 정당화하는 데 에둘러 사용했지만, 이 사례들에서도 종교적 차이는 인위적으로 만들어진 것이 아니었다.[6]

인류학자들은 자기네가 연구하는 사람들이 신념 뒤에 숨어 있다고 보는 경향이 덜하지만(자기네 방식으로 문화를 이해하는 것이 그들이 하는 일이기 때문이다), 인류학조차 신념을 잘못 이해할 수 있다. 아스테카의 식인 희생제는 중부 멕시코의 단백질 부족 또는 지배층 권력의 상징으로 해석됐다.[7] 두 주장 모두 상당한 종교적 의무의 구속을 받는 전쟁 문화를 기반으로 하는 사람들에게는 해당하지 않는다. 신념은 단지 인간 공동체의 부수 현상일 뿐만 아니라 다양한 문화가 세계와 그 너머에 있는 것(자연적인 것과 초자연적인 것, 영적인 것과 신비적인 것 모두)에 의미를 부여하는 방식이다. 과거의 인간 사회는 모두 어떤 식의 우주론적 설명을 보여 주었고, 많은 사회가 아직도 그렇게 하고 있다. 현대인에게는 많은 신념이 아무리 이상하고 환상적으로 보이더라도 그것들을 안으로부터 이해할 필요가 있다. 외부적이고 일반적이며 '비기능적(etic)' 용어를 통해서가 아니라 인류학자들이 '기능적(emic)' 의미로 규정하는 것 속에서 이해하는 것이다. 그런 신념 상당수에 붙어 있는 것은 신뢰나 신앙 또는 그것을 만들어 내는 사상과 별도로 이해할 수 없는 전쟁 폭력에 대한 몰두다. 폭력을 동원하고 용인하는 데서 신념의 힘을 인정하지 않으면 많은 종류의 전쟁에 대한 설명은 불충분하거나 이해도가 떨어질 것이다.[8]

양쪽에서 참여한 사람들의 심리와 세계관을 재구성하는 데서의 문제점을 보여 주는 데 중세 십자군보다 더 나은 사례는 아마도 없을 것이다. 십자군에 관한 역사 서술에서는 그들을 땅과 약탈물을 추구하는 물질적 야망의 결과로 보는 전통이 있었다. 많은 경우 기독교도로 인정할 수 있는 측면은 추적하기 어렵고 물질적 동기와 권력에 대한 갈망은 인정하기 쉬운 사람들이 이끌었기 때문이다. 최근의 역사 서술로 이런 십

왜 전쟁인가?

자군 문화에 대한 관점이 뒤집혔다.[9] 십자군 기사들이 자기네가 정복한 지역에서 약탈을 하고 자기네가 건설한 지중해 동안에 새로 건설한 왕국들에서 자리를 다투었다는 증거를 무시하지 않되, 이제 십자군 운동의 종교성을 더 많이 강조하고 있다. 그것도 당시에 이해했던 방식으로 말이다. 이것은 특히 교황 우르바누스 2세의 클레르몽 설교로 시작된 제1차 십자군에서 사실이었다. 교황은 11세기 교회 개혁가의 한 사람으로서 자신의 동기가 있었다. 그는 기독교도를 표방하는 유럽 군주들 사이의 전쟁을 끝내고 기독교 세계의 생존을 위협하는 적들(이교도와 이슬람교도)에게 정력을 쏟고자 했다. 그의 전임자 그레고리우스 7세(Gregorius VII)는 심지어 이슬람 세계인 동방 개입이 동로마 정교회를 포함하는 전체 기독교 세계에 대한 영적 지도력을 로마에서 행사하는 결과를 가져올 것으로 기대했다. 십자군에 대한 설교는 교회의 권위를 확인하고 기독교의 성전 전통을 소생시키려는 더욱 광범위한 바람과 일치하는 것이었다.

네 이웃을 사랑하고 폭력을 거부하라는 평화주의적 명령을 바탕으로 세워진 기독교가 처음 수백 년이 지난 뒤 전쟁을 통한 신앙 수호를 인정하게 된 것은 근본적인 역설이다. 신의 목적을 위해 무장하고 갑주를 걸친 성전 전사는 중세 기독교 문화의 중심적 존재가 됐고, 수많은 초상과 유럽 기독교 교회의 창문에서 아직도 볼 수 있다. 기독교 신앙과 전쟁 사이의 연결은 4세기 콘스탄티누스(Constantinus) 황제 치하에서 로마제국이 기독교로 개종하면서 시작됐다. 전쟁은 공식적으로는 여전히 죄악으로 생각됐지만, 정당한 명분(이 경우에는 이교도와 이단자들에 맞선 신앙 수호다)에 따라 수행된다면 더는 더러운 것이 아니었다. 로마의 개종 이후 글을 쓴 히포의 아우구스티누스(Augustinus Hipponensis) 성인은 살인을 금지한 기독교 성서의 명령이 "하느님의 권위에 따라 전쟁을 하는 사람들에 의해 깨지는 것은 아니"라고 주장했다.[10] 4세기 말, 초기 교리를 만드는 데 중요한 기여를 한 밀라노 주교 암브로시우스(Ambrosius, 나중에 성인 반열에 올랐다)는 기독교와 성스러운 폭력을 조화시키는 데 아무런 어려움도 느끼지 않았다. 그가 보기에 수백 년 동안 박해를 받은 이후 모든 기독교도는 도전을 받을 경우 신앙을 수호할 의무가 있었기 때문이다. 암브로시우스가 보기에 교회와 국가는 성전을 벌일 공동의 책임이 있었고, 모범적인 군주는 무장을 한 호전적인 기독교도였다.[11]

이 시기 이후 기독교 열성 신자들과 고행자들(많은 사람이 초기 수도회 소속이었다)은 이단 또는 위선자라고 생각하는 사람들을 고문하거나 살해하는 데 의존했으며, 정당한 폭력이라고 생각된 것을 가지고 종교적 변경을 순찰했다. 5세기 초 그리스의 주교 시네시오스(Synésios)는 "고문자는 가면을 벗기는 일에서 엄청나게 현명"하다고 긍정하며 썼다.[12] 기독교도 전사들은 실제로 아무리 잔인하고 세속적이라도 성인이 되고 신앙의 순교자가 돼서 영웅으로 떠받들어질 수 있었다. 9세기 영국의 동앵글리아 왕 에드먼드(Edmund)는 바이킹들과의 전쟁에서 그들을 죽이고 곧 성인으로 추앙됐다. 8~9

세기의 카롤링(Caroling) 제국 시기에 성전은 기독교 유럽을 지키고 확장하기 위해 벌어졌다. 9세기의 교황 요안네스 8세 (Ioannes VIII)에 따르면 예수를 위한 전사는 "기독교 세계의 방어"를 위한 모든 죄를 면제받았다.[13] 이후 200년 동안 기독교는 유럽 북쪽과 동쪽의 이교도들로부터 오는 큰 위협과 이슬람교도들의 지중해 연안 이베리아 및 프랑스 침략에 맞서 싸웠지만, '성전' 개념이 교회의 중심적인 야망이 된 것은 11세기 중반 교회 개혁 시기부터였다. 우르바누스 2세가 십자군에 관한 설교를 할 때 유럽의 군주층과 전사 엘리트가 서로 싸우는 대신 이교도와 싸워야 한다는 권고를 위한 토대는 이미 마련돼 있었다.

제1차 십자군은 군사 원정이기도 하고 순례이기도 했다. 첫해에 7만에서 8만으로 추산되는 유럽 기독교도들이 호소에 응해 "십자가를 졌다". 십자가 모습의 천 조각을 갑주나 옷에 달았고, 진술된 목적은 완전히 종교적이었다. 십자가를 진 사람들은 여러 가지 죄를 모두 사면받게 된다.[14] 목표는 팔레스티나의 '성지'를 '사라센(Saracen)'(지중해 동안을 차지하고 있는 아라비아인과 셀추크 튀르크인의 통칭)의 통제에서 해방하는 것이었다. 아라비아의 이슬람교도들은 638년 예루살렘을 점령하고 이곳을 이슬람교의 성도로 바꿔 놓았다. 1009년, 카이로의 이슬람 칼리파(Khalifah)는 성묘(聖墓)교회를 파괴하라고 명령했다. 기독교도들에게 이 도시는 예수가 십자가 처형을 당하고 부활한 곳이었다. 예루살렘이 기독교 성서「요한의 묵시록」에서 예언한 '마지막 날'의 무대가 될 것임을 시사하는 종말론적 저작도 있었다. 이 도시 점령은 변혁의 순간이 될 것으로 기대됐다. 클뤼니의 대수도원장은 제1차 십자군 원정에 나서는 기사들에게 연설하면서 이 원정을 구약「이사야」에 나오는 구절의 완성으로 보았다. 구원받게 되는 모든 사람은 "예루살렘의 산으로" 와야 한다는 구절이었다. 종말론적인 분위기가 당대에 쓰인 한 시에서 포착됐다. "피의 강이 흐르네 / 지금 이 시간에 / 그릇된 민족이 죽네 / 예루살렘아, 기뻐하라!" 이 시는 기독교도들에 의해 폭력적으로 해방된 뒤 이 도시에서 쓰인 것이었다.[15] 십자군들은 '성지'로 갈 때 사제 및 수사와 함께했다. 행진의 종교적 성격을 유지하기 위한 의례, 기도 의식, 단식, 미사를 주관하기 위해서였다. 그 과정에서 새로운 의례들[그 가운데 하나가 '성창(聖槍) 발견 축제'였다]이 만들어졌고, 각각의 포위전이나 전투를 앞두고 십자군은 단식을 하고 기도를 하고 고해를 하고 미사에 참석했다.[16] 고국에서는 교회 당국이 기독교도들은 신의 중재 기원, 단식, 자선 행위 등으로 십자군을 지원해야 한다고 주장했다. 이 모든 것은 십자군이 기독교 유럽에 사는 모든 사람의 책무라는 생각을 만들어 내기 위해 설계된 것이었다.

예루살렘으로 가는 길은 멀고도 힘들었으며, 중간에 잦은 전투와 포위전이 있었다. 십자군과 순례자는 질병, 탈수, 적들의 매복과 계략 등으로 지쳤다. 제1차 십자군의 인내력은 의도된 종교적 대의에 관해 많은 것을 말해 준다. 집에서 멀리 나와 험한 사막과 산을 넘고 많은 사상자를 내며 상당한 개인적 희생을 치러야 할 다른 명백한 이유는 없었기 때문이다. 마침내 1099년 6월 예루살렘에 도착했고, 짧은 포위전을 거쳐 도시를 점령했다. 여러 해에 걸쳐 이 도시에 적그리스도가 왔다는 선전에 노출됐던 십자군들은 이슬람교도 주민들을 조직적으로 학살하고, 예루살렘의 유대교 중심 회당에서 유대인들을 불태워 죽이고, 성십자가(聖十字架, 예수가 처형을 당한 십자가)의 남은 부분이 어디 있는지 대라며 동방 기독교도들을 고문했다.[17] 십자군들은 종교적인 유물과 성십자가 잔편 같은 것들을 본국으로 보내거나 가지고 돌아왔다. 그들이 공을 세운 이야기는 편지와 설교에서 표현됐다. 점령한 도시 안티오케이아의 통치자가 된 보에몽(Bohemond) 공작은 귀국해서 프랑스 신자들에게 「요한의 묵시록」에 나오는 대천사 미카엘(Michael)이 많은 천사와 함께 와서 십자군을 도왔다고 말했다. 십자군 원정에서 죽은 많은 사람을 "미카엘이 매우 기쁘게 낙원으로 인도"할 것이라고 했다.[18] 이것이 십자군 운동이 수행되는 방식이었다. 십자군이 보여 준 극단적인 폭력은 신의 목적과 예루살렘을 그들의 손에 넘겨준 신의 섭리에 대한 그들의 헌신을 통해 구원받았다. 신앙은 십자군 전쟁의 기원과 성격 그리고 궁극적인 목표를 설명하는 데 가장 중요했던 듯하다.

전혀 예기치 못했던 침공(그 목적을 이슬람교도들은 이해하기 어려웠다)에 대한 이슬람교도들의 대응은 지리멸렬하고 효과가 없었다. 안티오케이아, 에데사, 예루살렘, 트리폴리(현재의 레바논 일대)에 있는 새 십자군 왕국들에서 그들을 몰아내기 위해 벌인 전쟁의 종교적 성격에 관한 역사는 십자군이 교황의 목표를 성취하고 수십 년 뒤에 시작될 수밖에 없었다. 그러나 십자군 전쟁과 마찬가지로 이슬람교도들의 전쟁은 결국 양측 간 종교적 갈등을 상징하는 예루살렘을 탈환하기 위한 알라(Allāh)의 대의를 위한 전쟁에 초점을 맞추게 됐다. 이슬람교에서는 종교와 전쟁을 조화시키는 데 어려움이 훨씬 덜했다. 이슬람교도들의 영토 확보는 처음부터 신앙을 지키고 확장하려는 신도들의 집단적 의지에 의존했기 때문이다. 이슬람 전승에서 선지자 무함마드는 생애 동안에 27차례 '습격' 원정에 나간 것으로 유명했고, 그가 직접 나가지 않은 추종자들의 59차례 습격(어떤 기록에는 30차례 또는 38차례라고 되어 있다)을 승인했다. 이슬람교도들이 신앙을 수호하기 위한 전쟁에 나서야 한다는 집단적 의무는 7세기로 거슬러 올라가며, 이후 수백 년에 걸쳐 이슬람 법학자들이 샤리아법에 짜 넣었다.[19] 성스러운 폭력의 뿌리는 이슬람의 경전인 「코란」과 선지자 무함마드 사후에 만들어진 그의 언행록 「하디스(al-Hadīth)」에 있다. 「코란」 9장에서 이슬람교도들은 우상숭배자들과 싸우라는 명령을 받는다. "그들과 싸우라! 알라께서는 너의 손으로 그들을 응징하실 것이고, 그들을 쓰러뜨려 너희에게 승리를 안겨 주실 것이다." 「하디스」에 나오는 무함마드의 말 가운데는 이런 선언이 있다. "나는 사람들(불신자들)이 '알라 외에는 아무도 숭배를 받을 권리가 없다'라고 말할 때까지 그들과 싸우라는 명령을 받았다." 무함마드의 다른 말에 따르면, 신앙의 수호는 가장 큰 보상을 가져다준다. "낙원의 문이 검의 그림자 아래에 있"는 것이다.[20]

신앙의 수호를 묘사하는 데 사용되는 용어가 지하드로, '알라의 길을 위해 노력하다'라는 뜻이다. 그러나 그 의미는 맥락에 따라 다르다. '큰 지하드(*al-jihād l-akbar*)'는 더 나은 이슬람교도가 되기 위한 개인의 내적 투쟁을 의미한다. '작은 지하드(*al-jihād l-asghar*)'는 비이슬람교도들을 상태로 한 투쟁이며, '전쟁의 집(*Dar al-Harb*)'에 맞서 '이슬람의 집(*Dar al-Islam*)'을 지키기 위한 신자들의 집단적 의무다. 이후 200년에 걸쳐 이슬람교가 서아시아, 북아프리카, 이베리아로 확산된 것은 이 '작은 지하드'를 바탕으로 했다.[21] 신앙을 수호하기 위한 전쟁은 이교도인 중앙아시아와 동로마 변경에서 그리고 기독교도를 상대로 서남 유럽에서 벌어졌다. 그것은 정치적이든 종교적이든 확립된 권위만이 선포할 수 있었다. 정치 쪽은 칼리파였고, 종교 쪽은 이맘(*imām*)이었다. 기독교도의 정의로운 전쟁과 마찬가지로 이슬람교도의 전쟁은 이슬람교가 비신자에게 위협받을 때만 허용됐다. 특히 '이슬람의 땅'이 침범당하는 경우다. 그러나 중세 초 기독교도의 유럽에서와 마찬가지로 이슬람교도의 땅에서도 같은 신도들 사이의 충돌이 자주 일어났다. 특히 7세기 무함마드가 죽은 뒤 이슬람 수니(Sunnah)파와 시아(Shī'ah)파가 떠오르면서 그들 사이의 단층선을 따라 충돌이 일어났다. 십자군 전쟁 당시에는 경건주의적 의미나 전쟁을 정당화하는 측면에서 지하드라는 개념이 퇴보했지만, 이슬람교를 위한 충실한 전사인 가지[*ghazi*, 리바트(*ribat*)라는 기지를 거점으로 종교 전선에서 싸우고 있었다]는 여전히 이슬람 문화의 일부였고 십자군[아라비아 세계에서는 그들을 '프랑크(Frank)'의 변형인 '프란지(Franj)'로 묘사했다]의 도래에 대응해 되살아났다.[22]

분열된 이슬람 세계에서 신앙을 수호하기 위한 전쟁은 수십 년이 걸렸다. 바그다드의 수니파 칼리파와 카이로의 시아파 칼리파 사이의 경쟁심 그리고 셀추크 튀르크의 지역 침입으로 신앙이 약화됐다. 십자군과 싸운 이슬람 지도자들은 때로 이런 측면에서 칭송을 받았다. 1124년에 사망한 알레포의 전사 벨레크(Belek)의 무덤에는 "성전에 나선 사람들의 검 …… 이교도와 다신론자를 무찌른 자"라고 새겨져 있다. 그러나 이슬람교도의 집단적인 지하드 대응은 없었다.[23] 11세기 유럽의 교황들처럼 이슬람 종교 지도자들은 신앙을 위해 전쟁에 나서지 않는 이유가 경건함과 진정한 신앙심의 부족 때문이라며 비난했다. 이 개념은 두 명의 튀르크 지도자 이마둣딘 젱기('Imād al-Dīn Zengī)와 그 아들 누룻딘(Nūr al-Dīn)에 이르러 되살아났다. 아버지 젱기는 1144년 십자군의 첫 번째 신생 왕국인 에데사(Edessa)를 탈환했다. 그의 아들은 지중해 동안 일대를 통합하기 위해 다른 이슬람교도들과 싸우는 데 많은 시간을 보냈다. 이슬람교를 정화하고 그 사명을 되살리기 위해 이슬람 성직자들과 긴밀한 협력 관계를 맺었으며, 마침내 수행 측면에서 다른 이슬람 지도자들의 모범이 됐다.

상징적 야망은 예루살렘을 탈환하는 것이었다. 이곳은 이슬람교에서 세 번째로 성스러운 도시였다. 마카(Makkah, 메카)와 마디나(al-Madīnah, 메디나) 다음이었다. 무함마드가 '승천'한 곳이자 성스러운 알악사(al-Aqṣā) 이슬람 사원이 있는 곳이었다. 기독교 전승에서와 마찬가지로 예루살렘은 이슬람교 종말론에서도 중심적인 곳이었다. 부활과 '마지막 날'이 펼쳐질 곳이었다. 1160년대에는 '예루살렘의 미덕(Faḍā'il Bayt al-Maqdis)'에 대한 이슬람 전승이 그 재정복을 위한 선전으로 되살아났다. 누룻딘은 이미 죽어 이 도시를 탈환하는 지하드를 이끌 수 없었지만, 그가 받아들인 추종자인 쿠르드족 지도자 살라훗딘(Ṣalāḥ ad-Dīn Yūsuf ibn Ayyūb)이 스스로 신앙을 위한 전쟁에 헌신해 1187년 10월 이 도시를 재점령했다. 결정적인 히틴(Ḥiṭṭīn) 전투 이후였다. 그의 아들은 전투 전에 살라훗딘이 이렇게 외쳤다고 회상했다. "악마에게 질 수 없어!" 이어 되찾은 알악사 이슬람 사원에서 있었던 설교는 승리의 근원으로서 알라를 불러냈고, 살라훗딘의 군대는 알라의 군대였다.[24] 1291년 아코 항구의 함락으로 십자군이 마침내 격퇴됐을 때 투쟁적인 지하드는 법학자 이븐타이미야(Ibn Taymīya)의 말대로 "승리와 성공 또는 순교와 낙원"을 만들어 냈다.[25]

예루살렘 점령과 재점령은 기독교와 이슬람교 양쪽 모두의 입장에서 성스러운 장소를 소유하려는 종교적 열망을 바탕으로 한 전쟁이었다. 양쪽 모두에게 이 전쟁은 성스러운 폭력이라는 종교적 전통 되살리기와 이 되살리기에 맞추기 위한 종교적 정체성 형성이 수반되는 것이었다. 이 충돌에는 외교, 권력정치, 개인적 야심 같은 문제들도 개재됐지만 오직 신념만이 결국 십자군이 왜 그곳에 있었고 그들이 결국 왜 축출됐는지를 설명한다. 십자군 운동은 지중해 동안과 아프리카에서 이후 수백 년 동안 더 이어졌지만 항구적인 성공을 거두지는 못했고, 오스만의 튀르크인들이 나중에 이슬람 세계의 경계선을 유럽 동남부 깊숙이까지 밀어 올리고 20세기까지 존속했다. 16~17세기에 기독교 세계는 가톨릭과 여러 개신교 종파 사이의 잇단 내부 갈등에 빠져들었다. 교회 개혁이라는 중요한 문제를 둘러싼 것이었다. 기성 서방 기독교에 대한 개혁가들의 도전에 이은 '종교전쟁'은 십자군에 적용됐던 것과 같은 식의 면밀한 검토 대상이 됐다. 이런 충돌에서 외교, 왕조의 정치, 대중 반란보다 종교가 어느 정도나 더 중요한 원인이었는지에 관한 것이었다. 이 역시 십자군의 경우에서와 마찬가지로 도움이 되지 않는 구분이다. 이 시기는 정치·사회구조, 종교가 공통의 세계관을 이루는 종교적인 시대였다. 종교전쟁을 중세 말의 여타 충돌과 달라지게 한 것은 그저 이 경우에는 신념이 폭력의 유발자로서 압도적이었다는 것뿐이다. 이들은 적이 종교적 신념, 관행, 소속을 기준으로 규정됐기 때문에 수행한 전쟁(또는 대부분의 경우 내전)이었다. 충돌에 대한 지지 동원은 무엇보다 종교적 정체성 위에 구축된 연결망에 의존했다.[26]

'종교전쟁'은 16세기 중반부터 17세기 중반까지 이어졌다. 프랑스에서는 긴 중단 기간을 포함해 1560년대부터 1630년대까지, 네덜란드에서는 1560년대부터 이후 80년 동안 이어졌다. 잉글랜드에서는 1640년대의 내전이 있었고, 중부 유럽에서는 삼십년전쟁의 일부로서 충돌이 있었다. 신학적 차이가 매우 컸고, 한 종파나 다른 종파를 지키기 위해 또는 종교적 반란을 진압하기 위해 왕과 군주들이 개입하면서 정치화됐다. 그러나 폭력에 적극적으로 참여한 지역 종교 공동체들은 대단한 열의를 지닌 적대감을 보여 주었고, 서로는 상대를 우상 숭배자, 이단, 악마 숭배자라는 관점에서 보았다. 프랑스에서는 위그노(Huguenot)로 널리 알려진 개신교도가 복음서를 진리로 고수하고 거리를 행진하며 '복음 만세!'를 외쳤고, 가톨릭의 미사는 '더러운 쓰레기'로 조롱당했다. 가톨릭교도들은 적인 개신교도들을 혼란의 앞잡이로 보았다. 사회질서를 어지럽히고, 신성을 모독하며, 소문에 따르면 심지어 야간의 소란, 음주, 매춘(더 많은 일이 있지만)을 일삼는다고 했다. 노르망디와 프로방스에서 살해된 개신교도들은 때로 입에 기독교 성서 책장이 쑤셔 넣어져 있었다. 복음서가 그들을 구하는 데 얼마나 무력한지를 보여 주려는 것이었다. 파리에서는 한 무리의 위그노가 가톨릭 성찬식 제병(祭餠)을 만드는 제빵사를 둘러싸고 네 하느님을 불러 보라고 말한 뒤 그를 때려죽였다. 종파 분열이 확대되면서 내전 폭력의 상당 부분은 상류층 사람들의 손에서 벗어났고, 가톨릭교도와 위그노는 모두 사적으로 제재를 가했다.[27] 16세기 프랑스에는 도시 폭력의 다른 근원도 있었지만, 역사가 대부분은 이제 종교적 충돌이 종파와 관련된 것이라는 데 동의하고 있다.[28]

1560년대 말에 가톨릭 투사들은 개신교도들과 싸우기 위해(필요하다면 폭력을 동원해서) '신성동맹'을 결성했다. 그들은 어떤 타협 시도도 거부했다. "그러면 하느님과 악마 사이에서 중립을 지켜야 한단 말인가?"라는 얘기였다. 동맹의 지지자들은 자신들의 적을 기독교 성서의 '마지막 날' 관점에서 보았다. 신의 분노를 피하기 위해 제거해야 할 대상이었다. 가톨릭 설교자들은 성서의 명령을 가지고 종파 증오의 불을 지폈다. "가짜 선지자를 한 사람도 남기지 말고 죽이"라고 했다.[29] 1572년 8월 24일, 기즈 공작 앙리 1세(Henri I)가 이끄는 '신성동맹'은 바르톨로메오 성인 축일에 파리로 모여든 위그노 지도자들과 추종자들을 학살했다. 프랑스 왕의 여동생이 칼뱅주의자인 나바라(Navarra) 왕 엔리케 3세(Henrike III)와 혼인하는 것을 축하하려던 사람들이었다. 가톨릭 군중은 지도자를 따라 눈에 띄는 모든 개신교도를 상대로 사나운 공격을 가했다. 대학살에 관한 가톨릭교도들의 표현은 십자군들과 비슷했다. "가톨릭 기독교도들은 이교도와 이단자의 죽음을 환호한다. 하느님의 영광이 그곳에 있기 때문이다."[30] 프랑스의 크고 작은 10여 개 도시에서 지역의 가톨릭 열성파들이 파리의 일을 모방해 위그노 공동체를 학살했다. 일부 경우에 왕국 관리들이 개신교도들을 가두어 혼란을 막아 보려 애썼지만, 분노한 군중은 문을 부수고 안에 있는 사람들에게 사적인 제재를 가했다.[31] 교황은 대학살을 승인했다. 통상 불신자인 이슬람교도에게 사용하는 말을 통해서였다. 사실 자신을 진정한 신자라고 보는 사람들이 악마나 적그리스도의 존재를 찾는 것은 십자군 초기의 종말론적 순간을 재현하는 것이었다.

더욱 사나운 종교적 충돌은 네덜란드에서 일어났다. 이곳의 합스부르크(Habsburg) 유산 상속자인 에스파냐 왕 펠리페 2세(Felipe II)는 종파적 관용을 위한 타협의 가능성을 전

혀 고려하지 않았다. 반란을 일으킨 칼뱅주의자들이 브라반
트와 홀란트의 주요 도시들을 점령하자 에스파냐 총독인 알
바(Alba) 공작 페르난도 알바레스 데톨레도(Fernando Álvarez
de Toledo)는 휘하 병사들에게 그들이 휩쓸고 가는 각 도시의
주민 상당수를 학살하도록 허용했다. 바르톨로메오 성인 축일
대학살과 같은 해인 1572년 12월 2일까지 작은 도시 나르던
의 모든 주민은 남자, 여자, 아이 할 것 없이 칼날 아래 희생됐
다.[32] 이곳과 프랑스에서 나타난 폭력의 정도는 종파의 차이
가 적에 대한 깊숙한 증오를 불어넣었음을 보여 준다. 그저 반
항적이거나 정치적으로 위험한 정도가 아니라 진짜 신의 적으
로서 종파의 경계를 보호하기 위해 맞서 싸워야 할 대상이었
다. 그 이전 중세의 기독교도, 이교도, 이단자, 이슬람교도 사
이의 경계 같은 것이었다. 프랑스와 네덜란드에서 일어난 칼
뱅주의 군중의 교회 초상에 대한 성상 파괴 폭력은 경계를 넓
히기 위한 대중적인 노력이었다. "인간의 행위보다는 신의 행
위에 더" 가까운 것이었다.[33]

　잉글랜드에서 국왕 찰스 1세(Charles I)와 잉글랜드 의회
사이에서 표면적으로 헌법적 및 법률적 권리문제를 둘러싸고
벌어진 충돌의 바탕에는 종교적 신념과 같은 정도로 격렬한
무언가가 깔려 있었다. 영국 내전을 연구하는 역사가들은 이
경우에도 무장 충돌로 빠져든 것을 설명하는 빠진 고리로서
내전의 기원과 경과의 종교적 측면을 집어 들었다. 청교도 성
상 파괴자들은 자기네를 1642년 내전으로 이끈 신앙을 진지
하게 받아들였다. 이 내전은 '교황교(教皇教, 가톨릭)'를 재도

입하고 그들의 개혁된 칼뱅주의 기독교 분파를 손상시키려는 음모로부터 잉글랜드를 보호하려는 것이었다. 헌법 문제는 해결에 가까워지고 있었지만 말이다. 1642년 8월의 '상·하원 선언'에서 '진정한 종교'라고 부른 것을 지킬 의지가 왕에게 있는지에 관해 의구심을 가진 주류 개신교도들 또한 있었다.[34] 성(聖)과 속(俗) 사이의 구분은 뚜렷하지 않았다. 진정한 개혁 교회를 타락시키고 있다고 비난받은 주교들은 신앙심이 없고 폭압적인 왕(그는 16세기 잉글랜드 종교개혁의 시기에 법에 성격이 명시된 종교를 유지하지 못했다)의 대리인인 것으로 간주됐다.[35] 그 결과 종교적 노선에 따른 분열이 초래됐고, 이 구별이 전쟁을 가능케 했다. 1642년 2월, 청교도 목사 스티븐 마셜(Stephen Marshall)은 의회에서 긴 설교를 했다. 그는 의원들에게 진정한 신앙을 구하기 위한 전쟁에 참여하라고 권고했다. 그러지 않으면 기독교 성서(「판관기」5:23)에 나오는 도시 메로즈의 운명을 맞을 것이라고 했다. 그 주민들이 곤경에 처한 이웃을 돕지 않아 신의 저주로 파괴된 곳이었다. 발표된 설교 속에서 마셜은 이렇게 말했다. "주님은 '중립'을 인정하지 않으십니다. …… 그리스도의 원칙은 이렇습니다. '내 편에 서지 않는 사람은 나를 반대하는 사람이다'(「마태오 복음서」 12:30)." 이 설교는 온 나라에서 60여 차례 반복됐다.[36]

이 경고는 왕에게 맞선 의회에 대한 열렬한 지지를 자극하기 위해 주류 설교에 들어갔다. 나중의 설교에서 이를 "용을 정복한 호전적인 교회"라고 묘사했다. 청교도들이 왕의 이른바 자유에 대한 도전에 반대 운동을 펼쳤지만 그들은 진정한

왜 전쟁인가?

종교 보호를 우선시했고, 지지자들을 의회의 주장 쪽으로 끌어당긴 것은 이 수사적 호소였다. 한 왕당파 목사의 나중 기록에 따르면, 그가 죄수들에게 왜 의회군에 가담했느냐고 묻자 그들은 "'**적그리스도**'와 '**교황교**'를 상대로 무기를 들었다"라고 대답했다. 그들은 프랑스에서의 전쟁에 참여한 열성 신자들과 마찬가지로, 심지어 전쟁이 시작되기 전에도 널리 선전됐던 '마지막 날'에 대한 기독교 성서의 견해를 받아들였다. "탕녀 바빌론은 불과 검으로 파괴"되리라는 것이다.[37] 윌리엄 브리지(William Bridge)는 1641년 출간된 『바빌론의 몰락(Babylon's Downfall)』에서 "하느님이 명하시는 것은 잔인하지 않"으며, 이후의 전쟁은 성서의 무자비한 폭력 승인에 따라 벌어진다고 강조했다. 일부에서 이야기하는 '벨룸사크리(bellum sacri, 성전)'였다. 또 다른 소책자에서 제러마이아 버로스(Jeremiah Burroughs)는 신이 일단 칼을 뽑으면 우상 숭배자와 불신자들의 "피로 목욕을 하고 가득 채우고 만끽하고 마실 때까지 여러 차례 휘두르며 다시 집어넣지 않을 것"이라고 설명했다.[38] 1644년, 로버트 램(Robert Ram)의 『병사 문답서(The Souldiers Catechisme)』는 이렇게 요구했다. "(의회군은) 우리의 적을 한 번이라도 동포나 친족이나 같은 개신교도로 보면 안 되고, 하느님과 우리 종교의 적으로 보아야 한다. …… 따라서 우리의 눈이 그들에게 연민을 느끼거나 우리의 검이 그들을 용서해서는 안 된다."[39] 프랑스에서와 마찬가지로 지역 공동체들은 설교자와 소책자 필자들이 국가와 교회를 함께 정화하고 순화하려는 야심을 펴 나가면서 폭력을 자신의 손에 집어 들었다. 그것은 흔히 혼란스럽고 옳지 않은 충돌이고 양쪽 모두 종교에 위배되는 여러 가지 행위가 수반됐지만, 처음의 충돌은 진정한 종교의 추구에 영향을 받은 것이었다. 한 청교도 소책자는 "하느님은 …… '**전사**'다"[40]라고 설명했다.

스코틀랜드 지도자들이 1643년 9월 잉글랜드 청교도들을 돕기 위한 「엄숙 맹약(Solemn League and Covenant)」에 서명했을 때, 스코틀랜드 장로교회 총회는 이것이 "주 예수와 적그리스도 및 그 추종자들 사이의" 싸움을 돕기 위한 것이라고 선언했다.[41] 서약을 하는 사람들은 "교황교와 그 감독자들을 없애기 위해 노력"하는 것이었지만, 개인의 영적인 혁신의 행위로서 그렇게 해야 했다. 본래의 칼뱅주의 개혁 교회를 회복하려는 노력에 부응하기 위해서였다. 영국 내전에서 종교적 부분을 강조하는 것은 종교를 정치와 분리한다는 의미가 아니다. 여기서도 프랑스나 네덜란드에서처럼 종교 문제가 정치적 요구 및 정치적 해법과 뒤섞여 흔히 종교적 위치를 지키려 애쓰는 사람들의 마음속에서 뗄 수 없게 됐기 때문이다. 1649년 찰스 1세의 처형을 지지했던 사람 가운데 하나인 존 쿡(John Cook)은 「군주제는 신이 만든 것 따위가 아니며 따라서 성서와 이성을 통해 군주제 정부가 신의 마음에 반하는 것으로 입증…(Monarchy no creature of God's making, etc., wherein it is proved by Scripture and reason, that monarchicall government is against the minde of God…)」이라는 긴 제목의 소책자를 썼다. 종교와 정치가 서로 연결돼 있음을 설명하기

왜 전쟁인가?

위해서였다.[42] 십자군에서부터 영국 내전에 이르기까지 신념의 역할은 그것을 일시적인 야망 앞에 내세우는 것이었다. 이 모든 경우에 전쟁은 기존의 종교적 신념을 개혁하거나 정화하고자 하는 욕망의 결과였다. 죄, 악마, 구원은 강력한 종말론적 핵심을 갖고 있는 충돌들의 공통적인 비유였다. 만약 신념이 살육의 추진력이 아니었다면 예루살렘 주민들은 학살당하지 않았을 것이고, 반대 종파가 화형에 처해지지 않았을 것이며, 종교 공동체들이 도살되지 않았을 것이다.

신념과 전쟁의 관계는 기독교와 이슬람교 사이 및 그 내부의 충돌로부터 얼마나 멀리까지 역사를 거슬러 올라갈 수 있을까? 초기 상징 문화에 대한 고고학적 증거는 태고의 공동체들이 유물주의적인 것을 넘어서는 자기네 주위 세계에 관한 견해를 구축했음을 시사하지만, 그들의 우주론은 사라졌고 이를 재구성할 가능성은 없다. 남아 있는 가장 좋은 증거는 호모 사피엔스의 출현 이전으로 거슬러 올라가는 태고의 장례 관행이다. 그러나 이 매장 관행은 이들 수렵채집민 공동체가 유일신 또는 다신 또는 신이 전혀 없는 신념 체계를 가졌는지에 대해서는 아무런 단서도 주지 않는다. 그리고 잘 만들어진 무덤이 지도자와 전사에게 주어지고 그들의 무기가 함께 묻히는 청동기시대가 되기까지, 죽음이 충돌의 결과였는지에 대해서도 알 방법이 없다.[43] 신석기시대 이후의 시기에 관해서는 신념 체계에 관한 더 많은 고고학적·도상학적 증거가 있다. 다만 그것을 어떻게 해석할지에 관한 논쟁은 남아 있다. 유럽인과의 최초 접촉으로 거슬러 올라가는 부족민과 초기 국가에 대한 현대의 민족지학 관찰을 통해서는 그들 문화의 뿌리가 된 우주론적 전통 그리고 우주론과 전쟁 사이의 연결에 대한 훨씬 확실한 재구성이 가능하다.

많은 우주론에는 공통적인 특징이 있다. 물론 그것들은 서로 다른 사회에서 특정한 방식들로 전개되지만 말이다. 우주가 만들어지는 이야기가 있다. 통상 태양 및 땅과 연관된 것들이다. 태양과 땅의 은혜는 제물을 바쳐 갚아야 한다. 재난을 피하거나 땅의 비옥도 유지를 보장하기 위해서다. 일부 아마존 부족 사이에서는 적을 죽이면 전사와 그 친족의 자손이 번성한다고 생각한다. 희생자의 정체성을 흡수하는 것이다. 쇠락과 재탄생 또는 원기 회복의 비유는 정밀하게 관찰돼야 하는 의례를 수반하며, 흔히 신들을 달래고 그들의 계속적인 보호를 확보하기 위한 인신 공양과 혈제의 형태를 띤다. 많은 경우에 전쟁과 전사가 신화와 통합된다. 전쟁의 신(또는 신들)이나 전사 숭배가 없는 고대 문화는 별로 없으며, 전쟁의 당위는 신의 뜻으로 인가된 것이다. 유럽의 소르(Þórr, 토르)·오딘(Óðinn)·마르스(Mārs)·아테나(Athēnā), 메소아메리카(Mesoamerica)의 위칠로포치틀리(Huītzilōpōchtli), 유라시아 인도유럽인의 트리토 등등의 신이다. 전쟁은 언제나 신의 승인에 따라 벌어졌다. 패배는 의례 수행 과정에서의 잘못 때문이었고, 그것이 신의 분노를 샀다. 신을 달래기 위해 포로를 잡는 것은 전쟁에 성스러운 목적을 제공했고, 그들을 제물로 바치는 것은 우주 재생의 순환을 보장했다. 초기 중국 문화에서 일상적인 전쟁은 종교적 관행과 포괄적인 우주론에 뿌리를 두고 있었다. 이 우주론에서 사회질서는 전쟁을 벌여 포로를 제물로 바치는 일에 달려 있다고 생각됐다. 조상에게 바치는 것이다. 중국 허난성 안양 일대에서는 250년에 걸친 반복적인 살해로 희생된 1만 3000구의 제물 유골이 발견됐다. 전쟁은 종묘(宗廟)에서 기획됐고, 전쟁으로 땅을 다시 채우는 것을 보장하기 위해 사직단(社稷壇)이 만들어졌다. 승리를 거두면 적군 병사들의 왼쪽 귀를 잘라 제단으로 가져와 혈제를 올렸다. 전투 자체는 승리냐 패배냐를 결정하게 될 우주적 과정을 충족시키기 위해 엄격한 의례 행위로 관리됐다.[44]

앞 장에서 말한 인도유럽인 신화의 전사 트리토 이야기는 우주론적 신화와 전쟁 사이의 연결에 관한 특히 유용한 사례를 제공한다. 인도유럽인의 신화는 우주의 취약성과 그것을 유지하기 위해 필요한 희생 의례에 뿌리를 두고 있다. 세계가 창조될 때 마누(Manu)라는 사제와 예모(Yemo)라는 왕 그리고 황소 한 마리가 있었다. 사제는 왕과 황소를 제물로 바치고 그 신체 각 부분을 흩어서 물질세계와 인류를 만들었다. 여기에 '세 번째'인 트리토가 들어왔다. 그는 전사의 본보기였고, 그의 과제는 자신의 소를 훔친 다른 세계의 머리 셋 달린 뱀을 쳐부수는 것이었다. 한 전쟁신의 섭리가 도와 트리토가 뱀을 죽였다. 뱀은 적인 '타자'의 사례였다. 이 모형은 인도유럽인 신화의 핵심적인 부분이 됐다. 그것이 수천 년에 걸친 습격과 정복을 정당화했다. 매번 습격 전에 사제들은 신들의 도움을 빌었다. 술을 붓고 동물이나 사람을 제물로 바쳤다. 신체

각 부분을 흩어 창조신화를 되풀이함으로써 물질세계가 다시 채워지도록 보장하려는 것이었다. 역사가 브루스 링컨(Bruce Lincoln)에 따르면 이 신화는 "세계 역사에서 역사적으로 가장 중요한 설화 가운데 하나(어쩌면 '가장' 중요한 설화)"였다. 기원전 제1천년기에 인도에서 아일랜드에 이르는 지역에 인도유럽인이 이주하고 정복하도록 이끈 전사 문화를 추동했기 때문이다.[45]

이런 이야기들은 대부분의 알려진 사회에서 반복될 수 있지만, 우주론과 전쟁 사이의 연결에 관해 흔히 인용되는 사례는 1520년대 에스파냐 침공 이전 200년 동안의 메소아메리카 아스테카 제국이다. 초기 아메리카의 여러 사회는 세계와 그 기원에 관한 특정한 견해를 통해 전쟁과 희생을 통합했고, 그 가운데 일부를 아스테카가 빌려왔다. 기원후 제1천년기 페루의 모체(Moche) 제국은 제물로 바칠 포로를 잡기 위한 의례화된 전쟁을 벌였다. 자연 세계와 우주론적 세계를 연결하기 위한 제례였다. 희생자들이 묶이고 그들의 목이 베여 피가 아이아펙(Ai Apaec) 신에게 바치는 잔에 고였다. 도상은 지상의 넉넉함과 풍부함을 담은 우주론적 그림과 함께 전쟁, 포획, 참수, 절단을 보여 준다. 모체에서 전쟁의 성격과 그 상징적 의미는 그럼에도 여전히 여러 해석의 여지가 있다.[46] 아스테카 [좁게는 메시카(Mexica)]와의 차이는 그들 자신의 기록과 그림으로부터 이해하고 재구성할 수 있는 정교한 우주론이 다행스럽게도 많다는 것이다. 이 사회는 또한 일상생활의 모든 영역에서 흔하게 전투에 몰두하는 문화였다. 아스테카 사회의 지배층 그리고 전투에 참여하거나 그 잔혹한 결과를 보는 평민 모두에게 그랬다. 우주론과 전쟁은 강력한 공생관계로 발전했으며 복잡한 의례, 행동 방식, 사회적 관계를 통해 표현됐다.[47]

아스테카의 폭력은 통상 테노치티틀란(Tenochtitlán) 대신전의 피라미드 꼭대기 기단에 대량의 희생이 바쳐지는 것을 통해 제시됐다. 이 신전은 1487년 완공돼 아스테카의 태양신이자 전쟁신인 위칠로포치틀리에게 헌정됐다. 헌정을 기념하기 위해 이웃 지역에서 끌려온 2만 명의 포로가 살해됐다고 현재의 추산은 주장한다. 그들은 한 사람씩 차례로 계단을 올라 다섯 명의 사제 앞에 섰다. 네 명이 사지를 잡아 희생 석판에 누이고, 한 명이 텍파틀(*técpatl*, 부싯돌 또는 흑요석으로 만든 칼)로 심장을 도려냈다. 심장은 태양을 향해 들어 올리고, 시신은 다시 계단으로 밀어 떨어뜨렸다. 올라오는 다음 희생자를 지나 아래로 떨어진 시신은 가죽이 벗겨지고 참수되고 절단된 뒤 포로를 잡은 전사들의 가족에게 분배됐다.[48] 이 특별한 제례는 예외적이었고 아마도 이것이 그토록 많은 관심을 끈 이유겠지만, 희생제는 신전이 낙성되기 오래전부터 이루어졌다. 사실 메소아메리카 일대에서 광범위하게 이루어졌다. 다른 더 작은 신전 또는 희생제 장소가 이 도시 일대의 각 칼풀리(*calpulli*, 지역 주민들이 아스테카 세계와 연결돼 있다고 생각한 도시 구역)에 널려 있었다. 추산에 따르면 희생제는 평균 나흘마다 한 번씩 도시 어딘가에서 치러졌다. 에스파냐 침략자들이 이 도시를 점령했을 때 발견한 두개골을 세어 보니

13만 6000점이었다.[49] 이런 규모의 희생자 포획은 아스테카 전쟁의 산물이었으며, 그 전쟁은 아스테카 우주관의 성격에서 나온 것이었다.

아스테카의 세계관은 세상의 종말에 대한 공포로 형성됐다. 신화는 다섯 시대가 있다고 말하는데, 그 가운데 넷은 이미 지나갔다. 그리고 마지막 하나는 대재앙으로 끝나게 돼 있다. 이 변화를 피하기 위해 땅의 신 틀라솔테오틀(Tlahzōlteōtl)은 자신의 몸과 땅이 자양분을 얻기 위해 인간의 피('가장 귀중한 물')를 보충할 필요가 있었다. 다섯 번째 시대는 아스테카의 수호신인 태양과 전쟁의 신 위칠로포치틀리가 지배했다. 이 신 역시 인간 희생에게서 떼어 낸 심장을 바쳐 달래야 했다. 흘러나온 피가 우주의 소생을 보장한다는 것을 나타내기 위해 '퍼져 나가다' 또는 '움직이게 하다'를 의미하는 나와틀(Nāhuatl)어(아스테카어)로 표현되는 행위였다. 다른 신들도 많았고, 다른 전쟁신들도 많았다. 그 가운데 하나가 전투와 풍요의 신 시페토테크(Xipe Tótec)였는데, 이를 위해서는 전투에서 첫 번째 포로의 가죽을 벗겨 누구든 그날의 지휘관이 걸쳐야 했다. 또 전쟁과 사냥의 신 미슈코아틀(Mixcóatl) 및 그 동기간인 미미슈코아(Mimixcoa)가 있는데, 태양과 땅에 자양분을 제공하기 위해 자신을 희생한 용감한 전사들이었다.[50] 이런 신화들은 생명이 죽음에서 태어났으며 재생의 순환에는 영원한 희생자 공급이 필요하다는 생각을 강화했다. 불운하게 붙잡혀 묶이고 산 채로 불에 던져졌다가 살아 있는 상태로 다시 끄집어내져 심장이 도려내지는(불의 신이 계속 불을 공급하는 것을 보장하기 위해서다) 포로 같은 사람들이다. 그러면 여러 칼풀리에서 온 사람들은 불붙은 나뭇가지 하나를 들고 자기네 구역으로 달려가 불이 정말로 보충됐음을 보여 주었다.[51]

전사와 전사 문화는 아스테카 사회의 핵심이어서 일상적인 생활에서 표현됐다. 모든 남자아이는 장래의 전사로 생각됐다. 그들은 태어나면 상징적인 제스처로 태양을 향해 들어 올려졌고, 탯줄은 전사가 전투 훈련장에 묻었다. 소년들은 위칠로포치틀리에 대한 헌신의 표시로 사제가 상처를 냈고, 그들이 갖게 될 다른 직업 훈련과 함께 전사 훈련을 시작했다. 그들은 규칙이 엄격하고 무엇이든 잘못을 하면 등급이 강등되는 형제단에 들어갔다. 모든 전사의 목표는 전쟁에서 포로를 사로잡는 것이었다. 신병들은 여섯 명씩 무리를 지어 전투에 참여했고, 그들이 포로를 잡으면 선임 전사가 신체의 여러 부분을 각 소년에게 배분했다. 포로가 제물로 바쳐지면 그 부분을 가져가는 것이었다. 전투에서 공을 세우면 빼어난 용감성을 표시하기 위해 새로운 표지나 옷을 받았다. 각 전사의 식구들은 희생제 뒤에 배분된 신체 부분을 함께 먹었다. 다만 전사 자신은 전통에 따라 함께하지 않았다. 그 대신 전사는 희생제 뒤에 피를 담은 호리병박을 들고 포로에게서 벗긴 가죽을 걸치고 자기네 칼풀리로 달려가 친족들에게 찬사를 받는 의례를 치렀다.[52] 가장 용감한 전사는 정예 재규어 형제단 단원으로서 재규어 가죽[나와틀어로 오셀로틀(*ocēlōtl*)]을 걸쳤다. 재규어단은 전사의 힘과 공격성을 나타내는 동물에게 헌신하는 집단이었다. 이는 최고신 테스카틀리포카(Tēzcatlīpohca)와 연결돼 있었는데, 이 신은 밤에 재규어/전사로 변장을 했다.[53]

아스테카는 서로 다른 두 가지 형태의 전쟁을 했지만, 둘 다 우주론적인 측면에 이바지했다. 첫 번째는 현지 도시나 지역들을 복속시키고 공물(그 가운데 하나가 인신 공양을 위한 제물일 것이다)을 짜내기 위한 전쟁이었다. 그런 전쟁들에서 잡은 수천 명의 포로가 테노치티틀란으로 끌려와서 각 칼풀리의 우리에 가둬지고, 그들이 집단 희생제에 바쳐질 때까지 지역 주민들이 지키고 먹였다. 두 번째는 '쇼치야오요틀(xōchiyāōyōtl, 꽃 전쟁)'로 불린 것으로, 다른 도시 전사들과의 의례화된 조우전이다. 여기서 전투는 높은 지위의 포로를 잡기 위한 일대일 전투로 이루어져 있었다. 꽃 전쟁은 태양신의 끝없는 욕구를 채워 줄 고위급 희생제 제물을 찾는 데 전적으로 몰두하는 전쟁이었다. 전쟁은 공식 행사로서 아스테카 1년의 절반에 해당하는 전쟁 철에만 했다. 수확 예고 축제에서부터 최초 파종 축제인 '틀라카시페왈리스틀리(Tlacaxipehualiztli, 인간의 가죽 벗기기) 축제'까지의 기간이다.[54] 꽃 전쟁은 모든 계층의 전사들에게 빛을 발하고 계급을 높일 기회를 제공했다. 신분이 높은 포로들은 최고의 아스테카 전사들과 검투사 싸움을 벌여야 했고, 결국 쓰러진 후에는 다른 모든 포로와 마찬가지로 심장이 태양신에게 바쳐졌다.[55]

아스테카의 신념 체계는 복잡하고 서로 뒤얽힌 요소들로 이루어졌지만 우주론이 아스테카 전쟁 패턴의 중심에 있었다. 전쟁이 일상적인 사회, 경제, 종교 생활에 완전히 통합된 것은

왜 전쟁인가?

종말로 가는 움직임을 가능한 한 늦추기 위해 다섯 번째 시대를 계속 유지하는 일을 우선시하고 있음을 반영한 것이었다. 아스테카 철학에서 인간의 생명은 덧없고 약한 것이었고, 이는 그들이 희생제 제물을 조직적으로 찾고 그들의 포획과 살해를 둘러싸고 정교한 의식을 마련한 일을 설명해 준다.[56] 전쟁은 아스테카 세계의 생존과 관련된 일이었다. 이 신념에서 단순히 제국의 사회적 권력과 정치적 지배를 유지하기 위한 지배층의 전략만 보기는 어려울 것이다(여전히 통용되는 해석이기는 하다). 그것이 어떻든 현대적인 개념으로 더 잘 이해할 수 있는 대량 희생의 참혹한 광경을 만들어 내기 때문일 것이다. 그럼에도 지배층 역시 체제에 묶여 있었고 사제나 고위 전사가 되기 위해 혹독한 검증을 겪었으며, 평민들은 그저 수동적인 구경꾼으로서가 아니라 참여자로서 전쟁 문화를 공유할 수 있었다. 전쟁과 희생제는 아스테카 사회의 정수였고, 제국의 사업은 싸우고 죽이는 우주론적 필요성을 유지하는 데 도움이 됐다. 콩키스타도르(conquistador, 정복자) 에르난 코르테스(Hernán Cortés)와 그의 작은 부대가 1521년 테노치티틀란을 점령하기 위해 아스테카 수도로 돌아왔을 때, 지도 전사는 태양신 위칠로포치틀리처럼 옷을 입고 에스파냐인들에게 맞서기 위해 홀로 나왔다. 이후 그들 제국의 멸망은 아스테카의 생존자들에게 자신들이 피하고자 애썼던 다섯 번째 시기 말 대재앙의 증거로 비쳤다. 홀로 나간 전사의 행동은 신념이 정복 이전 수천 년 동안 단지 아스테카만이 아니라 메소아메리카 사회들의 전쟁 문화를 어느 정도나 고무했는지를 잘 보여 주었다.

　현대의 신념은 전쟁의 추동자로서는 덜 두드러지지만, 사라지지는 않았다. 19세기의 민족해방을 위한 투쟁은 국가를 형성할 권리라는 이데올로기를 개발한 이상주의자들이 이끌었고, 그 국가는 그 이름으로 치러진 전쟁을 정당화했다. 20세기에는 제1차세계대전 이후 유럽에서 발전한 운동들이 사회 재건과 엄격한 정치적 순응이라는 이데올로기에 매달렸다. 공산주의, 파쇼주의, 국가사회주의는 '정치적 종교'[이탈리아 역사가 에밀리오 젠틸레(Emilio Gentile)가 명명한 용어다]로 생각되기에 이르렀다. 이것은 청교도 교회들만큼이나 많은 것을 그 '신도'들에게 요구하고 있다.[57] 그들은 국민 생활의 모든 측면을 통제하고자 하는 전체주의 운동으로 함께 묶였다. 이들은 그 상징, 신화, 의례가 종교를 흉내 낸 실험적인 체제들이었다. 그들은 진짜 신자와 이단자를 구분했고, 지배층이 보기에 그것이 불신자들에 대한 공포의 통치를 정당화했다. 소련에서 이단('인민의 적')으로 규정된 사람들에 대한 재판은 중세에 했던 것을 닮았다. 먼저 고문을 하고, 이어 이단이라는 자백을 강요하고, 그런 다음에 처형이 이어졌다. 히틀러의 독일에서 정권의 종교성은 세속의 구세주에 대해 맹세를 하거나 국민 집단에서 배제당하는 데서 드러났다. 심지어 히틀러가 선택한 퓌러(*Führer*, 영도자)라는 칭호도 안내자 또는 선지자를 시사했다. 민족 집단을 오염시키는 자들(유대인, 이른바 반사회 분자, 로마 '잡종')을 걸러 낸 자기네 민족의 제국이라는 미래 약속의 땅으로 독일 국민을 인도하는 것이었다. 정치적 종교들이 약속한 지상낙원은 분명히 똑같지 않았지만, 주요 일신교들과 마찬가지로 필수적인 공유 신념이 있었다. 공산주의 유토피아(순수한 '인민 공동체')의 성취에 대한 정치적 신앙, 세계가 새로 만들어지는 시간의 종점('종말') 같은 것이었다.

이 정치적 종교를 추동한 이데올로기가 불가피하게 새로운 신앙에 분개하거나 두려워하는 외부의 적을 상대로 한 전쟁으로 이어짐을 보여 주려는 데 많은 학술적 노력이 기울여졌지만, 그 증거는 기껏해야 모호할 뿐이다. 제1차세계대전 이후의 볼셰비키(bolsheviki) 전쟁, 특히 1920년의 신생국 폴란드 침공은 공산주의 혁명을 확산하려는 욕망으로 추동됐다고 말할 수 있지만, 소련은 바르샤바 교외에서 패배하면서 방어적인 국가로 바뀌었다. 다른 나라들의 전쟁 계획을 두려워해 1920년대와 1930년대에 자주 '전쟁 경기(驚氣)'를 일으켰다. 1939년의 폴란드와 핀란드를 상대로 한 전쟁은 어떤 공산주의 확산에 대한 욕망만큼이나 전략적·안보적 목표도 있었다. 두 파쇼주의 국가 이탈리아와 독일에서 전쟁과 군국화는 분명히 그들이 선언한 이데올로기의 한 요소였지만, 1930년대에 그들이 에티오피아, 알바니아, 오스트리아, 체코슬로바키아, 폴란드로 팽창한 것은 정치의 종교화에 의해서가 아니라 그들의 강대국 지위와 정체성을 강조하기 위한 새로운 지역 제국 및 경제 권역을 건설하려는 물질적 야심에 의한 것이었다. 그들이 공유한 식민지 건설 이데올로기는 1890년대 이후 유럽 열강과 일본이 수행한 제국주의 형태와 그리 다르지 않았다.

한 가지 분명한 예외는 히틀러의 독일이 유럽과 기타 지역의 유대인들을 상대로 벌인 독특하고 비대칭적인 전쟁이었다. 이 전쟁은 세계 역사에 대한 히틀러의 뒤틀린 시각에서 핵심적인 부분으로, 그의 정치 활동 초기에 개발된 것이었다. 히틀러는 1920년대 초에 작은 국가사회주의당 지도자로서 한 연설들에서 '사활을 건 투쟁' '유대인과 독일인 사이'의 진짜 전쟁을 이야기했다. 여기서는 한쪽만이 승리할 수 있고, 다른 쪽은 망하는 것이었다.[58] 이 종말론적 환상은 그들이 독일에서 유대인과 유대 문화를 말살하려 하면서 정권과 그 지지자들의 이데올로기를 형성했다. 이 이데올로기는 전쟁을 촉발해 세계를 지배하고 독일 민족을 제거하기 위한 유대인들의 세계적인 음모가 존재한다는 이야기에 초점을 맞추었다. 과거에도 유대인들이 똑같은 일을 했다고 이야기됐는데,[59] 여기에도 유대인을 역사적인 적으로 규정하는 데서 종말론적 측면이 작동되고 있었다. "유대인과 다투는 사람은 악마와 다투는 것"이라고 1937년 출간된 '유대인의 범죄성'에 관한 한 책은 주장했다.[60] 세계 유대인과의 마지막 대결은 새로운 시대를 예고하는 것으로 생각됐다. 1939년 9월 전쟁이 발발했을 때 히틀러는 그 책임을 유대인들에게 돌렸다. 영국과 프랑스가 선전포고를 하도록 그들이 몰아갔다는 것이다. 1941년 6월 그가 소련을 향해 독일군을 진격시켰을 때 이는 '유대-볼셰비키' 적을 깨기 위한 것이었다. 1941년 12월 그가 미국에 선전포고를 했을 때 그것은 뉴욕 유대인의 노예가 지도자인 나라를 상대

     왜 전쟁인가?

로 한 것이었다. 히틀러와 그 주위의 극단적인 반유대주의자들이 생각할 때 독일은 두 개의 전쟁을 치르는 것이었다. 하나는 연합국 군대를 상대로, 또 하나는 어디든 그들을 발견할 수 있는 곳에서 유대인들을 상대로 하는 전쟁이었다. 독일과 독일이 새로 얻은 유럽 내의 영토에서 유대인을 제거하기 위한 이데올로기적 몰이는 결국 총, 기관총, 독가스를 동원한 대량 절멸로 이어졌다. 유대인들이 공포에 질리고 혼란에 빠지고 무력한 희생자가 아니라 실제로 무장한 적이라는 듯했다. 실제로는 전자였는데 말이다. 이데올로기적 환상에서 민족 근절로 이동하는 것은 복잡한 일이었지만, 히틀러가 벌인 전쟁에서는 이를 수행한 사람들이 널리 공유한 흉악한 믿음에 뿌리를 둔 것이었다.

그러나 이데올로기는 새로운 정치적 종교에 대한 반대를 설명하는 데서 중요한 역할을 했다. 그들이 제기한 도전은 기독교도들의 서방에 심각한 수준 이상의 충돌을 초래했고, 결국 전쟁을 벌이는 것을 정당화했다. 유럽의 기독교 종파들은 새로운 전체주의 정권들을 수천 년 내려온 기독교 신념에 대한, 심지어 종교 자체에 대한 직접적인 도전으로 생각했다. 소련의 무신론 국시(國是)와 히틀러 정권의 독일 교회에 대한 적의는 기독교가 그 신앙의 역사에서 가장 엄중한 위협에 직면했다는 증거로 보였다. 1937년 프랑스의 《기독교 사회주의 평론(La Revue du Christianisme Social)》 편집자는 이렇게 썼다. "계급, 인종, 혈통, 국가, 세력, 전쟁의 신비적 교리는 어느 곳에서나 복음의 신비적 교리를 대체하고 있다."[61] 같은 해

옥스퍼드에서 열린 초교파 회의는 만장일치로 "어떤 민족 또는 국가의 신격화"와 유사종교적 개인숭배를 거부했다. 압도적인 파멸에 대한 인식이 논의의 상당 부분에 스며들어 있었다. 미국의 철학자 멜빈 레이더(Melvin Rader)는 1939년 "인류는 …… 민족들이 야만으로 굴러떨어지는 것만큼 큰 위기에 직면한 적이 없"었다고 썼다.[62] 윈체스터 대성당의 참사회원 로저 로이드(Roger Lloyd)는 「요한의 묵시록」에서 예언된 아마겟돈(Harmagedōn)의 마지막 전투(중세 종말론에서 자주 이야기되던 것이다)가 전체주의적 적그리스도에 의해 곧 일어날 것이라고 말했다.[63] 영국 총리 네빌 체임벌린(Neville Chamberlain)이 1939년 9월 3일 아침 독일에 선전포고를 하면서 전쟁을 도덕적 십자군으로 보는 이런 담론에서 가져온 말로 그 결정을 정당화한 것은 의미심장하다. "우리가 맞서 싸워야 할 것은 악한 것들, 즉 폭력, 배신, 불공정, 억압, 박해입니다. 그리고 저는 이에 맞서 정의가 승리할 것이라고 확신합니다."[64]

전체주의의 위협에 맞서 서방 세계의 가치를 회복하기 위해 치러야 할 전쟁에 대한 이 인식은 제1차세계대전 이전에 중요한 이데올로기적 조류로 떠오른 자유주의적 국제주의에서 가져온 것이다. 자유주의적 국제주의는 민주주의, 진보적 자유, 자본주의 경제 그리고 무엇보다 평화의 확산을 지지했다. 우드로 윌슨(Woodrow Wilson) 미국 대통령은 적어도 부분적으로는 전쟁 없는 미래 세계라는 비전을 바탕으로 미국의 제1차세계대전 참전을 결정했다. 국제주의적 세계관이 반드시 일관된 이데올로기를 이루는 것은 아니며, 많은 자유주의적 국제주의자가 전쟁 반대를 입에 달고 있음에도 전쟁은 추가적인 전쟁을 막을 한 가지 방법(1930년대 말에는 아마도 유일한 방법)으로 간주됐다. 결과는 역설적이었다. 20세기 중반의 전쟁은 막대한 규모의 파괴를 동반하고서야 치를 수 있었지만, 파괴를 통해 자유주의적 가치를 기반으로 한 더 나은 미래를 건설할 수 있으리라는 희망이 있었다. 이 역설은 구원을 정당화하기 위해 필요한 것으로 받아들여졌던 기독교적 고난의 긴 역사적 전통을 반영한 것이라는 주장이 제기돼 왔다. 전쟁은 그 파멸적 성격에도 불구하고 추가적인 진보를 확보하기 위해 치러졌다.[65]

제2차세계대전에서 이 역설은 그리 이상하지 않은 듯했다. 적, 특히 히틀러의 독일은 악의 화신으로 비쳐 그의 몰락이 새로운 시대를 인도할 것으로 보였기 때문이다. 이것이 자유주의 국가들에 '타자'에 대한 일정 수준의 폭력을 가하는 것을 용인하게 했다. 전쟁의 원칙을 엄격하게 준수한다면 할 수 없었을 일이다. 독일의 도시에 대한 폭격은 악인에 대한 가혹한 처벌이라는 기독교 성서적 성격을 지닌 것이었다. 이는 일부 작전 암호명에 나타나 있다. 함부르크 공격은 '고모라(Gomorrah)', 쾰른에 대한 폭격기 1000대의 습격은 '밀레니엄(Millennium, 천년왕국)' 루르 제방 공격은 '채스타이즈(Chastise, 징벌)'였다. 역설은 히로시마와 나가사키에 대한 원자폭탄 투하에서 극적으로 드러났다. 자유주의적 서방을 위한 새로운 시대가 개막하기 전의 파멸적 응징이었다. 그리고 이는 핵무기 보유가 심지어 극심한 고통의 위협 아래서도 서방의 이익과 가치를 보존하는 유일한 방법이라는 믿음 속에서 유지됐다. 한편 한반도, 베트남 그리고 여러 소규모 충돌에서 미국이 공산주의를 억제하는 일을 주도한 것은 폭력 또는 폭력 사용 위협을 통해 서방의 자유주의적 가치를 지킨다는 영속하는 이데올로기를 반영한다. 미국으로서는 그 가치들이 보편적으로 타당한 것으로 생각됐다. 이는 미국의 대중문화에 깊이 뿌리박힌 것이었고, 양쪽에서 어떤 희생을 치르더라도 지켜야 했다. 베트남에서의 전쟁은 단순히 공산주의를 저지하기 위해 5만 명의 미국인과 200만 명으로 추산되는 베트남인의 생명이 희생됐다. 사실 1940년대부터 1980년대까지의 냉전은 더 많은 나라를 자기 진영으로 끌어들이기 위해 전쟁을 벌이겠다는 소련의 어떤 위협 못지않게 공산주의 이데올로기에 대한 서방의 적대감을 기반으로 규정됐다. 냉전 이후 시기에 미국은 지속적으로 핵심 국제주의 이데올로기를 고수했다. 자국의 이익을 반영한 것이었다. 조지 W. 부시(George W. Bush) 미국 대통령은 2006년 국정 연설에서 미국이 "우리 시대의 폭정을 종식"하기 위한 신과 역사의 소명을 받았다고 주장했다. 이런 의무감은 미국의 전략적·물질적 이득을 추구하는 과정에서 이데올로기가 핵심적인 모습으로 나타나는 곳에서는 언제라도 전쟁을 치를 수 있다는 자세로 이어졌다.[66]

서방의 폭력이 계속 이어진 결과 가운데 하나는 지하드가 정치로 급진적으로 회귀한 것이었다. 유럽의 식민 통치 과정과 세속적인 현대화 앞에서 전통 종교에 가해진 압박으로 오랫동안 억압됐던 이슬람교의 순수한 모습을 지키는 것이었다. 이것은 결코 최근의 현상이 아니다. 20세기와 21세기 이슬람교도들의 호전성은 이슬람교의 법적·종교적 생활의 먼 과거 그리고 기독교 열강의 식민 제국 건설에 대한 이슬람교도들의 대응과 강한 연관성을 가지고 있다. 대부분의 현대 지하드 운동에 공통적인 정화된 종교를 만들려는 욕망은 십자군에 대한 대응을 닮았고, 아라비아 성직자 무함마드 이븐압둘와하브(Muḥammad ibn 'Abd al-Wahhāb)가 이끈 이슬람 신앙 개혁을 위한 18세기의 와하브파 운동에 크게 의존하고 있다. 현대의 개혁가들은 그들의 이슬람 세계 개혁을 위한 기준으로서 '앗살라프 앗살리흐(al-salaf al-ṣāliḥ, 독실한 조상들)'를 되돌아보고 있다.[67] 현대의 급진적 이슬람 지도자들은 십자군으로 나선 기독교도들에 맞서기 위해 이슬람교도들의 종교적 열정을 동원하고자 했던 누룻딘의 노력을 모방해, 중세에 자기네의 지하드 운동 '키탈 피사빌릴라흐(qitāl fī sabīlillāh, 신을 위한 싸움)'를 정당화하기 위해 사용했던 투쟁의 언어에 호소하고 있다. 이란의 지도자 아야톨라(āyatollāh)인 루홀라 호메이니(Rūhollāh Khomeinī)는 서방과의 충돌을 "역사 속 십자군 운동의 마지막 단계"로 보았다. 1950년대 현대 이슬람 저항 운동의 창시자 가운데 한 명인 사이이드 쿠트브(Sayyid Quṭb)는 "모든 서방 사람의 피에 흐르고 있는 십자군 정신에 맞서는" 지하드를 이야기했다. 이라크시리아이슬람국(ISIS) 언론은 '십자군 연합'에 맞서 싸워야 한다고 부르짖고, "십자군 사이에서" 살게 된 매우 불운한 이슬람교도들을 구할 수 있기를

희망했다.[68]

옛 지하드 전통의 부활은 적어도 1950~1960년대 이집트 '무슬림 형제단'의 등장과 신생국 이스라엘 및 서방의 그 지원자들에 대한 이슬람교도들의 더 광범위한 적대감으로 거슬러 올라간다. 그러나 1979년 소련이 아프가니스탄을 침공하고 같은 해 이란 혁명이 성공하고 나서야 신앙을 지키자는 요구가 더 널리 퍼졌고, 많은 경우에 더욱 강경해졌다. 아프가니스탄의 이슬람교를 약화하려는 소련의 행동에 맞서 싸우기 위한 무자히드(*mujāhid*, 지하드 전사)를 온 이슬람 세계에서 불러낸 것은 현대 지하드가 실제로 나타난 최초의 사례였다. 이 실제 폭력에 대해 이슬람교 성직자와 법학자들이 지지를 표명했고, 그들은 옛 문헌으로 돌아가 폭력을 정당화하고 그 목적을 설명했다. 1984년 압둘라 유수프 아잠('Abdu'llāh Yūsuf 'Azzām)이 쓴 파트와(*fatwā*, 교령)「이슬람의 땅을 지켜라」가 큰 영향을 미쳤다. 1993년 이슬람 전쟁에 관해 무함마드 하이르하이칼(Muhammad Khayr-Haykal)이 쓴 논문(극단적인 폭력에 반대한 것이기는 하지만) 역시 마찬가지였다. 아잠은 아프가니스탄이, 한때 확고하게 이슬람교도의 땅이었던 이베리아 남부에서 중앙아시아에 이르는 지역을 궁극적으로 재정복하는 기지로 사용될 이슬람 국가가 될 가능성이 있는 곳으로 보았다. 그는 지하드가 본래의 의미를 통해 의도했듯이 모든 이슬람교도의 의무라고 주장했지만, 그렇게 하면서 그는 신앙의 수호를 집단적인 의무가 아니라 개인적 의무로 만들었다. 전쟁 요구는 종교 또는 세속 지도자만이 할 수 있다는 이슬람

교의 전통적인 원칙에서 벗어난 것이다. 아잠은 이로써 공식 승인 없이 지하드를 벌일 방도를 열었다.[69]

그보다 중요한 것은 이슬람 정부와 지도자들이 순수한 형태의 신앙을 지키지 못해 현대화하는 서방의 우상 숭배자와 다신 숭배자는 물론 이슬람 배교자를 상대로도 전쟁을 할 수 있게 됐다는 것이다. 이슬람교의 한 신학적 반응은 배교자, 특히 "신의 법을 벗어난 것으로 통치"하는 지배자들을 탁피르(*takfir*, '이단 선고'), 즉 파문의 대상으로 선언하는 것이다. 이슬람교도인 체하는 통치자들은 이슬람 땅을 침입한 이교도나 마찬가지로 신의 분노를 살 것이라는 얘기다.[70] 이는 현대 이슬람교도들이 벌이는 전쟁의 파도 가운데 상당 부분이 서방의 "다신교적이고 우상숭배적"인 적들뿐만 아니라 다른 이슬람교도들을 상대로 해서도 일어나는 이유를 설명해 준다. 현대의 지하드가 상부의 승인 없이 이루어질 수 있기 때문에 더 순수한 이슬람교를 위해 싸우는 집단의 수가 급증했다. 알제리의 무장이슬람단(GIA, 정권을 위해 일하는 모든 이슬람교도는 이교도라고 선언했다), 인도네시아의 이슬람단(JI), 이집트의 예루살렘지원단(ABM)과 샤리아지원단, 소말리아의 청년성전운동[앗샤바브(ash-Shabāb), 이슬람 배교자들과 이교도 적을 목표물로 삼고 있다], 나이지리아의 보코하람(Boko Haram), 아프가니스탄과 파키스탄의 탈레반[Tālibān, 별개의 여러 집단으로 나뉘어 있다], 알카에다(al-Qāʻidah, 그 이름이 '기지'를 의미하는데도 아프가니스탄에서부터 예멘에 이르는 활 모양의 이슬람 지역 곳곳에서 활동하고 있다) 등이다.[71] 이들 집단은 초국가적인 이슬람교도 자원자와 활동가들의 연결망으로 이어져 있다. 상당수는 이슬람 움마('*ummah*, '공동체')의 실존적 위협에 대한 세계의 인식을 제고하고 그 수호를 위해 선전을 통해 범이슬람 행동주의를 촉진하고자 1970년대에 설립된 세계무슬림연맹 소속이다. 그 결과로, 단일한 지하드가 아니라 서로 다른 환경 그리고 전통 이슬람법과 신학에 대한 서로 다른 해석에 영향을 받은 여러 충돌이 존재한다.[72]

이슬람교도의 전쟁이 부활한 것에 대한 현재의 설명 상당수는 십자군에 대한 유물주의적 설명과 마찬가지로 폭력의 종교적 요소를 있는 그대로 받아들이기보다는 더 중요한 정치적·사회적 저항을 은폐할 수 있는 상투적 표현으로 본다. 사회과학자들은 일반적으로 급진적인 이슬람교 집단에 끌리는 사람들이 그러는 이유를 몇 가지 가운데 하나로 생각한다. 그들이 자신을 가난하게 하고 소외시키고 화나게(정말로 많은 사람이 그러하다) 한 서방 세계화의 희생자이기 때문이거나, 폭력적인 서방의 개입으로 제기된 위협에 맞서기 위해 분명한 정체성이 필요하기 때문이거나, 익숙한 이슬람교도의 정치적 반란 이데올로기에 끌렸기 때문이라는 것이다. 이슬람에 대한 역사적 수호를 주장하는 운동을 허위 종교성으로 치부하고, 사회적·정치적 행위자로서 참여하는 사람들의 '진짜' 동기를 폭로하려는 유혹이 있다. 지하드를 선언한 집단들의 목표 및 (극단적인) 행동과 조화되기 어려운 해석들이다. 모든 신념이, 종교적 책무가 경시되거나 무시됐을 때 다른 방식으로는 이해하기 어려운 행동에 대한 필수적인 설명이 아니라 매우 편리한 수사로 일축되지 않는다면 말이다. 사람들이 종교적 대의를 지지하도록 강요받거나 사회적인 분노로 참여할 수 있다는 것은 틀림없이 사실이지만, 종교적 전쟁을 설명할 때 중요한 것은 대의일 것이다.[73]

종교적 동기 부여의 진정한 성격은 일부 잘 알려진 사례에서 분명하다. 나이지리아의 보코하람('서방 교육은 죄악'이라는 의미이며, '선지자의 가르침 전파와 지하드에 전념하는 사람들'의 대중적인 명칭이다) 운동은 18세기 이슬람 개혁가인 샤이흐(shaykh, '장로') 우스만 단포디오(Usman dan Fodio)의 저작에 영향을 받았다. 그는 이슬람교도 사이에서 불신앙의 성격과 신의 법을 무시하는 통치자들의 배교에 대한 규정을 내린 사람이다. 보코하람은 또한 서아프리카의 이슬람 부흥 운동의 전승에 의존했다. 그것은 영국 지배하에서 서방 그리고 이슬람교도의 기준으로 보아 타락, 변절, 신앙 방기로 비난받는 모든 사람과의 대결이라는 종말론적 비전으로 발전했다. 이 경우에 지하드는 종교를 정화하고 샤리아법을 부과하며 진정한 종교를 배신한 사람들을 처벌하기 위해 수행된다. 흔히 악하다고 생각되는 사람들을 상대로 극단적인 폭력이 동원된다.[74] 불신자와 배교자를 상대로 한 전쟁이라는 개념은 알카에다와 이어 ISIS를 만듦으로써 정점에 달했다. 둘 다 이전의 이슬람 땅을 재정복하고 샤리아법을 부과하는 데 헌신하는 청교도적 운동이다. 둘 다 수니파 이슬람교도이며, 수니파는 이들을 '십자군' 세계와 그들의 동맹자인 배교한 이슬람교도는 물론 시아파와도 대결시키고 있다. 물론 시아파 지하드 전사들 역시 첫 번째 페르시아만 전쟁 이후 나름의 종교전쟁을 시작했다. 알카에다의 핵심 인물 오사마 빈라덴(Usāma bin Lādin)은 1996년 「미국을 상대로 한 전쟁 선언」을 발표했고, 2년 뒤에는 '유대인과 십자군에 맞서는 지하드를 위한 세계이슬람전선'을 통해 종교전쟁과 테러활동을 벌이기 위한 직접적인 정치적 실체를 제공했다. ISIS는 야심 면에서 한발 더 나아갔다. 진정한 개혁과 이슬람 부활을 촉발할 새로운 이슬람 국가의 핵으로서 새로운 칼리파국을 창설했다.

ISIS는 「코란」과 「하디스」를 읽고 얻은 일종의 이슬람 청교주의를 추구했다. 앞에서 이야기한 모든 종교전쟁에서도 마찬가지지만 ISIS 지지자들은 자기네가 진정한 신자라고 생각했다. 그들은 또한 이슬람 국가와 이교도 및 배교자 세계의 충돌에 대한 종말론적 비전을 공유했다. 십자군에서 잉글랜드 내전에 이르기까지의 종말론적 상상을 그대로 베낀 것이었다. ISIS는 칼리파국을 창설해 자기네가 정복 사회(무함마드가 시작한 것이었다)라고 본 것을 부활시키고 모든 이슬람교도가 전 세계적인 '이슬람의 집'을 위한 투쟁에 나서도록 하는 운동을 전개했다. 그 소속원들은 「코란」에 예언된 마지막 전투가 시리아의 작은 마을 다비크(「하디스」에 기록이 있다)에서 일어날 것이라고 믿었으며, ISIS 기관지 이름을 그것을 따서 지었다. 악마의 세력과 종말의 마지막 싸움을 벌이는 동안에 예수와 마흐디(al-Mahdī, 구세주인 '안내자')가 모두 나타나 이교도 적과 모든 이슬람 배교자를 무찌르는 일을 도울 터였다.[75] 종말의 순간은 오직 신이 드러내는 것이었다. 이때 지하드는 「코란」이 설명한 대로 키탈(qitāl)로 대체된다. 진정한 전쟁의 상태다. 다른 이슬람교도를 죽인 폭력(자살폭탄범, 차량 폭탄)은 630년 무함마드의 타이프시 포위전을 언급함으로써 기묘하게 정당화될 수 있다. 여기서는 안에 있는 사람들을 상대로 무차별적으로 망고넬(mangonel, 포위전용 투석기)이 사용됐다.[76] ISIS 지도자들은 자신들이 만든 정복 사회가 알라신의 중재를 통해 불신자들과의 싸움에서 이길 것으로 생각했다. 이 대결에서 이슬람교를 위해 죽은 전사들에게 보상은 낙원이었는데, 이슬람 종교 문헌의 오랜 전통에서 비롯된 약속이었다.[77]

전 세계의 이슬람교도 대부분이 미래의 세계 이슬람 국가라는 비전이나 중세의 가지와 같은 이슬람의 새로운 전사들이 그 비전을 달성하기 위해 시도했던 극단적인 폭력에 동의하지는 않았고 지금도 그렇다는 사실은 잘 알려져 있다. 이슬람교에는 기독교와 마찬가지로 관용과 비폭력의 신학적 전통이 있다. 허약해 보일 수는 있지만 말이다. 그러나 미래의 역사가들은 현대 지하드의 50년을 종교에 자극된 또 다른 전쟁의 시기로 되돌아볼 것이다. 그곳에 어떤 정치적·사회적·경제적 동기가 뒤얽혀 있더라도 마찬가지다. 이슬람교의 투쟁심은 일탈이 아니라 긴 전통의 일부다. 무함마드 자신과 최초 정복 사회의 건설로까지 거슬러 올라간다. 기독교가 이런저런 신앙의 변종을 대표하는 투쟁심의 전통을 지니고 있는 것과 마찬가지다.

십자군에서 ISIS까지 이 모든 사례에서 그들의 대의에 대한 학술적 분석의 상당수는 또 다른 신념을 바탕으로 했다. 인간은 정말로 종교나 이데올로기나 초자연적인 것 때문에 전쟁을 하는 것이 아니고, 현대 서방의 인간 행동에 대한 관점으로 이해할 수 있는 이유 때문에 전쟁한다는 것이다. 물질적 이익, 정치적 야망 또는 사회적 저항 같은 것에 내몰려서다. '합리적 행위자 모형'을 버리거나 전쟁을 선택하는 사람들에게 다른 현실이 있으리라는 것을 받아들이는 데 망설임이 있었다.[78] 모든 종교와 우주론의 핵심에 있는 '신화'는 문예비평가 데이비드 리밍(David Leeming)이 주장했던 대로 "그릇된 신념과 미신"으로 쉽게 일축할 수 있다. 현대인들이 대체로 받은 '과학적-합리적 훈련'에 대한 응답으로서다.[79] 그러나 지난 수십 년 동안 역사가와 사회과학자는 종교적·이데올로기적 동기가 가장 중요하다고 볼 수 있는 어떤 전쟁 분석에서도 다시 신념을 집어넣어야 한다고 주장하기 시작했다. 이것은 거의 확실하게 '종교전쟁'에서 싸우는 많은 사람이 자기네가 참여하는 사건들을 해석하게 되는 방식일 것이다. 인류학자들은 소수의 인간 사회(여전히 주변 세계에 대한 초자연적 이해를 기반으로 움직이는 사회들)에서 관찰되는 신념들이 그런 신념을 바탕으로 살고 있는 개인들에게는 아주 현실적임을 오래전부터 알고 있었다. 이 모든 상황 속의 신념은 종종 폭력으로(흔히 극단적인 폭력으로) 이어질 수 있다. 현대의 관찰자가 아무리 신념을 '실제의' 물질적 동기와 관계없는 것으로 생각하는 경향

왜 전쟁인가?

이 있더라도 말이다. 신념은 언제나 폭력으로 이어지지는 않지만, 신념이 위협받고 있다거나 정복 또는 희생을 통해 강화돼야 한다고 생각되는 상황에서는 핵심 원동력이 될 수 있으며, 그것은 어떤 기준으로 보더라도 이를 합리적 동기의 부산물로 치부할 수 없다.

(7)

권력

이 사실을 주시하라. 너희가 적을 물리치면 너희는 아프리카의 완전한 주인이 될 뿐만 아니라, 너희 자신과 로마가 나머지 세계에 대한 무적의 지도력과 지배권을 확보하게 될 것이다.

—스키피오 아프리카누스가 했다고 폴리비오스가 전한 연설[1]

기원전 202년 푸블리우스 코르넬리우스 스키피오 아프리카누스(Publius Cornelius Scipio Africanus)가 이끄는 로마 군대가 자마에서 카르타고를 물리친 뒤, 북아프리카는 세계에서 로마의 임페리움(*imperium*, 지휘권)이 통치하는 또 하나의 지역이 됐다. 로마 공화국은 이제 지중해 연안 상당 부분을 지배하는 세력이 됐다. 훗날 그리스의 역사가 폴리비오스는 자신의 저서 『역사(Historíai)』 제15권에서 스키피오가 전투 전날 휘하 병사들 앞에서 승리를 거두면 세계의 권력이 로마와 그 시민들 차지가 될 것임을 내비쳤다고 썼다. 사실 여부와 상관없이 자마전투는 로마가 기원전 6세기의 작은 도시국가에서 지중해 연안 일대에 뻗친 공화정 패권국으로 올라서는 긴 상승 국면에서 중요한 부분이었다. 그것은 "인간 역사에서 유례가 없는" 성취라고 폴리비오스는 생각했다.[2] 발칸반도 서부의 일리리아에 이어 그리스는 기원전 2세기에 로마의 권력이 미치는 지역으로 추가됐다. 로마와 그 동맹자들이 거의 끊임없이 벌인 전쟁의 동기로 여러 가지를 들 수 있겠지만, 크고 작은 다른 정치체를 희생시켜 권력을 추구한 것이 로마 등장 이후 600년 동안 그들이 전쟁을 벌인 원동력이었다는 결론은 피하기 어렵다.

권력 자체는 분명히 융통성 있는 개념이어서 측정하기 어렵고 모든 언어에서 복수의 정의가 가능하다. 권력의 의미를 이해하는 일은 매우 복잡해서 일부 학자에게 "'권력'에 대한 연구 전체는 바닥없는 늪"이라고, 1950년대에 이 개념에 대한 최초의 과학적 연구 가운데 하나를 쓴 미국 정치학자 로버트 달(Robert Dahl)은 결론지었다.[3] 그럼에도 권력은 전쟁과 현대의 국가 정책에 대한 모든 논의에서 핵심 개념이다. 국력(national power) 개념으로 처음 사용된 것은 18세기 초였지만, 이제 언어적 변용은 익숙한 것이 됐다. 강대국(great powers), 신흥 세력(rising powers), 쇠락 세력(declining powers), 세력 균형(balance of power), 권력 이행(power transition), 군사력(military power) 같은 말들은 국가 간 관계와 그들 사이의 전쟁 가능성에 관한 어떤 논의에서도 일상적으로 등장한다. 이런 맥락에서 로마의 본래 용어 임페리움(지휘권)은 여전히 근본적인 정의다. 국내의 사회에 적용되든 이웃이나 더 먼 적에 대한 지배든, 이것은 권력에 대해 달이 내린 정의의 핵심이었다. "갑은 원래 을이 하지 않았을 무언가를 하도록 시킬 수 있다면 을에 대한 권력을 가진 것이다."[4] 이를 위해 전쟁이나 군사적 압박을 동원할 필요는 전혀 없다. 달이 원래 들었던 사례는 미국 상원의원들이 정책에 영향을 미치는 경우에 지닌 '권력'을 설명하는 것이었기 때문이다. 국가의 경우에 권력을 논의하면서 '경성권력(硬性權力, hard power)'과 '연성권력(軟性權力, soft power)'을 구분하는 것이 더 유용하다. 전자는 군사적 능력으로 표현되는 것이고 후자는 정치적 압박, 사회적 위계, 경제적 지배, 문화적 제국주의를 통해 행사되는 권력이다. 전쟁과 권력의 관계를 이해하는 데 중요한 것은 전자의 개념인 '강제력(compulsory power)'이다. 남에게 권력을 펼치거나 행사하기 위해 전쟁이나 전쟁에 대한 위협을 사용하는 것이다.[5]

이 권력의 형태는 최초의 군장사회, 왕국, 제국이 형성되는 데 핵심이었다. 인류학자 로버트 카네이로(Robert Carneiro)는 또 다른 중요한 공헌을 했는데, 국가의 기원이 한 부족 공동체가 다른 부족 공동체에 권력을 뻗친 일에 있다고 주장했다. 통상 전투에서 뛰어난 활약을 한 남자로서 이제 군장의 역할을 주장하는 사람에 의해서다. '마을 자치'에서 '마을을 넘어선 통합'으로 가는 것은 중요한 이행이라고 카네이로는 주장했다. 군장사회에서 왕국으로 가고 다시 제국으로 가는 이후의 다른 모든 것은 정도의 변화지 종류의 변화가 아니었다. 남에게 미치는 서로 다른 권력 수준의 변화는 거의 전적으로 전쟁으로 인한 것이었고, 이는 더 크고 더 집중된 주민으로부터 나오는 경제적 잉여를 만들어 냄으로써 가능해졌다. 인류를 마을에서 국가로 이동시킨 것은 힘이었다고 그는 결론지었다.[6] 카네이로는 이것을 오직 권력만을 위한 전쟁으로 보지 않고 생태 압력 또는 자원 경쟁에 대한 반응이기도 하다고 보았다. 여기서 더 크고 군사적으로 더 효율적인 단위가 더 약한 단위를 지배했다. 다시 말해서 권력은 무언가를 **'위한'** 권력이었다. 더 많은 땅, 더 많은 공물, 더 많은 노예, 더 많은 자원을 위한 것이었다. 권력은 상품이 아니고, 명령하는 자와 명령받는 자의 관계를 규정하는 존재의 상태다. 강제력을 보유하는 것은 전쟁을 가능케 하지만, 그 권력을 행사하는 동기는 언제나 충돌(물리적이든 이데올로기적이든 정치적이든)에 대한 의존을 설명해 준다.

인류가 존재한 기간 대부분에 작은 평등주의적 공동체들 사이에는 권력 개념이 없었다. 여기서는 이주가 가능했기 때문에 한 집단이 다른 집단을 물리적으로 지배할 가능성은 별로 없었다. 물론 물질적 필요를 충족하기 위한 작은 충돌과 습격을 배제할 수는 없지만 말이다. 카네이로의 표현대로 더 많은 사회적 분절을 가진 더 큰 정치체로 이행하는 일의 중심에는 여전히 자원에 대한 접근과 그것을 둘러싼 경쟁이 있지만, 떠오르는 지배층에게 권력은 사회적 평판 및 물질적 소유의 불평등한 분배와 자신들의 통치 정당성을 남에게 강요할 능력과 의지를 의미했다. 이런 의미에서 권력은 전쟁과 관련해서 두 가지 분명한 방식으로 나타났다. 첫째로, 권력은 전쟁을 통해 외부 공동체에 대해 추구되고 행사될 수 있다. 최초의 부족 군장사회로부터 역사시대의 국가들에 이르기까지 공통된 모습이다. 여기서 권력은 또한 다른 권력의 위협으로부터 공동체를 방어하는 능력이었다. 아마 가장 중요하면서도 간과된 강제력의 발현이었다. 둘째로, 내부 공동체(작은 군장사회든 더 큰 국가든)를 상대로 한 권력은 부분적으로 그리고 아마도 많은 경우에 군장, 왕 또는 더 넓은 지배층에 의존할 수 있다. 그들은 지도권 주장을 정당화하기 위해, 전사와 추종자들에게 보상을 해 주기 위해, 대중의 요구를 충족시키기 위해 그리고 필요한 경우 신들을 달래기 위해 전쟁을 수행하는 사람들이었다.[7] 지도자들에게 전쟁을 하도록 가해지는 압박은 고대와 전근대 사회에서 광범위하게 입증됐다. 이런 곳들에서는 전쟁을 하지 않는다는 선택이 문화적으로 제한을 받았다. 아스테카 통치자들은 권좌에 오를 때 곧바로 전쟁을 벌여야 했다. 자신의 정통성을 과시하기 위한 것이었다. 로마의 지배가 끝난 이후 유럽의 작은 군장사회와 왕국의 지도자는 상당한 정도로 전쟁(통상 직접 이끄는)에서의 기술에 의해 결정됐다.[8] 전쟁에서 패하는 것과 마찬가지로 전쟁을 하지 않는 것도 통치할 지도자로서의 권리 주장을 퇴색시킬 수 있었다. 권력은 그저 누리는 것이 아니라 과시돼야 하는 것이었기 때문에 지난 5000년의 상당 기간에 이웃을 상대로 흔히 잦고 정규적인 전쟁이 치러졌다.

어떤 물질적, 이데올로기적, 정치적 야망(이때 권력은 동기가 아니라 조건이다)을 위한 것보다는 그 자체를 위해서 권력을 뻗치는 전쟁을 발견하기가 더 어렵다. 역사 시기의 전쟁 대부분은 권력 추구가 한몫했다. 어떤 식이든 그 결과의 묘사로 서이긴 하지만 말이다. 그 자체가 목표인 권력 추구를 이해하려면 스키피오와 카르타고 격파로 돌아갈 필요가 있다. 폴리비오스는 로마의 승리를 묘사하면서 로마가 왜 수십 년 사이에 "사람이 사는 세계 거의 전부"를 지배하게 됐는지 하는 문제를 독자들에게 슬쩍 던졌다. 역사가들도 같은 질문을 했다. 기원전 5세기 이후 로마의 팽창을 주로 방어적인 것으로 보는 오랜 전통이 있다. 남들의 압박에 밀려서 방대한 영토를 획득했다는 듯한 설명이다. 대영제국을 수백 년에 걸친 제국주의 과정에 의도치 않게 구축했다는 똑같이 설득력 없는 견해와 꽤 비슷하다. 이것은 전체 지중해 연안, 북아프리카, 발칸반도, 소아시아 그리고 중·서유럽 상당 부분을 포괄하게 되는 끊임없는 공격적 전쟁 및 팽창과 조화를 이루기 어려운 견해다. 그런 역사는 '방어적'이라는 개념을 합리적인 어떤 한계를 훨씬 넘은 데로까지 끌고 간다. 그것은 남들의 공격에 반응해 치른 전쟁이지만 그 결과는 대부분 새로운 민족들에 대한 로마의 통제권 확대였다는 결론을 배제하지 않는다. 훨씬 설득력 있는 것은 로마가 정말로 로마인들이 오르비스테라룸(*orbis terrarum*, '온 세상'), 즉 자기네가 알고 있는 전 세계에 대한 지배권을 확보하기 위한 권력 추구로 추동됐다는 주장이다. 이 세계 전역에서 로마는 기원후 제1천년기 초에 임페리움로마눔 시네피네(*imperium Romanum, sine fine*), 즉 '끝없는 로마의 통치'를 자랑할 수 있었다.[9]

그 권력의 성격을 더 잘 이해할 수 있게 하는 것으로, 로마 사회의 성격과 그 안에서 로마 상류층과 시민들이 사회를 바라보는 방식에서 유래한 로마 팽창의 독특한 특징이 있다. '제국'은 적어도 임페리움 포풀리로마니(*imperium populi romani*, '로마인의 제국')라는 말이 처음 나타난 기원전 1세기까지는 그렇게 표현되지 않았으며, 여기에도 로마의 통치에 대한 인식이 있다. 로마의 팽창은 영토 관념을 바탕으로 한 것이 아니고(지도를 작성하지 않던 시대였다) 정복되고 '통치하에 있는' 사람들을 바탕으로 한 것이었다. 공물을 바치도록 강요되지만 여전히 정치적으로 분리된 사람들도 포괄할 수 있었고, 그들 역시 로마인의 표현으로 임페리움에 해당했다. 카르타고가 자마에서 패배한 이후 기원전 146년 여전히 모호한 이유로 공격받아 파괴되기까지 반세기 동안 그런 신세였다.[10] 같은 해에 로마는 그리스의 코린토스를 약탈하고 그들의 반도 통치를 분쇄한 뒤 소아시아를 편입하고 서아시아로 이동해 들어갔다. 권력과 명예를 위한 전쟁은 로마 사회의 필수 요소였으며, 그렇기에 찬양을 받았다. 또한 로마 귀족과 군 지도자들이 국내에서 권력을 향유하는 방식에서도 핵심적인 요소였다. 이는 율리우스 카이사르가 기원전 1세기 갈리아를 정복한 일에서나 같은 시대 폼페이우스 마그누스(Pompeius Magnus)가 이베리아와 서아시아를 정복했을 때 자신이 1538개 도시와 요새를 로마에 복속시켰다고 주장하는 새김글을 남긴 일에서도 마찬가지였다.[11] 이는 계획된 팽창도 아니었고 임페리움 팽창에 표준적인 방식이 있는 것도 아니었지만, 일단 성취되자 공화정 로마는 그 권력을 거의 놓지 않았다. 그 권력은 궁극적으로 기원전 4세기에 조직·기술·전술 면에서 로마 군대가 다른 군대와 수백 년 동안 차별화할 수 있게 한 군사력에서 비롯됐다.[12]

해마다 로마 공화국에서 선출되는 두 콘술(집정관)은 전쟁을 하거나 아니면 하지 않는 이유를 설명해야 했다. 그들이 직접 승리를 거두거나 그들이 임명한 장수들이 승리를 거두면 거창한 개선식을 하는 영예를 누렸다. 이때 포로로 잡힌 군장이나 왕들은 사슬에 묶여 포룸(Forum, 광장)으로 끌려갔고, 대개는 다른 민족들에 대한 로마의 권력을 드러내기 위해 공개 처형됐다. 지배의 문화적 상징은 로마 권력의 이미지에 필수적이었다. 로마의 지휘관들은 자신들이 성취한 것을 축하하기 위해 건설된 개선문을 가졌다. 그런 것들이 아직도 300개 이상 남아 있다. 승리를 거둔다는 것은 언제나 이미 통치하고 있는 지역을 넘어 전진한다는 얘기였기 때문에 국내외의 권력은 상시적으로 증대됐다. 여기서 로마는 무한정 팽창할 수 있다는 인식이 만들어졌다. 기원전 1세기에 쓰인 『아이네이스』에서 베르길리우스 마로(Vergilius Maro)는 유피테르(Jupiter) 신이 로마인에게 '끝없는 임페리움'을 허락했다고 말했다. 기원전 14년 아우구스투스(Augustus)가 첫 번째 프린켑스[*princeps*, '원수(元首)'라는 뜻이며, 그것을 엉성하게 번역한 것이 '황제'다]가 됐을 때 팽창은 거의 끝나 있었다. 로마가 나중에 더 정복한 것은 브리타니아와 도나우강 유역의 다키아뿐이었다. 그의 비문에는 "성스러운 아우구스투스가 세계를 로마인의 지배하에 두게 한 업적들"[13]이라는 제목이 새겨져 있다. 로마 임페리움의 확대는 일정한 간격으로 표시된 정교한 도로망으로 추적됐다. 먼저 이탈리아반도에서, 이어 그리스를 관통하고 소아시아로 들어가는 길이었다. 표시는 라틴어에다 그리스어를 덧붙였다. 도로는 사실상의 지도 작성을 대신해서 명령권의 존재가 인정되는 지역을 표시했다. 신들의 은총으로 추동되는 무제한의 권력에 대한 로마인들의 인식은 문명화 사명과도 이어졌다. 로마의 팽창은 로마의 통치 아래로 들어오는 사람들에게 좋은 것이며 정말로 로마 권력에 대한 피데스(*fides*, '신의')를 지키는 사람들에게는 도움이 되는 것으로 생각됐다. 그러나 유대를 깨는 사람들은 무자비한 응징의 대상이 됐다.

로마는 그들이 팽창하던 고전기에 유일하게 공격적인 세력은 아니었지만, 가장 성공한 세력이었다. 보편적인 단일 세계 체제를 만든다는 생각 또한 로마에만 한정된 것은 아니고 전쟁을 벌이는 매우 많은 제국의 환상이 지닌 특징이었다. 그리스인들은 코스모폴리스(*kosmopolis*, '초강력 도시')라는 개념을 갖고 있었다. 기원전 2세기에 로마는 그리스 세계를 그렇게 묘사했다.[14] 동아시아에서 중국의 '전국(戰國)'들은 세계 지배의 비전을 가지고 있었다. '천하(天下)'라는 개념이다. 이후의 진(秦) 제국은 '황제(皇帝)'라는 칭호를 만들었다. 천자(天子)로 알려진, 전체 세계를 통치하는 사람이었다.[15] 기원전 7세기의 전설 속 황제들로까지 거슬러 올라가는 일본 황실은 팔굉일우(八紘一宇) 개념을 개발했다. 제국주의 일본의 개념이었다. 나중에 칭기즈칸의 제국은 13세기 초 유라시아 대륙 상당 부분을 정복한 뒤 전 세계에 대한 권리를 주장했다. 그의 이름은 '세계의 통치자'로 번역된다. 몽골제국은 로마제국과 마찬가지로 칸의 권위를 인정하지 않는 자들을 상대로 한 권력 추구에서 파괴적인 전쟁에 자주 의존했다. 칭기즈는 하늘의 신 텡그리(Tengri)로부터 스텝을 지배하라는 명령을 받았다고 주장했다. 그러나 제국이 확장되면서 이 명령은 전 세계를 포괄하는 것으로 바뀌었다. "해가 뜨는 곳에서부터 해가 지는 곳까지"였다. 한 칙령은 지상에 "단 하나의 주인 칭기즈칸이 있다"라고 선언했으며, 몽골 이데올로기는 세계를 이미 정복된 곳과 아직 정복되지 않은 곳의 둘로 나누었다.[16] 그 결과로 끊임없이 전쟁을 벌이는 것은 몽골제국의 사업에서 분리할 수 없었다. 알려진 제국 대부분이 그들 역사의 어느 순간에는 모두 그랬다. '해가 지지 않는 제국'으로 불렸던 대영제국도 예외는 아니었다.

그럼에도 칭기즈칸의 사례는 로마나 그 외 대부분의 고전기 및 근대 제국들(시간이 지나면서 여러 세대의 지도자, 병사, 관리들에 의해 건설됐다)과는 다른 권력 추구 형태가 두드러진다. 그것은 '오만한 권력(hubristic power)'이라는 말에 잘 드러나 있다. 즉 개인적인 야심 및 한 개인의 성취와 연관된 권력이다. 그 개인은 칭기즈칸과 마찬가지로 전쟁을 이용해 거대하지만 단명한 제국을 만들어 냈다. 고대 그리스어 휘브리스(*hubris*, '오만')는 페리페테이아(*peripeteia*, '파멸적 붕괴')로 죽을 운명인 하찮은 인간이 신들에게 교만하게 대드는 것을 시사한다. 그러나 이는 언어적 왜곡을 그다지 하지 않고 매우 많은 역사적 사례에 적용할 수 있다.[17] 이 책에서 다뤄지는 전쟁에 대한 설명 대부분과 달리 오만으로 인한 전쟁은 체제, 상황, 문화가 아니라 개인적 성격과 관련된 것이다. 전쟁을 통한 권력 추구는 특정한 역사적 상황에서 비롯되며, 군대를 비롯한 다른 세력의 도움을 받는다. 또한 권력 추구 자체를 넘어 다양한 동기로 위장될 수 있다. 그러나 개인의 오만한 야망이 전쟁이라는 기계를 돌리는 원동력이다.

오만으로 인한 전쟁의 가장 좋은 사례들은 잘 알려져 있다. 알렉산드로스(Alexandros) 대왕, 나폴레옹 보나파르트(Napoléon Bonaparte), 아돌프 히틀러가 대표적인 예다. 역사적으로 멀리 떨어져 있지만, 그들의 이력은 몇몇 유익한 유사성을 보인다. 세 사람은 모두 자기가 정복하게 되는 지역의 변두리에서 나왔다. 알렉산드로스는 그리스 북부 마케도니아, 나폴레옹은 코르시카섬, 히틀러는 오스트리아였다. 그리고 셋 다 짧은 기간에 방대한 영토의 제국을 만들었다. 알렉산드로스는 9년, 나폴레옹은 10년, 히틀러는 5년이었다. 이 제국들은 중심 인물이 죽거나 패배하면서, 서로 다른 방식으로 붕괴했다. 세 사람은 모두 전쟁을 시작한 뒤 언제 멈춰야 할지를 알지 못했고, 자신이 계속해서 전쟁을 하도록 남들이 몰아간다고 비난했다. 그들의 야망은 가장 잔인한 종류의 대규모 전쟁을 부추겼고, 그들의 개인적 권위는 자기네 군대가 대가를 개의치 않고 계속 싸우게 했다. 그들은 주변에 있는 사람들이 속이거나 저항한다고 의심되면 허세 섞인 분노를 터뜨리는 성향을 공통으로 지녔다. 세 사람은 모두 자기 역할을 다하기 위해 모종의 방식으로 섭리에 따라 선택됐다는 생각을 가지고 있었다. 알렉산드로스는 자신이 신들의 왕 제우스(Zeus)의 아들일 것이라는 주장이 정복을 타고난 자신의 운명을 확증해 줄 수 있다고 생각했으며, 나폴레옹은 1804년 "섭리가 앉혀 준 옥좌에서" 황제의 관을 썼으며, 히틀러는 경력 초기부터 자신만이 스스로의 노력을 통해 독일을 구하도록 선택(아마도 신에 의해)됐다는 인식을 키웠다. 세 사람은 모두 겸양을 보였지만 개인적 권력의 현실과 상징에 매료됐다. 알렉산드로스는 자신의 특수 천막에서 신민들에게 경의를 표할 것을 요구했고, 나폴레옹은 공화정에 공감하면서도 화려한 궁정을 만들었으며, 히틀러는 새 총리 관저의 널찍한 서재에 앉아 권력의 물리적인 모습으로 모든 방문자를 위압했다. 세 사람은 모두 자신의 제국 사업이 소멸한 이후에도 자신의 역사적 영향에 대한 대중의 매혹을 통해 살아남았다. 알렉산드로스의 전기들은 그가 요절하기 이전부터 쓰이기 시작해 그리스와 로마의 고대를 거쳐 현대에 이르러서도 계속됐으며, 나폴레옹은 재위 초기에 50권의 전기가 쓰였고, 히틀러의 이야기는 전 세계 서점 매대에 널려 있다.

그럼에도 이들의 개인사가 보여 주는 권력과 전쟁의 관계는 더 세밀한 검토가 필요하다. 그들 사이에는 분명히 많은 차이가 있었다. 주로 그들의 권력이 성장한 독특한 역사적 맥락에 좌우된 것이다. 그리스 북부 마케도니아 왕국의 알렉산드로스 3세(그가 죽기 전은 아니고 죽은 뒤 얼마 지나지 않고부터 알렉산드로스 대왕으로 불렸다)는 이례적으로 조숙한 정복자였다. 기원전 336년 스무 살의 나이에 아버지 필리포스 2세(Philippos II)의 뒤를 이어 왕이 된 그는 10년이 되지 않아 500만 제곱킬로미터의 영토를 정복한 뒤 기원전 323년 6월 겨우 서른둘의 나이에 죽었다. 알렉산드로스에 관한 자료는 많지 않고, 대부분은 그가 죽고 수백 년 뒤에 쓰였다. 흔히 서로 엇갈리는 이전의 기록들을 가지고 쓴 것이다. 그러나 조심스럽게 이용하면 알렉산드로스의 개인사와 정복 경로 모두에 관한 이삭줍기가 충분히 가능하다. 알렉산드로스는 부왕인 필리포스 2세의 덕을 많이 봤다. 필리포스는 마케도니아를 통일하고 국경의 위협 세력들을 물리쳤으며 강력한 군사력을 구축했다. 그 군대는 중무장 보병의 방진(方陣)을 바탕으로 했고, 보병은 양손으로 사리사(*sarisa*)라는 창을 들었다. 이 창은 길이가 5~6미터이고 육중한 쇠 날이 있었다.[18] 필리포스는 새 군대를 이용해 그리스의 서로 싸우는 도시들을 복속시켰고, 기원전 336년에 페르시아의 아케메네스(Haxāmaniš) 제국을 상대로 한 원정을 계획했다. 표면적으로는 (현대 튀르키예 해안에 있는) 그리스인의 도시들을 해방하고, 한 세기 전 페르시아인들이 그리스에 입힌 손실에 대해 복수를 한다는 것이었다. 1만 명의 병력이 마케도니아 장군 파르메니온(Parmenion)의 지휘 아래 보스포루스 해협 건너로 파견됐으나, 필리포스가 원정을 떠나기 전에 암살당했다. 알렉산드로스는 마케도니아의 힘과 페르시아 영토를 침공하려는 계획을 물려받았다. 필리포스의 의도는 분명치 않다. 그러나 알렉산드로스는 그저 복수 전쟁에 나선 것이 아니라 거대한 아케메네스 제국을 깨는 전쟁에 나섰던 것으로 보인다. 그는 헬레스폰투스 해협의 아시아 쪽에 상륙하기 전에 땅에다 창을 던졌다고 한다. 아시아 정복으로 얻게 될 '창으로 얻은 땅'의 상징으로서였다.[19] 알렉산드로스는 트로이(Troíā) 유적지의 아킬레우스(Achilleús)와 아이아스(Aiās)의 무덤을 찾은 뒤(새 왕을 과거 그리스 영웅들과 연결하는 행위다) 출정해 페르시아 다레이오스 3세(Dāryuš III)의 군대를 상대로 큰 승리를 거두었다. 현대 튀르키예의 비가(그라니코스)강과 이소스 그리고 결정적으로 메소포타미아 평원의 가우가멜라에서였다. 그사이에 그는 지중해 동부 연안을 정복하고[7개월의 포위전 끝에 수르(티레)를 파괴하고 남자들을 학살하고 여자들은 포로로 잡았다] 이집트를 점령했다.[20]

알렉산드로스의 야망에 관해서는 많은 억측이 있다. 그는 군사적 노력을 기울이는 세계에서 자랐고, 군신과 영웅들의 문화에 젖어 있었다. 어머니 쪽은 아킬레우스의 후손이고 아버지 쪽은 헤라클레스(Hēraklēs)의 후손이라는 주장이 있었으며, 심지어 제우스의 아들이라는 소문까지 있었다. 태어날 때 그는 '무적'이고 '불패'의 존재가 될 것이라는 조짐들이 있었다. 나중에 그의 궁정 점술사 아리스탄도로스(Arístandros o Telmisséus)는 친절하게도 알렉산드로스가 무적이라는 느낌을 강화하는 점괘들을 내놓았다. 후대 고전기의 전기 작가 아리아노스(Arrianos)는 알렉산드로스가 '명예광'이며 영광에 대한 "전혀 만족을 모르는 욕구"를 가졌다고 보았다. 이는 분명히 그의 명백한 정복 열망과 궤를 같이한다.[21] 그는 전쟁터의 뛰어난 지휘관이었고, 어린 시절 우상으로 떠받들고 모방했던 영웅들의 화신이었다. 승리를 거둘 때마다 그는 운명에 대한 인식을 키웠고, 그리스인들의 도시를 페르시아의 지배에서 해방하기 위해 시작했던 원정은 알려진 세계의 상당 부분을 정복하기 위한 오만한 원정이 됐다. 아나톨리아의 고르디온에 갔을 때, 그는 '고르디아스의 매듭'을 푸는 난제를 해결했다. 그저 칼로 매듭을 잘라 버렸다. 그러면서 누구든 이 문제를 푸는 사람은 '아시아의 지배자'가 될 것이라는 예언이 실현되기를 바랐다.[22] 그가 품은 야심의 크기는 이집트에 도착했을 때 분명해졌다. 여기서 그는 자신이 새 파라오라고 선언했다. 그는 사막을 건너 현대 리비아의 시와에 있는 신탁소(神託所)에 갔다. 표면상으로는 자신의 출생이 정말로 특별한 것이었는지를 알아보러 간 것이었다. 사제들은 그를 제우스에 해당하는 아몬(Amun, 이집트 신들의 왕)의 아들이라며 환영했다고 한다. 일부 자료는 그가 신으로 생각되기를 원치 않았고 그저 준신(準神)이면 족하다고 했다고 주장한다. 그것만으로도 보통 인간과 구별하기에 충분하다는 것이었다.[23] 그가 신의 지위를 추구했는지에 관해서는 여전히 논란이 있지만, 시와에 갔을 무렵에 이미 페르시아 왕조를 대신해 아시아의 왕을 추구하고 있었다. 그는 아케메네스 제국을 정복한 뒤 중앙아시아의 박트리아와 소그디아로 출정했고, 이어 인도 정복을 위해 이동할 것을 꿈꿨다. 이때 그와 그의 군대는 이미 마케도니아에서 2000킬로미터 가까이 떨어진 곳에 있었다.

알렉산드로스는 정복이 분명히 중독성이 있음을 알았다. 2세기에 아리아노스는 이렇게 썼다. "알렉산드로스는 작거나 웬만한 포부를 가진 것이 아니었고, 그때까지 자신이 가진 것에 만족하려 한 적이 없었다. …… 그는 언제나 훨씬 먼 곳에서 미지의 무언가를 찾았다."[24] 그럼에도 인도를 점령하기 위한 원정은 고향을 멀리 떠나 기진맥진한 그리스군에게는 너무 먼 발걸음이었음이 드러났다. 젤룸(히다스페스)강에 도착한 그는 그곳의 왕 포로스(Poros)를 물리쳤으나, 그의 군대는 더 동쪽으로 가기를 거부했다. 인내력의 한계에 이른 것이다. 알렉산드로스의 의도는 여전히 논쟁거리로 남아 있지만, 그는 정복 능력에 집착했으므로 가능했다면 더 나아갔을 것이라는 데는 의문의 여지가 별로 없는 듯하다. 기록들은 온 세계가 자신의 손에 잡힐 듯한 상황에서 돌아가야 한다는 데 대해 그가 분노했음을 보여 준다. 그는 양을 제물로 바치고 그 내장에서 불길한 징조를 발견했고, 이를 자신이 실패라고 생각한 것의 구실로 삼았다. 결국 그는 지친 군대를 돌려 남쪽으로 녹초가 되는 행군을 하며 인더스강 유역을 내려갔고, 그에게 저항하는 공동체는 모두 사정없이 학살했다. 세계의 끄트머리 대양에 도착한 그는 해신 포세이돈(Poseidōn)에게 황소를 제물로 바쳤다. 게드로시아(현 발루치스탄)사막을 통과하는 귀환 여정은 그의 부하들에게 기나긴 고통을 안겼다. 그들은 왕의 야망을 따라나섰지만 얻은 것이 아무것도 없었다.[25] 알렉산드로스는 자신이 페르시아인들로부터 빼앗은 도시들인 바빌론과 슈시(수사)로 돌아왔을 때 이미 아라비아나 카스피해 지역을 정복하고 심지어 중·서유럽으로 이동하는 원정을 생각하고 있었던 듯하다. 그러나 마케도니아인과 알렉산드로스의 지휘하에 잡다하게 연합한 군대가 그를 따랐을 것인지는 분명치 않은 문제다.

이 무렵에 권력을 과시하기 위한 알렉산드로스의 허세는 주변의 많은 사람을 소원케 했다. 그의 정복지 곳곳에 그는 알렉산드리아라는 이름의 도시 또는 성채를 스무 개 이상 건설했다. 가장 유명한 것이 이집트에 있는 것이고, 중앙아시아 스키타이 유목민과의 취약한 변경에도 알렉산드리아에스카테(가장 먼 알렉산드리아)가 있었다. 이 시기에는 그리스 세계의 어느 도시도 인간의 이름을 따라 이름 붙인 곳이 없었다. 그는 심지어 자신의 말 부케팔로스(Buképhalos)나 좋아하는 개의 이름을 도시에 붙이기도 했다.[26] 알렉산드로스는 다레이오스를 격파한 뒤 페르시아 양식의 궁정을 만들었다. 거대한 천막 안에 황금 기둥 50개를 세우고 소파 100개를 놓았다고 하며, 많은 병력의 경호대를 두었다. 그는 이곳에 사람들의 출입을 제한했고(그는 한때 더 평등주의적이었고 쉽게 만날 수 있었다), 페르시아 복장을 했다. 기원전 327년 그는 신민들이 자기 앞에서 엎드리게 하는 페르시아 방식의 절을 도입하고자 했다.[27] 측근의 마케도니아인들에게는 이해하기 어려운 일이었지만, 알렉산드로스는 반대자들을 적발하고 관련자를 처형하는 데 가차 없었다. 이제 마케도니아의 왕이기보다는 아시아의 왕이 된 사람의 갈수록 심각해지는 과대망상은 기원전 323년 갑작스러운 죽음과 함께 끝이 났다. 거의 틀림없이 독살보다는 질병이 원인이었을 것이다. 지명된 후계자는 없었고, 단 명의 제국은 몇 년 사이에 전쟁 중인 여러 왕국으로 쪼개지고 알렉산드로스의 이례적인 개인적 야망이라는 유산만 남았다.

젊은 나폴레옹 보나파르트는 거의 틀림없이 이 유산에 대해 알았을 것이다. 당대의 모든 기록은 그가 게걸스러운 열정을 가지고 고전기 주요 장군들, 특히 그리스와 로마 정복자들의 이야기를 읽었다고 말하기 때문이다. 그는 알렉산드로스가 어렸을 때 누렸던 것을 별로 가지지 못했다. 코르시카 하급 귀족의 둘째 아들이었던 그는 어린 시절 10년 동안 프랑스 브리엔의 군사학교에서 힘들게 보냈다. 이곳에서 그는 놀기보다 책 읽기를 더 좋아하는 무뚝뚝하고 외로운 생도로 찍혀 급우들에게 시달림을 받았다. 나폴레옹의 초기 생애(그리고 실로 나중의 장군 시절, 이어서 1804년 이후의 황제 시절도)에 관한 자료 대부분은 대체로 당대의 것이긴 하지만 간접적인 것이다. 그러나 알렉산드로스에 관한 것보다는 더 믿을 만하다. 그들은 나폴레옹이 통상적인 젊은이가 아니라는 데 의견이 일치한다. 오만한 태도, 간혹 발동되는 통제할 수 없는 기질, 대단한 사람이 되고자 하는 야망이 있었다. 권력은 그의 인생관 한가운데에 있었던 듯하다. 그는 1793년 툴롱시 포위전에서 포병대 지휘관으로 훌륭하게 활약했다. 여기서 그는 지도력과 용기를 모두 보여 주었으나, 그 성공은 아무런 보상도 받지 못했다. 그는 자신의 군 이력이 어려움에 빠진 1794년 형 조제프(Joseph)에게 이렇게 말했다. "이 세계에서 하는 유일한 일은 계속해서 …… 권력을, 더 많은 권력을 얻는 거야. 그 나머지는 의미가 없어."[28] 1795년 10월, 그에게 기회가 찾아왔다. 이때 그는 혁명 정부에 반대해 파리에서 일어난 방데미에르 (Vendémiaire) 반란을 진압하는 데서 눈에 띄게 활약했다. 그는 소장으로 임명됐고, 1년이 지나지 않아 정부를 설득해 이탈리아 원정군을 이끌었다. 합스부르크 군대 때문에 고전하고 있던 그곳의 혁명전쟁이 군사적 위기를 맞자 이를 역전시키기 위한 파병이었다. 1792년 시작돼 승패를 주고받던 혁명전쟁은 그에게 활약할 기회를 제공했다.[29] 이어지는 놀라운 승리는 그가 천부적인 작전 감각을 가지고 있음을 보여 주었고, 그는 이를 이용해 파리에서 영웅이자 구세주로서 자신의 명성을 부풀렸다. 그는 나중에 1796년 5월 밀라노 부근 로디에서의 승리가 자신의 미래에 대한 생각에서 전환점이 됐다고 언급했다. "내가 스스로 뛰어난 사람이라고 생각하고 여태까지 내 머릿속에서 오직 환상적인 꿈이라고만 생각했던 큰일들을 실행해야겠다는 야심이 생겨난 것은 로디에서 밤을 보낼 때가 처음이었다."[30] 항상 자신의 성공에 관심을 기울였던 이 지휘관에게는 분명히 오만의 기미가 있었다. "나의 권력은 나의 영광에 의존하고 나의 영광은 나의 승리에 의존"했다고 그는 나중에 주장했다.[31]

그 이전의 알렉산드로스와 마찬가지로 나폴레옹은 쉼 없는 정력으로 끊임없이 자기 제국의 변경 확장을 추구했다. 프랑스의 지배력은 이탈리아, 독일, 네덜란드, 스위스 그리고 나중에 에스파냐로 확장됐다. 1799년에 나폴레옹은 이집트 침공을 구상했다. 아마도 알렉산드로스를 모방했을 것이다("우리는 동방으로 가야 한다. 대단한 명성은 모두 그 지역에서 나온다"). 그리고 육상과 해상에서 패배했음에도 그는 이것이 또 하나의 영광스러운 모험이었음을 프랑스인들에게 이해시켰다.[32] 역사가 대부분은 정복을 위한 특별한 계획은 없었다는 데 동의한다. 프랑스의 동맹국, 속국, 적국 간 동맹 정치의 우여곡절을 생각하면 아마도 놀라운 일은 아닐 것이다. 나폴레옹은 자신이 남들의 고집 때문에 싸우지 않을 수 없었다고 자주 불평했다. 어떤 면에서는 사실이었지만, 저항은 프랑스 권력의 확산과 나폴레옹이 거치적거리는 다른 나라들에 꺾이기 싫어한 것의 결과였다. 1799년 그가 새 헌정 체제하의 행정수반인 제1 집정관이 되면서 전쟁과 평화에 대한 결정은 기본적으로 그의 몫이 됐다. 그는 영국을 매우 혐오했고(영국이 끊임없이 자신의 제국 사업을 방해했기 때문이다), 유럽의 여러 군주에 대해서는 불신과 경멸이 뒤섞인 감정을 가지고 있었다. 1802년 지친 두 적대국 영국과 프랑스 사이에 조인된 아미앵(Amiens) 조약은 금세 파기되고 전쟁이 재개됐다. 1805년 아우스터리츠(현 체코 슬라프코프우브르나)에서 오스트리아와 러시아를 상대로, 1806년 예나-아우어슈테트에서 프로이센을 상대로, 이어 1807년 다시 러시아를 상대로 거둔 승리는 나폴레옹이 유럽의 정치 지도를 새로 그릴 수 있게 했고 그의 형제들을 속국 군주로 올려놓았다. 1808년 무렵에 제국은 정점에 도달했지만, 나폴레옹은 전쟁 없이는 결코 만족할 수 없었다. 여전히 영국과 전쟁 중이었지만 그는 에스파냐를 제국에 편입하고자 새로운 전선을 열었다. 4년 뒤 러시아와의 처참한 전쟁이 벌어졌다. 나폴레옹이 자신의 권력에 대한 도전을 견디지 못한 것 외에는 할 필요가 없는 전쟁이었다.

나폴레옹은 권력 행사를 즐겼다. 그는 국무원 참사 피에르 로드레(Pierre Roederer)에게 이렇게 말했다. "나는 어디를 가나 명령을 내렸소. 내가 태어난 이유가 그것이오."[33] 그는 권력의 자리에 오른 초기부터 영도자 위세를 부렸다. 밀라노 교외 몸벨로궁에 있는 그의 이탈리아 기지는 사실상 황궁이 됐다. 나폴레옹은 여기서 동료들과 거리를 두고 막료들과 따로 식사를 하며 그를 보러 오는 사람들의 접근을 통제하기 시작했다. "그는 위대하고 강력하고 존경과 영광에 둘러싸여" 있었으며 더 이상 "다른 사람들과 동등"하지 않았다고 그의 군사 비서 루이 드부리엔(Louis de Bourrienne)은 썼다. 1790년대에 나폴레옹이 이탈리아에 있던 2년 동안 그의 승리에 관한 소책자가 76권 이상 출간됐다. 그는 호의적으로 스키피오 아프리카누스와 비교됐지만, 그를 반대하는 이들은 덜 호의적으로 알렉산드로스, 한니발(Hannibal), 카이사르와 비교했다.[34] 나폴레옹이 프랑스에서 권력을 확대해 가는 동안 그 한가운데에는 계속해서 권위주의적 명령 방식이 있었다. 처음에는 10년 동안 제1 집정관이었고, 이어 1802년 종신 집정관이 됐으며, 마지막으로 1804년 5월 황제가 됐다. 이로써 그는 유럽의 다른 황제들과 같은 지위를 차지했다. 아마도 나폴레옹에게는 이것이 더 중요했겠지만, 위대한 고전기 제국들(그의 제국은 곧 이들과 널리 비교된다)과 같은 지위에 올랐다. 그의 즉위식은 호화롭게 준비되고 교황이 참석했다. 교황이 왕관을 나폴레옹에게 넘겨주어 스스로 쓰게 했다. 자신의 권력은 누구의 덕도 아님을 보여 주려고 나폴레옹이 선택한 방식이었다.[35] 이듬해 그는 밀라노에서 이탈리아 왕으로서 스스로 왕관을 쓰기로 했다. 중세 신성로마 황제인 '바르바로사'(붉은 수염) 프리드리히 1세(Friedrich I) 시절부터 전해져 온 랑고바르드(Langobard) 철관을 쓰는 것이었다. 중요한 점은 그가 더 이상 시민을 이야기하지 않고 신민을 이야기했다는 것이다.[36]

나폴레옹은 개인숭배 확대를 바탕에 깔고 있는 선전을 개발하는 데 일부 역할을 했다. 정권은 출간물을 면밀하게 감시하고 제국에 대한 비판을 검열하며 여론을 조성하는 정보를 통제했다. 그 과정은 무자비했다. 1789년에 프랑스에서는 130개의 신문·잡지가 발간됐는데, 1811년에는 그 가운데 단 네 개만이 살아남았다.[37] 구세주와 영웅 이미지는 끊임없이 미화됐다. 1806년 프랑스 상원은 '나폴레옹 대제' 기념물 건립을 결의했고, 이후 이 칭호는 흔하게 사용됐다. 1802년 '나폴레옹 성인'에 대한 최초의 언급이 있었고, 1806년 나폴레옹의 생일인 8월 15일이 '나폴레옹 성인의 날'로 공식 기념됐다. 같은 날인 성모 승천 축일을 무력화하도록 설계된 것이어서 많은 성직자가 이 변화에 반대했다. 가톨릭 교리문답의 추가 사항이 1806년 만들어져 제국 전역에서 아이들에게 가르치도록 의무화됐다. 알렉산드로스가 제우스와 묶였듯이 나폴레옹을 신과 연결한 것이다. 아이들에게 왜 나폴레옹을 추종하느냐고 물으면 모범 답안은 이랬다. "그분은 하느님이 창조하신 분이고 …… 주님께서 그 자리에 앉히신 분입니다."[38] '세계 제국' 또는 '세계 지배'에 관한 광범위한 논의가 있었는데, 나폴레옹이 그 주인공이었다. 그가 자신의 권력이 더 멀리, 서아시아와 인도까지 그리고 유라시아 대륙 전체로 뻗칠 것으로 생각했는지 아닌지는 논란의 여지가 있다. 1811년에 그는 성직자 도미니크 뒤푸르 드프라트(Dominique Dufour de Pradt)에게 이렇게 말했다. "5년 안에 나는 세계의 주인이 될 것이오. 러시아만 남았는데, 내가 뭉개 버리겠소."[39]

제국 전역에서 끌어모은 61만 명의 병력으로 러시아를 침공한 것은 알렉산드로스의 인도 돌격과 같은 것이었고, 마찬가지로 성과가 없이 오만한 시도로 끝났다. 나폴레옹이 왜 러시아 세력을 파괴한다는 도박을 선택했는지에 대해서는 많은 억측이 있었다. 러시아를 프랑스 제국에 추가할 가능성이 별로 없어 전략적 합리성이 부족했는데 말이다. 러시아를 격파하는 것이 어쨌든 영국을 최종적으로 물리치거나 해결하는(유럽에서 무적의 세력이 되려는 나폴레옹의 바람에서 중심적인 야망이었다) 데 발판이 되리라는 견해는 그럴듯하지만 입증하기가 어렵다. 표면적인 동기는 차르 알렉산드르 1세(Aleksandr I)를 압박해 영국 무역을 금지한다는 것이었지만, 이 원정을 자신의 권력과 황제의 위엄에 대한 도전을 물리치려는 나폴레옹 자신의 야망이 아니라고 보기는 어렵다. 그는 그랑다르메[Grande Armée, '대육군(大陸軍)']를 고전적인 관점에서 보았다. "크세르크세스의 군대 같은, 알렉산드로스의 군대처럼 대단한 성과를 낼" 군대였다. 그는 러시아에서 싸우는 것의 여러 위험성, 병참 문제, 훈련이 잘 되지 않고 여러 민족(그 가운데 상당수는 프랑스에 적대적이었다)이 뒤섞인 군대의 현실에 대한 경고를 받았다. 많은 지휘관과 일반 사병들은 왜 보급품도 별로 없고 겨울옷도 없이 러시아 깊숙이 들어가서 싸우라는 요구를 받는지 정말로 이해할 수 없었다. 나폴레옹은 "원대한 계획을 온전히 파악할 수 있는 사람이 별로 없다"라며 한탄했다.[40] 이 원정은 결과적으로 엄청난 재난이 됐다. 병사들의 겨우 6분의 1만이 러시아에서 돌아왔다. 나폴레옹이 자신의 권력은 승리와 개인적 성공에 의존한다고 본 것은 옳았다. 그가 건설한 제국의 권력 또한 마찬가지였다. 러시아 원정은 두 가지 모두에 손상을 가했다. 새로이 결성된 동맹국 연합이 1년도 되기 전에 독일에서 프랑스를 격파했다. 나폴레옹은 1813년 여름 주도권을 되찾기 위해 필사적인(그러나 문제가 있는) 노력을 했지만 허사였다. 동맹국들은 이제 프랑스로 진격했다.[41] 파리는 1814년 3월 말 항복했고, 나폴레옹은 엘바섬으로 쫓겨나 그곳을 다스리게 됐는데 황제 칭호는 허용됐다. 그는 1815년 프랑스로 돌아왔지만, 결국 워털루에서 최종적으로 그리고 결정적으로 패배했다. 남대서양의 세인트헬레나섬으로 영구 추방된 그는 자신이 러시아에서 이겼더라면 어떤 운명을 맞았을까 생각했다. 여전히 고집스럽게 자기중심적이었다. "내가 승리했다면 나는 이제까지 살았던 사람 가운데 가장 위대한 인물이라는 명성을 남긴 채 죽었을 것이다. 나는 하잘것없는 사람에서 나 자신의 노력만으로 세계에서 가장 강력한 군주가 됐다."[42]

아돌프 히틀러는 권력을 차지하고 전쟁 활동을 운영하는

데 알렉산드로스나 나폴레옹보다 더 자격이 없었다. 그는 제1차세계대전에 참전해 상등병 계급에 이르렀지만, 전투에서 직접 부대를 이끌거나 전투에서 노출되는 위험을 관리한 군사적 경험이 전혀 없었다. 그는 상대적으로 아마추어 전략가였다. 그가 제3제국 시기에 경험한 폭력 중 하나는 1944년 7월의 암살 시도였다. 그는 곧바로 피살을 모면한 것이 하늘의 섭리 덕분이라고 말했다. 그럼에도 그는 이때 군대의 최고 지휘관이었다. 그는 이 역할을 1938년 2월에 맡아 제3제국의 마지막 날까지 전적으로 담당했다. 히틀러는 알렉산드로스 및 나폴레옹과 마찬가지로 전쟁에 관해 혼자서 결정했다. 독재정하에서 그가 만든 권력구조가 다른 어느 것도 허용하지 않았기 때문이다. 그는 독일의 권력을 확대하기 위해 전쟁을 벌였고, 성공을 거둘수록 그는 유럽에서 자신이 만들고 통치하는 새로운 독일 제국에 더 많은 권력이 누적되기를 원했다. 그의 개인적 권력은 전쟁을 가능케 했고, 전쟁은 독일 제국의 권력과 그 자신의 권력 모두를 확고하게 했다. 히틀러는 나폴레옹과 마찬가지로 전쟁이 권력을 표현하는 주요 수단이자 필수적인 수단이라는 사실을 전혀 의심치 않았다. 두 사람의 전략이 전 세계에 그토록 위험한 이유가 바로 이것이다. 특히 그들이 벌이는 전쟁을 지지하거나 그로부터 이익을 얻는 필수적이고 광범위한 병사와 민간인을 끌어들였기 때문이다.

히틀러의 초기 생애에는 미래의 독재자 겸 군 지도자의 전조라고 할 만한 것이 별로 없었다. 동시대 사람들의 회상 대부분은 서투르고 자아도취적인 사람, 정규교육에 따른 것은 아니지만 광범위한 문제에 깊이 몰두했음을 반영한 주장을 곧잘 하는 사람(그것이 1914년 이전 빈과 전쟁 중에 그를 동료들로부터 떼어 놓았다)을 이야기한다. 1918년 독일의 패배로 그는 자신이 '독일 등에 칼을 꽂은 자'라고 비난해 온 사람들에 대한 뿌리 깊은 증오를 품게 됐다. 히틀러가 정확히 언제 자신이 독일인들을 전후의 불행과 영향력 상실로부터 구하기 위해 섭리에 의해 선택된 사람이라고 생각했는지를 판단하기는 어렵다는 것이 드러났다. 처음에 그는 자신을 독일의 구세주에게 길을 열어 주는 고수(鼓手)라고 생각했던 듯하다. 그러나 1920년 군소 정당[그는 당명을 국가사회주의독일노동자당(NSDAP)으로 바꿨다]의 지도자가 된 그는 자신을 제2의 조국을 구할 운명을 지닌 사람으로 보기 시작했다. 이는 자아 도취적 야망이었다. 그가 남에게 제약받지 않는 지도자가 돼서 복종을 강요하고 자기 인식을 부풀리려는 욕망을 가졌다는 사실로 보아 분명하다. 당내에서 그의 권력에 도전했던 사람들은 밀려나거나 1934년에는 살해당했다.[43] 그가 일찍부터 단순한 칭호 '퓌러'(영도자)를 선택하고 1945년까지 줄곧 유지한 것은 우연이 아니다. 이 칭호는 특수한 소명, 독특한 지도 양식을 함축해 경쟁자를 허용하지 않고 추종자들의 절대적인 충성을 요구한다. 용어의 본래 의미에 카리스마가 있다.[44] 바이마르공화국을 상대로 한 실패한 반란 이후 쓴 책의 제목을 『나의 투쟁』으로 한 것 역시 우연이 아니다. 여기서는 그의 개인사가 어떻든 독일인들이 직면한 더 광범위한 도전을 상징했다. 1928년에 쓴 『나의 투쟁』 제2권(그의 사후에 『두 번째 책』

으로 출간됐다)에서 히틀러는 전쟁이 민족 간 경쟁의 자연스러운 결과라고 주장했다. 한 민족이 보존을 위해 싸우지 못하는 것은 퇴보의 징표였다. "살기를 원하는 자는 또한 싸워야 하고, 이 영원한 투쟁의 세계에서 충돌하기를 원치 않는 자는 살 가치가 없다."[45] 히틀러의 세계관에서 전쟁은 민족의 생존과 진보에 핵심적인 것이었으며, 1933년 그가 권좌에 올랐을 때 독일의 미래에 관한 그의 견해를 지배했다.

우연은 히틀러에게 정치권력을 가져다주는 데서 중요한 역할을 했다. 나폴레옹도 마찬가지였지만, 히틀러는 자신의 부상을 섭리의 작용 덕분으로 돌리는 데 능숙해졌다. 그는 자신을 불러내는 동시에 보호한 것이 운명이었음을 확인하기 위해 독재정 기간에 섭리라는 말을 자주 사용했다. 1933년 2월 3일, 히틀러는 총리가 되고 난 직후의 한 회의에서 자신이 스스로의 권력 행사에 대해 어떻게 생각하고 있는지를 군 고위 지휘관들에게 설명했다. 권력은 우선 단합된 민족을 만들어내고 독일 민족 내부의 적을 없애야 하며, 이어 독일의 권력을 밖으로 뻗어야 하는데 그것은 전쟁을 의미하는 것일 수밖에 없었다. 히틀러는 놀라울 정도로 오만하게 장군들에게 설명했다. "여러분은 나 같은 사람을 다시 보지 못할 겁니다. 자신의 모든 권력을 동원해 자신의 목표를 이루고 독일을 구원하는 일에 나서는 사람 말입니다."[46] 히틀러는 초기의 이 약속을 상당한 정도로 이행했다. 그는 1934년 8월 절대 권력을 거머쥐었다. 나이가 많은 대통령 파울 폰 힌덴부르크(Paul von Hindenburg)가 죽자 그는 대통령과 총리를 통합해 '퓌러'라는 하나의 칭호로 만들었다. 그리고 반대자들에 대한 무자비한 테러를 통해 정치적 통합을 이루었다. 1938년에는 군대의 최고사령관 자리를 차지하고, 약속한 독일의 팽창을 몇 주 안에 시작했다. 오스트리아를 점령하고 합병해 '대독일국'을 만들었다. 히틀러는 카리스마 있는 지도자가 되려면 끊임없는 성공으로 증명할 필요가 있음을 알고 있었다. 자신을 인도할 확고한 청사진은 없었지만, 그는 권력을 잡자 더욱 팽창해 나가기 위해 손에 넣을 수 있는 허약한 기반 위에서 대군을 육성했다. 오스트리아 다음으로 곧장 체코슬로바키아 정복을 노렸으나 영국의 개입으로 뜻을 이루지 못했다. 이때의 뮌헨협정으로 독일은 독일계 주민이 다수인 지역을 병합하는 데 만족해야 했다. 이 경험을 그는 패배로 보았고, 이후에는 다른 강국들이 자신의 국제적 목표에 제약을 가하지 못하게 하겠다고 결의를 다졌다. 그의 전쟁 의지는 1939년 3월 체코슬로바키아의 잔여 부분 점령으로 이어졌고, 이어 폴란드와의 전쟁을 준비하라는 명령을 내렸다. 이 결정은 그의 예상과 달리 반년 뒤 영국, 프랑스 두 제국과의 전쟁으로 이어졌다. 그는 폴란드에서의 승리에 대해 예상할 수 있는 방식으로 반응했다. "섭리가 최종 결정을 내려 우리에게 승리를 안겨 주었다. …… 운명에 맞서 싸우는 자만이 섭리의 은총을 받을 수 있다. 나는 최근 몇 년 동안 여러 차례 섭리를 경험했다."[47]

1939년 9월, 독일군이 폴란드를 침공하던 날에 히틀러는 전국에 방송된 연설을 통해 자신은 "다른 무엇보다도 독일 제국의 첫 번째 병사가 되기"를 원한다고 말했다. 그는 독일의 권력을 확보하는 수단으로서 전쟁에 몰두하고 있었기 때문에 그가 보기에 이 야망을 제한하는 타협이나 평화는 있을 수 없었다. 그는 자신을 쬐치는 다른 세력, 특히 "세계 유대인"이라는 악의 세력과 "사악하고 잔인한 영국"을 비난했지만, 사실 1941년 12월 그를 영국·소련·미국과의 전쟁으로 밀어 넣은 것은 온갖 악조건을 괘념치 않는 승리를 향한 그의 오만한 욕망이었다. 이것은 피할 수 있었던 조합이었다. 전쟁을 더 하는 것은 그의 선택이었다. 1945년 독일의 최종적인 패망 직전에 기록된 그의 회상 가운데는 자신의 운명이 나폴레옹의 운명과 똑같다는 주장이 있었다. "나는 나폴레옹이 겪었던 고뇌를 어쩌면 다른 누구보다 더 잘 상상할 수 있을 거야. 평화로운 승리를 갈망했지만 끊임없이 전쟁을 계속하는 상황에 내몰렸으니 말이야."[48] 나폴레옹과 마찬가지로 히틀러의 경우에도 명백하게 한도가 없는 군사적 야망의 이유를 파악하기는 쉽지 않지만, 권력의 근원으로서 제국을 건설하고 방어하는 것은 틀림없이 그들을 특징지었던 끊임없는 전쟁을 설명해 준다. 히틀러는 자기 주위의 정치 및 군사 지도자들에게, 자신은 정복한 땅을 한 치도 포기할 생각이 없음을 분명히 했다. 이것은 그의 전쟁이었고, 그는 자기 밑에서 일하는 사람들의 어떤 약함의 징표나 패배주의도 참아내지 못했다. 현실감이 없는 그의 군사 전략 때문에 휘하 지휘관들과 자주 충돌했지만, 그는 전쟁이 진행될수록 조언에 귀를 덜 기울이고 섭리의 인도에 더 의존했다. 그가 보기에 자신은 독일의 승리를 책임져야 했고, 자신만이 독일을 패배의 전망에서 구할 수 있었다. 그러지 못하면 네로(Nero)처럼 독일을 불길 속에서 무너지게 할 것이었다.

　히틀러의 권력은 개인숭배의 개발에 상당히 힘입었다. 개인숭배는 국내의 권위주의를 떠받쳤을 뿐만 아니라 제국의 '첫 번째 병사'인 그의 역할을 뒷받침했다. 지도자와 추종자의 관계에는 광신(狂信)의 요소가 있었다. 히틀러가 선택한 후계자 헤르만 괴링(Hermann Göring)은 1934년의 한 연설에서 이렇게 주장했다. "필요성이 가장 커졌을 때 주 하느님께서는 독일인들에게 그 구세주를 주셨습니다." 나중에 폴란드 점령지 총독이 되는 한스 프랑크(Hans Frank)는 1937년 일기에 이렇게 썼다. "오, 하느님! 세계 역사에서 가장 위대한 사람을 우리에게 주셔서 감사합니다."[49] 일부 신학자는 히틀러를 '신의 임재(臨在)'로서 환영했고, 그들은 히틀러의 권력에 대한 의지를 새로운 독일에서의 건전한 영적 생활의 기초로 규정했다.[50] '히틀러의 날'(그의 생일인 4월 20일), 히틀러의 총리 임명일 그리고 1923년 반란 와중에 당원들이 '희생'됐던 11월 8일에 특별 기념식이 있었다. 보편적인 인사 '하일 히틀러(Heil Hitler)'는 이 지도자의 특수한 지위를 일상적으로 일깨워 주었다. 모든 병사는 이전의 조국 방위 맹세 대신 최고사령관인 히틀러 개인에 대한 맹세를 해야 했다. "나는 퓌러에게 무조건적인 복종을 할 것이라는 이 성스러운 약속을 하느님께 맹세합니다."[51] 히틀러는 연출된 대중 집회와 기념식에서 섭리에 의한 지도자의 이미지로 연기를 했다. 그는 나폴레옹이나 알렉산드로스의 허식을 피하고, 그 대신 수수한 옷과 소박한 일상생활을 강조했다(그는 황제가 되겠다는 나폴레옹의 결정을 처음으로 비판한 뒤, 만찬 손님들에게 "내가 번쩍거리는 고급 차량을 타고 뮌헨 거리를 지나가면 …… 그것이 어떤 영향을 미칠지 상상해 보"라고 말한 것으로 전해진다[52]). 그럼에도 그는 알렉산드로스와 나폴레옹 그리고 더 적대적인 비판자로부터는 칭기즈칸이나 훈(Hun)족 왕 아틸라(Attila)나 그 밖에 야망에 찬 여러 난폭한 지도자와 자주 비교됐다.[53] 히틀러는 세계 역사 속에서 자신이 어디에 위치할지를 알고 있었으며, 이는 로마나 그리스에 필적할 만한 멋진 새 도시들을 건설하고 1000년 후에도 사람들의 발길이 끊이지 않게 하겠다는 그의 열망에서 분명히 드러났다. 노르웨이 북부 트론헤임에서부터 자신의 고향인 오스트리아 린츠까지, 히틀러는 자신의 놀라운 역사적 기념물로서 퓌러 도시들을 계획했다. 모두 축소판으로 꼼꼼하게 만들어 제국 총리 관저의 '모형실'에 두고 권력의 환상을 유지했다.[54]

히틀러, 나폴레옹, 알렉산드로스는 모두 분명한 이유로 '파괴적 지도력'이라고 불리는 것의 화신이었다. 이 지도자들은 자신들이 대표한다는 사람들의 동의나 그 사람들의 장기적인 복지에 대한 고려 없이 목표를 강요했다. 개인 권력의 물리적 표현으로서 끝없이 전쟁을 추구한 것은 세 경우 모두 개인 의지의 결과일 뿐만 아니라, 카리스마가 있는 지도자와 그에 부수되는 비용을 받아들인 추종자들의 자발성 및 애초에 지도자가 되려는 시도를 가능케 한 역사적 상황의 결과이기도 했다. 앞에서 이미 충분히 이야기했듯이 이 '해로운 삼각형'은 오만

     왜 전쟁인가?

한 야망이 활개 칠 수 있는 배경이다. 이 지도력 모형은 심각한 이기주의를 반영한다.[55] 이 세 사례 가운데 누구도 자신의 야망 탓에 희생된 수많은 생명의 손실을 유감스러워했다는 증거는 별로 없다. 나폴레옹은 퇴각하는 그랑다르메 잔여 병력과 함께 마지막에 극적으로 베레지나강을 건넌 것을 광고함으로써 러시아에서의 패배를 가짜 승리로 뒤집고자 했다. 그러는 과정에서 그는 겨우 생포를 면했지만, 퇴각로를 따라 죽어 나간 그의 병사들에 대해서는 거의 관심을 보이지 않았다. 히틀러는 민족의 의지를 통해 독일이 그 정당한 자리를 차지하게 될 것이라는 자신의 기대에 부응하지 못한 독일인들에게 등을 돌린 것으로 악명이 높다. 반란 기념일인 1943년 11월 8일 방송 녹음 도중 갑자기 분을 참지 못한 히틀러는 독일인들의 잘못으로 독일이 패배한다면 자신은 눈물 한 방울 흘리지 않을 것이라고 선언했다. 이는 실제 방송분에서는 신중하게 잘라 냈다. 한번은 이렇게 주장하기도 했다. "이에 대해 나 역시 냉담하다. 독일인들이 자기 보존을 지원할 준비가 돼 있지 않다면, 내버려두라. 그러면 독일은 사라져야 한다."[56] 지도자들이 권력을 냉소적으로 이용해 섭리에 따른 소명을 내세우고 전쟁을 벌이는 것은 고전기 세계에서부터 21세기에 이르기까지 가장 위험하고 예측할 수 없는 전쟁의 원인이다.

권력을 위한 권력은 오만한 지도력의 경우에도 완전한 답변이 아니다. 물론 그것이 이 세 사람의 야망을 지배하게 됐지만 말이다. 나폴레옹전쟁이 끝나고 얼마 지나지 않아 프로이센 장군 카를 폰 클라우제비츠(Carl von Clausewitz)는 이런 결론을 내린 것으로 유명하다. "전쟁은 단순한 정책 행위가 아니고 다른 수단에 의해 수행되는 진정한 정치적 도구이자 정치적 교섭의 연장이다."[57] 매우 과시적인 이 주장은 모든 것을 설명할 수도 있고 아주 적은 것을 말할 수도 있는데, 오만으로 인한 전쟁을 이해하는 데는 그다지 쓸모가 없다. 인류 역사상 전쟁 대부분이 다양한 이유로 일어났다. 일부는 직접적인 정치적 목표가 있었지만 대부분은 그렇지 않았다. 그리고 '다른 수단'이라는 말은 전쟁을 클라우제비츠 시대의 전쟁이 보여 주었던 거대하고 폭력적인 혼란 대신 제한된 통치 도구로 축소하는 것처럼 보인다. 다른 권력을 꺾어 정치권력을 증대시키기 위해 의도적으로 벌이는 전쟁(물론 물질적이거나 이데올로기적 동기가 있을 것이다)은 현대 세계 전쟁의 기능에 관한 클라우제비츠의 견해와 더 밀접하게 맞아떨어진다. 물론 정확한 역사적 설명은 다음과 같은 그의 단순한 공식보다는 확실히 더 복잡하겠지만 말이다. "정치적 동기는 목표이고, 전쟁은 그 목표에 도달하는 수단이다."[58]

클라우제비츠가 이해한 의미에서 권력을 잡기 위한 투쟁은 오늘날의 국가체제 등장을 논의하는 데서 흔한 일이 됐다. 이를 충분히 설명한 것이 1988년 출판된 폴 케네디(Paul Kennedy)의 중요한 저작 『강대국의 흥망』이다. 경제적 힘과 이에 상응하는 군사적 능력이 강대국(물론 아마도 많은 약소국도 마찬가지일 것이다)의 부상과 쇠락을 설명할 수 있다는 케네디의 명제는 클라우제비츠와 마찬가지로 17세기 말 이후 유럽(나중에 미국을 포함)에서 떠오른 국제질서와 부합했다. 강대국으로 규정된 나라들 사이의 전쟁은 '패권전쟁'으로 분류됐다. 여기서 패권국을 노리는 나라[루이 14세(Louis XIV)의 프랑스든, 빌헬름 2세나 히틀러의 독일이든]의 권력 주장은 다른 세력들이 일으키는 전쟁의 도전을 받아 통상 국제 권력 서열의 재조정으로 이어진다.[59] 가능한 경우 강대국들은 엇비슷한 국가 또는 동맹들 사이의 '세력 균형'을 시도하고 그럼으로써 군사적 권력 투쟁을 피하거나 지연시킨다. 패권전쟁은 현재 권력이행론(PTT)으로 불리는 것의 산물일 듯하다. 이 이론은 국제 체제에서 자신의 위치에 불만이 있는 신흥 강대국이나 패권 주장을 지속하려는 쇠락하는 세력이 자기네의 권력 목표를 위해 전쟁을 일으키는 것을 말한다. 이 이론은 '권력'의 효과적인 측정에 의존하는데, 그것이 없으면 권력 이행을 입증할 수 없기 때문에 지난 반세기 동안 권력의 상대적인 크기(그리고 이에 따른 전쟁의 가능성)를 측정하는 데 많은 노력이 기울여졌다.

권력 평가는 1963년 정치학자 데이비드 J. 싱어(David J. Singer)가 미시간대학교에 설립한 전쟁상관도계획(CoW)과 가장 밀접한 관련이 있다. 이전의 평가는 대부분 GDP와 군사 지출 수준을 바탕으로 했지만 싱어의 조직이 국가역량종합지수(CINC)라는 더 광범위한 권력 잠재력 측정치를 만들었고, 이 측정치가 지금 가장 일반적으로 인용되고 있다. 이 지표는 여섯 가지 측정치를 바탕으로 한다. 총인구, 도시 총인구, 철·강철 생산, 주요 에너지 소비, 군사비 지출, 군 인력이다. 이 '점

수'를 더해서 6으로 나누어 상대적인 국력을 보여 주는 순위
를 매긴다.[60] 이 측정치는 시간의 경과에 따른 권력 이행, 특
히 순위가 높은 국가들의 권력 이행을 나타내는 데 사용될 수
있으며 그들이 충돌 가능성이 있는 나라들임을 시사한다. 권
력 이행과 전쟁의 증거에 대한 가장 좋은 자료는 고전기 그리
스 역사가 투키디데스(Thukydides)의 책이다. 아테네와 스파
르타의 전쟁에 관한 그의 기록은 아테네의 권력이 스파르타인
들을 위협해 그들을 자기네 지위를 지키기 위한 충돌로 내몰
았음을 시사한다. 오늘날의 용어로 '투키디데스 함정'인데, 패
권을 놓고 경쟁하는 두 나라가 전쟁을 피하기 어려운 상황을
일컫는다. 이것은 피하기 어려운 함정으로 널리 받아들여지고
있다. 투키디데스는 두 그리스 도시국가의 전쟁이 '필연적'이
라고 생각했다.[61]

이런 식의 잠재 국력 측정에는 많은 문제가 있고, 권력 이행
이 통상 전쟁을 수반한다는 생각에는 역사적 반론도 많다. 우
선, GDP를 측정 수단으로 사용하는 것은 도움이 되지 않는
다. 매우 많은 인구와 경제를 가진 나라는 군사적 능력이 제한
적이라도 높은 점수를 받을 수 있기 때문이다. 1인당 GDP가
보통 더 확실한 경제력 지표다. CINC 점수는 거의 비슷한 반
론에 부딪힌다(첨단 군사력을 보유한 많은 나라가 더 이상 많
은 철과 강철을 생산하지 않는다는 분명한 사실을 제외하고라
도). 측정 수단으로서의 총자원량은 그런 자원들이 전시에 어
떻게 효율적으로 동원될 것인지에 대해 말해 주지 않으며, 동
맹을 통한 국력 공유(전력에 상당한 영향을 미친다)도 고려하

지 않는다. 군사비 지출의 총량과 군대의 규모 또한 동원할 수 있는 군대의 작전, 전술, 기술적 능력에 관해 그다지 많은 것을 알려 주지 않는다. 무장의 성격과 정도는 전쟁의 가능성을 더 잘 보여 줄 수 있는 수단이다. 특히 그것이 거의 비슷한 군사 및 산업적 능력을 갖춘 나라들 사이의 군비 경쟁을 유발한다면 말이다. 국내 자원의 총량 평가 역시 강대국의 세계적 영향력을 과소평가하기도 한다. 미국은 전 세계에 군사 기지를 두고 있으며, 미국이 투자하고 소유한 해외 기업들은 어마어마한 생산량을 보여 준다. 전 세계 가계자산의 41퍼센트가 미국인 소유다.[62]

권력이행론은 역사적으로 확인하기 어렵다. 이 이론은 패권 세력이 단일한 신흥 세력에 도전받을 것임을 전제로 한다. 그 세력이 패권 권력 점수에서 일정 비율(아마도 80퍼센트)에 도달하면 떠오르는 국가는 패권 세력의 권리를 주장하기 위해 충돌에 의존할 것이다. 그러나 두 가지 주요 사례는 아주 다른 모습을 보여 준다. 19세기 후반 영국의 패권은 미국의 등장으로 도전을 받았다. 미국의 GDP는 1870년대에 영국과 같은 수준에 도달했고 1890년대에는 영국을 뛰어넘었다. 두 나라의 관계는 흔히 불안정하고 적대적이기는 했지만, 그들 사이에 충돌은 일어나지 않았다. 20세기가 되자 두 민주주의 국가는 영국이 경제와 군사 측면에서 상대적으로 쇠락하고 미국이 초강국 지위에 오르는 동안 동맹자였다. 1945년 이후 미국은 소련의 도전을 받았다. 소련의 CINC 점수는 1950년대와 1960년대에 미국을 앞서는 것으로 나왔지만, GDP는 경쟁자 미국의

45퍼센트를 넘은 적이 없었다. 1990년대 중반에 CINC 점수는 중국이 미국을 추월한 것으로 나왔지만, 현대의 이 두 사례에서 군사적 충돌은 일어나지 않았다.[63] 현대의 많은 전쟁은 큰 세력이 더 약한 세력을 괴롭히는 일과 관련돼 있으며, 이는 약자와 한패인 다른 큰 세력의 개입을 촉발했다. 1914년 세르비아를 상대로 한 오스트리아-헝가리의 전쟁과 1939년 폴란드를 상대로 한 독일의 전쟁은 거대한 세계대전을 불러 왔으나, 두 경우 모두 권력이행론으로는 촉발 요인을 설명할 수 없다. 약한 세력이 패권국에 도전한 사례는 많고, 그중 자원 규모로 보면 도무지 말이 안 되는 결정도 적지 않다. 일본이 좋은 사례다. 1894년 청 제국을 물리치고, 1905년 차르의 러시아제국을 물리치고, 이어 1941년 12월 미국을 상대로 도무지 이길 수 없는 전쟁을 일으켰다. 이와 대조적으로, CINC 자료를 이용하는 사람은 누구도 미국을 상대로 한 북베트남의 승리나 식민 종주국 프랑스에 대한 알제리 반군의 승리를 예측하지 못했을 것이다. 현대의 충돌에서 힘은 상대의 잠재적 전력을 평가하는 것과는 거의 관련이 없는 측정 불가능한 요소들을 포함하며, 이는 악명이 높을 정도로 어려운 일임이 입증됐다.

국제관계 학계에서 가장 주목받은 권력 이행은 미국과 중국의 충돌 가능성이다. 미국은 상대적 하락세에 있는(그런 주장이 있다) 패권국이고, 중국은 떠오르는 차기 패권국이다. 이 충돌 가능성은 1990년대 소련 진영 붕괴 이후의 '단극(單極)체제'에 대한 분석을 대체했다. 소련이 해체된 1991년 직후 미국 지도자들은 자국이 세계 유일 강국이며 그 상태가 유지돼야 한다고 생각했다. 1992년 미국 국방부가 만든 「방위계획지침」 초안은 이렇게 결론지었다. "우리는 지역 또는 세계에서 호시탐탐 더 큰 역할을 노리는 잠재적 경쟁자들을 저지하기 위한 기제를 유지해야 한다." 문서의 최종안에서는 삭제됐지만, 이런 정서는 남았다. 조지 H. W. 부시(George H. W. Bush) 미국 대통령은 1992년 사실상 미국이 지배하는 '새로운 세계 체제'를 발표했다. 당시 미국 다음의 두 경제 강국이었던 독일과 일본이 패권국이 되겠다는 좌절된 야심을 되살리지 않을까 하는 우려는 둘 중 어느 나라도 핵무기 보유국이 되지 못하도록 보장하기 위한 새로운 노력을 촉발했다.[64] 단극체제의 증거는 세계 군사비 지출 통계에서 가장 분명하게 드러났다. 1998년 미국의 군사비 지출은 세계 다른 모든 나라의 지출 총계보다 많았다. 국제 체제에서 '권력'을 행사할 다른 방법들이 있긴 하지만, 그 모든 형태 가운데 궁극적으로 전쟁의 위험을 결정하는 것은 군사력이다.

중국의 경제력 및 군사력 증대는 권력이행론의 전형적인 사례여야 한다. 중국의 GDP는 1980년대의 하찮은 수준에서 1990년대 이후 급격한 성장세를 보였다. 그 결과로 많은 잉여가 생겨 군사 자원에 투자할 수 있었다. 중국은 2014년 GDP와 군사비 지출에서 모두 미국에 이어 2위인데, 이론대로라면 그 권력 지위에 충분히 불만을 품어 국제 체제를 중국에 유리한 쪽으로 바꾸기 위한 수단으로서 전쟁을 고려해야 한다. 반면에 미국은 국제적 입지를 지키기 위해 중국을 상대로 전쟁을 생각해야 한다.

서방 언론은 두 강대국의 전쟁 가능성에 매달리게 됐다. 기본적으로 권력 문제 자체를 둘러싼 것들이다. 중국의 자료들은 미국의 쇠락과 중국의 부상에 대한 인식 또한 활용하고 있지만 말이다. 심지어 투키디데스조차 논쟁이 뛰어들었다. '투키디데스의 함정'이라는 말을 처음 만들어 낸 하버드대학교의 정치학자 그레이엄 앨리슨(Graham Allison)은 2015년 출간한 『예정된 전쟁』에서 전쟁을 할 가능성이 하지 않을 가능성보다 크다고 말했다. 하버드대학교 벨퍼센터(Belfer Center)의 '투키디데스 함정 사례철'에는 관심 있는 모든 연구자를 위해 이 주장을 입증하려고 모은 이전 시대의 사례들이 그득하다. 중국의 지도자 시진핑(習近平)은 이 함정에 빠지는 것을 피하는 일이 중요하다고 공개적으로 말해, 이 개념이 이제 국제적으로 널리 알려졌음을 보여 주었다.[65] 학계의 견해는 단극체제가 다극체제로 대체된 듯한 상태에서 전쟁의 위험을 얼마나 심각하게 받아들여야 하느냐를 놓고 크게 엇갈린다. 이 다극체제가 새로운 세계 체제를 위한 안정된 기반을 제공할 수도 있고 그렇지 않을 수도 있다는 것이다. 중국을 세계의 강국이 아니라 지역의 강국으로 볼 수도 있다. 그 경우 권력 이동은 아시아에서의 국제적 상황에만 영향을 미쳐 권력 이행에 따른 충돌의 위험이 적다. 다만 타이완의 지위 문제는 예외다. 이는 더 넓은 국제적 파장이 있는 문제다. 중국 경제 및 군사의 실제 잠재력에 대한 비판적 평가에 따르면, 미국과 중국 사이에는 군사적으로 아직 매우 큰 격차가 있으며 미국과 다른 모든 주요 국가 사이에는 더욱 큰 격차가 있다. 따라서 이 경우에 권력

왜 전쟁인가?

이행을 이야기하는 것은 좋게 보더라도 성급한 것이고, 아주 나쁘게 보자면 무분별한 도발이라는 것이다.[66]

국력 추산을 바탕으로 한 미국과 중국의 충돌 가능성에 대한 모든 논의는 현재의 핵무기 보유국들 사이의 큰 전쟁을 상상할 수 있느냐는 질문으로 이어진다. 2019년, 영국의 전략 연구가인 로런스 프리드먼(Lawrence Freedman)은 강대국의 전쟁이 과거의 일이라고 결론지었다. 금세 핵폭탄을 주고받는 일로 확전될 위험이 있는 전쟁은 언제나 얻을 수 있는 소득보다 훨씬 큰 손실을 가져올 것이기 때문이다. 이전의 패권 세력들이 직면하지 않았던 암담한 현실이다. 그 대신 강대국들은 상호 파괴가 아니라 대리전이나 제재에 의존할 것이다.[67] 이 결론은 현대의 정치가들이 합리적인 행위자들이라는 가정에 의존한다. 과거의 역사적 증거로 보면 권력을 위한 전쟁은 나폴레옹이나 히틀러의 경우처럼 등장과 결과를 예측하기 어려운 오만한 지도자에게서 비롯될 가능성이 커 보인다. 또는 지도자가 국내의 위기, 국제적 평판 하락, 위협 인식(실재하든 아니든)에 반응하여 발생할 수도 있다. 아니면 민족주의적 수사, 감정적 호소, 공포, 분노를 통해 내부적 지지를 결집한 결과일 수도 있다. 사담 후세인의 전쟁들과 블라디미르 푸틴이 현재 우크라이나에서 벌이는 전쟁은 이런 범주에 속한다. 전쟁을 문제가 아니라 해결책으로 보고, 충분한 수의 국민을 동원할 수 있는 지도자들이 추동한 것이다. 이 변수들 가운데 어느 것도 비교 국력 추산에 포함할 수 없다. 이들은 특수한 역사적 상황 또는 권력에 굶주린 지도자의 야망이 초래한 것이기 때문이다. 권력이행론에도 불구하고 권력을 위한 전쟁의 가능성을 예측하는 경험적이거나 이론적인 방법은 없다. 그러나 전쟁이 다시 일어나지 않으리라고 생각할 이유는 없는 듯하다. 심지어 강대국 사이에서도 마찬가지다. 통계적 국력 요소를 사용해 그런 전쟁이 언제 어디서 발생할지 계산하는 것은 상상력의 영역에 머물러야 한다.

권력은 전쟁의 원인을 분석하는 데 사용하기 어려운 개념임이 드러났다. 권력은 전쟁 외에 다양한 강압적 방식, 즉 경제적 압박, 문화적 지배, 심지어 평화 유지를 위한 수단으로 행사될 수 있을 뿐만 아니라 개념 자체가 목표보다는 수단을 설명한다. 권력관계는 공격적이든 방어적이든 모든 형태의 전쟁에 존재하지만 권력을 행사하게 된 동기에 관해서는 거의 설명할 수 없는데, 권력의 단순한 사실이 아니라 이런 동기가 충돌의 원인임이 더 타당하다. 권력, 특히 군사력은 공격자가 자기네 쪽에 유리한 불균형을 잘못 인지하면 위험 감수를 부추길 수 있다. 적은 전쟁 비용을 기대할 수 있는 것이다. 이런 의미에서 권력을 위한 전쟁은 주체가 부족이든 부족연맹이든 군장사회든 국가든 간에 대부분의 상황과 지역에서 찾아볼 수 있다. 대부분은 여전히 땅·재산·전리품·자원을 위한 전쟁이거나, 신앙을 수호하거나 장려하기 위한 전쟁이거나, 영예와 평판을 추구하는 전쟁일 것이다. 이 책 이전 장들에서 다룬 주제들이기도 하다. 물질적 또는 이데올로기적 동기를 가진 전쟁의 예외는 세계의 주요 제국 건설에서 발견할 수 있다. 여기서 권력 추구는 내부로부터의 필요를 바탕으로 자체의 동력을 개발한다. 전쟁은 신들이 의도한 것이고 명성과 영예를 추구하는 사람들이 그것을 얻기 위해 하는 것이라는 로마인들의 생각 같은 것이다. 로마는 권력(또는 '지휘권')의 표현으로서 자아상을 확인하기 위해 지속적인 팽창이 필요했다. 권력을 위한 전쟁의 또 다른 변종인 오만으로 인한 전쟁은 강력한 개인이 비용과 상관없이 자신의 지위와 명성을 높이기 위해 벌인 것으로, 역사상 흔치 않다. 알렉산드로스, 나폴레옹, 히틀러가 전쟁을 일으켰을 뿐만 아니라 합리적으로 타당한 한계를 인정하지 않고 여러 해에 걸쳐 전쟁을 지속하도록 추동한 것이 무엇이었는지를 이해하는 데 관심이 집중된 것도 바로 이 때문이다. 히틀러는 나폴레옹이 러시아에서 실패한 것을 잘 알았지만, 자신은 더 잘할 것으로 생각했다. 알렉산드로스는 헤라클레스를 모방하고 이어 그의 명성을 뛰어넘기를 원했는데, 결국 인도 정복에 실패했다. 블라디미르 푸틴이 우크라이나를 정복하려 하면서 표트르(Pyotr) 대제의 대국적인 입장에서 자신을 바라보았는지는 더 따져봐야 한다. 그러나 이런 동기는 의심할 여지 없이 권력으로 주도되며, 중요한 역사적 사례들에서 승리보다는 재난으로 끝났다. 야심 찬 지도자에게 전쟁을 통한 권력 추구가 아무리 매력적일지라도 너무도 흔히 자멸을 초래할 수 있다.

(8)

안보

그러나 특정한 사람들만이 서로를 상대로 전쟁을 벌인 시기는 없었
고, 모든 시기에 왕과 군주들은 독립성을 유지하기 위해 끊임없이
경계하고 검투사의 모습과 자세를 취했다. 서로 무기를 겨누고 눈을
상대에게 고정했다. 그래서 그들 왕국의 변경에 보루가 있고 수비대
가 있고 무기가 있었다.

—토머스 홉스, 『리바이어던』, 1651년[1]

전쟁에 관한 논의에서는 인간의 본성과 인간 존재의 위험
으로 전쟁을 설명하는 토머스 홉스(Thomas Hobbes)의 견해
를 주목하는 끈질긴 버릇이 있다. 그는 자연 상태의 삶을 "외
롭고 가난하고 불결하고 야만적이고 짧은" 것으로 규정한 것
으로 유명하다. 아무도 자신의 안전을 확신할 수 없기 때문이
다. 심지어 왕국이나 국가체제에서도 사람들 사이의 '끊임없
는 경계'가 영구적인 '전쟁 태세'를 촉발했다. 일시적으로 안
전한 기간에조차 또 다른 "그들 사이에서의 전쟁"을 촉발하기
에 충분한 잠재적인 적들의 끊임없는 불신으로 위험해졌다고
홉스는 생각했다. 개인 또는 정치체의 안전은 언제나 다른 누
군가의 위험을 의미해, 안전을 되찾기 위한 또 한 차례의 폭력

적 경쟁을 자극했다. 홉스는 전쟁 옹호자가 아니었다. 전쟁이 왜 일어나는지를 설명하고자 한 것이지 긍정한 것이 아니었다. 사실 그의 근본적인 자연법칙은 "평화를 추구하고 그것을 유지"하는 것이었다. 오직 평화가 확보될 수 없을 때만 인간은 자신을 위협으로부터 지키기 위해 '전쟁의 이점'을 사용할 권리가 있었다.[2] 현대 안보학의 신현실주의 학파는 여전히 국가가 자기네의 안보를 지키기 위해 왜 언제나 준비하고 있어야 하는지를 설명하기 위해 자연 상태에 관한 홉스 모형을 사용한다. 안보 협정은 충돌을 피하는 데 도움이 되겠지만, 국제연맹(LN)이나 국제연합(UN)이나 그 일을 제대로 해내지 못했다. 현대 세계는 안이든 밖이든 안보에 대한 어떤 위협에도 맞서고자 엄청난 무력을 갖추었다. 이 현대의 '전쟁 태세'는 지난 세기에 두 차례의 세계적 충돌을 촉발했다. 그것이 현재 안보와 그 덧없는 역사를 이해하는 데 많은 노력이 기울여지는 이유다.

역사 속의 정치체들이 홉스가 말한 자연 상태에 존재했다는 것은 분명히 옳다. 개별 공동체(부족이든 군장사회든 왕국이든 제국이든)는 위협으로부터 자신을 보호하는 데 영원한 관심이 있다. 영토와 민족의 안보가 전쟁으로 침범당하지 않도록 확립하는 공통적인 힘의 근원은 없기 때문이다. 동맹이나 조약이나 제도적 협력을 통해 충돌을 피하고 안보를 확대할 수 있을 테지만 결정적인 요소는 남는다. 상대의 의도에 관한 신뢰 문제다. 홉스가 지적했듯이 자연 상태에서 지배적인 것은 남의 이익이 아니라 자신의 이익을 추구하는 것이다.

심지어 강력한 패권 국가가 떠오르는 곳에서도 약자들이 손을 잡고 패권국을 끌어내릴 수 있지만, 안보를 위한 경쟁은 그들 사이에서 이전처럼 계속된다. '공격적 현실주의' 학파의 지도적 인물 가운데 하나인 존 미어샤이머(John Mearsheimer)는 이렇게 말했다. "한 국가가 무정부상태에서 살아남는 최선의 방법은 다른 나라를 이용해 그들을 밟고 권력을 얻는 것이다."[3] 목표는 권력 자체를 위한 권력이 아니고 안보 확대를 위한 권력이다. 그 결과 자연 상태는 끊임없이 요동친다. 어느 시점에는 아마도 균형 상태겠지만, 언제나 불확실해질 가능성이 있다. 사실 위험의 느낌이 팽배하면 잠재적인 적의 기선을 제압하기 위한 예방적 또는 선제적 전쟁으로 이어질 수 있고, 실제로도 이어졌다. 국가의 행위가 불안, 의구심, 공포에 지배되면 충돌은 언제나 가능하다는 것이 현대의 주장이다. 이 "오인(誤認) 현실주의(그런 이름으로 불린다)는 전쟁의 흔한 동기"다.[4] 홉스적 무정부상태에서 모든 국가는 모든 사람과 마찬가지로 안보의 상실을 막기 위해 권력을 추구한다. 그리고 현대의 초기 현실주의 사상가 가운데 한 명인 네덜란드계 미국인 니콜라스 스피크만(Nicholas Spykman)에 따르면 권력은 "결국은 성공적인 전쟁을 벌일 능력"이다.[5]

지금 안보딜레마라고 규정되는 것은 선사시대와 역사시대 모두에 언제나 있었다고 충분히 말할 수 있다. 그것을 규정하기 위한 이론적 표현은 현대에 만들어진 것이지만 말이다. 신뢰, 불확실성, 위협의 문제는 초기 채탐자나 수렵자에게도 후대의 국민국가 체제하의 사람들과 마찬가지로 분명히 현실적이었다. 인지된 위협을 제거하거나 이웃 씨족 또는 부족의 동기를 둘러싼 불안을 막기 위해 폭력에 의존하는 것은 현대 민족지학으로 확인할 수 있지만 그것은 먼 과거에도 마찬가지였을 것이다. 아무리 일시적일지라도 안보를 추구하는 것은 전투 대부분에서 어느 정도 존재하며, 이는 특정 영토와 민족을 보호하고자 하는 욕망과 연결돼 있다. 옛날처럼 그리 정확하지 않게 규정되든 오늘날처럼 명확한 경계선이 있든 마찬가지다. 한 추산은 1940년부터 2000년까지 발생한 모든 민족 충돌의 73퍼센트가 분쟁이 일어난 영토 경계를 둘러싼 것이었다고 주장한다. 또 다른 추산은 1815년에서 1945년 사이의 모든 '양자(兩者)' 전쟁(두 적대국의 전쟁)의 65퍼센트가 영토를 둘러싼 분쟁과 관련이 있었다고 주장한다. 그러나 세 번째 자료(전쟁상관도계획이 만든 것이다)는 1815년 이후 벌어진 국가 간 전쟁의 80퍼센트가 국경을 맞대고 있는 이웃 사이에서 벌어졌음을 보여 준다. 1648년에서 1814년 사이에는 수치가 91퍼센트였다.[6] 이웃 사이라고 꼭 전쟁으로 이어지는 것은 아니지만, 전쟁은 대다수가 이웃인 나라들 간에 일어났다. 이웃이 안보에 더 위협이 될 수 있는 것이다.[7]

서로 다른 정치체나 민족 사이의 경계는 분명한 이유들로 위험과 충돌이 잠재한 지역이었다. 접촉이 있다고 해서 안전을 보장하는 것은 아니었으며, 대부분의 전쟁은 자연적 경계로 보호되지 않는 인접한 공동체 또는 국가 사이에서 일어났다. 변경의 불안정은 홉스가 밝혀냈듯이 오랫동안 위험한 지점으로 인식됐다. 영국의 인도 총독 조지 커즌(George

Curzon)은 1907년 옥스퍼드대학교에서 한 자신의 로마네스 (Romanes) 기념 강연 제목으로 '국경'을 선택했다. 그는 국경이 "그 위에 현대의 전쟁과 평화 문제가 매달려 있는 면도날"이라고 주장했다.[8] 20세기 중반에 알려진 모든 문명에 관한 여섯 권짜리 『역사의 연구』를 쓴 아널드 토인비(Arnold Toynbee)는 국경이 전쟁의 주요 원인이라고 결론지었다. 국가들이 국경을 침범하고, 침범당한 쪽에서는 국경을 방어하기 때문이다. 니콜라스 스피크만은 변경을 '치명적 중요성'을 지닌 지역으로 규정했다. 정치가들이 잠재적 공격자를 상대로 국가의 안보를 지킬 방법을 찾으면서 전략과 지리적 요인이 맞닿은 곳이다.[9] 1945년 이후 전 세계에 독립 국민국가가 등장하면서 영토 안보의 방어가 보편적인 현상이 됐지만, 경계 지워진 영토가 분쟁에 싸여 있는 곳 또는 변경이 위험스러울 정도로 쉽게 뚫리는 것으로 드러난 지역에서는 자주 위기가 생겨났다. 이들은 많은 경우 고질이 된 분쟁들이다. 심지어 문제의 영토가 자원이나 전략적 필요 측면에서 별달리 가치가 없는 경우도 있다. 분쟁은 상징적인 것이거나 남들에게서 강인하다는 평판을 얻기 위해 신호를 보내는 수단일 수도 있다. 민족의 일부가 경계 저편에 갇혀 있는 것과 관련된 문제인 경우 무장 충돌의 가능성은 훨씬 크다고 연구는 주장했다.[10]

국경은 어떤 방식으로 표시되어 있든 전쟁의 직접적 원인이 되지는 않는다. 전쟁의 원인은 침략이다. 영토 점령, 전리품 약탈, 실지(失地) 회복의 야망 충족 같은 동기에 따르거나 그저 안보를 더 확실하게 하기 위한 수단으로서 경계를 넘는 것이다. 이는 국경 침범에 대한 공포가 왜 핵심적인 안보 문제였고 지금도 그런지를 설명해 준다. 선사시대 공동체들이 안전의 위협에 어떻게 대응했는지 보여 주는 고고학 및 민족지학 증거는 부족하지 않다. 한 가지 방법은 부족 공동체 사이의 완충지대를 서로 받아들이는 것이었다. 양쪽 모두 사냥 또는 채탐을 하지 않고 양쪽 모두 침범하지 않는 무인지경이다. 고고학자들은 멕시코 남부 오악사카(Oaxaca)에서 기원전 700년에서 기원전 500년 사이 정치체들 간의 비거주지역을 찾아냈다. 그들을 떼어 놓는 역할을 했을 가능성이 매우 큰데, 그럼에도 습격은 여전히 일어났던 듯하다. 유럽인이 도래하기 500년 전 미시시피강 유역에서는 군장사회들 간에 최대 30킬로미터에 이르는 완충지대가 있었음이 발견됐는데, 이곳 역시 변경이 불안정했고 물리적 분리가 가져다주리라고 생각했던 약간의 안보마저도 고질적인 폭력으로 손상됐다.[11] 또한 유럽에서 고고학은 기원전 제7천년기부터 기원전 제6천년기에 유럽 대륙에서 옮겨 다닌 정주 농민과 그 북쪽 및 서쪽의 수렵채집민 공동체 사이에 영토 중립 지대가 있었다는 증거를 발견했다. 그러나 신석기시대 유럽에 10만 개의 작은 정치체가 있었던 것으로 추산되므로 영토가 분명하게 규정되거나 그들 사이의 충돌이 방지될 수 있었다고 보기는 어렵다.[12]

안보를 확대하는 다른 방법은 잠재적 위협을 막을 물리적 장벽을 쌓는 것이었다. 국가 이전 공동체들은 분명히 성을 쌓았고, 흔히 산·강·늪지대 같은 천연 장벽으로 보강했다(제3장 참조). 기원후 13~14세기에 미국 대평원에 동쪽에서 부족들이 이주해 온 뒤 폭력이 더 널리 확산되면서 지역 공동체들의 축성이 촉진됐다. 그리고 접근이 어려운 지형의 정착지를 해자와 목책으로 보완했다. 이런 부족의 경계선에서 축성은 공격자들을 곤란하게 했지만, 역시 충돌을 초래했다.[13] 이주와 토지 및 자원 경쟁이 사회들 사이의 변경에서 끊임없는 위험을 만들어 냈던 신석기시대 유럽의 여러 지역에서 축성의 증거는 이제 풍부하다. 보호를 확대할 방안을 찾는 것은 대략 기원전 6500년에서 기원전 1000년 사이에 유럽의 상당 부분으로 확산됐지만, 가장 뚜렷한 곳은 중유럽 동부와 발칸반도다. 이곳에서는 여러 민족이 동쪽 스텝에서 온 공격적인 이주자들과 맞닥뜨려야 했다.[14] 청동기시대에 이베리아반도 서북부의 카스트로(Castro) 문화는 그 주변의 전쟁하는 지역들과 지리적으로 거의 완전히 떨어져 있는 데 더해 축성과 접근 불가능한 지형을 이용하고자 노력했다.[15] 서아프리카에서는 유럽인들이 이 대륙으로 팽창해 들어오기 이전 시기에 축성이 널리 확산됐다. 베닌(Benin) 왕국은 처음에 궁궐과 왕실 주거를 둘러싼 성벽(높이가 평균 17미터였다)으로 보호됐으나, 결국 왕국 전체의 장성 체계가 구축됐다. 장성은 길이가 무려 1만 6000킬로미터에 달했으며, 전체 왕국 영토와 여러 도시에 안보를 확립했다. 현재의 나이지리아에 있는 요루바(Yoruba)족의 오요일레(Oyo-Ile) 왕국과 누페(Nupe) 왕국 사이의 변경은 전형적인 변경 지대였다. 16~17세기에 건설된 경계는 상당한 높이의 토성 및 석성으로 이루어져 있으며, 누페와의 경계를 따라 작은 전초기지들이 있었다. 지역 부족 수장 가운데

서 적대적인 침입에 맞서 변경을 지키는 데 도움을 주기 위한 동맹자를 찾을 수 있는 지역들이었다.[16]

아프리카의 사례는 구세계의 상당 부분과 중·남아메리카에서 이런저런 형태의 국가가 흔한 정치조직의 형태가 되고 있던 시기의 것이다. 사실 더 크고 더 조직화된 정치체를 만든 동기 가운데 하나는 분명히 더 안전해지려는 것이었다. 군사력을 모으면 분산된 씨족이나 부족이 개별적으로 하는 것보다 더 효과적으로 지역을 방어할 수 있었지만, 기껏해야 상대적 안보에 불과했다. 위험은 기원전 제1천년기 중국의 국가들을 상시적인 충돌로 내모는 데 한몫했다. 이 시기는 춘추시대(春秋時代)와 그 뒤의 전국시대(戰國時代)로 불렸는데, 이름 속에 위험이 포착돼 있다. 서아시아와 유럽의 고전기는 변경 일대에서 안보가 무너진 국가들의 붕괴로 마감됐다. 전성기의 아시리아(Assyria) 제국은 그때까지 만들어진 가장 강력한 제국이었지만, 현재의 이라크와 튀르키예인 그 북쪽 변경에서는 우라르투(Urartu) 왕국의 끊임없는 위협이 있었다. 변경은 현대의 변경처럼 지리적으로 고정된 것은 아니었지만, 아시리아인들은 자기네가 야만인이라고 생각하는 사람들이 경계를 넘어 침입하는 것을 막기 위해 변경 지역을 건설했다. 우라르투가 티그리스강 상류 유역으로 이주하자 아시리아 왕 티글라트필레세르 3세(Tukultī-apil-Ešarra III)는 기원전 738년의 전투에서 그들을 물리쳤다. 그는 일련의 성채와 완충지대(주적과 거리를 두기 위한 동맹 부족과 속국 군주들이 많은 곳이었다)를 합병해 변경을 안정화했다. 변경은 단기적으로는 좋은 효과를 냈으나 이민족들을 저지하기에는 구멍이 너무 많았고, 결국 기원전 600년 무렵 아시리아 제국은 붕괴했다.[17]

아시리아의 사례는 (유라시아에서 주로 발생한) 대량 이주에 대처하기가 얼마나 어려웠는지 보여 준다. 이로 인해 서아시아나 유럽에 존재하던 문화나 군사력의 취약한 경계가 무너졌다. 유라시아에서는 기마 유목민이 스텝을 지배하는 시기가 되자 변경이 별 의미가 없어졌다. 정착 생활을 하는 이웃들에게 유목민들은 안보에 대한 항구적인 위협이 됐다. 식량·가축·여성을 노린 끊임없는 습격 때문이거나, 기성 사회를 서쪽으로 밀어내거나 그들을 완전히 말살하는 대규모 침략 때문이었다. 유목민 부족들에게는 고정된 국가 구조가 없었으며 다른 기성 정치체는 물론 자기네끼리도 싸웠다. 이런 맥락에서 잦은 침입이나 대규모 침공을 당하는 사람들은 물론 스텝의 군장사회들(이들은 완전히 무정부적인 무대에서 권력을 다퉜다)에도 위험은 피할 수 없는 삶의 현실이었다. 군사적 폭력, 강제, 경제적 착취로부터의 보호라는 관점에서 안전은 역사의 상당 기간에 그저 일시적인 것일 뿐이었다. 대부분의 시기에 변경은 전쟁에 대한 장벽 또는 보호의 원천으로서 무의미했다. 영토는 전쟁이 정치체와 사회들 사이의 명목상 경계를 이리저리 넘으면서 예측할 수 있을 만큼 규칙적으로 주인이 바뀌었다. 이 원칙의 예외는 가장 오랫동안 생존한 두 지역 제국이었다. 이런저런 형태로 1500년 이상 존속한 로마제국과 여러 왕조가 갈마들면서 2000년 이상 버틴 중국 제국이다. 두 경우 모두 제국의 안보 추구와 수백 년에 걸친 길고 취약한 변경 방어 탓에 생겨난 위험 사이의 상시적인 긴장이 존재했다.

　중국 변경의 역사는 초기 중국 국가들 그리고 이어 중앙집권화한 제국들을 북쪽과 동쪽 스텝(지금의 몽골, 만주, 러시아 동부)의 유목 사회와 갈라놓는 긴 경계에 대한 고고학적 조사가 상당히 이뤄진 덕분에 크게 확대됐다. 양자의 접촉(언제나 폭력적인 것은 아니었다)은 적어도 기원전 7세기까지 거슬러 올라갈 수 있다. 초기 스텝에는 일부 정착 농경민도 있었지만, 기후 충격이 정착 유형을 변화시켜 대체로 먹을 것을 동물에게 의존하는 유목민 공동체를 만들어 냈다. 유목민들은 기원전 4세기에 말을 타게 됐고, 이 새로운 이동 능력에 전투를 적응시켜 습격에 나서자 북중국의 나라들에 큰 위협으로 떠올랐다. 아주 다른 이 두 세계의 관계는 무역으로 통제됐다. 유목민들은 곡물, 차, 철 제품, 옷이 필요했고 중국 상인들은 모피, 말(유목민과 싸우기 위해 만든 기병 부대에 필요한 것이었다), 가축이 필요했다. 수백 년에 걸쳐 관계는 서로 다른 위험을 바탕으로 했다. 중국의 국가들은 자기네가 야만인이라고 생각하는 사람들의 침입을 막기 위해 노심초사했고, 반면 유목민들로서는 중국에서 오는 물건의 흐름이 불확실한 것이 문제였다. 그 물건들은 일상생활에 필수적이었을 뿐만 아니라 지역 수장들의 권력에도 중요했다. 그들은 교역품을 분배해 유목민 공동체 내부의 평화를 유지했다. 어떤 이유로든 교역이 단절되면 유목민들은 원하는 것을 습격과 약탈을 통해 강제적으로 확보하기 위해 무력에 의존했다. 침입이 일어나면 중국 국가들은 평화를 사려고 노력하거나 전쟁에 의존해 유목민을 몰아내고 그 사회를 분쇄하는 것으로 대응했다. 그것이 다시 위험의 악순환을 만들어 냈다.[18] 아마도 놀라운 일은 아니겠지만 중국 기록들은 변경의 취약성을 묘사하기 위해 여러 가지 표현을 동원했다. '변경 약탈' '변경 노략질' '경계 침범' '침입' '대규모 침입' '깊숙한 침입' 같은 것들이다.[19]

그 결과 변경 지대에는 끊임없는 충돌 위험이 있었고, 전국시대에 중국 북부 및 중부에 있던 많은 정치체 사이의 계속되는 폭력으로 더욱 악화됐다. 바로 이 시기에 '장성(長城)'이 처음 건설됐는데, 다양한 기능을 위해 설계됐다. 국가 간 변경의 보호, 무역에 대한 통제와 과세, 사람들의 이동에 대한 감시, 이웃 영토에 대한 침략의 발판 같은 것들이다. 대중적인 견해는 아직 '만리장성'이라고 불리는 것이 기원전 3세기 말 어느 시기에 진(秦)의 시황제(始皇帝) 영정(嬴政)이 전체 북방 변경을 따라 건설했다는 것이지만, 고고학과 초기 기록은 그 시기 또는 나중에 건설된 단일한 '만리장성'은 없었음을 시사한다. 장성은 적어도 기원전 5세기 이후 서로 다른 시기에 건설됐으며, 모두 합쳐 아마도 2만 킬로미터에 이른 것으로 보인다. 최근의 고고학 기록으로 최초의 장성은 기원전 440년 무렵으로 거슬러 올라가는 듯하다. 타이산 산괴(山塊)로부터 바다까지 길이가 600킬로미터이며, 제(齊)나라를 다른 전국들로부터 보호하는 것이 목적이었다. 또한 기원전 467년에서 417년 사이에 진(秦)나라가 황허를 따라 성을 쌓았다는 기록도 있다. 전국시대 주요 7개국은 변경의 성벽, 요새, 망루를 건설했다. 기원전 221년 진나라의 통일 이후에야 북쪽의 성들이 하나로 연결돼 내륙 아시아의 유목민 부족들을 막기 위한 더 긴 성이 형성됐다. 주로 항토(夯土)로 만들어졌고, 이 때문에 남아 있는 것이 많지 않다.[20] 보루와 초병이 지키는 문이 있는 진나라 성은 이전의 장성들과 달랐다. 동아시아 스텝과 경계를 맞대고 있는 북쪽의 넓은 지역인 오르도스사막 또한 포괄했기 때문이다. 그 너머에 사는 유랑 목축민들의 습격에 대비해 안보를 강화하기 위한 것이었다.

이런 움직임은 중국인들이 '호(胡)' 또는 '적(狄, 야만인·이방인)'이라고 부르는 사람들로부터 진지한 최초의 반응을 끌어냈고, 그것은 안보 추구가(이 경우에는 중국 새 제국의) 오히려 새로운 위험을 만들어 낼 수 있음을 잘 보여 주었다. 기원전 209년 이후 유목 부족들은 보통 한자어로 흉노(匈奴)라고 일컬어지는 느슨한 연합체로 통합됐다. 최초의 통치자는 묵돌(冒頓) 선우(單于)였다. 이 연합체는 곧 현재의 몽골과 만주 지역을 지배했다. 기원전 202년부터 한(漢) 왕조가 통치해 온 제국을 보호하기 위해 고조(高祖) 황제가 장성 너머를 공격했으나, 기원전 200년에 굴욕적인 패배를 당했다. 중국은 변경 너머 유목민들에게 물건을 제공해야 했지만, 흉노는 비단·술·곡물·무기의 양이 충분치 않다고 생각해 계속해서 약탈했다. 유목민들의 야심을 측량할 수 없고 공물에 해당하는 것을 지불하는 데 분노가 쌓인 무제(武帝, 재위 기원전 141~기원전 87)는 그들을 상대로 대규모 원정군을 일으켰다. 기원전 133년 연합체를 물리쳐 위협이 제거됐지만, 기원후 48년 최종적으로 결정적 승리를 거둘 때까지 변경 지역에서는 충돌이 이어졌다. 흉노 연합체는 붕괴했다. 일부 부족은 내륙 아시아 멀리로 밀려났고, 일부는 중국에 병합된 지역에서 한나라의 지배를 받아들였다.[21] 중국 제국이 만들어 낸, 유목민 연합체 달래기와 북방의 안정을 회복하기 위한 정규적 원정 사이를 왔다 갔다 하는 변경 전략 패턴은 13세기 몽골의 침입 때까지 이어졌고, 다시 100년 뒤 몽골족의 원(元) 왕조가 한족의 명나라로 대체된 뒤 재개됐다.[22]

현대 '만리장성' 개념의 근원인 명나라 장성은 불안정한 몽골인과의 변경으로 촉발된 새로운 안보 위기에서 생겨났다. 몽골 지도자들은 몽골제국 붕괴 이후 스텝과 오르도스사막으로 돌아가 새로이 들어선 중국 제국을 다시 약탈했다. 1449년 명나라 황제 정통제(正統帝)는 몽골의 새 지도자 에센(Esen)을 굴복시키려다가 토목보에서 몽골에 패하고 사로잡혔다. 몽골 지도자들 사이에서 흔히 일어나는 충돌이 있을 때만 추가적인 대규모 침공의 위협이 줄어들었지만, 이제 오르도스 지역에서 목축을 하는 유목민의 식량과 자원을 노리는 습격이 격화됐다. 전쟁은 다시 한번 유목민의 교역품 요구 및 이를 확보하기 위한 빈번하고 폭력적인 침입과 연관됐다. 안보딜레마는 돈이 많이 드는 변경 일대의 추가적인 원정을 통해서가 아니라 1470년대에 황제와 군사 참모들이 결국 '만리장성'이 되는 축성 개시를 승인함으로써 해결됐다. 만리장성은 오르도스 사막 이남을 보호하는 대규모 성곽 체계다. 처음의 두 장성은 중국인들이 다볜(大邊, 광대한 변경)이라고 부르는 곳에 뻗쳐 있고, 길이가 1100킬로미터에 달했다. 1474년 완성됐으며 전 구간에 걸쳐 800여 개의 감시초소, 신호탑, 작은 보루가 있었다. 이후 더 많은 부분이 추가돼 16세기 중반에는 두 개의 긴 방어선에 무수한 망루, 신호탑, 요새가 있었다.[23]

이 변경의 방어선은 중국 조정이 유목민들에게 필요한 물품을 주지 않기로 할 경우 유목민과의 빈번한 전쟁을 막을 수 없었다. 아직 북쪽 지역 전체에 걸쳐 뻗쳐 있는 것이 아니었기 때문이다. 다음 세기에 기존 성벽으로는 경계를 지키기에 충분치 않다는 사실이 분명해지면서 더 많은 성벽, 탑, 요새가 추가돼 단기적인 습격을 좀 더 어렵게 했다. 그럼에도 변경 일대에서 유목민 공동체들과의 관계는 여전히 잦은 마찰의 근원이었다. 그러다가 1571년 제국 조정은 항구적인 충돌보다는 달래는 것이 더 합리적이라는 결정을 내렸다. 몽골 지도자 알탄(Altan) 칸과의 협정이 이루어져 정규적인 교역이 재개됐다. 알탄이 오르도스사막 부근에 건설했던 도시의 이름은 4년 뒤 '귀화성(歸化城)'으로 바뀌었다. 그러나 유목민에 대해 벌레 같다거나 바보 같다거나 '인면수심'이라는 식의 경멸적인 말로 표현되는 중국인들의 편견은 계속해서 신뢰를 손상시켰고, 몽골 유목민들은 중국 상인들을 후달닥치(khudaldagch, 상인)라 불렀는데, 이는 '거짓말쟁이'라는 뜻인 후달치(khudalch)와 같은 뿌리에서 나온 말이었다.[24] 성벽을 따라 세워진 시장에서는 파렴치한 관리와 상인들이 종종 유목민들을 속이고자 조작하기도 했다. 때로 변경의 중심지는 순진한 사절과 상인들을 함정에 빠뜨려 살해하기까지 했고, 그러면 유목민들은 물건을 빼앗고 지역을 약탈하는 것으로 보복했다. 범죄자를 변경 지역으로 추방하고 가난에 시달리는 농민들을 장성 주변의 땅에 입식시키는 제국의 정책은 불안정과 폭발성을 키웠다. 이는 여러 고립된 변경 지역에 공통적인 일이었다.[25] 안보딜레마는 극적인 방식으로 마침내 해결됐다. 장성 북쪽의 지배 세력이 된 만주족이 새로운 청 왕조를 건설하고 여러 해에 걸친 침략 실패 끝에 1644년 북중국으로 진격해 들어오면서였다. 과거의 변경은 명나라와 함께 사라졌다.

로마제국의 안보는 어떤 면에서 중국의 사례와 공통적인 부분이 있다. 두 경우 모두 팽창에 따라 긴 변경이 만들어졌는데, 수도에 있는 정치권력의 중심에서 멀고 외부의 위협으로부터 방어하기가 어려웠다. 이에 따라 주기적인 안보 위기가 생겼기에 전쟁에 의존해야 했다. 큰 차이는 지리적인 것이었다. 중국은 중국 영토와 북쪽 및 서북쪽의 유목민 사회들 간에 주요 경계 하나를 지키는 문제에 맞닥뜨렸다. 반면 로마는 제국의 가장 넓은 지역에서 중·서·북유럽, 발칸반도, 아나톨리아, 서아시아, 북아프리카를 포괄하는 변경을 두고 있었다. 로마 변경에 대해 진지한 학술적 관심이 일어난 것은 최근의 현상이다. 부분적으로는 1976년에 출간된 에드워드 러트윅(Edward Luttwak)의 『로마제국의 대전략(The Grand Strategy of the Roman Empire)』에 자극을 받았다. 이 책에서 그는 현대 전략 이론에서 끌어낸 용어로 그 전략이 무엇이었는지를 밝혀내는 핵심 요소로서 변경과 그곳에서의 충돌을 사용했다.[26] 로마 지도자들이 일관된 장기적 '대전략'을 가지고 있었다는 생각은 강력한 도전에 직면했지만, 제국의 변경이 어떻게 지켜졌느냐에 관한 러트웍의 관심은 로마 역사의 서술에서 핵심적인 문제가 됐다.

지난 장에서 다룬 끊임없는 팽창 시기의 공화국 로마에는 제국의 범위를 정하는 지역으로서 변경은 대체로 없었다. 제국의 변경은 최초의 황제 아우구스투스 치하에서 마침내 굳어졌으며, 대략 이후 400년 동안 유지됐다. 원수정(元首政)이 시작되고 처음 100년 동안에 두 개의 속주가 추가됐다. 기원후 43년 클라우디우스(Claudius) 황제의 침공 이후 브리튼섬 대부분 그리고 106년 트라야누스(Traianus)가 정복한 마지막 속주인 도나우강 일대의 다키아였다. 다키아는 도나우 변경을 넘는 잦은 침입으로부터 제국을 보호하기 위한 것이었다. 전체 제국 규모는 최대 판도 때 둘레가 8000~9000킬로미터로 추산됐다.[27] 변경의 위험은 시기와 지역에 따라 크게 달랐다. 따라서 표준적인 변경이랄 것은 없었고, 오히려 당시에 감지된 위협의 성격을 반영한 구역들이 있었다. 이 차이를 반영해 로마인들이 변경을 규정하기 위해 사용한 네 가지 용어가 있다. 클라우수라(*clausura*, '봉쇄')는 트리폴리타니아의 해자·말뚝·망루가 있는 방어선, 포사툼(*fossatum*, '도랑')은 더 서쪽 아프리카 총독 속주의 해자 연결망, 피네스(*fines*, '끝')는 로마 문화가 속주 경계 너머의 토착 문화와 뒤섞이는 변경 지역, 리메스(*limes*, '경계')는 로마 지배 후기에 흔해지는 요새·방벽·도로의 비교적 고정된 변경을 말한다.[28] 심지어 내부 변경도 있었는데 달마치야, 알프스 산지, 피레네 산지, 마우레타니아의 산악 부족들을 영구히 평정하기 어려워 필요해진 것이다.[29]

서로 다른 이 모든 변경의 경계는 그저 관념상의 것이고, 표시된 적이 없으며, 로마의 행정 및 상업이 미치는 범위로 가장 잘 드러났다.

대부분의 변경이 개방성을 띠었기 때문에 그곳들은 로마 속주의 경계 너머에 있는 부족이나 군장사회들에 군침이 도는 목표물이었다. 약탈물이나 노예를 찾는 습격을 위해서도 좋았고, 로마의 위협에 대응해 부족의 안보를 지키기 위해서도 좋았다. 소규모 침입(4~5세기 대규모 침략 이전에는 대부분 그 랬다)에 대처하기 위해서는 크고 작은 보루, 망루, 요새 그리고 필요한 곳에서는 대규모 군단 병력 주둔지의 연결망이 있었다. 작은 전초기지인 프라이시디움(*praesidium*, '수비대')은 속주 주민들을 통제하고, 교역과 사람들의 이동을 조절하고, 제국 통치의 한계선 부근을 떠도는 습격자와 강도들을 추적해 처벌하기 위해 널리 설치했다.[30] 로마 변경의 정확한 기능에 관해서는 많은 논란이 있지만 감시, 상업로 통제, 강도나 해적을 상대로 한 전투, 배후지 치안 유지 같은 여러 가지 역할이 변경 지역에 맡겨진 방어 기능과 상충하는 것은 아니었다. 전체를 관통한 것은 외부의 위협에 맞서 안보를 지키려는 제국의 야심, 하드리아누스(Hadrianus) 황제가 117년 즉위하면서 표명한 "제국을 온전하게 유지하기 위한" 필요였다.

그 안보를 유지할 수 있는 몇 가지 방법이 있었다. 중국 황제들의 접근법과 마찬가지로 로마의 전략은 위협에 대해 공격적 대응과 방어적 대응을 왔다 갔다 했다. 적대적인 주민을 평정하기 위해 변경을 넘어간다는 결정은 평정에 실패할 경우

안보가 나아지기보다는 더 위태로워질 수 있다는 위험이 있었다. 잘 알려진 사례가 이와 관련된 위험을 잘 보여 준다. 로마가 강을 건너 서로 다른 게르만(German) 부족들이 차지하고 있는 지역으로 밀고 들어가기 시작하면서 라인강 변경은 불안정하기로 악명이 높았다. 기원후 9년, 라인란트군의 사령관 푸블리우스 큉크틸리우스 바루스(Publius Quinctilius Varus)와 1만 5000에서 2만 명에 이르는 세 개 군단 병력은 현지 케루스키(Cherusci)족에 대한 로마의 영향력을 확보하기 위해 강 건너 변경 너머에 주둔했다. 케루스키족 지도자 가운데 하나인 아르미니우스(Arminius)는 로마 군대에서 보조병으로 근무했고, 바루스의 호위병으로 배속됐다. 그는 제국을 자기네 민족이 살고 있는 영토로 확대하려는 로마인들의 야심에 매우 분개해 이웃 부족민들과 손잡고 비밀리에 바루스를 상대로 한 변란을 준비했던 듯하다. 바루스가 군단들과 민간인 가족들(군부대를 수발하는 사람들이었다)의 긴 행렬을 이끌고 라인강 건너편 로마 쪽에 있는 더 안전한 겨울 숙영지로 돌아갈 때, 체루스키인들과 그 동맹자들은 치명적인 매복 공격을 했다. 이후 전투가 벌어진 장소는 전통적으로 현대의 도시 오스나브뤼크 부근의 토이토부르크 숲으로 알려졌지만, 최근의 고고학 연구 결과 진짜 전투 장소는 도시 북쪽 더 먼 곳임이 확인됐다. 한쪽은 늪지대, 다른 한쪽은 숲으로 둘러싸인 좁은 산길이었다. 여기서 로마 병사들과 민간인들의 긴 행렬은 나무 장벽 뒤의 숲에 숨어 있던 전사들로부터 예상치 못한 공격을 반복적으로 받았다. 지형 때문에 군단은 응집력 있는 대형을 이룰 수 없었다. 이틀 동안의 전투 끝에 부대는 "그들이 언제나 가축처럼 죽였던"[당대의 로마 역사가 벨레이우스 파테르쿨루스(Velleius Paterculus)의 묘사다] 바로 그 적들에게 남자, 여자, 아이를 불문하고 거의 마지막 한 명까지 학살당했다. 이 패배는 아우구스투스에게 커다란 충격을 안겼다. 그는 게르만족 지역으로 확장하려는 노력을 중지하겠다고 선언했고, 라인강은 사실상 북방의 영구적인 경계선이 됐다.[31]

경계선을 넘는 원정이 모두 그렇게 매우 잘못된 것은 아니다. 브리타니아에서는 북쪽의 로마 변경 너머 부족들이 끊임없이 위협을 제기하자 로마 장군 그나이우스 아그리콜라(Gnaeus Agricola)가 북쪽으로 진격해 스코틀랜드로 들어가 칼레도니아의 지도자 칼가쿠스(Calgacus)가 구축한 부족 연합을 파괴했다. 로마 역사가 코르넬리우스 타키투스(Cornelius Tacitus)의 기록(그 상당 부분, 아마도 대부분은 상상이다)에 따르면 칼가쿠스는 로마제국에 저항하는 연설로 자기네 부족민을 선동한 것으로 유명하다. 그는 자기네 민족이 독립을 유지해야 한다고 호소하고, 패배의 결과에 대해 경고했다. "강도질, 학살, 약탈에 대해 그들은 제국이라는 거짓 이름을 붙입니다. 그들은 폐허〔이에 해당하는 라틴어 'desolatio'의 본뜻은 '쓸쓸함'이다〕를 만들어 놓고 그것을 평화라고 부릅니다."[32] 이 호소는 결과적으로 소용이 없었다. 기원후 83년 그라우피우스산(동부 스코틀랜드라는 것 외에 구체적인 장소는 확인되지 않았다) 전투에서 칼레도니아인들은 패배했고, 남자는 아마도 살해되고 여자와 아이들은 노예로 끌려갔을 것이다. 그러나 브리타니아에서 북쪽 변경은 라인 강과 마찬가지로 팽창의 한계임이 입증됐다. 40년 후 하드리아누스는 로마의 속주를 보호하기 위해 발룸아일리움(*Vallum Aelium*, '하드리아누스 장성'으로 더 잘 알려져 있다)을 건설했다. 그의 후계자 안토니누스 피우스(Antoninus Pius)는 더 북쪽에 두 번째 장성을 건설했으나 이것은 곧 버려졌다. 셉티미우스 세베루스(Septimius Severus) 황제는 209년 반란을 일으킨 칼레도니아인들과 마이아타이(Maeatae)를 진압하기 위해 직접 스코틀랜드 원정에 나섰으나 곧 돌아왔고, 하드리아누스 장성이 북쪽 켈트(Celt)족과의 경계로 남았다. 큰 군사적 위협이 없어야만 로마의 가장 먼 지역에서 안보를 유지할 수 있었다.[33]

로마 속주의 변경을 확실히 보호하기 위해 충분한 안보를 확립하는 다른 여러 방법이 있었다. 지역 부족과 군장사회들은 변경 지역에 편입돼 로마 주둔군과 보병대에 보조병을 제공할 수 있었다. 경계선 너머의 왕국이나 부족연합과 동맹을 맺는 방법도 있는데, 물론 충분한 신뢰가 있어야 했다. 그 신뢰가 깨지면 로마는 거의 언제나 잔혹하게 보복했다. 로마의 안보를 위협하면 어떤 위험을 지게 되는지를 변경의 다른 민족들에게 일깨워 주기 위해서였다. 중국 제국과 마찬가지로 로마 지도자들은 변경에서 평화를 사기 위한 뇌물과 하사금의 유용성을 인식했다. 브리타니아 총독 비리우스 루푸스(Virius Lupus)는 197년 마이아타이의 복종을 얻기 위해 상당한 돈을 주었다. 심지어 5세기에 유럽을 유린했던 훈족 연합의 지도자

아틸라조차 로마로부터 금을 선물로 받았다고 한다.[34] 외교가 실패하면 로마는 안보를 위협하는 것으로 드러난 부족 지도자나 왕들을 납치하거나 암살할 용의가 있었다. 콰디(Quadi)족의 지도자 가비니우스(Gabinius)가 자기네의 도나우 지역 영토를 로마인이 잠식한다고 불평하자 현지 변경 사령관 마르켈리아누스(Marcellianus)가 그를 식사에 초대해 죽여 버렸다. 이 음모는 곧바로 역풍을 불러왔다. 콰디족은 그 보복으로 로마의 판노니아 속주를 침공해 약탈했다. 4세기 로마 황제 발렌스(Valens)의 의심을 산 동맹자 아르메니아의 팝(Pap) 왕이 또 다른 잔치에 초대됐다가 살해당한 일도 있다. 대략 360년에서 450년 사이에 전략적 살해일 개연성이 있는 사례를 적어도 아홉 건 확인할 수 있다. '현실주의'가 작동된 초기 사례다.[35]

결국 긴 경계선에서의 안보는 시간이 흐르면서 군사력과 축성에 의존했다. 로마제국에서 복무하던 40만 명의 병사 가운데 대부분은 변경을 따라 또는 그 부근에 퍼져 있었다. 4세기에는 이들을 '리미타네이(*limitanei*)'라고 불렀다. 2세기 이후 제국에 대한 위협이 증가하면서 변경 보호 전략도 확대됐다. 일부 변경에서 위협은 안보를 중대하게 해치지 않았고 보호를 충분히 보장할 만했다. 남쪽이 사막으로 보호된 넓은 북아프리카 속주들에서는 군사적 개입이 별로 없었다. 3세기 중반까지 관념상의 속주 경계 너머 또는 그 안에 사는 부족들로부터의 습격은 드물고 소규모였던 듯하며, 보고도 거의 없었다. 보루와 신호소만으로도 평화를 유지하기에 충분했다. 이 시설들은 마우레타니아 팅기타나(현 모로코)의 산악 부근에 좀 더 조밀하게 집중돼 있었다. 이곳에서는 평화가 더욱 깨지기 쉬웠다. 4세기가 돼서야 제국의 아프리카 부분은 더 심한 위협에 직면했다. 372~373년 피르무스(Firmus)의 반란과 397~398년 길도(Gildo)의 반란은 모두 진압을 위해 군사 원정이 필요했다. 지중해 동안에서는 변경이 유동적이고 제대로 규정되지 않았으며, 성채나 성벽보다는 주둔 도시가 두드러졌다. 서아시아의 강력한 경쟁 제국들, 특히 3세기 이후의 사산(Sāsān) 페르시아제국에 맞서 로마는 축성을 강화했다. 어느 쪽도 상대를 격파할 만큼 강하지 않아 동방에서는 변경이 더 안정적으로(가끔 폭력적이었지만) 유지됐다. 가장 큰 위협은 제국의 유럽 쪽에서 나타났다. 라인강과 도나우강을 따라서 그리고 브리타니아 북쪽 변경에서였다.

위협에 대응하는 한 가지 방법은 더욱 완전하게 요새화하는 것이었다. 중국처럼 성벽을 건설하는 것은 중부 유럽 전역에서는 거의 선택할 수 없는 방법이었지만, 변경 지역을 따라 광범위한 대규모 요새화가 이루어졌고 적의 침입 거리 안에 있는 도시들을 방어했다. 하드리아누스 장성은 예외였다. 잉글랜드 북부의 좁은 목 부분을 가로지르는 117킬로미터의 거리 덕에 고정된 방어선을 그을 수 있었기 때문이다. 성벽은 방어만을 위한 것은 아니었고, 침입자를 추적해 변경 너머로 나가는 응징 습격의 발판이자 보호벽으로도 기능했다. 잠재적 공격자들을 위협하고 그들의 움직임을 통제하기 위해 고안된 변경이기도 했다.[36] 하드리아누스 장성은 도로를 통해 더 남쪽의 보루 및 주둔지 연결망과 연결돼 필요한 경우 증원군을 더 빠르게 투입할 수 있었다. 일부 전초기지는 장성 바깥에 주둔했다. 켈트족의 잦은 습격이 있었지만(로마는 160년에서 400년 사이에 적어도 11건의 습격을 기록했다), 변경 방어 체계가 대규모 침입을 막고 브리타니아 속주의 나머지 부분을 보호했다.[37] 라인강과 도나우강 변경은 안보를 확보하기가 더 어려웠다. 두 강을 따라 보루, 해자, 제방, 망루가 줄지어 건설됐다. 라인강에서는 변경 보루가 5킬로미터 간격으로 세워져 이웃 주둔지끼리 지원하거나 경고를 전달하기 쉽게 했다. 3세기 말 기병 장교 출신인 디오클레티아누스(Diocletianus) 황제 치세에 보루는 더 높고 더 튼튼한 성벽으로 강화됐다. 변경의 안보를 확보하는 일은 서로마제국 말기의 최우선 전략이 됐다. 황제들은 통상 군 지도부 출신으로, 변경 안팎에서 안보가 흔들리는 상황을 대비하는 대규모 야전군을 지휘했다.[38] 그러나 변경 일대의 부족들이 더 큰 연합체로 합쳐지기 시작하면서 이전 시기와는 다른 위협을 제기했다. 안보를 더욱 강조했음에도 길고 구멍이 숭숭 뚫린 변경은 부족들(동쪽 변경은 서쪽으로 이동하는 유목민들로부터 끊임없는 압박을 받고 있었다)의 대규모 침입을 막기에 불충분함이 드러났다. 이제 동과 서로 나뉜 제국은 침입자들을 로마 체제 안으로 수용하고자 노력했지만, 5세기 무렵에는 압박을 거스를 수 없게 됐다. 반달(Vandal)족, 고트(Goth)족, 프랑크족, 훈족이 저마다 옛 변경을 무시하며 제국의 유럽 및 아프리카 속주들을 전복했다.[39] 중국에서와 마찬가지로 힘을 합친 적의 결연한 침략은 안보를 유지하기 위한 수백 년에 걸친 노력을 물거품으로 만들었다.

다른 많은 지역 제국에 대해서도 거의 같은 이야기를 할 수 있다. 그들의 안보는 충분히 견실한 변경을 만들 수 있느냐에 달려 있었다. 필요할 경우 무력으로 뒷받침해야 했다.[40] 유럽 제국들의 해외 팽창에서도 마찬가지였다. 멀리 있는 영토의 안전은 식민지의 토지 강탈과 기존 문화에 대한 도전으로 불안정해진 토착민들의 대응뿐만 아니라 해외 영토 획득에 뛰어든 다른 나라들과의 경쟁으로도 위협받았다. 장기간에 걸친 북아메리카 식민지화가 분명한 사례다. 17세기 이후 아메리카 원주민과 식민지 건설자들은 불안정한 경계선 일대에서 '박멸전(撲滅戰)'(변경을 연구하는 한 역사가의 표현이다)을 치렀다.[41] 이 역사에서 변경은 끊임없이 전쟁이 벌어지는 장소였으며, 안보는 흔히 전략적인 망상이었다.

해외 식민지화가 진행되던 수백 년 기간은 유럽과 그 너머에서 고정되고 인정되는 국경을 확립하려는 전반적인 움직임과 맞물려 있었으며, 국경 침범은 안보에 대한 명백한 도전으로 간주됐다. 지난 200년 동안에는 다툼이 있는 변경 또는 변경의 땅을 둘러싸고 많은 충돌이 일어났다. 특히 공유된 민족적·문화적 정체성을 가진 국가를 건설하려는 욕망 때문이었다. 19세기의 그리스·이탈리아·독일이 그랬고, 1917~1918년 합스부르크·러시아·독일·오스만제국이 붕괴한 후의 여러 신생국이 그랬다. 미국 대통령 우드로 윌슨이 국제연맹 규약에 안보의 핵심으로서 민족적·문화적 '동질화'를 이룰 수 있게 하는 조항을 넣기를 원했으나 동맹국들이 실무적인 이유로 받아들이지 않았고, 전후의 최종 결론은 새로운 경계선 너머에 민족 일부가 떨어져 있어 변경에 다툼이 제기될 수밖에 없는 상황을 남겼다.[42] 1919~1922년 그리스와 오스만의 충돌, 1920년 신생 소련과 폴란드의 충돌, 1930년대 말 중·동유럽의 민족 경계를 재획정하려 한 히틀러 독일의 궁극적인 야심 등이 모두 변경 지역을 둘러싼 다툼이었다.

1945년 이후가 돼서야 유럽의 국경들이 정해졌다. 대체로 대규모 주민 이동이나 직접적인 병합을 통해서였다. 20세기 전 세계의 경계 지역 변동 가운데 112건에서 군사적 충돌이 개재됐다. 물론 그 모두가 안보 문제로 판단할 수 있는 것은 아니다. 아프리카와 아시아의 이전 식민지 영토들은 국가 독립 후 경계 변동이 적었다. 유럽 세력이 민족과 문화의 경계를 가로질러 자의적으로 그은 본래의 국경이 기존의 영토 보전에 대한 집착을 부추겼기 때문이다.[43] 이 경우에 원칙은 '점유하고 있는 것은 계속 점유할 수 있다(*uti possidetis, ita possideatis*)'라는 고대 로마의 법적 개념이다. 이 개념은 19세기 라틴아메리카의 에스파냐 식민지들이 영토 주권을 주장하고 재식민지화를 막기 위해 사용했고, 이어 1960년대 아프리카의 탈식민화 과정에서 아프리카단결기구(OAU)의 옹호 아래 채택됐다. 1986년 부르키나파소와 말리 사이의 분쟁에 대한 국제사법재판소의 판결 이후 이 개념은 이제 새로운 국가들의 변경을 보호하고 이에 따라 충돌을 방지하기 위한 일반적인 원칙으로 널리 받아들여지고 있다. 유고슬라비아와 소련의 해체에도 적용됐으나, 이후 러시아의 우크라이나 침공은 막지 못했다.[44]

1945년 이후의 세계에서 변경은 안보와 전쟁의 관계를 설명하는 데서 중요성 일부를 상실했다. 특히 항공기와 미사일은 변경에 신경 쓰지 않기 때문이다. 국경 영토를 둘러싼 싸움은 보통 규모가 작지만, 심각한 함의를 지니는 '동결분쟁(frozen conflict)'이라고 불리는 몇몇 분쟁이 여전히 남아 있다. 그 가운데 하나가 길고도 불안한 역사를 지닌 이스라엘과 그 이웃 아라비아 제국들의 관계다. 여기서 변경을 둘러싼 전쟁은 지속적으로 적대적인 환경 속에 있는 이스라엘의 위험을 반영했다. 북아일랜드 내전은 영국의 안보에 도전했으며, 영국이 유럽연합(EU) 탈퇴 과정에서 아일랜드와 국경의 지위를 협상하는 데서 어려움을 겪은 이후에도 여전히 도전을 제기하고 있다. 아마도 모든 동결분쟁 가운데 가장 위험한 것은 중국-인도-파키스탄 사이의 국경을 둘러싼 오랜 분쟁일 것이다. 제2차세계대전 종결 직후 수십 년 이래 여전히 '동결' 상태지만, 21세기 초 현재 세계 아홉 개 핵무기 보유국 가운데 세 나라가 관련돼 있다. 이들 사이의 대결은 간헐적인 전쟁, 소규모 침입, 폭동, 테러를 수반했다. 세 나라는 모두 이를 자국 영토 안보에서 근본적인 문제로 보지만, 외딴 산악지대인 데다 인구가 적고 말 그대로 '얼어붙은' 영토가 왜 그렇게 오랜 충돌을 초래했는지를 이해하기는 어렵다. 이 경우에 변경 안보는 상징적인 중요성을 지니며, 영토의 성격보다는 광범위한 정치 문제와 더 관련돼 있다.

카슈미르를 둘러싼 충돌은 1947년 인도 분할로 거슬러 올라가며, 인도와 중국의 충돌은 1949년 중국이 공산당 지배하에 통일된 일로 거슬러 올라간다. 인도 북부 잠무카슈미르주에는 힌두교 군주가 있었지만 주민 대다수는 이슬람교도였다. 분할 당시 파키스탄과 인도는 이 왕국의 통제권을 놓고 짧은 전쟁을 했는데, 파키스탄이 3분의 1을 장악하고 나머지는 인도가 지켰다. 양쪽 모두 국경을 그대로 두는 데 만족하지 않았고, 그 결과 소규모 전쟁과 군사적 대결이 빈번하게 일어났다. 인도 정치가들은 잠무카슈미르가 영국인들이 떠날 때 의도했던 대로 인도의 일부라고 보는 반면, 파키스탄은 이 지역을 이슬람교도 국가가 건국될 당시 통합되었어야 할 지역으로 여긴다. 매번 전쟁은 국제적 압력하에 휴전을 했지만, 어느 쪽도 상대방을 믿으려 하지 않았다. 1999년 라호르(Lahore) 협정을 조인해 이 지역의 3분의 1에서 파키스탄의 주권을 존중하기로 했지만, 거의 곧바로 카르길(Kargil) 전쟁이 벌어져 두 나라를 갈라놓는 군사적 경계인 이른바 '통제선'을 다투었다.[45] 계속되는 인도의 지배에 맞서 카슈미르의 폭동이 발발하고 인도의 목표물을 향한 이슬람교도들의 잦은 테러 공격이 부채질해 양쪽 사이의 거리는 더욱 멀어졌다. 나렌드라 모디(Narendra Modi) 총리 치하의 힌두 민족주의는 가까운 시일 내에 어떤 화해도 불가능하게 했다. 인도는 카슈미르에 엄중한 보안 단속을 가했고, 2019년 이 지역의 헌법적 지위를 박탈해 중앙정부 직접 통치 아래 두었다. 파키스탄은 카슈미르의 지위를 인도가 '불법 점령'한 것으로 규정했다. 지난 10년 동안 발전해온 파키스탄과 중국 사이의 긴밀한 정치적·경제적 협력은 인도의 불확실성과 위험에 대한 인식만을 자극했을 뿐이다. 이따금 터지는 군사적 충돌이 그 불안정성을 잘 보여 준다.[46]

　　영국은 인도를 떠나면서 인도와 중국 사이에도 분명치 않은 국경을 남겼고, 이후 줄곧 분쟁의 원인이 됐다. 서쪽 카슈미르의 라다크산맥에서부터 중국이 점령한 티베트를 지나 동쪽의 옛 시캉성에 이르기까지, 맞대고 있는 변경에서 정확한 경계선에 대한 협정이 없었다. 인도는 영국이 그린 두 개의 개략적인 선에 의존했다. 1865년 윌리엄 존슨(William Johnson)이 서북 변경에 그린 '존슨선'과 헨리 맥마흔(Henry McMahon)이 1914년 티베트와 합의한(그러나 중국 당국은 절대 인정하지 않았다) 동부 변경의 '맥마흔선'이다.[47] 1950년 대에 양측은 그들을 갈라놓는 비공식 국경을 넘어 잠깐씩 침입했다. 1959년에 티베트를 합병한 뒤인 1961년, 중국은 카슈미르 변경 산악 지역의 상당 부분을 점령하고 권리를 주장했다. 그곳이 악사이친이다. 인도는 이에 반대했고, 1962년 10월 자와할랄 네루(Jawaharlal Nehru) 총리는 인도군에 중국군을 몰아내라고 명령했다. "그러지 않으면 중국군이 계속 진격할 것"이라고 했다.[48] 짧은 전쟁에서 인도가 패해 중국이 점령하게 됐지만 협정은 없었다. 중국이 적어도 17건의 다른 영토 분쟁을 충돌 없이 해결하는 데 성공했음에도 말이다.[49]

　　양측은 명확한 국경을 만들기 위해 노력했지만, 높은 산마루를 차지하거나 전초기지와 벙커를 건설해 군사적 이점을 추구하다 보니 양쪽 모두에서 끊임없는 침입이 일어났다.[50] 양국은 완전히 안전이 보장된 변경을 원하지만, 카슈미르를 둘러싼 대결에서처럼 국경 문제는 남아시아에서의 지리정치학적 입장을 둘러싼 양국 사이의 더 심각한 이견(특히 인도와 미국 간 협력이 심화되면서)을 대신 표출하는 통로가 됐다. 2017년의 군사적 대치는 공개적 충돌을 피했지만, 2019년 카슈미르의 헌법적 지위 개혁 이후 인도는 확대된 라다크 연방 직할지에 이제 (여전히 중국군이 점령하고 있는) 악사이친이 포함된다고 주장했다. 2020년 인도 병사들이 양측을 갈라놓고 있는 선을 넘어 갈완강 계곡으로 들어가자 중국 병사들은 급조한 곤봉과 막대기를 가지고 폭력적으로 보복했다(1960년대에 맺어진 무기를 발사하지 않는다는 협정을 존중해서였다). 그 결과 1962년 이래 처음으로 양측에서 사망자들이 발생하는 큰 싸움이 벌어졌다.[51] 인도-중국-파키스탄의 삼각 충돌은 아시아 전역에 걸쳐 잠재적 불안정의 근원이 됐다. 세 나라가 모두 핵무기를 가지고 있고, 핵무기 사용에 대한 제도적 통제 장치가 없기 때문이다. 분쟁을 해결하기 위한 회담이 자주 결렬되는 데서 분명히 드러나는 그들 사이의 '신뢰 부족'은 변경의 위험이 큰 충돌을 촉발할 수 있다는 긴 역사를 입증한다. 심지어 국지 핵전쟁 이야기까지 나온다.[52]

안보학의 임무는 이런 현대의 충돌들을 연구하는 것이다. 논의가 분분한 영토권 같은 문제가 그중 하나다. 1945년 이후에 만들어지고 규정된 이 학문의 목적은 전쟁의 원인과 전쟁을 방지할 방법을 연구하는 것이다. 초기 중국이나 로마 같은 역사적 사례들이 '안보딜레마'(충돌을 피하면서 안보를 확보하는 방법)라고 부르는 것을 설명하는 데 도움을 줄 수 있겠지만, 이 학문은 냉전과 냉전 이후 세계에 초점을 맞추었다. 왜 전쟁이 발발하거나 발발하지 않는지를 이해하기 위한 이론적 토대를 구축하기 위해서다. 핵심적인 설명은 여전히 안보이다. 그것이 충분한지 또는 너무 부족한지에 관한 것이다.

안보학 분야는 1929년 경제공황 이후 국제 체제 붕괴와 1931년 이후 일본·이탈리아·독일의 맹렬한 제국 건설에 뿌리가 있다. 유럽인들은 이런 변화들이 나타내는 안보에 대한 도전을 이해하고 해석하려 노력했으나, 단지 위기를 설명할 뿐만 아니라 세계 전쟁으로 무너져 들어가고 있는 체제에서 자국의 안전이 어떻게 보장될 수 있는지를 알아보기 위해 더욱 공식적인 노력을 기울인 곳은 미국이었다. 그에 기여한 사람 가운데 한 명이 퀸시 라이트(Quincy Wright)다. 미국이 제2차세계대전에 뛰어든 직후인 1942년에 출간된 그의 중요한 저작 『전쟁 연구(A Study of War)』는 1920년대까지 거슬러 올라가는 오랜 연구 계획을 바탕으로 무엇이 전쟁을 일으키는지를 기술한 것이다. 그는 전쟁을 치료법을 찾아야 하는 질병으로 보았지만, 그의 연구는 다양한 동기로 벌어지는 전쟁의 만연을 어떻게 저지하고 더 안전한 세계를 만들 수 있을지에 대한 질문을 제기했다.[53] 또 다른 기여자는 역사가 에드워드 미드 얼(Edward Mead Earle)이다. 그는 1933년 미국 뉴저지주 프린스턴에 새로 설립된 고등연구원(IAS)에 합류해 '역사 속 전쟁의 위치 연구'에 관한 고급 연구 모임을 운영했다. 국가 안보(전쟁 발발 전에 이미 사용되고 있던 용어다)를 확립하기 위해 미국이 어떤 전략을 추구해야 하는지를 이해하는 데 공헌하기 위해서였다. 다른 학자나 프랭클린 D. 루스벨트

(Franklin D. Roosevelt)의 측근 참모들에게도 마찬가지지만, 얼에게 핵심은 권력 추구가 "국민국가가 영토, 권리, 정치적 독립, 국익을 확보하는 능력"을 보장하는 유일한 열쇠라는 것이었다. 얼은 국가의 안보가 오직 "권력정치에 대한 끊임없는 몰두"를 통해서만 이룰 수 있다는 스피크만의 현실주의적 주장에 끌리지는 않았지만, 미국이 살아남기 위해서는 '강대국'이 돼야 한다는 그의 견해는 사실 단단한 현실주의적 핵심을 지닌 것이었다.[54]

세계대전의 여파와 새로운 핵의 안보 위협으로 이 학문은 급속하게 확장됐다. '안보학'은 뉴욕 컬럼비아대학교, 예일대학교, 프린스턴대학교에 연구센터가 설립되면서 공인된 분야가 됐다. 1952년 미국 사회과학연구위원회(SSRC)는 국가안보연구위원회라는 전담 조직을 만들었다. 헨리 키신저(Henry Kissinger)를 비롯한 젊은 세대의 학자들은 튼튼한 이론적 기반이 필요한 주제이자 정책 결정자들(그들의 결정이 상시적인 전쟁의 위협을 줄이거나 늘릴 수 있었다)에게 제공할 방법으로서 안보 문제를 받아들이기 시작했다.[55] 그들은 국가 안보를 위한 이론 체계로서 시간을 거슬러 니콜로 마키아벨리(Niccolò Machiavelli)와 토머스 홉스로까지 거슬러 올라가는 '현실주의'에 대한 애착으로 하나가 됐다. 중요한 것은 무슨 수단을 쓰든 살아남는 것이었다. 도덕적이든 아니든 상관없었다. 안보의 핵심은 권력이었고, 현대에는 군사력이 그 열쇠였다. 현실주의는 국가의 외교 정책에서 지도 원리가 돼야 한다는 주장이었다. 최종 결과가 전쟁이라도 마찬가지였다.

　　　　　　　　　　　　　　　　　　　　　왜 전쟁인가?

안보학 분야는 국가가 상존하는 전쟁 문제에 직면해 자국의 안전을 어떻게 관리할 것인지에 가장 큰 관심을 가졌다. 주요 목표는 규정적 진술로서 늘 되풀이되듯이 '군사력의 위협, 이용, 통제'를 이해하는 것이었다. 1945년 직후의 시기에는 사실상 핵무기의 위협에 대처하는 것을 의미했지만, 이제는 단지 군사 지도자들만이 아니라 민간 이론가들도 참여할 수 있는 문제가 됐다. 안보학 주류가 만들어 낸 전쟁 억지(抑止) 이론은 1960년대에 군비 축소와 데탕트로 억지가 덜 긴급해지기까지 안보 담론을 지배했다. 1970년대 이후 안보학은 초기의 좁은 국가 안보 관점을 유지하는 대신 더 광범위한 국제 안보 체제에서 국가가 어떻게 움직이는지를 분석하는 쪽으로 옮겨갔다. 이것은 유럽에서 이미 선도하던 접근법으로 투박한 형태의 홉스적 현실주의는 광범위하게 비판을 받았다. 영국에서는 일군의 역사가와 국제관계론 연구자들이 1959년 영국국제정치이론위원회를 만들었다. 케임브리지대학교 역사가 허버트 버터필드(Herbert Butterfield)가 주도했는데, 1980년대 중반까지 국제질서와 그것을 유지하는 방법을 주제로 자주 토론을 벌였다. 이들 가운데 한 사람인 헤들리 불(Hedley Bull)이 나중에 『무정부적 사회(The Anarchical Society)』라는 책을 썼는데, 여기서는 국제질서가 언제나 전쟁과 그 결과에 따라 결정됐다고 판단했다. 그는 이렇게 썼다. "특정 국가가 살아남느냐 제거되느냐, 발전하느냐 쇠락하느냐, 그들의 국경이 똑같이 유지되느냐 바뀌느냐를 결정하는 데 이바지하는 것은 전쟁과 전쟁의 위협이다."[56] 그와 그의 동료들은 집단적으로 '영국 학파'로 알려졌는데, 국가 간의 관계가 무정부적 성격을 지니는 상황에서 전쟁을 어떻게 피할 수 있느냐를 설명하고자 했다. 그들은 또한 국제관계의 최근 역사에서 한 가지 해법을 발견했다. 그들은 두 차례의 세계대전에도 불구하고 무질서보다는 질서가 더 일반적인 상황인 듯하다고 보았다. 그들이 보기에 전쟁은 국제적 구조의 한 결과였지만, 평화를 어떻게 확보하느냐를 이해하는 것이 더욱 중요했다. 버터필드와 동시대인인 케임브리지대학교의 해리 힌슬리(Harry Hinsley)는 1963년 『권력과 평화 추구(Power and the Pursuit of Peace)』를 썼는데, "국제적 불안의 해결책"으로서 현대의 국제질서를 어떻게 발전시킬 것인지를 더 잘 이해하는 데 공헌하려는 것이었다.[57]

개별 국가의 행동이 아니라 국제 체제의 이해를 통해 전쟁 또는 전쟁의 부재를 설명하는 것을 강조하는 것은 미국 전략 이론가들 사이에서 '신현실주의'(개별 국가의 외교 정책을 다루는 '신고전 현실주의'와 혼동하면 안 된다)로 불리게 된다. 신현실주의를 창시한 문헌은 캘리포니아대학교 버클리 캠퍼스의 교수 케네스 왈츠(Kenneth Waltz)가 1979년 출간한 『국제정치이론』이라고 일반적으로 받아들여진다. 1940년대의 양극 냉전을 지배했던 국가 안보 이론과 다르다고 하지만, 왈츠는 국제 체제를 국가의 집합체로 규정했다. 모두가 권력을 자국의 안보를 위해 사용하기를 원하는 나라들이다. 그의 결론은 불이나 힌슬리와 근본적으로 달랐다. 그는 충돌과 경쟁이 체제 자체를 규정한다고 생각했다. 왈츠는 이렇게 썼다. "무정부적 체제에서 국가는 스스로의 안보를 확립해야 하며, 안보에 위협이 되거나 위협이 되는 것처럼 보이는 것은 많다.” 전쟁이 반복되는 것은 국제 체제의 구조로 설명된다면서 “무정부적 세계에서 평화는 깨지기 쉽다”라고 왈츠는 주장했다.[58]

　신현실주의는 두 개의 분명한 학파로 갈라져 이론적 설명이 더욱 복잡해졌다. ‘공격적 현실주의’와 ‘방어적 현실주의’다. 전자는 강경파 현실주의로, 국가는 타국과의 관계에서 절대로 긴장을 풀어서는 안 되고 언제나 공격 가능성에 대비해야 한다고 주장한다. 필요할 경우 의도적으로 공격에 대응하는 군사적 태도를 취해야 한다. 이런 형태의 신현실주의 아래서 국가는 안보를 확보하기 위해 더 많은 권력을 얻으려 노력해야 한다. 공화국 시기의 로마와 좀 비슷하다. 이런 의미에서의 권력 추구는 그 자체를 위해서가 아니고 더욱 안보를 강화하기 위한 것이다.[59] 질서를 유지하기 위해서는 어느 시점에서든 세력 균형을 이루어야 한다. 냉전 시기 엄청난 무력을 갖춘 두 초강국 사이의 균형 같은 것이다. 반면에 방어적 현실주의는 영국 학파와 마찬가지로 안보는 방어에 더 적합한 군사적 형태를 갖춘 온건한 입장을 취함으로써 더 잘 관리할 수 있다고 주장한다. 또한 국가는 협력, 동맹, 협정, 심지어 군비 축소를 통해서도 안보딜레마를 해결할 수 있다. 더 타협적이고 협력적인 구조가 가하는 압박은 전쟁의 가능성을 줄일 것이고, 사실 그것이 현대 국제관계의 특징이다. 이는 ‘구조적 조정자’라고 불리며, 이것이 무정부상태를 완화하고 국제 체제가 어쨌든 돌아가게 한다.[60]

두 학파가 실제로 직접적으로 다루지 않은 것은 두 가지 현실주의가 언제 실패해 전쟁으로 이어지는지다. 대답은 좀 역설적이다. 공격적 현실주의는 안보를 강화하기보다는 오히려 약화할 수 있다. 군사력 증강은 경쟁적인 군비 확충을 부추기고 전쟁의 위험을 높인다. 공격적인 자세는 다른 나라들이 홉스의 모형대로 연합하도록 부추긴다. 자국의 권력을 늘리고자 하는 나라를 군사적으로 막기 위해서다.[61] 방어적 현실주의도 같은 문제를 겪는다. 국가가 공격적인 군사적 자세를 포기했음을 드러내거나, 일방적으로 군비 축소를 시작하거나, 자국의 외교 정책 목표를 분명히 하면 안보는 다시 한번 위태로워진다. 이런 상황에서 공격적인 국가는 안보를 확보하는 방법으로 방어적 완화를 선택한 국가를 밟고 권력을 확대하려는 유혹을 받을 것이다.[62] 이럴 때 가장 가능성이 큰 전쟁의 형태는 다른 나라의 의도를 오인해서 일어나는 전쟁이다. 20세기의 두 세계대전이 그랬다. 독일 지도자들은 영국 정부의 위기에 대한 반응을 잘못 해석했다. 다른 나라가 어떻게 나올 것인지를 정확히 추측하려는 노력으로 만들어진 불확실성은 금세 위기로 말려 들어가 강대국 사이의 우발적인 전쟁을 만들어 낼 수 있다. 어느 쪽도 애초에는 큰 전쟁을 벌일 의도가 없었을 것이다. 전략적 의도(대부분의 현대 국가는 의도적으로 드러나지 않게 한다)의 모호한 성격은 선제적 또는 예방적 전쟁을 부추길 수 있다. 잠재적인 적이 타격하기 전에 선제공격을 하는 것이다.[63] 냉전 종식 이후 다극체제가 전쟁의 위험을 높였다는 주장이 있는데, 모든 주요 국가가 안보 위협으로 불안한 곳에서는 오판의 가능성이 증가하기 때문이다. 핵 공격 주고받기로 인한 공멸 가능성이 오랜 평화를 유지했던 양극화된 냉전 세계는 역설적으로 이후의 분열된 구조보다 대규모 전쟁을 피할 수 있는 더 안전한 구조로 여겨진다.

안보학의 이론적 기초를 전쟁의 원인에 대한 설명이라고 비판하는 것은 쉽다. 역사는 이론에 맞춰 만들어지는 것이지 그 반대가 아니다. 안보딜레마에 관한 신현실주의적 설명에서 추상화의 정도는 의도적이다. 개별 국가가 실제로 어떻게 나올 것이냐에 대한 지침으로 의도된 것이 아니라 국가가 움직여야 하는 체제를 설명하기 위한 것일 뿐이며, 이는 언제든 안보를 강화하거나 위협할 수 있다. 현대에는 현실주의의 검증을 통과하지 못하는 지도자들의 사례가 많고(미국에 대한 히틀러의 선전포고가 대표적인 사례다), 그 결과 안보가 전략적 환상에 희생되는 상황이 만들어졌다. 신현실주의는 군사적 측면 외에 안보의 여러 측면(환경안보, 경제안보, 인간안보 같은 것으로 1990년대 이래 안보학에서 중요한 역할을 하고 있다)을 다루지도 않는다.[64] 신현실주의는 다른 나라의 의도를 평가하는 문제와 관련하여 전쟁의 위험을 설명하는 데서 가장 설득력이 있다. 위협을 과대평가하거나 과소평가할 때 발생하는 오차 범위는 전쟁을 감수하거나 아니면 전쟁을 피하기 위해 많은 군비를 갖출 용의에 중요한 함의를 지닐 수 있기 때문이다. 심지어 지금 이웃 국가로부터의 안보 위험이 거의 없는 상황에서도 약탈 국가, 국가가 아닌 폭력적인 운동, 오만한 지도자의 예측할 수 없는 야심 등 세계 다른 지역에서 발생할 수 있는 예상치 못한 위협에 대비하여 군사 지출과 대비 태세를 유지한다. 역동적인 국제질서에서 안보는 언제나 상대 적이라는 신현실주의의 주장은 국가가 왜 경계를 풀거나 신 뢰에 의존할 수 없는지를 설명하는 데 사용된다. 냉전이 끝나 고 10년 뒤에 미국의 신고전 현실주의자 제프리 탈리아페로 (Jeffrey Taliaferro)는 "안보딜레마는 무정부상태의 난해한 특 성"이라고 썼다.[65]

핵무기가 안보에 미치는 위협과 관련하여 이런 딜레마는 여전히 존재하며, 1940년대에 안보학의 등장을 촉발한 요인 이었다. 미국과 소련의 양극체제에서는 억지력이 어느 정도 작동했지만, 두 초강국이 재래식무기로 전쟁을 벌이지 못하도 록 막지는 못했다. 왈츠는 1990년에 핵무기를 보유한 나라들 사이의 큰 전쟁이 일어날 가능성은 "제로에 근접"한다고 주장 할 수 있었다.[66] 그 시기에 핵보유국은 미국, 소련, 영국, 프랑 스, 중국 등 5개국이었다. 이후 파키스탄, 인도, 북한이 합류했 다. 이스라엘은 핵보유국으로 간주되지만 핵 보유 여부를 공 개하지는 않았다. 1968년 처음 협상된 조약에 따라 관리되는 핵무기 확산 금지는 후발 4개국을 제외한 모든 핵보유국이 동 의했다. 물론 미국은 1960년대와 1970년대에 서독, 한국, 타 이완을 압박해 자체 핵무기 개발 구상을 포기하게 했다.[67] 기 존 핵탄두의 90퍼센트 이상을 여전히 미국과 러시아(소련의 후계 국가다)가 보유하고 있어 과거 냉전시대의 안보 대치가 사라지지 않고 있다. 정치가, 군 지도자 그리고 더 넓은 대중의 전통적인 생각(심지어 9개국이 핵무기를 보유한 세계에서도)

은 이 무기들을 홧김에 사용하지는 않으리라는 것이었다. 상호 대량 파괴의 가능성이 매우 크기 때문이다. 그런 생각은 핵무기가 사용할 수 없는 자원이라면 인도, 파키스탄, 이스라엘, 북한은 애초에 왜 그것이 필요했느냐는 질문으로 이어진다. 이들 네 나라 모두 지역 안보 문제가 있으며, 핵무기라는 선택지가 의도적이거나 선제적이거나 최후의 수단으로 사용될 가능성이 있다.

어떤 상황에서 핵 충돌이 촉발될 수 있느냐의 문제는 최근 기밀 해제된 기록에 있는 미국 핵전쟁 도상연습의 검토를 통해 탐구됐다. 1961년, 미국 합동참모본부는 합동전쟁연습통제부(나중의 합동전쟁연습국)를 만들어 1년에 대여섯 차례의 정규적인 연습을 실시했다. 한 차례는 미국이 핵무기 보유국을 상대하고, 또 한 차례는 핵무기가 없는 나라를 상대했다. 핵전쟁 연습에서 청군과 홍군 두 팀은 서로 다른 방에 들어가 연습 작전을 계획했고, 통제관이 이를 모니터했다. 1960년대와 1970년대 초의 연습에서 두 차례를 제외한 모든 경우에 팀들은 핵무기 사용을 꺼내 들지 않았다. 그러나 핵무기 선택지가 받아들여진 한 사례에서, 그 선택은 위기관리가 실패한 상황에서 일어났음 직한 일과 아주 비슷했다.

1967년의 BETA I 연습은 군, 정부, 전략 연구자 96명이 참여한 가운데 진행됐다. 설정된 상황은 소련이 서베를린을 점령하고 미국이 대응하는 것이었다. 어려움이 생기자 청군(미국)이 전술 핵무기를 사용했고, 홍군(소련)이 이에 보복해 핵공격으로 미국의 여섯 개 사단을 파괴했다. 청군은 곧바로 전역(戰域) 외 미사일 사용으로 수위를 높였고, 홍군은 청군이 전면 핵전쟁 전략으로 옮겨 가고 있다고 판단했다. 미국에 대한 선제공격 명령이 내려졌고, 청군은 2차 공격으로 보복했다. 연습 후 분석에서 청군은 선택지를 숙고할 충분한 시간이 주어지지 않았고 갑작스러운 위기에 직면해 최초의 전술핵 공격을 선택했다고 불평했다. 홍군은 핵전쟁이 제지되지 않았음을 확인했는데, 이는 제2차세계대전 당시 소련의 운명보다 많이 나쁘지는 않을 것이다.[68] 이 연습은 오인, 일시적인 공포, 갑작스러운 전략 선택지 축소 같은 서투른 위기관리가 어떻게 상승작용을 일으킬 수 있는지를 보여 주는 전형적인 사례였다. 이런 일은 21세기에도 여전히 일어날 수 있다.

핵 대결이 수반되는 안보 위험은 2022년 2월 블라디미르 푸틴 러시아 대통령이 우크라이나 침공을 명령하면서 실제 분쟁에서 갑작스럽게 드러났다. 서방의 우크라이나 지원은 곧바로 판을 키웠다. NATO를 통한 지원에 참여한 국가 중 핵보유국이 세 나라였고, 이들이 핵보유국인 러시아 및 서방의 개입에 대체로 비판적인 중국 정권과 맞서는 것이었기 때문이다. 러시아의 안보가 심각하게 위협받으면 핵무기 동원을 주저하지 않겠다는 푸틴의 간헐적인 위협은 해석하기 어려웠지만, 무시할 수도 없었다. 안보학은 수십 년 동안 억지력이 작동한다고 생각했지만, 불량 국가들을 합의된 억지 구조에 끌어넣기는 어렵다. 우크라이나 침공은 변경의 잠재적 불안정성을 보여 주는 또 다른 사례다. 러시아가 1994~1996년과 이어 1999년 이후 체첸에서 벌인 전쟁, 2008년 조지아를 상대로 한 전쟁, 2014년 이후 우크라이나 동부에 사는 러시아인들에 대한 민족통합주의적 방어를 위해 벌인 전쟁은 자국의 영토 보전과 민족 단결을 보증하는 변경에 대한 욕망의 산물이다. 그것이 이웃을 침공하는 일일지라도 말이다. 카슈미르와 우크라이나에서 분명히 드러났듯이 영토권의 한 기능인 안보는 국경이 끊임없는 전쟁이 일어난 특별한 장소였던 수백 년의 역사를 반영한다. 그러나 과거에 그랬듯이 안보 추구는 오히려 더 큰 위험을 촉발할 수 있고, 그런 상황에서는 핵무기에 대한 의존이 전혀 배제될 수 없다.

전쟁의 영속성에 대한 설명으로서의 안보에 대한 끊임없는 추구는 거의 부정할 수 없다. 홉스의 '전쟁 태세'는 알려진 대부분 역사 시기 사회에서 특징적이었고, 태고와 현대를 막론하고 기록된 역사가 없는 민족들 사이에서도 널리 나타났다. 안보는 추상적인 개념이 아니고 씨족, 부족, 군장사회, 국가, 제국을 외부 또는 내부의 위협으로부터 방어하기 위한 실질적인 노력을 설명한다. 안보 추구는 그것을 성취할 다른 방법이 있다면 굳이 전쟁과 같은 폭력을 수반할 필요는 없다. 안보가 전쟁을 의미한다면, 그것은 방어적일 수도 있고 공격적일 수도 있다. 안보를 위한 전쟁은 '안보딜레마'를 해결하기 위한 노력과 분리하기 어려운 다른 동기들(자원과 영토 획득, 정치권력 확대, 신념 체계 확산)도 포함할 수 있으나, 안보가 최우선이며 그런 뒤에야 다른 우선순위를 둘 수 있다. 역사 전반에 걸쳐 비록 일시적이긴 하지만 안정이 성취된 여러 시기와 지역이 있었다. 그렇지 않았다면 홉스가 말한 모두가 모든 사람을 상대로 싸우는 상황으로 인간이 존재하기가 어려웠을 것이다.

그럼에도 영원한 평화를 위한 희망 속에서 1919년 국제연맹이 창설되고 20년 뒤에 세계 역사에서 가장 크고 가장 많은 피를 흘린 충돌이 일어났다는 엄연한 사실이 남는다. 지배적인 요인은 신뢰가 있느냐 없느냐다. 이웃의 동기 또는 행동이 불확실하거나 믿을 수 없는 경우, 그런 결정을 내릴 이유가 없는 곳에서조차 전쟁이 일어났다. 따라서 전쟁의 근원으로서 안보를 설명할 때, 관념적인 것이든 고정된 것이든 국경이 중요하다. 역사적 증거는 안보가 언제나 포착하기 어려운, 일시적 조건부임을 확인시켜 준다. 현대 세계는 지배적인 군사 기술과 국제 협정 또는 기구의 건실성에 의존한다. 그러나 수천 년 전 로마제국과 중국 제국은 국경이라는 뚜렷하고 긴 방어선을 두었다. 21세기에는 우주전과 사이버전의 가능성에서 새로운 경계가 생겨났으며, 이 두 가지 전망은 현재의 안보(심지어 핵으로부터의 안보)에 대한 우려를 무색하게 한다. 이들 새로운 국경은 그런 상황이 암시하는 모든 것을 함축하는 개방된 국경이다.

결론

전쟁의 원인에 관한 이론은 많다. 이런 현실은 전쟁이 만족스럽게 설명될 수 없다는 견해에 빠지기 쉽게 했다. 아인슈타인이 프로이트에게서 얻기를 원했던 단일하고 정연한 대답이 아니라, 많은 이론이 어지러운 생각의 혼합물을 만들어 냈기 때문이다. 이 책에서 지금까지 보여 주었듯이, 지난 100년 동안 전쟁의 원인을 설명하려고 노력한 모든 주요 인간과학 분야의 사람들 사이에서 합의된 것은 없다. 분명한 결론은 인간의 역사를 통해 전쟁이 계속 일어나는 이유를 설명하는 단일하거나 직접적인 원인은 없다는 것이다. 전쟁을 하나의 원인으로 설명하려는 노력은 무의미하다. 그렇다고 전쟁이 설명될 수 없다는 말은 아니며, 그저 시간과 공간에 따라 여러 가지 설명이 있다는 것이다. 전쟁으로 규정된 집단 폭력이 구석기시대의 살상을 동반하는 소규모 충돌과 매복 공격에서부터 금세기의 열핵폭탄을 이용한 말살 위협에 이르기까지 시기에 따라 매우 다양하듯이 말이다.

견해가 일치하지 않는 것은, 여러 분야의 학자들이 전쟁이 진화론적 일탈이며 국가 이전의 인류에게는 대체로 존재하지 않았고 역사 시대에 들어서도 평화를 잠시 중단시키는 정도에 불과하다는 점을 보여 주려고 시도하는 데서 분명하다. 그런 접근법은 전쟁이 아니라 평화가 '정상'임을 입증하고자 하는 필요성에서 비롯된 것이다. 전쟁은 인류가 충분히 원한다면 '폐기'할 수 있는 문화적 발명품이라는 마거릿 미드의 주장은 지난 100년여 년 동안 전쟁을 덜 긍정하거나 덜 일어나게 하기 위한 제도와 규범이 발전했다는 평화주의적 주장에 반영됐다. 세계 역사상 가장 크고 가장 많은 희생을 치른 전쟁이 두 차례 벌어진 시기임에도 말이다. 이것은 극단적으로 해석될 수 있는 주장이다. 정치학자 마이클 무소(Michael Mousseau)는 500년에 걸친 자유시장 규범과 가치에 전념하는 시장 지향 국가들의 세계가 전쟁의 가능성을 제로로 만듦으로써 "영원한 세계 평화로 정점에 이를 듯하다"라고 주장했다.[2] 평화가 인간 발전의 정상적인 요소라고 주장하는 사람들 가운데 그렇게 멀리까지 가려는 사람은 별로 없다. 예전에 인류 사회가 (비교적) 평화로웠다는 생각을 앞장서서 주장한 인류학자 더글러스 프라이(Douglas Fry)는 "전쟁은 이전의 노예제와 마찬가지로 없앨 수 **있다**"라고 주장해 미드의 생각을 되뇌었다. 그는 분쟁이 상승작용을 일으키기 전에 통제하기 위해 국제 문제의 법적·제도적 관리 체계를 더욱 발전시켜야 한다고 주장했다. "우리는 미국 개척 시대의 '거친 서부' 같은 세계에 보안관과 판사를 도입하는 문제에 직면해 있다."[3] 이는 이제까지 인간이 해결하지 못한 문제다. 평화는 인류가 이루어야 할 목표라는 많은 주장에서 문제는 전쟁의 원인을 찾는 데 있다. 전쟁이 왜 일어나는지를 제대로 이해하면 마치 모든 암의 궁극적인 치료법을 찾는 것처럼 그것을 없앨 수 있으리라는 가정은, 전쟁이 너무 다양하고 역사적으로 널리 퍼져서 어떤 한 가지 또는 몇 가지 유력한 해법으로 해결할 수 없다는 분명한 반론에 직면할 수 있다. 심지어 보안관과 판사조차 총을 가지고 '거친 서부'를 길들여야 했다.

케네스 왈츠가 주장했듯이 전쟁은 늘 있는 일이었다. 역사가에게나 인간과학 연구자에게나 마찬가지였다. 그것이 일탈이 아니고 오랜 인류 역사의 필수적인 부분이라는 의미에서 '정상'이었다. 게다가 크고 작은 집단 폭력 행위를 이끈 환경이 무엇이든, 전쟁은 세계의 모든 지역에서 사회·정치조직의 복잡한 변화를 통해 일어났다. 이는 전쟁 일반의 원인에 대한 근본적인 설명이 있음을 시사한다. 그게 아니라면 인간 공동체들은 다른 행동 방식을 선택했을 것이다. 인간(주로 남성)은 오랜 진화의 기간에 걸쳐 같은 종을 대량으로 죽인 유일한 동물종이다. 성별이나 나이와 상관없이 종종 의도적으로 잔인한 폭력을 가했다. 이는 수천 년 전 인류에게 사실이었고, 21세기 초에 이미 발생한 야만적인 충돌에서도 사실이었다. 남성, 특히 현대 남성이 타인을 죽이는 것을 혐오한다는 주장에 대해서는 반증이 있다. 제2차세계대전 당시 남성 1억 명을 데려다가 짧은 기간 훈련시킨 뒤 자기네와 같은 종 수백만 명을 향해 폭탄을 떨어뜨리고 포탄을 쏘고 총을 쏘고 총검을 휘두르게 할 수 있었다.

인간이 보이는 이례적인 폭력에 대한 설명에는 몇 단계의 수준이 있다. 첫 번째 수준은 인간의 진화에 영향을 미치는 내부와 외부의 일반적인 원인들로 이루어진다. 인간이 유전자 창고를 보존하고 번식 성공을 확보하기 위해 필요한 경우 폭력을 행사하도록 생물학적으로 적응해 왔다는 사실이 이제 종내 폭력을 설명하는 첫 번째 구성 요소가 될 듯하다. 이런 관점에서 보면 전쟁은 우리의 유전자 **'안에 있는'** 것이 아니라 우리의 유전자를 **'위한'** 것이다. 인간은 본능 그대로 행동하는 것이 아니라 의식적으로 행동하기 때문에 필요할 때 싸우려는 생물학적 명령은 인간 세계를 '그들'과 '우리'로 나누는 진화한 심리로 강화됐다. 그것이 종내 살해를 정당화하고 집단 폭력을 규범에 맞는 사회적 책임으로 받아들이는 심리적 성향(특히 남자의 경우)을 만들어 낸다. 고대의 인간 공동체들은 언어와 상징 문화를 발전시켰고, 따라서 전쟁에 더 많은 의미를 부여할 수 있었다. 우주론적 신념 또는 전쟁이 필요하고 동시에 가치 있는 것으로 보는 문화의 발현으로서다. 긴 인류 역사의 대부분에 걸친 문화와 생물의 공진화는 필요하거나 이롭다고 생각될 경우 선천적인 것과 후천적인 것이 함께(둘 중 어느 하나가 아니라) 폭력에 대한 의존을 강화하는 조건을 만들어 냈다. 게다가 인간이 진화하는 장소인 자연환경은 생태 자원이 고갈되고 이를 위한 인간의 경쟁이 격화되면 폭력적으로 행동할 외적 필요를 제공했다. 이런 일반적인 원인들은 시간과 공간 곳곳에서 추적할 수 있으며, 가까운 과거나 현재(기후변화나 군사화된 문화의 경우)에도 작동하고 있음을 발견할 수 있다. 전쟁의 발전은 인류가 아프리카에서 밖으로 퍼져 나가면서 세계의 서로 다른 지방에서 독립적으로 나타났을 수 있지만, 결과는 똑같았다. 내적 및 외적 필요에 따른 전쟁은 인류가 생존해 나가는 한 가지 방법(결코 유일한 방법은 아니지만)이었다.

설명의 두 번째 수준은 전쟁의 일반적인 맥락에서 구체적인 행위의 동기로 옮겨 간다. 인간은 이미 개괄한 넓은 범위 안에서 행동했고 지금도 마찬가지지만, 의식적인 동기에서 그렇게 한다. 이들은 2부에서 검토한 자원, 신념, 권력, 안보 등 네 범주 아래서 넓게 규정될 수 있다. 이들은 서로 배타적인 것이 아니다. 예를 들어 권력 추구는 추가적인 자원을 가져올 가능성이 큰 만큼 안보를 강화할 수 있다. 십자군의 경우 잠시나마 그러했듯, 신념을 위한 전쟁은 신앙의 안보를 증대하고 자원의 이득을 가져올 수 있다. 그러나 대부분의 경우에 고대와 현대의 전쟁에서 특정 충돌의 뒤에 있는 일차적인 동기를 분리해 낼 수 있다. 또한 알렉산드로스나 나폴레옹 같은 야심 찬 한 개인이 전쟁의 원동력을 공급할 수도 있다. 이럴 때 원인은 독특하고 예측할 수 없어서 전쟁의 더 넓은 범위나 공통적인 동기와 통합하기 어렵다. 이런 동기들 역시 역사적으로 부수적인 것이기보다는 일반적인 것이었다. 안보 추구, 권력 추구, 남의 자원에 대한 욕심, 신앙이나 이데올로기를 위한 전쟁은 인간 본성에 내재해 있다. 물론 이런 목표를 전쟁 이외의 수단으로 달성할 수 있지만, 그 수단이 방해받거나 다루기 어렵거나 문화적 압박을 받으면 폭력이라는 선택지가 남는다. 중국 제국 변경을 침략하는 유목민이든 현대 우크라이나의 러시아 군대든 말이다.

두 수준(일반적 맥락이 구체적인 동기를 규정한다)의 설명을 통해 살펴보면 전쟁은 인간의 역사 전반에 걸쳐 놀라울 정도로 유지돼 온 동기들의 혼합으로 이해할 수 있다. 물론 이런 혼합은 사례마다 다를 수 있다. 자연적인 원칙과 인간의 행위가 함께 작용해 전쟁의 모습이 만들어진다는 사실은 전쟁을 간단히 설명할 수 있다는 생각을 버리게 한다. 그러면 아자르 가트가 "전쟁으로 이어지는 인과 배열"이라고 부른 것이 남는다.[4] 모든 전쟁에는 나름의 서사와 행위자가 있어서 역사가에게 여전히 과제를 남기지만, '왜 전쟁을 하는가?'라는 질문에 대한 일반적인 대답의 수준에서는 인과관계를 보편적으로 적용할 수 있다.

전쟁의 원인에 관한 모든 논의는 전쟁이 인간의 의제로 남아 있을 것인지에 대한 문제를 제기한다. 전쟁이 소멸하거나 줄어든다는 데 대한 많은 논의가 있었다. 강대국들 사이에는 이제 전쟁이 없을 것이라는 생각은 1990~1991년 소련 진영 붕괴 이후 전략 주장에서 흔해졌지만, 거의 같은 주장이 1914년 제2차 삼십년전쟁(1914~1945, 20세기 두 차례의 세계대전을 한데 묶어 17세기 삼십년전쟁의 이름을 빌려 부르는 말-옮긴이) 시작 이전에 있었다.[5] 전쟁의 미래에 대한 예측은 예측이라는 행위가 발생시킬 수 있는 모든 문제점을 노출했다. 특히 중국의 부상과 미국의 불안정으로 불확실성이 커지면서 임박한 충돌에 대한 걱정이 쏟아졌기 때문이다. 2013년 출간된, 지역 및 국가별로 2050년까지의 전쟁을 예측하는 한 통계 연구는 국가 사이가 아니라 국가 안에서의 충돌이 세기 중반에 절반가량으로 줄어들 것으로 예상했다. 예를 들어 탄자니아는 2030년에 충돌 가능성이 21퍼센트로 줄어든다고 매우 정밀하게 예측됐다. 충돌 감소를 추측하는 데 사용된 척도는 유아 사망률과 교육발전도 수준이었는데, 노스트라다무스에게 의지하는 것이 더 나을지도 모른다.[6] 비교적 최근의 연구는 현 세기의 강대국 전쟁에서 기습 요소가 결정적인 요인이 될 것이라고 주장했다. 예측 불가능한 것을 예측해야 하는 난제를 안고 있긴 하지만, 역사적으로 볼 때는 훨씬 더 설득력이 있다.[7]

중국과 미국의 세력 충돌이 불가피한지에 관해 의견이 엇갈리는 것 외에 대중적 관심을 모은 또 다른 형태의 '미래 전쟁'이 있다. 첫 번째는 사이버 전쟁이다. 경쟁자 또는 적의 전산망 작동을 교란하려는 계획적이고 공격적인 노력이다. 아직까지는 러시아만 시도했다. 2007년 에스토니아를 상대로, 2008년 조지아를 상대로, 2022~2023년 우크라이나를 상대로 해서다. 사이버 공격은 군사 및 민간 전산망에 가해질 수 있고, 군의 통신과 역량뿐만 아니라 일상생활에도 해를 입힐 수 있다. 미국 정부는 이 위협을 매우 심각하게 받아들여 버락 오바마(Barack Obama) 대통령은 2009년 디지털 기반시설을 '전략적 국가 자산'이라고 선언했다. 1년 뒤, 미국 전략사령부는 전산망 방어와 공격을 발전시키는 일을 담당하는 하부 조직으로 미국 사이버사령부(USCYBERCOM)를 만들었다. 미국의 스틱스넷(Stuxnet) 컴퓨터웜이 이때부터 이란의 핵 프로그램을 손상시키기 위해 사용됐다.[8] 사이버 전쟁은 간접적인 영향을 미치는데, 그것으로 죽는 사람은 없기 때문이다. 그러나 앞으로 100년 동안은 갈수록 모든 주요 국가 무기의 중요한 부분이 될 것으로 예상된다. 우주에서의 전쟁 위협에 대해서도 같은 이야기를 할 수 있다. 1970년대 이래 일반적인 합의는 우주가 무기 없는 성역이 돼야 한다는 것이었는데, 점점 더 많은 나라가 인공위성을 궤도에 올리고 경쟁 위성을 없애거나 무력화할 수 있는 기술을 개발(중국이 지난 10년 동안 위성 공격 훈련으로 보여 주었다)하면서 도전을 받고 있다. 인공위성 통신은 군사적으로 중요하기 때문에 우주에서의 전쟁을 어떻게 방어할 것이냐에 대한 우려가 커졌다. 2017년, 미국은 미국우주사령부(USSPACECOM)와 미국우주군(USSF)을 창설했다. 사이버 전쟁 사령부와 비슷하게 위성 공격 능력과 위성 방어 형태를 개발하는 임무를 맡는다. 그 가운데 하나가 정지궤도상황인식프로그램(GSSAP)으로, '과학 소설의 아버지'로 불리는 소설가 H. G. 웰스(H. G. Wells)나 우주를 무대로 하는 영화 〈스타트렉〉 출연자들을 우쭐하게 하는 이름이다.[9]

전쟁은 앞으로 100년 동안 분명히 변할 테지만, 누가 누구와 전쟁을 벌이고 그 동기가 무엇일지는 예측할 수 없다. 금세기까지 일어난 전쟁은 인과관계를 분명히 보여 준다. 전쟁은 사라지기로 예정돼 있다는 생각은 2000년 이후의 많은 충돌이나 다가오는 수십 년 동안에 예견되는 생태 위기, 자원 스트레스, 종교적 갈등과 양립할 수 없다. 그 요인들이 전쟁을 유발할 수 있고, 이에 대해서는 오랜 역사적 유래가 있다. 현재 또는 미래의 국제질서에서 전쟁 없는 세계가 곧 출현할 것이라는 생각에는 근거가 부족하다. 전쟁의 원인은 수천 년 동안 줄곧 있었다. 이 책을 쓰는 동안 주요 국가들은 러시아의 우크라이나 침공을 둘러싼 잠재적 충돌에 대비하고 있다. 지상의 중무장한 적들을 지켜보는 사람이나 서방이 벌이는 대리전 또는 잦은 핵무기 상승작용 위협을 관찰하는 사람은 그 다양한 형태의 전투행위가 과거의 일이 될 것이라고 확신할 수 없을 것이다. 전쟁은 인간의 역사에서 매우 오래된 것이지만, 미래에도 전쟁은 존재한다.

서론 왜 전쟁을 하는가?

1   Einstein to Freud, July 30, 1932, in *Why War? 'Open Letters' Between Einstein and Freud* (London: New Commonwealth, 1934), 5.

2   Freud to Einstein, September 1932, in *Why War? 'Open Letters' Between Einstein and Freud*, 10, 15.

3   가장 최근의 것이 Christopher Coker, *Why War?* (London: Hurst & Co., 2021)이다. 또한 Penguin Special로 나온 Cyril Joad, *Why War?* (London: Penguin, 1939); Edward Conze and Ellen Wilkinson, *Why War? A Handbook for Those Who Will Take Part in the Second World War* (London: National Council of Labour Colleges, 1934); Jacqueline Rose, *Why War? Psychoanalysis, Politics, and the Return to Melanie Klein* (Oxford: Blackwell, 1993); George Pitman, *Why War? An Inquiry into the Genetic and Social Sources of Human Warfare* (Indianapolis, IN: Dog Ear Publishing, 2015)를 보라. Dean Inge는 'Why War?'를 제목으로 선택해 대화를 하고 나중에 H.J. Stenning, ed., *The Causes of War* (New York: Telegraph Press, 1935)로 출판했다. 전쟁의 원인에 관한 다른 책들로는 Jack Levy and William Thompson, *Causes of War* (Oxford: Wiley-Blackwell, 2010); Keith Otterbein, *How War Began* (College Station: Texas A&M University Press, 2004); Geoffrey Blainey, *The Causes of War* (New York: Free Press, 1973)가 있다. 전쟁 일반에 관해서 가장 좋은 최근의 분석은 Beatrice Heuser, *War: A Genealogy of Western Ideas and Practices* (Oxford: Oxford University Press, 2022)다. 또한 Anthony Grayling, *War: An Enquiry* (New Haven, CT: Yale University Press, 2017)를 보라. 고전적인 연구로 다음 두 편이 있다. Quincy Wright, *A Study of War* (Chicago: University of Chicago Press, 1942); Azar Gat, *War in Human Civilization* (Oxford: Oxford University Press, 2008).

4   Edward Durbin and John Bowlby, *Personal Aggressiveness and War* (London: Kegan Paul, Trench, Trubner & Co., 1939), vii, 12.

5   Azar Gat, 'Proving Communal Warfare Among Hunter-Gatherers: The Quasi-Rousseauan Error', *Evolutionary Anthropology* 24, no. 1 (2015): 123.

6   전쟁에 대한 결정론적 설명과 비결정론적 설명 사이의 분기에 관한 좋은 설
    명은 Clayton Robarchek, 'Primitive Warfare and the Ratomorphic Image of
    Mankind', *American Anthropologist* 91, no. 4 (1989): 913-14에서 찾을 수 있다.

7   Joseph Schneider, 'Primitive Warfare: A Methodological Note', *American
    Sociological Review* 15 (1950): 732-77; and Paul Roscoe, 'The Anthropology
    of War and Violence', in *Ethnology, Ethnography and Cultural Anthropology:
    Encyclopedia of Life Support Systems*, ed. Paul Barbaro (Oxford: EOLSS
    Publishers, 2017).

8   Bronisław Malinowski, 'an' Primeval Pacifism and the Modern Militarist
    Argument', draft paper, 22/1; 'Disarmament', war lecture IX, February 17,
    1933, 22/4, Malinowski Papers, London School of Economics.

9   특히 Douglas Fry, ed., *War, Peace and Human Nature: The Convergence of
    Evolutionary and Cultural Views* (Oxford: Oxford University Press, 2015);
    Douglas Fry, *Beyond War: The Human Potential for Peace* (New York: Oxford
    University Press, 2007)를 보라.

10 주요 주창자는 Steven LeBlanc, *Constant Battles: Why We Fight* (New York: St.
    Martin's Press, 2003); Lawrence Keeley, *War Before Civilization* (New York:
    Oxford University Press, 1996)이다.

11 Keith Otterbein, 'The Earliest Evidence of Warfare?', *Current Anthropology*
    52, no. 3 (2011): 439; 그리고 고고학자들의 반응은 'A Reply to Otterbein',
    Current Anthropology 52, no. 3 (2011): 441을 보라.

12 Domenec Campillo, Oriol Mercadel, and Rosa-Maria Blanch, 'A Mortal
    Wound Caused by a Flint Arrowhead in Individual MF-18 of the Neolithic
    Period Exhumed at Sant Quirze del Valles', *International Journal of
    Osteoarchaeology* 3 (1993): 145-50.

13 Patricia Lambert, 'The Archaeology of War: A North American Perspective',
    Journal of Archaeological Research 10, no. 3 (2002): 209-30.

14 Mark Golitko and Lawrence Keeley, 'Beating Ploughshares Back into Swords;
    Warfare in the *Linearbandkeramik*', *Antiquity* 81 (2007): 333-35.

15 Gat, 'Proving Communal Warfare', 116-23; and Mark Allen, 'Hunter-
    Gatherer Violence and Warfare in Australia', in *Violence and Warfare Among
    Hunter-Gatherers*, ed. Mark Allen and Terry Jones (New York: Routledge,
    2016), 97-107.

16 Barry Isaac, 'Aztec Warfare: Goals and Battlefield Comportment', *Ethnology* 22, no. 2 (1983): 124.

17 David Webster, 'Not So Peaceful Civilization: A Review of Maya War', *Journal of World Prehistory* 14, no. 1 (2000): 96-97.

18 Marc Kissel and Nam Kim, 'The Emergence of Human Warfare: Current Perspectives', *Yearbook of Physical Anthropology* 168, no. S67 (2018): 141-63.

19 John Archer, 'The Nature of Human Aggression', *International Journal of Law and Psychiatry* 32 (2009): 202-8.

20 Steven Pinker, *The Better Angels of Our Nature: The Decline of Violence in History and Its Causes* (London: Allen Lane, 2011). 이 논문에 대한 비판적 검토는 Philip Dwyer and Mark Micale, eds., *The Darker Angels of Our Nature: Refuting the Pinker Theory of History and Violence* (London: Bloomsbury, 2021)를 보라.

21 다음 두 편의 검토 논문을 보라. Carl Keysen, 'Is War Obsolete?', *International Security* 14, no. 4 (1990): 42-64; Azar Gat, 'Is War Declining and Why?', *Journal of Peace Research* 50, no. 2 (2013): 149-57. 현대의 전쟁 빈도에 관해서는 Mark Harrison and Nikolaus Wolf, 'The Frequency of Wars', *Economic History Review* 65 (2012): 1055-76을 보라. 그는 전쟁이 현재까지 "131년에 걸쳐 꾸준히 늘었다"라고 결론지었다.

22 Einstein to Freud, July 30, 1932, in *Why War? 'Open Letters' Between Einstein and Freud*, 7.

1장 생물학

1 'Progress and Prejudice', *Nature* 127, no. 3216 (June 20, 1931): 917.

2 'Seville Statement on Violence, Spain, 1986', *Peace Research* 34, no. 2 (2002): 75-77.

3 Peter Bowler, 'Malthus, Darwin and the Concept of Struggle', *Journal of the History of Ideas* 37, no. 4 (1976): 631-33.

4 Charles Darwin, *The Descent of Man* (1871; repr. London: Gibson Square Books, 2003), 182, 191-92.

5 Christopher Hutton, *Race and the Third Reich* (Cambridge: Polity, 2005),

17-18.

6   Friedrich von Bernhardi, *Germany and the Next War* (London: Edward Arnold, 1912), 18-19; and Richard Weikart, *From Darwin to Hitler: Evolutionary Ethics, Eugenics, and Racism in Germany* (New York: Palgrave-Macmillan, 2004), 168-74.

7   Adolf Hitler, *Mein Kampf*, ed. Donald Watt (London: Weidenfeld & Nicolson, 1969), 262; and Weikart, *From Darwin to Hitler*, 209-15.

8   Michel Prum, 'Perception of War in Darwinist Perspective', *Revue Lisa* 20 (2022): 13.

9   Arthur Keith, *Essays on Human Evolution* (London: Watts & Co., 1946), 130, 134, 144-46.

10 Foreword to Alfred Machin, *Darwin's Theory Applied to Mankind* (London: Longman, 1937), v-vi; Arthur Keith, 'What Is Wrong with the World?', 13-15, Keith Papers, MS 0018/1/9-10, Royal College of Surgeons.

11 Paul Crook, *Darwinism, War and History* (Cambridge: Cambridge University Press, 2009), 7-8, 20-21; and Doyne Dawson, 'The Origins of War: Biological and Anthropological Theories', *History and Theory* 35, no. 1 (1996): 11.

12 UNESCO, *The Race Concept* (Paris: UNESCO, 1952); and Ullica Segerstråle, *Defenders of the Truth: The Battle for Science in the Sociobiology Debate and Beyond* (Oxford: Oxford University Press, 2000), 30-31.

13 Keith, *Essays on Human Evolution*, 149-52.

14 Solly Zuckerman, *The Social Life of Monkeys and Apes* (London: Kegan Paul, Trench & Co., 1932), 217-21; and John Bowlby and Edward Durbin, *Personal Aggressiveness and War* (London: Routledge, Kegan Paul, 1939), 8-11, 25-29.

15 Konrad Lorenz, *On Aggression* (London: Methuen, 1966).

16 Lorenz, *On Aggression*, 29, 231-32.

17 Theodora Kalikow, 'Konrad Lorenz's Ethological Theory: Explanation and Ideology 1938-1943', *Journal of the History of Biology* 16, no. 1 (1983): 54-56.

18 Lionel Tiger and Robin Fox, 'The Human Biogram', in *The Sociobiology Debate: Readings on the Ethical and Scientific Issue Concerning Sociobiology*, ed. Arthur Caplan (New York: Harper & Row, 1978), 57-61.

19 Niko Tinbergen, 'On War and Peace in Animals and Man', in *The Sociobiology Debate: Readings on the Ethical and Scientific Issue Concerning Sociobiology*, ed. Arthur Caplan (New York: Harper & Row, 1978), 85-93; Jürgen Heinze, 'Aggression in Humans and Other Primates-A Biological Prelude', in *Aggression in Humans and Other Primates: Biology, Psychology, Sociology*, ed. Hans-Henning Kortüm and Jürgen Heinze (Berlin: De Gruyter, 2013), 1-3; and Irenäus Eibl-Eibesfeldt, *The Biology of Peace and War: Men, Animals and Aggression* (New York: Viking, 1979), 9-10.

20 Sociobiology Study Group, 'Sociobiology-Another Biological Determinism', in *The Sociobiology Debate: Readings on the Ethical and Scientific Issue Concerning Sociobiology*, ed. Arthur Caplan (New York: Harper & Row, 1978), 281-86; Johan van der Dennen, 'Studies of Conflict', in *The Sociobiological Imagination*, ed. Mary Maxwell (Albany: State University of New York Press, 1991), 230-31.

21 Edward Wilson, *On Human Nature* (Cambridge, MA: Harvard University Press, 1978), 99-120.

22 Segerstråle, *Defenders of the Truth, 14-16, 23; and John Alcock, The Triumph of Sociobiology* (Oxford: Oxford University Press, 2001), 3-4.

23 학문의 경계 논쟁에 관해서는 Cora Stuhrmann, "It Felt More Like a Revolution": How Behavioural Ecology Succeeded Ethology, 1970-90', *Berichte zur Wissenschaftsgeschichte* 45, no. 1-2 (2022): 136, 145-55를 보라.

24 Jane Morris-Goodall, *Through a Window: Thirty Years with the Chimpanzees of Gombe* (London: Weidenfeld & Nicolson, 1990), 12-13. 구달은 성별에 관한 판단을 뒤집는 데 성공했다.

25 Morris-Goodall, *Through a Window*, 83-94.

26 Richard Wrangham and Dale Petersen, *Demonic Males: Apes and the Origins of Human Violence* (London: Bloomsbury, 1996), 20-21; and Richard Wrangham, 'Evolution of Coalitionary Killing', *Yearbook of Physical Anthropology* 42 (1999): 6-11.

27 Richard Wrangham and Luke Glowacki, 'Intergroup Aggression in Chimpanzees and War in Nomadic Hunter-Gatherers', *Human Nature* 23 (2012): 8-10.

28 Sagar Pandit, Gauri Pradhan, Hennadii Balashov, and Carel Van Schaik,

왜 전쟁인가?

'The Conditions Favoring Between-Community Raiding in Chimpanzees, Bonobos, and Human Foragers', *Human Nature* 27 (2016): 141-45; and Frank Marlowe, 'Hunter-Gatherers and Human Evolution', *Evolutionary Anthropology* 14 (2005): 55-58.

29   Michelle Scalisi Sugiyama, 'Fitness Costs of Warfare for Women', *Human Nature* 25 (2014): 480-81.

30   James Neel, 'The Population Structure of an Amerindian Tribe, the Yanomama', *Annual Review of Genetics* 12 (1978): 370-71, 404-7.

31   José Gómez et al., 'The Phylogenetic Roots of Human Lethal Violence', *Nature* 538 (2016): 233-35; and Mark Pagel, 'Lethal Violence Deep in the Human Lineage', *Nature* 538 (2016): 180-81.

32   Daniel Barreiros, 'Warfare, Ethics, Ethology: Evolutionary Fundamentals for Conflict and Co-operation in the Lineage of Man', *Journal of Big History* 2, no. 2 (2018): 23-27.

33   Agustin Fuentes, 'Searching for the "Roots" of Masculinity in Primates and the Human Evolutionary Past', *Current Anthropology* 62, no. S23 (2021): S15-S18; and Nam Kim and Marc Kissel, *Emergent Warfare in Our Evolutionary Past* (New York: Routledge, 2018), 20-21, 27-39.

34. Allan Siegel and Jeff Victoroff, 'Understanding Human Aggression: New Insights from Neuroscience', *International Journal of Law and Psychiatry* 32, no. 1 (2009): 209-10; Roger Pitt, 'Warfare and Human Brain Evolution', *Journal of Theoretical Biology* 72, no. 3 (1978): 553-54, 558-64; and R. Paul Shaw and Yuwa Wong, *Genetic Seeds of Warfare: Evolution, Nationalism and Patriotism* (Boston: Unwin Hyman, 1989), 57-58.

35   William Hamilton, 'The Genetic Evolution of Social Behaviour: Parts I and II', *Journal of Theoretical Biology* 7 (1964): 1-56.

36   Richard Alexander, *Darwinism and Human Affairs* (London: Pitman, 1980), 36-47; Shaw and Wong, Genetic Seeds of Warfare, 26-27, 47-49; and Donald Symons, 'Adaptiveness and Adaptation', *Ethology and Sociobiology* 11 (1990): 428-30.

37   Eibl-Eibesfeldt, *The Biology of Peace and War*, 25.

38   Shaw and Wong, *Genetic Seeds of Warfare*, 49-51.

39   Christian Mesquida and Neil Wiener, 'Human Collective Aggression: A

Behavioural Ecology Perspective', *Ethology and Sociobiology* 17, no. 4 (1996): 248–49.

40 Bonaventura Majolo, 'Warfare in Evolutionary Perspective', *Evolutionary Anthropology* 28 (2019): 323–26; Toshio Yamagishi and Nobuhiro Mifune, 'Parochial Altruism: Does It Explain Modern Human Group Psychology?', *Current Opinion in Psychology* 7 (2016): 39–40; and Laura Betzig, 'Rethinking Human Ethology: A Response to Some Recent Critiques', *Ethology and Sociobiology* 10, no. 5 (1989): 317–19.

41 Luke Colquhoun, Lance Workman, and Jo Fowler, 'The Problem of Altruism and Future Directions', in *The Cambridge Handbook of Evolutionary Perspectives on Human Behaviour*, ed. Lance Workman, Will Reader, and Jerome Barkow (Cambridge: Cambridge University Press, 2020), 127–30.

42 Bradley A. Thayer, *Darwin and International Relations: On the Evolutionary Origins of War and Ethnic Conflict* (Lexington: University Press of Kentucky, 2009), 113–14; and Jung-Kyoo Choi and Samuel Bowles, 'The Coevolution of Parochial Altruism and War', *Science* 318 (2007): 636–37.

43 Laurent Lehmann and Marcus Feldman, 'War and the Evolution of Belligerence and Bravery', *Proceedings of the Royal Society B: Biological Sciences* 275 (2008): 2877–83.

44 Melissa McDonald, Carlos Navarrete, and Mark Van Vugt, 'Evolution and the Psychology of Intergroup Conflict: The Male Warrior Hypothesis', *Philosophical Transactions of the Royal Society B: Biological Sciences* 367 (2012): 671–74.

45 Sugiyama, 'Fitness Costs of Warfare for Women', 483–91.

46 J. Bengtson and J. O'Gorman, 'Women's Participation in Prehistoric Warfare: A Central Illinois River Valley Case Study', *International Journal of Osteoarchaeology* 27, no. 2 (2017): 230–35; and Brian Ferguson, 'Masculinity and War', *Current Anthropology* 62, no. S23 (2021): S118–S119.

47 John Morgan, *The Life and Adventures of William Buckley* (Firle, UK: Caliban Books, 1979), 49–50. 본문은 1852년 원 출간본을 바탕으로 했다.

48 Susan Kelly and R. Dunbar, 'Who Dares, Wins', *Human Nature* 12, no. 2 (2001): 89–100.

49 Wilson, *On Human Nature*, 115.

50   Neel, 'Population Structure', 377.

51   Bruce Knauft, 'Violence and Sociality in Human Evolution', *Current Anthropology* 32, no. 4 (1991): 391–94; Hannes Ruoch, 'Two Sides of Warfare: An Extended Model of Altruistic Behaviour in Ancestral Human Intergroup Conflict', *Human Nature* 25, no. 1 (2014): 373–74.

52   Alex Mesoudi, 'The Study of Culture and Evolution Across Disciplines', in *The Cambridge Handbook of Evolutionary Perspectives on Human Behaviour*, ed. Lance Workman, Will Reader, and Jerome Barkow (Cambridge: Cambridge University Press, 2020), 68.

53   Maciej Chudek and Joseph Henrich, 'Culture-Gene Coevolution, Norm-Psychology and the Emergence of Human Pro-sociality', *Trends in Cognitive Science* 15, no. 5 (2016): 218–24; and William Durham, 'Resource Competition and Human Aggression. Part I: A Review of Primitive Warfare', *Quarterly Review of Biology* 51 (1976): 385–87.

54   Azar Gat, 'Is War in Our Nature?', *Human Nature* 30 (2019): 149–50.

55   Danilyn Rutherford, 'Toward an Anthropological Understanding of Masculinities, Maleness, and Violence', *Current Anthropology* 62, no. S23 (2021): S1.

56   Alcock, *The Triumph of Sociobiology*, 130.

57   Hans-Henning Kortüm and Jürgen Heinze, eds., *Aggression in Humans and Other Primates: Biology, Psychology, Sociology* (Berlin: De Gruyter, 2013), 4.

2장 심리학

1   Edward Glover, *War, Sadism and Pacifism: Further Essays on Group Psychology and War* (London: George Allen & Unwin, 1947), 12–13.

2   Daniel Edward Phillips, 'The Psychology of War', *Scientific Monthly* 3, no. 6 (1916): 569–71.

3   Sigmund Freud, 'Thoughts for the Times on War and Death', in *Collected Works*, vol. 4 (London: Hogarth Press, 1956), 295–96.

4   Angel Garma, 'Within the Realm of the Death Instinct', *International Journal of Psychoanalysis* 52 (1971): 145–46.

5   Alexander Mitscherlich, 'Psychoanalysis and the Aggression of Large Groups', *International Journal of Psychoanalysis* 52 (1971): 164–65; and H. Goldhammer, 'The Psychological Analysis of War', *Sociological Review* 26 (1934): 255.

6   Edward Glover and Morris Ginsberg, 'A Symposium on the Psychology of Peace and War', *British Journal of Medical Psychology* 14 (1934): 275.

7   Edward Glover, *The Dangers of Being Human* (London: George Allen & Unwin, 1936), 92–94; and Glover, *War, Sadism and Pacifism*, 14–21.

8   Joseph Schwartz, *Cassandra's Daughter: A History of Psychoanalysis* (London: Allen Lane, 1999), 197–98.

9   Schwartz, *Cassandra's Daughter*, 197.

10 Joseph Aguayo, 'Historicising the Origins of Kleinian Psychoanalysis', International Journal of Psychoanalysis 78 (1997): 1175–76.

11 E. Sánchez-Pardo, *Cultures of the Death Drive: Melanie Klein and Modernist Melancholia* (Durham, NC: Duke University Press, 2003), 139–47; D. Harding, *The Impulse to Dominate* (London: George Allen & Unwin, 1941), 96–99; and Roger Money-Kyrle, 'The Development of War: A Psychological Approach', *British Journal of Medical Psychology* 16 (1937): 222–23.

12 Alix Strachey, *The Unconscious Motives of War: A Psycho-Analytical Contribution* (London: George Allen & Unwin, 1957), 204.

13 Marie Bonaparte, *Myths of War* (London: Imago, 1947), 80–81.

14 Franco Fornari, *The Psychoanalysis of War* (New York: Doubleday, 1974), ix.

15 Fornari, *The Psychoanalysis of War*, xvii–xx, 30–32, 50–51, 101.

16 Michelle Scalisi Sugiyama, 'Fitness Losses of Warfare for Women', *Human Nature* 25 (2014): 481. 이것은 코유콘(Koyukon) 부족의 이뉴피아크 (Iñupiaq) 마을 습격에서 일어났다.

17 R. Givens et al., eds., *Discussions on War and Human Aggression* (The Hague: Mouton, 1976), 89–91.

18 Givens et al., *Discussions on War and Human Aggression*, 92, 98, 110–12.

19 Diana Birkett, 'Psychoanalysis and War', *British Journal of Psychotherapy* 8, no. 3 (1992): 300–304.

20 Paul Griffiths, 'Evolutionary Psychology: History and Current Status', in *The Philosophy of Science: An Encyclopedia*, ed. Sahotra Sarkar and Jessica Pfeifer

(New York: Taylor & Francis, 2006), 5-8.

21 Anthony Lopez, 'The Evolution of War: Theory and Controversy', *International Theory* 8, no. 1 (2016): 98-99, 109-11.

22 Melissa McDonald, Carlos Navarrete, and Mark Van Vugt, 'Evolution and the Psychology of Intergroup Conflict: The Male Warrior Hypothesis', *Philosophical Transactions of the Royal Society B: Biological Sciences* 367 (2012): 671-74.

23 Jo Groebel and Robert Hinde, 'A Multi-level Approach to the Problems of Aggression and War', in *Aggression and War: Their Biological and Social Bases*, ed. Jo Groebel and Robert Hinde (Cambridge: Cambridge University Press, 1989), 224-26; and Matthew Zefferman and Sarah Mathew, 'An Evolutionary Theory of Large-Scale Human Warfare: Group-Structural Cultural Selection', *Evolutionary Anthropology* 24, no. 2 (2015): 50-51.

24 이 부분에 관해서는 Andrew Bayliss, *The Spartans* (Oxford: Oxford University Press, 2020), 13-14, 26-27, 32, 76-77을 보라.

25 Ben Raffield, 'Playing Vikings: Militarism, Hegemonic Masculinities, and Childhood Enculteration in Viking Age Scandinavia', *Current Anthropology* 60, no. 6 (2019): 813-88, 821-23.

26 Ben Raffield, Claire Greenlow, Neil Price, and Mark Collard, 'Ingroup Identification, Identity Fusion, and the Formation of Viking War Bands', *World Archaeology* 48, no. 1 (2016): 36-39.

27 Godfrey Maringira, 'Soldiers, Masculinities, and Violence', *Current Anthropology* 62, no. S23 (2021): S103-S105.

28 Ramon Hinojosa, 'Doing Hegemony: Military, Men, and Constructing a Hegemonic Masculinity', *Journal of Men's Studies* 18, no. 2 (2010): 179-80.

29 Anthony Lopez, 'The Evolutionary Psychology of War: Offense and Defense in the Adapted Mind', *Evolutionary Psychology* 15, no. 4 (2017): 2-5; and Anthony Lopez, 'Evolutionary Psychology and Warfare', in *The SAGE Handbook of Evolutionary Psychology: Applications of Evolutionary Psychology*, ed. T. K. Shackelford (Thousand Oaks, CA: Sage, 2021), 316-30.

30 Lopez, 'The Evolutionary Psychology of War', 10-27.

31 Joyce Benenson with Henry Markovits, *Warriors and Worriers: The Survival of the Sexes* (Oxford: Oxford University Press, 2014), 24-25, 26-30, 59-62.

32 Wendy Varney, 'Playing with "War Fare"', *Peace Review* 12, no. 3 (2000): 385-90.

33 Andrew Bacevich, *The New American Militarism: How Americans Are Seduced by War* (Oxford: Oxford University Press, 2013), 2-9; Carl Boggs and Tom Pollard, *The Hollywood War Machine: U. S. Militarism and Popular Culture*(Boulder, CO: Paradigm, 2007), 10-16, 21-24; and Hugh Gusterson and Catherine Besteman, 'Cultures of Militarism', *Current Anthropology* 60, no. S19 (2019): S4-S10.

34 예를 들어 Elizabeth Cashdan과 Stephen Downes가 편집한 특집호의 'Evolutionary Perspectives on Human Aggression', *Human Nature* 23 (2012): 1-4를 보라. 공격성에 관한 생물학적 이론에 대한 반론은 또한 진화심리학에도 적용할 수 있다. Brian Ferguson, 'Masculinity and War', *Current Anthropology* 62, no. S23 (2021): S112-S115; Agostin Fuentes, 'Searching for the "Roots" of Masculinity in Primates and the Human Evolutionary Past', *Current Anthropology* 62, no. S23 (2021): S16-S22를 보라.

35 Lopez, 'The Evolution of War', 101-2, 117-19.

36 Howard Worgan, 'What Does Schmitt Mean when He Argues That the Friend/Enemy Relation Is the Key DefIning Feature of the Political?', *Political Theory Since 1918*, Essay 1. https://www. researchgate. net/profile/Howard_Worgan/publication/294088554_Carl_Schmitt's_FriendEnemy_Distinction/links/56bded6108ae44da37f8831e; and Andreas Koenen, *Der Fall Carl Schmitt: sein Aufstieg zum 'Kronjuristen des Dritten Reiches'* (Darmstadt: Wissenschaftliche Buchgesellschaft, 1995), 608-9.

37 Marilyn Brewer, 'The Psychology of Prejudice: Ingroup Love and Outgroup Hate?', *Journal of Social Issues* 55, no. 3 (1999): 430-35; Jeroen Vaes, Jacques-Philippe Leyens, Maria Paladino, and Mariana Miranda, '"We Are Human, They Are Not": Driving Forces Behind Outgroup Dehumanization and the Humanization of the Ingroup', *European Review of Social Psychology* 23, no. 1 (2012): 66-69; and Alexander Haslam, Stephen Reicher, and Rakshi Rath, 'Making a Virtue of Evil: A Five-Step Social Identity Model of the Development of Collective Hate', *Social and Personality Psychology Compass* 2, no. 3 (2008): 1326-31.

38 Vaes et al., '"We Are Human, They Are Not"', 74-77. 이론적 접근으로는

특히 Robert Böhm, Hannes Rusch, and Jonathan Baron, 'The Psychology of Intergroup Conflict: A Review of the Theories and Measures', *Journal of Economic Behaviour and Organization* 178 (2020): 951-57을 보라. '타자화' 의 개념에 대해서는 Kathleen Taylor, *Cruelty: Human Evil and the Human Brain* (Oxford: Oxford University Press, 2009), 6-13을 보라.

39 Edmund Russell, '"Speaking of Annihilation": Mobilizing for War Against Human and Insect Enemies', *Journal of American History* 82 (1996): 1520-21.

40 Peter Schrijvers, *The GI War Against Japan: American Soldiers in Asia and the Pacific During World War II* (New York: New York University Press, 2002), 218.

41 John Dower, *War Without Mercy: Race & Power in the Pacific War* (New York: Pantheon, 1996), 84-92, 240-48.

42 Emanuele Castano and Roger Giner- Sorolla, 'Not Quite Human: Infrahumanization in Response to Collective Responsibility for Intergroup Killing', *Journal of Personality and Social Psychology* 90, no. 5 (2006): 804-5. 말과 비인간화에 관한 전반적인 조사는 Nick Haslam, Steve Loughnan, and Pamela Sun, 'Beastly: What Makes Animal Metaphors Offensive?', *Journal of Language and Social Psychology* 30, no. 3 (2011): 312, 318-22를 보라.

43 Colin Pardoe, 'Conflict and Territoriality in Aboriginal Australia', in *Violence and Warfare Among Hunter-Gatherers*, ed. Mark Allen and Terry Jones (London: Routledge, 2014), 115-16.

44 Clayton Robarchek, 'Primitive Warfare and the Ratomorphic Image of Mankind', *American Anthropologist* 91, no. 4 (1989): 911-13.

45 Nils-Christian Bormann, Lars-Erik Cederman, and Manuel Vogt, 'Language, Religion, and Ethnic Civil War', *Journal of Conflict Resolution* 61, no. 4 (2017): 744-46.

46 Stuart Kaufman, *Modern Hatreds: The Symbolic Politics of Ethnic War* (Ithaca, NY: Cornell University Press, 2001), 1-12.

47 로마인들이 도시들을 약탈하고 주민을 죽이거나 노예로 잡은 일에 대해서는 Robin Waterfield, *Taken at the Flood: The Roman Conquest of Greece* (Oxford: Oxford University Press, 2014), 73-74, 202를 보라.

48 Brewer, 'The Psychology of Prejudice', 435-38; Haslam, Reicher, and Rath, 'Making a Virtue of Evil', 1336-37; and Albert Bandura, 'Moral Disengagement in the Perpetration of Inhumanities', *Personality and Social*

Psychology Review 3, no. 3 (1999): 193-96.

49 Azar Gat, 'Proving Communal Warfare Among Hunter-Gatherers: The Quasi-Rousseauan Error', *Evolutionary Anthropology* 24, no. 1 (2015): 116-19.

50 Victor Nell, 'Cruelty's Rewards: The Gratifications of Perpetrators and Spectators', *Behavioral and Brain Sciences* 29, no. 3 (2006): 225-26.

51 Valerie Andrushko, Al Schwitalla, and Philip Walker, 'Trophy-Taking and Dismemberment as Warfare Strategies in Prehistoric Central California', *American Journal of Physical Anthropology* 141, no. 1 (2010): 85-88.

52 Elsa Redmond, *Tribal and Chiefly Warfare in South America* (Ann Arbor: University of Michigan Museum of Anthropology, 1994), 3-7, 25-27.

53 James Weingartner, 'Trophies of War: U. S. Troops and the Mutilation of Japanese War Dead', *Pacific Historical Review* 61 (1992): 56-62.

54 David Cesarani, *Eichmann: His Life and Crimes* (London: Heinemann, 2004), 219.

55 Gilbert Murray to M. I. David, October 28, 1936, fIle 364, Murray Papers, Bodleian Library, Oxford.

3장 인류학

1 Margaret Mead, 'Warfare Is Only an Invention-Not a Biological Necessity', *Asia*, 40 (1940): 405.

2 Elsa Redmond, *Tribal and Chiefly Warfare in South America* (Ann Arbor: Michigan Museum of Anthropology, 1994), 57.

3 Thomas Beyer and Erik Trinkman, 'Patterns of Trauma Among the Neanderthals', *Journal of Archaeological Science* 22, no. 6 (1995): 845-49.

4 Virginia Estabrook and David Frayer, 'Trauma in the Krapina Neanderthals', in *The Routledge Handbook of the Bioarchaeology of Human Conflict*, ed. Christopher Knüsel and Martin Smith (New York: Routledge, 2014), 67-69, 84-86; and T. Douglas Price, *Europe Before Rome: A Site-by-Site Tour of the Stone, Bronze and Iron Ages* (Oxford: Oxford University Press, 2013), 35-36.

5 Samuel Bowles, 'Did Warfare Among Ancestral Hunter-Gatherers Affect the Evolution of Human Social Behaviours?', *Science* 324 (2009): 1296.

6 William Parkinson and Paul Duffy, 'Fortifications and Enclosures in European Prehistory: A Cross-Cultural Perspective', *Journal of Archaeological Research* 15, no. 2 (2007): 105-13.

7 Kristian Kristiansen, 'The Tale of the Sword—Swords and Swordfighters in Bronze Age Europe', *Oxford Journal of Archaeology* 21, no. 4 (2002): 319-26.

8 Raymond Kelly, *Warless Societies and the Origin of War* (Ann Arbor: University of Michigan Press, 2000), 6-7, 37.

9 Debra Martin, 'Violence and Masculinity in Small-Scale Societies', *Current Anthropology* 62, no. S23 (2021): S175-S178.

10 Paul Roscoe, 'Margaret Mead, Reo Fortune, and Mountain Arapesh Warfare', *American Anthropologist* 105, no. 3 (2003): 581.

11 Polly Schaarfsma, 'Documenting Conflict in the Prehistoric Pueblo', in *North American Indigenous Warfare and Ritual Violence*, ed. Richard Chacon and Rubén Mendoza (Tucson: University of Arizona Press, 2013), 114-15; and Keith Otterbein, 'A History of Research on Warfare in Anthropology', *American Anthropologist* 101, no. 4 (2000): 796.

12 Richard Overy, *The Morbid Age: Britain Between the Wars* (London: Allen Lane, 2009), 201-2.

13 Otterbein, 'A History of Research on Warfare in Anthropology', 796-7; and Keith Otterbein, *How War Began* (College Station: Texas A&M University Press, 2004), 34-38.

14 Otterbein, 'A History of Research on Warfare in Anthropology', 797-801.

15 Leonard Hobhouse, Morris Ginsberg, and Gerald Wheeler, *The Material Culture and Social Institutions of the Simpler Peoples* (London: Chapman & Hall, 1915), 228-33.

16 Roscoe, 'Margaret Mead, Reo Fortune, and Mountain Arapesh Warfare', 581-82.

17 Martin, 'Violence and Masculinity', S176-S77; Patricia Lambert, 'The Archaeology of War: A North American Perspective', *Journal of Archaeological Research* 10, no. 3 (2002): 220-21; and Ventura Pérez, 'The Politicization of the Dead: Violence as Performance, Politics as Usual', in *The Bioarchaeology of Violence*, ed. Debra Martin, Ryan Harrod, and Ventura Pérez (Gainesville: University Press of Florida, 2012), 19-22.

18   Philip Walker, 'A Bioarchaeological Perspective on the History of Violence', *Annual Review of Anthropology* 30 (2001): 584-86; and Nam Kim and Marc Kissel, *Emergent Warfare in Our Evolutionary Past* (New York: Routledge, 2018), 21-23.

19   Werner Soloch et al., 'New Insights on the Wooden Weapons from the Paleolithic Site at Schöningen', *Journal of Human Evolution* 89 (2015): 214-23.

20   E. Carbonell et al., 'Reply to Otterbein', *Current Anthropology* 52, no. 3 (2011): 441; and Kim and Kissel, *Emergent Warfare*, 98.

21   Virginia Estabrook, 'Violence and Warfare in the European Mesolithic and Paleolithic', in *Violence and Warfare Among Hunter-Gatherers*, ed. Mark Allen and Terry Jones (London: Routledge, 2014), 53-59, 66; and Alain Bayneix, 'Neolithic Violence in France', in *Sticks, Stones, & Broken Bones: Neolithic Violence in European Perspective*, ed. Rick Schulting and Linda Fibiger (Oxford: Oxford University Press, 2012), 208-9.

22   Redmond, *Tribal and Chiefly Warfare*, 3-12.

23   Colin Pardoe, 'Conflict and Territoriality in Aboriginal Australia', in *Violence and Warfare Among Hunter-Gatherers*, ed. Mark Allen and Terry Jones (London: Routledge, 2014), 121-28; and Mark Allen, 'Hunter-Gatherer Violence and Warfare in Australia', in *Violence and Warfare Among Hunter-Gatherers*, ed. Mark Allen and Terry Jones (London: Routledge, 2014), 101-6.

24   Patrick Nolan, 'Toward an Ecological-Evolutionary Theory of the Incidence of Warfare in Preindustrial Societies', *Sociological Theory* 21, no. 1 (2003): 23.

25   Pierre Clastres, *Archéologie de la violence: La guerre dans les sociétés primitives* (Paris: Éditions de l'Aube, 1999), 78, 82-83.

26   Bonnie Glencross and Basak Boz, 'Representing Violence in Anatolia and the Near East During the Transition to Agriculture', in *The Routledge Handbook of the Bioarchaeology of Human Conflict*, ed. Christopher Knüsel and Martin Smith (London: Routledge, 2014), 90-104.

27   Parkinson and Duffy, 'Fortifications and Enclosures', 105-15.

28   Sarah Monks, 'Conflict and Competition in Spanish Prehistory: The Role of Warfare in Societal Development from the Late Fourth to the Third Millennium', *Journal of Mediterranean Archaeology* 10, no. 1 (1997): 14-18;

and Richard Osgood, Sarah Monks, and Judith Toms, *Bronze Age Warfare* (Stroud, UK: History Press, 2010), 37–39.

29 Jonas Christensen, 'Warfare in the European Neolithic', *Acta Archaeologica* 75 (2004): 146–48.

30 Price, *Europe Before Rome*, 318–19.

31 Mark Golitko and Lawrence Keeley, 'Beating Ploughshares Back into Swords: Warfare in the *Linearbandkeramik*', *Antiquity* 81 (2007): 336–39; Christensen, 'Warfare in the European Neolithic', 150–51; Osgood, Monks, and Toms, *Bronze Age Warfare*, 67.

32 David Anthony, *The Horse, the Wheel, and Language: How Bronze-Age Riders of the Eurasian Steppes Shaped the Modern World* (Princeton, NJ: Princeton University Press, 2007), 390–95; and Robin Yates, 'Early China', in *War and Society in the Ancient and Medieval Worlds*, ed. Kurt Raaflaub and Nathan Rosenstein (Cambridge, MA: Harvard University Press, 1999), 9–10.

33 Thomas Emerson, 'Cahokia and the Evidence for late Pre-Columbian War in the North American Mid-Continent', in *North American Indigenous Warfare and Ritual Violence*, ed. Richard Chacon and Rubén Mendoza (Tucson: University of Arizona Press, 2013), 130–37.

34 David Dye, 'The Transformation of Mississippian Warfare: Four Case Studies from the Mid-South', in *The Archaeology of Warfare: Prehistories of Raiding and Conquest*, ed. Elizabeth Arkush and Mark Allen (Gainesville: University of Florida Press, 2006), 102–11.

35 Golitko and Keeley, 'Beating Ploughshares Back into Swords', 333–35; Bruno Boulestin et al., 'Mass Cannibalism in the Linear Pottery Culture at Herxheim (Palatinate, Germany)', *Antiquity* 83 (2009): 969–75; and Dirk Husemann, *Als der Mensch den Krieg Erfand* (Ostflldern, Germany: Jan Thorbecke Verlag, 2005), 36–38, 43–45.

36 Redmond, *Tribal and Chiefly Warfare*, 69.

37 Dye, 'The Transformation of Mississippian Warfare', 105, 119–21.

38 Lambert, 'The Archaeology of War', 214–15.

39 Teresa Fernández-Crespo et al., 'Make a Desert and Call It Peace: Massacre at the Iberian Iron Age Village of La Hoya', *Antiquity* 94, no. 377 (2020): 1245–51.

40 Monks, 'Conflict and Competition', 23–24; Wiesław Lorkiewicz, 'keletal Trauma and Violence Among the Early Farmers of the North European Plain', in *Sticks, Stones, and Broken Bones: Neolithic Violence in European Perspective*, ed. Rick Schulting and Linda Fibiger (Oxford: Oxford University Press, 2012), 73–74.

41 Fanny Chenal, Bertrand Perrin, Hélène Barrand-Emam, and Bruno Boulestin, 'A Farewell to Arms: A Deposit of Human Limbs and Bodies at Bergheim, France, c. 4000', *Antiquity* 89, no. 348 (2015): 1315–24.

42 John Blitz, 'Adoption of the Bow in Prehistoric North America', *North American Archaeologist* 9, no. 2 (1988): 126–36; and Christensen, 'Warfare in the European Neolithic', 139–41.

43 Redmond, *Tribal and Chiefly Warfare*, 32–33; Anne Underhill, 'Warfare and the Development of States in China', in *The Archaeology of Warfare: Prehistories of Raiding and Conquest*, ed. Elizabeth Arkush and Mark Allen (Gainesville: University of Florida Press, 2006), 270–71; Mark Allen, 'Transformations in Maori Warfare', in *The Archaeology of Warfare: Prehistories of Raiding and Conquest*, ed. Elizabeth Arkush and Mark Allen (Gainesville: University of Florida Press, 2006), 188–90; and David Webster, 'Not So Peaceful Civilization: A Review of Maya War', *Journal of World Prehistory* 14, no. 1 (2000): 66.

44 Christian Horn, 'Trouble in Paradise? Violent Conflict in Funnel-Beaker Societies', *Oxford Journal of Archaeology* 40, no. 1 (2021): 43–48.

45 Lorkiewicz, ''Skeletal Trauma and Violence', 54.

46 Timothy Earle, *How Chiefs Come to Power: The Political Economy in Prehistory* (Stanford, CA: Stanford University Press, 1997), 122–27.

47 Paul Taçon and Christopher Chippendale, 'Australia's Ancient Warriors: Changing Depiction of Fighting in the Rock Art of Arnhem Land, N. T.', *Cambridge Archaeological Journal* 4, no. 2 (1994): 214–24.

48 Redmond, *Tribal and Chiefly Warfare*, 118–19.

49 Clayton Robarchek, 'Primitive Warfare and the Ratomorphic Image of Mankind', *American Anthropologist* 91, no. 4 (1989): 908–9.

50 Redmond, *Tribal and Chiefly Warfare*, 27–31, 74–75.

51 Martin, 'Violence and Masculinity', S173–S174.

52 Rebecca Redfern, 'Iron Age "Predatory Landscapes": A Bioarchaeological and Funerary Explanation of Captivity and Enslavement in Britain', *Cambridge Archaeological Journal* 30, no. 4 (2020): 532-39.

53 Adrian Goldsworthy, *Roman Warfare* (London: Cassell, 2000), 32-33.

54 Jonathan Roth, *Roman Warfare* (Cambridge: Cambridge University Press, 2009), 8-13; and Goldsworthy, *Roman Warfare*, 33-34.

55 Wolfgang Spickermann, 'The Roman Empire', in *The Limits of Universal Rule: Eurasian Empires Compared,* ed. Yuri Pines, Michal Biran, and Jörg Rüpke (Cambridge: Cambridge University Press, 2021), 113-16.

56 A. D. Lee, *Warfare in the Roman World* (Cambridge: Cambridge University Press, 2020), 31-33.

57 Lee, *Warfare in the Roman World*, 37-42.

58 Kazuo Aoyama, 'Classic Maya Warfare and Weapons: Spear, Dart and Arrow Points of Aguateca and Copan', *Ancient Mesoamerica* 16, no. 2 (2005): 291.

59 George Bey and Tomas Gallareto Negrón, 'Reexamining the Role of Conflict in the Development of Puuc Maya Society', in *Seeking Conflict in Mesoamerica: Operational, Cognitive, and Experiential Approaches*, ed. Meaghan Peuramaki-Brown and Shawn Morton (Denver: University Press of Colorado, 2019), 131-33.

60 Webster, 'Not So Peaceful Civilization', 78-81; and Jason Barrett and Andrew Scherer, 'Stones, Bones and Crowded Plazas: Evidence for Terminal Classic Maya Warfare at Colha, Belize', *Ancient Mesoamerica* 16, no. 1 (2005): 112.

61 Bey and Negrón, 'Reexamining the Role of Conflict', 127-28.

62 Webster, 'Not So Peaceful Civilization', 92-96; Charles Suhler and David Friedel, 'Life and Death in a Maya War Zone', *Archaeology* 51, no. 3 (1998): 33. 전쟁 사건과 관련된다고 생각되는 문자를 어떻게 해석할 것인지에 관해서는 아직 많은 논란이 있음을 지적할 필요가 있다. 예를 들어 Gerardo Aldana, 'Agency and the "Star War" Glyph: A Historical Reassessment of Classic Maya Astrology and Warfare', *Ancient Mesoamerica* 16, no. 2 (2005): 305-20을 보라.

63 Christopher Hernandez and Joel Palka, 'Maya Warfare, Symbols and Ritual Landscape', in *Seeking Conflict in Mesoamerica: Operational, Cognitive, and Experiential Approaches*, ed. Meaghan Peuramaki-Brown and Shawn Morton

(Denver: University Press of Colorado, 2019), 32-36.

64 Suhler and Friedel, 'Life and Death in a Maya War Zone', 33-34.

65 Barrett and Scherer, 'Stones, Bones and Crowded Plazas', 104-12.

66 Mead, 'Warfare Is Only an Invention', 405.

4장 생태학

1 CNA Corporation, *National Security and the Threat of Climate Change* (Alexandria, VA: CNA, 2007).

2 Ragnhild Nordås and Nils Gleditsch, 'Climate Change and Conflict', *Political Geography* 26 (2007): 627-30; and Jon Barnett and W. Neil Adger, 'Climate Change, Human Security and Violent Conflict', *Political Geography* 26 (2007): 639-42.

3 Philip Appleman, ed., *An Essay on the Principle of Population: Thomas Robert Malthus* (New York: Norton, 1976), 28-31에서 인용.

4 Friedrich Ratzel, *Der Lebensraum* (Tübingen: Laupp'schen Buchhandlung, 1901), 51-52. 또한 Mark Bassin, 'Imperialism and the Nation State in Friedrich Ratzel's Political Geography', *Progress in Human Geography* 11 (1987): 475-77을 보라.

5 Benjamin Lieberman and Elizabeth Gordon, *Climate Change in Human History* (London: Bloomsbury, 2022), 149-50; and Philip Jenkins, *Climate, Catastrophe, and Faith: How Changes in Climate Drive Religious Upheaval* (Oxford: Oxford University Press, 2021), 6.

6 David Yesner et al., 'Maritime Hunter-Gatherers: Ecology and Prehistory', *Current Anthropology* 21 (1980): 727-32.

7 이 결론에 대해서는 Gregory Dow, Leanna Mitchell, and Clyde Reed, 'The Economics of Early Warfare over Land', *Journal of Development Economics* 127 (2017): 303-4를 보라. 영역 방어에 관해서는 Elizabeth Cashdan, 'Territoriality Among Human Foragers: Ecological Models and an Application to Four Bushmen Groups', *Current Anthropology* 24 (1983): 47-50을 보라.

8 Patrick Nolan, 'Toward an Ecological-Evolutionary Theory of the Incidence

of Warfare in Preindustrial Societies', *Sociological Theory* 21, no. 1 (2003): 23-26.

9   Melvin Ember, 'Statistical Evidence for an Ecological Explanation of Warfare', *American Anthropologist* 84, no. 3 (1982): 646-47.

10   M. Mirazón Lahr et al., 'Inter-group Violence Among Early Holocene Hunter-Gatherers of West Turkana, Kenya', *Nature* 529 (2016): 394-98. 이 대학살론을 강력히 비판하는 반론은 Christopher Stojanowski et al., 'Contesting the Massacre at Nataruk', *Nature* 539 (2016): E8-E9와 이 비판에 대한 Lahr의 재반론(E10-E11)을 보라.

11   David Anthony, *The Horse, the Wheel, and Language: How Bronze-Age Riders from the Eurasian Steppes Shaped the Modern World* (Princeton, NJ: Princeton University Press, 2007), 221-22, 227-29; and G. D. Medden et al., 'Violence at Verteba Cave, Ukraine: New Insights into the Late Neolithic Intergroup Violence', *International Journal of Osteoarchaeology* 28 (2018): 44-53.

12   Douglas Bamforth, 'Indigenous People, Indigenous Violence: Precontact Warfare on the North American Great Plains', Man 29 (1994): 104-12; and Patricia Lambert, 'The Archaeology of War: A North American Perspective', *Journal of Archaeological Research* 10, no. 3 (2002): 224-26.

13   Brian Billman, Patricia Lambert, and Banks Leonard, 'Cannibalism, Warfare, and Drought in the Mesa Verde Region During the Twelfth Century', *American Anthropologist* 65, no. 1 (2000): 145-56; and Polly Schaafsma, 'Documenting Conflict in the Prehistoric Pueblo', in *North American Indigenous Warfare and Ritual Violence*, ed. Richard Chacon and Rubén Mendoza (Tucson: University of Arizona Press, 2013), 116-17, 123.

14   Mark Allen, 'Transformation in Maori Warfare: Toa, Pa and Pu', in *The Archaeology of Warfare: Prehistories of Raiding and Conquest*, ed. Elizabeth Arkush and Mark Allen (Gainesville: University Press of Florida, 2006), 187-200.

15   S. Jones, H. Walsh-Haney, and R. Quinn, '*Kana Tamata* or Feasts of Men: An Interdisciplinary Approach for Identifying Cannibalism in Prehistoric Fiji', *International Journal of Osteoarchaeology* 25, no. 2 (2015): 127-28.

16   Lawrence Barham and Peter Mitchell, *The First Africans: African Archaeology from the Earliest Toolmakers to Recent Foragers* (Cambridge: Cambridge University Press, 2008), 218, 249-50.

17 Bruno Boulestin et al., 'Mass Cannibalism in the Linear Pottery Culture at Herxheim (Palatinate, Germany)', *Antiquity* 83 (2009): 969–79.

18 Isabel Cáceres, Marina Lozano, and Palmira Saladié, 'Evidence for Bronze Age Cannibalism in El Mirador Cave', *American Journal of Physical Anthropology* 133, no. 3 (2007): 899–913.

19 Paolo Villa, 'Cannibalism in Prehistoric Europe', *Evolutionary Anthropology* 1, no. 3 (1992): 93–98.

20 Billman, Lambert, and Leonard, 'Cannibalism, Warfare and Drought', 145–46, 166–69.

21 Christy Turner and Jacqueline Turner, *Man Corn: Cannibalism and Violence in the Prehistoric American Southwest* (Salt Lake City: University of Utah Press, 1999), 2–4.

22 Ernest Burch, 'Traditional Native Warfare in Western Alaska', in *North American Indigenous Warfare and Ritual Violence*, ed. Richard Chacon and Rubén Mendoza (Tucson: University of Arizona Press, 2013), 12–22; and Charles Bishop and Victor Lytwyn, '"Barbarism and Ardor of War from the Tenderest Years": Cree–Inuit Violence in the Hudson Bay Region', in *North American Indigenous Warfare and Ritual Violence*, ed. Richard Chacon and Rubén Mendoza (Tucson: University of Arizona Press, 2013), 32–37.

23 Bishop and Lytwyn, '"Barbarism and Ardor of War"', 40–45; Dean Snow, 'Iroquois–Huron Warfare', in *North American Indigenous Warfare and Ritual Violence*, ed. Richard Chacon and Rubén Mendoza (Tucson: University of Arizona Press, 2013), 151–59; and Dean Snow, *The Iroquois* (Oxford: Blackwell, 1996), 94–96, 110–17.

24 William Durham, 'Resource Competition and Human Aggression: Part I: A Review of Primitive War', *Quarterly Review of Biology* 51 (1976): 403–5.

25 Rada Dyson–Hudson and Eric Smith, 'Human Territoriality: An Ecological Reassessment', *American Anthropologist* 80, no. 1 (1978): 36.

26 Cashdan, 'Territoriality Among Human Foragers', 49–50.

27 Gerhard Weinberg, ed., *Hitler's Second Book: The Unpublished Sequel to Mein Kampf* (New York: Enigma Books, 2003), 16–18.

28 Gerry Kearns, *Geopolitics and Empire: The Legacy of Halford Mackinder* (Oxford: Oxford University Press, 2009), 14; and Trevor Barnes and

376왜 전쟁인가?

Christian Abrahamson, 'Tangled Complicities and Moral Struggles: The Haushofers, Father and Son, and the Spaces of Nazi Geopolitics', *Journal of Historical Geography* 47 (2015): 67.

29 Christian Ingrao, *The Promise of the East: Nazi Hopes and Genocide 1939-1943* (Cambridge: Polity Press, 2019), prologue와 chap. 1 및 4를 보라. 6억 독일인이라는 수치에 대해서는 p. 101을 보라.

30 Patrick Bernhard, 'Borrowing from Mussolini: Nazi Germany's Colonial Aspirations in the Shadow of Italian Expansionism', *Journal of Imperial and Commonwealth History* 41 (2013): 617-18; and Ray Moseley, *Mussolini's Shadow: The Double Life of Count Galeazzo Ciano* (New Haven, CT: Yale University Press, 1999), 52.

31 Ben Kiernan, *Blood and Soil: A World History of Genocide and Extermination from Sparta to Darfur* (New Haven, CT: Yale University Press, 2007), 463-67, 477-79.

32 Colleen Devlin and Cullen Hendrix, 'Trends and Triggers Redux: Climate Change, Rainfall, and Interstate Conflict', *Political Geography* 43 (2014): 27-28; Thomas Homer-Dixon, *Environment, Scarcity and Violence* (Princeton, NJ: Princeton University Press, 1999), 139-41.

33 예를 들어 Thomas Bernauer and Tobias Siegfried, 'Climate Change and International Water Conflict in Central Asia', *Journal of Peace Research* 499, no. 1 (2012): 227-37을 보라.

34 Thomas Bernauer and Tobias Böhmelt, 'International Conflict and Cooperation over Freshwater Resources', *Nature Sustainability* 3 (2020): 350-55.

35 Stefan Döhring, 'Come Rain, Come Wells: How Access to Groundwater Affects Communal Violence', *Political Geography* 76 (2020): 1-4, 12.

36 Wenche Hauge and Tanja Ellingsen, 'Beyond Environmental Scarcity: Causal Pathways to Conflict', *Journal of Peace Research* 35, no. 3 (1998): 301-10; and Vally Koubi et al., 'Do Natural Resources Matter for Interstate and Intrastate Armed Conflict?', *Journal of Peace Research* 51, no. 2 (2014): 229-32; and Henrik Urdal, 'People Versus Malthus: Population Pressure, Environmental Degradation, and Armed Conflict Revisited', *Journal of Peace Research* 42, no. 4 (2005): 425-30.

37 Lieberman and Gordon, *Climate Change in Human History*, 11–20, 28–45.

38 과거 기후의 재구성에 관해서는 Hubert Lamb, *Climate History and the Modern World* (London: Methuen, 1982), 67–92를 보라.

39 Anthony, *The Horse, the Wheel, and Language*, 227–29, 389–97.

40 Qiang Chen, 'Climate Shocks, Dynastic Cycles, and Nomadic Conquests: Evidence from Historic China', *Oxford Economic Papers* 67, no. 2 (2015): 185–88.

41 David Zhang et al., 'Climatic Change, Wars, and Dynastic Cycles in China over the Last Millennium', *limatic Change* 76, no. 3 (2006): 464–69; and Ying Bai and James Kai-sing Kung, 'Climate Shocks and Sino-Nomadic Conflict', *Review of Economics and Statistics* 93, no. 3 (2011): 9970–72, 9978.

42 David Zhang et al., 'Climate Change and War Frequency in Eastern China over the Last Millennium', *Human Ecology* 35, no. 4 (2007): 403–7; and Weiwen Yin, 'ClimateShocks, Political Institutions, and Nomadic Invasions in Early Modern East Asia', *Journal of Conflict Resolution* 64, no. 6 (2020): 1049–60.

43 Terry Jones et al., 'Environmental Imperatives Reconsidered: Demographic Crisis in Western North America During the Medieval Climate Anomaly', *American Journal of Physical Anthropology* 40, no. 2 (1999): 137–50.

44 Richard Tol and Sebastian Wagner, 'Climate Change and Violent Conflict in Europe over the Past Millennium', *Climatic Change* 99 (2010): 65–77; Jenkins, *Climate, Catastrophe, and Faith*, 7–11; and Brian Fagan, *The Little Ice Age: How Climate Made History 1300-1850* (New York: Basic Books, 2019), 80–83.

45 Lamb, *Climate History*, 274–77.

46 Kendra Sakaguchi, Anil Varughese, and Graeme Auld, 'Climate Wars? A Systematic Review of Empirical Analyses on the Links Between Climate Change and Violent Conflict', *International Studies Review* 19 (2017): 638–41.

47 Secretary-General's Remarks to the Security Council: Climate and Security, September 23, 2021. https://www. un. org/sg/en/content/sg/statement/2021-09-23/secretary-general%E2%80%99s-remarksthe-security-council-high-level-open-debate-the-maintenance-

ofinternational-peace-and-security-climate-and-security.

48 Nils Gleditsch and Ragnhild Nordås, 'Conflicting Messages? The IPCC on Conflict and Human Security', *Political Geography* 43 (2014): 82-86.

49 Marianne Young and Rik Leemans, 'Group Report: Future Scenarios of Human-Environment Systems', in *Sustainability or Collapse? An Integral History and Future of People on Earth*, ed. Robert Costanza and Lisa Graumlich (Cambridge, MA: MIT Press for the IGBP, 2006), 454; and Gleditsch and Nordås, 'Conflicting Messages?', 629.

50 Sakaguchi, Varughese, and Auld, 'Climate Wars?', 624.

51 Carol Ember, Ian Skoggard, Teferi Abate Adem, and A. J. Faas, 'Rain and Raids Revisited: Disaggregating Ethnic Group Livestock Raiding in the Ethiopian-Kenyan Border Region', *Civil Wars* 16, no. 3 (2014): 330-32, 308-13.

52 Jean-François Maystadt, Margherita Calderone, and Liangzhi You, 'Local Warming and Violent Conflict in North and South Sudan', *Journal of Economic Geography* 15, no. 3 (2015): 650-58.

53 Stija van Weezel, 'Local Warming and Violent Conflict in Africa', *World Review* 126 (2020): 1-5.

54 Joshua Eastin, 'Hell and High Water: Precipitation Shocks and Conflict Violence in the Philippines', *Political Geography* 63 (2018): 116-27.

55 Marshall Burke, Solomon Hsiang, and Edward Miguel, 'Climate and Conflict', *Annual Review of Economics* 7 (2015): 609-10.

56 Cullen Hendrix and Idean Salehyan, 'Climate Change, Rainfall, and Social Conflict in Africa', *Journal of Peace Research* 49, no. 1 (2012): 45-46.

57 Sechin Jagchid and Van Symons, *Peace, War, and Trade Along the Great Wall* (Bloomington: Indiana University Press, 1989), 13-16, 52-57.

5장 자원

1 히틀러가 언급했다고 알려진 많은 인용이 그렇듯이 이 말도 간접적으로 전해진 것이다. 이 경우는 히틀러의 최고 사령부 수장인 빌헬름 카이텔 (Wilhelm Keitel) 장군(나중에 야전원수)이 1941년 6월 20일 히틀러의 주

장을 군 국방경제국장 게오르크 토마스(Georg Thomas) 장군에게 보냈다. Steven Fritz, *The First Soldier: Hitler as Military Leader* (New Haven, CT: Yale University Press, 2018), 152를 보라.

2 Michael Bloch, *Ribbentrop* (London: Bantam Press, 1992), 317.

3 Gerhard Weinberg, ed., *Hitler's Second Book* (New York: Enigma Books, 2003), 158.

4 Carol and Melvin Ember, 'Resource Unpredictability, Mistrust and War: A Cross-Cultural Study', *Journal of Conflict Resolution* 36 (1992): 246–51.

5 Josef Stalin, *Problems of Leninism* (Moscow: Foreign Languages Publishing House, 1947), 456, 462, 'Report to the Seventeenth Congress of the CPSU, January 26, 1934'.

6 Dona Torr, *Marxism, Nationality and War; Part One* (London: Lawrence & Wishart, 1941), 111.

7 Ercole Ercoli (Palmiro Togliatti), *The Fight Against War and Fascism: Report No. 5, Seventh World Congress of the Communist International* (London: Modern Books, 1935), 3, 6, 26–32.

8 Ellen Wilkinson and Edward Conze, *Why War? A Handbook for Those Who Will Take Part in the Second World War* (London: National Council of Labour Colleges, 1934), 44, 54.

9 Dona Torr, *Marxism and War* (London: Marx Memorial Library, 1942), 3.

10 Peter Brunt, 'A Marxist View of Roman History', *Journal of Roman Studies* 72 (1982): 155–63; and Elizabeth Brumflel, 'Aztec Religion and Warfare: Past and Present Perspectives', *Latin American Research Review* 25, no. 2 (1990): 255–58.

11 Torr, *Marxism and War*, 9.

12 *Marxism-Leninism on War and Army* (Moscow: Progress Publishers, 1972), 51–52.

13 Shimshon Bichler and Jonathan Nitzan, 'Arms and Oil in the Middle East: A Biography of Research', *Rethinking Marxism* 30, no. 3 (2018): 420–23, 437; and Shimshon Bichler and Jonathan Nitzan, 'Dominant Capital and the New Wars', *Journal of World-Systems* 10, no. 2 (2004): 258–60, 301–9.

14 Peter Taaffe, *Marxism in Today's World* (London: Committee for a Workers' International, 2006), 16.

15 *Marxism-Leninism on War*, 140-42.

16 David Anthony, *The Horse, the Wheel and Language: How Bronze-Age Riders from the Eurasian Steppes Shaped the Modern World* (Princeton, NJ: Princeton University Press, 2007), 222-23, 239; and Bruce Lincoln, 'The Indo-European Cattle-Raiding Myth', *History of Religions* 16, no. 1 (1976): 43-44, 62-64.

17 Jonas Christensen, 'Warfare in the European Neolithic', *Acta Archaeologica* 75 (2004): 131-32, 152-53; and Andreas Hårde, 'The Emergence of Warfare in the Early Bronze Age: The Nitra Group in Slovakia and Moravia, 2200-1800', in *Warfare, Violence, and Slavery in Prehistory*, ed. Mike Pearson and I. Thorpe (Oxford: BAR Publishing, 2016), 88-91, 101-3.

18 Richard Osgood, Sarah Monks, and Judith Toms, *Bronze Age Warfare* (Stroud: History Press, 2010), 10-14, 42-45, 78-83, 89-91, 95-99.

19 Anne Underhill, 'Warfare and the Development of States in China', in *The Archaeology of Warfare: Prehistories of Raiding and Conquest*, ed. Elizabeth Arkush and Mark Allen (Gainesville: University of Florida Press, 2006), 267-68.

20 Elsa Redmond and Charles Spencer, 'From Raiding to Conquest: Warfare Strategies and Early State Development in Oaxaca, Mexico', in *The Archaeology of Warfare: Prehistories of Raiding and Conquest*, ed. Elizabeth Arkush and Mark Allen (Gainesville: University of Florida Press, 2006), 338-40, 351-57.

21 David Webster, 'Not So Peaceful Civilization: A Review of Maya War', *Journal of World Prehistory* 14, no. 1 (2000): 81-92.

22 Elsa Redmond, *Tribal and Chiefly Warfare in South America* (Ann Arbor: University of Michigan Museum of Anthropology, 1994), 25-30, 32-37, 39-47.

23 Brian Ferguson, 'Materialist, Cultural and Biological Theories on Why Yanomami Make War', *Anthropological Theory* 1, no. 1 (2001): 100-103; and Daniel Steel, 'Trade Goods and Jívaro Warfare: The Shuar 1850-1957, and the Achuar, 1940-1978', *Ethnohistory* 41, no. 4 (1999): 754-56.

24 Robin Waterfield, *Taken at the Flood: The Roman Conquest of Greece* (Oxford: Oxford University Press, 2014), 17, 26-31, 199-205.

25 Peter Wilson, *Iron and Blood: A Military History of the German-Speaking Peoples Since 1500* (London: Allen Lane, 2022), 18.

26 Roger Crowley, *Constantinople: The Last Great Siege, 1453* (London: Faber & Faber, 2005).

27 James Hevia, *English Lessons: The Pedagogy of Imperialism in Nineteenth-Century China* (Durham, NC: Duke University Press, 2003), 199-212.

28 예를 들어 Gwyn Campbell, 'Introduction: Slavery and Other Forms of Unfree Labour in the Indian Ocean World', *Slavery & Abolition* 24, no. 2 (2003): x-xviii; Hans Hägerdal, 'Introduction: Enslavement and Slave Trade in Asia', *Slavery & Abolition* 43, no. 3 (2022): 446-49의 논의를 보라.

29 Herbert Klein, *The Atlantic Slave Trade* (Cambridge: Cambridge University Press, 2012), xviii; Hägerdal, 'Introduction', 449-52.

30 Timothy Taylor, 'The Arrogation of Slavery: Pre-history, Archaeology, and the Pre-Theoretical Commitments Concerning People as Property', in *The Archaeology of Slavery in Mediaeval Northern Europe: An Invisible Commodity?*, ed. Felix Biermann and Marek Jankowiak (Berlin: Springer Verlag, 2021), 10-11.

31 Daniel Snell, 'Slavery in the Ancient Near East', in *The Cambridge World History of Slavery: Volume 1*, ed. Keith Bradley and Paul Cartledge (Cambridge: Cambridge University Press, 2011), 4-16.

32 David Braund, 'The Slave Supply in Classical Greece', in *The Cambridge World History of Slavery: Volume 1*, ed. Keith Bradley and Paul Cartledge (Cambridge: Cambridge University Press, 2011), 112-20.

33 Walter Scheidel, 'The Roman Slave Supply', in *The Cambridge World History of Slavery: Volume 1*, ed. Keith Bradley and Paul Cartledge (Cambridge: Cambridge University Press, 2011), 287-96.

34 Rebecca Redfern, 'Iron Age "Predatory Landscapes": A Bioarchaeological and Funerary Exploration of Captivity and Enslavement', *Cambridge Archaeological Journal* 30, no. 4 (2020): 533-35.

35 Klein, *The Atlantic Slave Trade*, 53-73.

36 Hans Hägerdal, 'Warfare, Bestowal, Purchase: Dutch Acquisition of Slaves in the World of Eastern Indonesia, 1650-1800', *Slavery & Abolition* 43, no. 3 (2022): 553-65.

37   Andrew Thornton, 'Violent Capture of People for Exchange on the Karen-Tai Border in the 1830s', *Slavery & Abolition* 24, no. 2 (2003): 70-76.

38   Iain Smith, *The Origins of the South African War, 1899-1902* (London: Longman, 1996), 394, 408.

39   Stephen Cote, 'A War for Oil in the Chaco, 1932-1935', *Environmental History* 18, no. 4 (2013): 750-51.

40   Iain Smith, 'A Century of Controversy Over Origins', in *The South African War Reappraised*, ed. Donal Lowry (Manchester, UK: Manchester University Press, 2000), 25.

41   John Darwin, *The Empire Project: The Rise and Fall of the British World System 1830-1970* (Cambridge: Cambridge University Press, 2009), 239-42.

42   Mira Kohl, 'Between Louisiana and Latin America: Oil Imperialism and Bolivia's 1937 Nationalization', *Diplomatic History* 44, no. 2 (2020): 214-15.

43   Robert Niebuhr, 'The Road to the Chaco War: Bolivia's Modernization in the 1920s', *War & Society* 37, no. 2 (2018): 94-103; and Stephen Cote, *Oil and Nation: A History of Bolivia's Petroleum Sector* (Morgantown: West Virginia University Press, 2016), 62-68.

44   Kohl, 'Between Louisiana and Latin America', 210-11, 225-27; and Cote, 'A War for Oil', 743-50.

45   Michael Klare, *Resource Wars: The New Landscape of Global Conflict* (New York: Henry Holt, 2001), 13, 213.

46   John Maxwell and Rafael Reuveny, 'Resource Scarcity and Conflict in Developing Countries', *Journal of Peace Research* 37, no. 3 (2000): 301-2.

47   Humphrey Jasper, 'Resource Wars: Searching for a New Definition', *International Affairs* 88, no. 5 (2012): 1065-66, 1069-70; and Philippe Le Billon, 'The Political Ecology of War: Natural Resources and Armed Conflicts', *Political Geography* 20 (2001): 564-65, 569-70.

48   일반적으로 Philippe Le Billon, *Wars of Plunder: Conflicts and Profits and the Politics of Resources* (London: Hurst & Co., 2012), 13-37; Klare, *Resource Wars*, chap. 8을 보라.

49   Päiri Lujala, 'Deadly Combat over Natural Resources: Gems, Petroleum, Drugs, and the Severity of Armed Civil Conflict', *Journal of Conflict Resolution* 53, no. 1 (2009): 51, 68.

50   Klare, *Resource Wars*, 196–97.

51   Kirsten Schulze, 'The Conflict in Aceh: Struggle over Oil?', in *Oil Wars*, ed. Mary Kaldor, Terry Karl, and Yahia Said (London: Pluto Press, 2007), 183–219.

52   Susanne Peters, 'Coercive Western Energy Security Strategies–"Resource Wars" as a New Threat to Global Security', *Geopolitics* 5, no. 1 (2004): 192–95.

53   Andrew Bacevich, *The New American Militarism: How Americans Are Seduced by War* (Oxford: Oxford University Press, 2013), 181–82.

54   Klare, *Resource Wars*, 11, 33–34.

55   Okey Ibeanu and Robin Luckham, 'Nigeria: Political Violence, Governance and Corporate Responsibility in a Petro-State', in *Oil Wars*, ed. Mary Kaldor, Terry Karl, and Yahia Said (London: Pluto Press, 2007), 41.

56   Ibeanu and Luckham, 'Nigeria', 58–59, 63–68.

57   Ben Rafffeld, 'The Slave Markets of the Viking World: Comparative Perspectives on an "Invisible Archaeology"', *Slavery & Abolition* 40, no. 4 (2019): 682–92.

6장 신념

1   Ghazi bin Muhammad, Ibrahim Kalin, and Mohammad Hadin Karrali, eds., *War and Peace in Islam: The Uses and Abuses of Jihad* (Amman, Jordan: Royal Islamic Strategic Studies Centre, 2013), 13.

2   Oliver Thatcher and Edgar McNeal, eds., *A Source Book for Medieval History* (New York: Scribners, 1905), 517에 나오는 Foucher de Chartres의 판본에 따랐다(최소 네 개 이상의 판본이 더 있다).

3   Bin Muhammad, Kalin, and Karrali, *War and Peace in Islam*, 18–20.

4   이런 태도에 관해 Stefan Costalli and Andrea Ruggeri, 'Emotions, Ideologies, and Violent Political Mobilization', *PS: Political Science and Politics* 50, no. 4 (2017): 923–26을 보라.

5   Charles Prior and Glenn Burgess, eds., *England's War of Religion Revisited* (Farnham, UK: Ashgate, 2011), 15–16.

6   수단에 관해 Monica Toft, 'Getting Religion? The Puzzling Case of Islam and

Civil War', *International Security* 31, no. 4 (2007): 117-28을 보라.

7   Elizabeth Brumfìel, 'Aztec Religion and Warfare: Past and Present Perspectives', *Latin American Research Review* 25, no. 2 (1990): 255-58.

8   이 입장에 대한 영적인 방어는 Philippe Buc, *Holy War, Martyrdom and Terror* (Philadelphia: University of Pennsylvania Press, 2015), 10-11을 보라.

9   예를 들어 Michael Horowitz, 'Long Time Going: Religion and the Duration of Crusading', *International Security* 34, no. 2 (2009): 162-65, 180-89를 보라.

10   Christopher Tyerman, *God's War: A New History of the Crusades* (London: Allen Lane, 2006), 33-34.

11   Thomas Sizgorich, *Violence and Belief in Late Antiquity: Militant Devotion in Christianity and Islam* (Philadelphia: University of Pennsylvania Press, 2009), 3, 9.

12   Sizgorich, *Violence and Belief in Late Antiquity*, 112-25.

13   Sizgorich, *Violence and Belief in Late Antiquity*, 38.

14   Jonathan Phillips, *Holy Warriors: A Modern History of the Crusades* (London: The Bodley Head, 2009), 3-5.

15   Jay Rubinstein, *Nebuchadnezzar's Dream: The Crusades, Apocalyptic Prophecy and the End of History* (Oxford: Oxford University Press, 2019), 33-34, 45.

16   Christopher Maier, 'Crisis, Liturgy, and the Crusade in the Twelfth and Thirteenth Centuries', *Journal of Ecclesiastical History* 48, no. 4 (1997): 628-30.

17   Amin Maalouf, *The Crusades Through Arab Eyes* (London: Al Saqi Books, 1984), 49-50; Buc, *Holy War*, 99-101; and Phillips, *Holy Warriors*, 25-27.

18   Rubinstein, *Nebuchadnezzar's Dream*, 9-11.

19   Adnan Zulfìqar, 'Jurisdiction over Jihad: Islamic Law and the Duty to Fight', *West Virginia Law Review* 120, no. 2 (2017): 428, 436; and S. M. Farid Mirbagheri, *War and Peace in Islam: A Critique of Islamic/ist Political Discourses* (New York: Palgrave Macmillan, 2012), 129-34.

20   Carole Hillenbrand, *Crusades: Islamic Perspectives* (Edinburgh: Edinburgh University Press, 1999), 90; and Fatemah Albadar, 'Islamic Law and the Right to Armed Jihad', *Indonesian Journal of International and Comparative Law* 5, no. 4 (2018): 582-89.

21   Carole Hillenbrand, *Islam and the Crusades: Collected Essays* (Edinburgh:

Edinburgh University Press, 2022), 269-74; and Zulfīqar, 'Jurisdiction over *Jihad*', 440-42.

22 Hillenbrand, Crusades, 101-4; and Maalouf, *The Crusades Through Arab Eyes*, 3-4.

23 Hillenbrand, I*slam and the Crusades*, 44-47.

24 Hillenbrand, *Crusades*, 20-23, 141-48, 164; and Maalouf, *The Crusades Through Arab Eyes*, 180-81, 198-200.

25 Richard Bonney, *From Qur'an to Bin Laden* (Basingstoke, UK: Palgrave Macmillan, 2004), 114.

26 Wayne Brake, *Religious War and Religious Peace in Early Modern Europe* (Cambridge: Cambridge University Press, 2017), 2-5.

27 Natalie Davis, 'The Rites of Violence: Religious Riot in Sixteenth-Century France', *Past & Present* 59 (1973): 56-68; and Judith Pollman, 'Countering the Reformation in France and the Netherlands: Clerical Leadership and Catholic Violence 1560-1585', *Past & Present* 190 (2006): 85-87.

28 Mack Holt, 'Putting Religion Back into the Wars of Religion', *French Historical Studies* 18, no. 2 (1993): 534-35를 보라.

29 Holt, 'Putting Religion Back', 539-41.

30 Puc, *Holy War*, 8, 34.

31 Philip Benedict, 'The Saint Bartholomew's Massacres in the Provinces', *Historical Journal* 21, no. 2 (1978): 205-6, 210-19.

32 Brake, *Religious War*, 117-18.

33 Puc, *Holy War*, 210.

34 Prior and Burgess, *England's Wars of Religion*, 19-20.

35 Edward Vallance, 'Preaching to the Converted: Religious Justifications for the English Civil War', *Huntington Library Quarterly* 65 (2002): 396-98; and Charles Prior, 'Religion, Political Thought and the English Civil War', *History Compass* 11, no. 1 (2013): 28-31.

36 Jordan Downs, 'The Curse of Meroz and the English Civil War', *Historical Journal* 57, no. 2 (2014): 343-52; Puc, *Holy War*, 11.

37 Glen Burgess, 'Was the English Civil War a War of Religion? The Evidence of Political Propaganda', *Huntington Library Quarterly* 61, no. 2 (2000): 173-74.

38 Vallance, 'Preaching to the Converted', 415-16; and David Cressy, *England*

on *Edge: Crisis and Revolution 1640-1642* (Oxford: Oxford University Press, 2006), 169-74.

39 Vallance, 'Preaching to the Converted', 407.

40 Barbara Donegan, 'Did Ministers Matter? War and Religion in England, 1642-1649', *Journal of British Studies* 33, no. 2 (1994): 121-30.

41 Downs, 'The Curse of Meroz', 355-58.

42 Puc, *Holy War*, 255.

43 Colin Renfrew, '"The Unanswered Question": Investigating Early Conceptualisations of Death', in *Death Rituals, Social Order and the Archaeology of Immortality in the Ancient World*, ed. Colin Renfrew, Michael Boyd, and Iain Morley (Cambridge: Cambridge University Press, 2016), 1-8.

44 Robin Yates, 'Early China', in *War and Society in the Ancient and Medieval Worlds*, ed. Kurt Raaflaub and Nathan Rosenstein (Cambridge, MA: Harvard University Press, 1999), 8-9, 14, 19-20.

45 Bruce Lincoln, *Death, War, and Sacrifice: Studies in Ideology and Practice* (Chicago: University of Chicago Press, 1991), 10-13; and Bruce Lincoln, 'The Indo-European Cattle-Raiding Myth', *History of Religions* 16, no. 1 (1976): 43-44, 62-64.

46 Edward Swenson, 'Dramas of the Dialectic: Sacrifice and Power in Ancient Polities', in *Violence and Civilization: Studies of Social Violence in History and Prehistory*, ed. Roderick Campbell (Oxford: Oxbow Books, 2014), 42-44; and Jeffrey Quilter, 'Moche Politics, Religion and Warfare', *Journal of World Prehistory* 16, no. 2 (2002): 163-69.

47 이 관계에 대한 단연 가장 설득력 있는 분석은 Inga Clendinnen, *Aztecs: An Interpretation* (Cambridge: Cambridge University Press, 1991)이다.

48 Herbert Burhenn, 'Understanding Aztec Cannibalism', *Archiv für Religionspsychologie* 26 (2004): 2-3; and Clendinnen, *Aztecs*, 90-91.

49 Caroline Pennock, 'Mass Murder or Religious Homicide? Rethinking Human Sacrifice and Interpersonal Violence in Aztec Society', *Historische Sozialforschung* 37, no. 3 (2012): 280-82, 286.

50 Guilhem Olivier, 'Humans and Gods in the Mexica Universe', in *The Oxford Handbook of the Aztecs*, ed. Deborah Nichols and Enrique Rodríguez-Alegría (Oxford: Oxford University Press, 2016), 571-76; and Guilhem Olivier,

'"Why Give Birth to Enemies?": The Warrior Aspects of the Aztec Goddess Tlazolteotl-Ixcuina', *Anthropology and Aesthetics* 65, no. 6 (2014/2015): 56-60.

51 Clendinnen, *Aztecs*, 97.

52 Clendinnen, *Aztecs*, 2, 111-14.

53 Nicholas Saunders, 'Predators of Culture: Jaguar Symbolism and Mesoamerican Elites', *World Archaeology* 26, no. 1 (1994): 104-9.

54 Clendinnen, *Aztecs*, 91-97.

55 Marco Obregón, 'Mexica War: New Perspectives', in *The Oxford Handbook of the Aztecs*, ed. Deborah Nichols and Enrique Rodríguez-Alegría (Oxford: Oxford University Press, 2016), 454-55.

56 James Maffle, *Aztec Philosophy: Understanding a World in Motion* (Colorado Springs: University Press of Colorado, 2013), 523-26.

57 '정치적 종교'에 관한 가장 선진적인 이론은 Emilio Gentile, *Politics and Religion* (Princeton, NJ: Princeton University Press, 2006), 특히 chap. 4를 보라.

58 Werner Maser, ed., *Hitler's Letters and Note*s (London: Bantam Press, 1973), 227, 307, notes for speeches 1919-1920.

59 음모의 개념에 관해서는 Richard Evans, *The Hitler Conspiracies: The Third Reich and the Paranoid Imagination* (London: Allen Lane, 2020), 29-45를 보라.

60 Alon Confīno, *A World Without Jews: The Nazi Imagination from Persecution to Genocide* (New Haven, CT: Yale University Press, 2014), 7.

61 Gentile, *Politics and Religion*, 69.

62 Melvin Rader, *No Compromise: Conflict Between Two Worlds* (New York: Macmillan, 1939), 1.

63 Gentile, *Politics and Religion*, 88-89.

64 Keith Feiling, *The Life of Neville Chamberlain* (London: Macmillan, 1946), 416.

65 Milan Babik, 'The Christian Historical Consciousness: Understanding War in Twentieth-Century Europe', *Totalitarian Movements and Political Religions* 5, no. 1 (2004): 59-60, 80-82.

66 Carl Boggs and Tom Pollard, *The Hollywood War Machine: U. S. Militarism and Popular Culture* (Boulder, CO: Paradigm, 2007), 6-9, 19-21.

67 Jon Abbink, 'Religion and Violence in the Horn of Africa: Trajectories of

Mimetic Rivalry and Escalation Between "Political Islam" and the State', *Politics, Religion and Ideology* 21, no. 2 (2020): 195-96, 200; and Masood Ashraf, *ISIS: Ideology, Symbolics and Counter Narratives* (New York: Routledge, 2019), 62-67.

68 Hillenbrand, Crusades, 600-602; Anna Kruglova, "'I Will Tell You a Story About Jihad': ISIS's Propaganda and Narrative Advertising', *Studies in Conflict and Terrorism* 44, no. 2 (2021): 122-3; and Ashraf, *ISIS*, p. 73.

69 Zulflqar, 'Jurisdiction over *Jihad*', 429-30; and David Cook, 'Islamism and Jihadism: The Transformation of Classical Notions of *Jihad* into an Ideology of Terrorism', *Totalitarian Movements and Political Religions* 10, no. 2 (2009): 180-82.

70 Abdulbasit Kassim, 'Deflning and Understanding the Religious Philosophy of *Jihadi-Salafism* and the Ideology of Boko Haram', *Politics, Religion and Ideology*, 16, no. 2-3 (2015): 175-83; and Mona Sheikh, 'Sacred Pillars of Violence: Findings from a Study of the Pakistani Taliban', *Politics, Religion and Ideology* 13, no. 4 (2012): 442-45.

71 Kassim, 'Deflning and Understanding', 186-88; Sheikh, 'Sacred Pillars of Violence', 439-40; and Abbink, 'Religion and Violence', 201-3.

72 Thomas Hegghammer, 'The Rise of Muslim Foreign Fighters: Islam and the Globalization of Jihad', *International Security* 35, no. 3 (2010/2011): 72-73, 80-84.

73 예를 들어 Shmuel Bar, 'Religion in War in the 21st Century', *Comparative Strategy* 39, no. 5 (2020): 455-62를 보라.

74 Kassim, 'Deflning and Understanding', 173-75, 187-88.

75 Scott Segrest, 'ISIS's Will to Apocalypse', *Politics, Religion and Ideology* 17, no. 4 (2016): 352-60; and Omar Anchassi, 'The Logic of the Conquest Society: ISIS, Apocalyptic Violence and the "Reinstatement" of Slave Concubinage', in *Violence in Islamic Thought from European Imperialism to the Post-Colonial Era*, ed. Mustafa Baig and Robert Gleave (Edinburgh: Edinburgh University Press, 2021), 228-37.

76 Cook, 'Islamism and Jihadism', 185.

77 Ashraf, *ISIS*, 73; and Sheikh, 'Sacred Pillars of Violence', 447-50.

78 Bar, 'Religion in War', 443-46.

79 David Leeming, *Myth: A Biography of Belief* (Oxford: Oxford University Press, 2002), 8, 12.

7장 권력

1 Polybius, *The Rise of the Roman Empire*, trans. Ian Scott-Kilvert (London: Penguin, 1979), 473, book XV. 이것은 아마도 자마전투로부터 반세기 정도 뒤에 기록과 구전 증거를 함께 사용해 썼을 것이다.

2 Polybius, *The Rise of the Roman Empire*, 44, introduction to book I.

3 Robert Dahl, 'The Concept of Power', *Behavioral Science* 2, no. 3 (1957): 201.

4 Dahl, 'The Concept of Power', 203. 달의 정의에 대한 비판적인 관점은 David Winter, *Roots of War: Wanting Power, Seeing Threat, Justifying Force* (Oxford: Oxford University Press, 2018), 94-95를 보라.

5 Michael Barnett and Raymond Duvall, 'Power in International Politics', *International Organization* 59, no. 1 (2005): 46-51.

6 Robert Carneiro, 'A Theory of the Origins of the State', *Science* 169 (1970): 734-37.

7 Timothy Earle, *How Chiefs Come to Power: The Political Economy in Prehistory* (Stanford, CA: Stanford University Press, 1997), 6-10, 105-9.

8 Guy Halsall, *Warfare and Society in the Barbarian West, 450-900* (London: Routledge, 2003), 27-30.

9 Susan Mattern, *Rome and the Enemy: Imperial Strategy in the Principate* (Berkeley: University of California Press, 1999), 168; and Sarah Davies, *Rome, Global Dreams, and the International Origins of Empire* (Leiden: Brill, 2019), 2-3.

10 Andrew Erskine, *Roman Imperialism* (Edinburgh: Edinburgh University Press, 2010), 5-6, 27-29, 40-43.

11 Mattern, *Rome and the Enemy*, 165-66.

12 David Potter, 'The Roman Army and Navy', in *The Cambridge Companion to the Roman Republic*, ed. Harriet Flower (Cambridge: Cambridge University Press, 2014), 68-71.

13 J. C. Mann, 'Power, Force and the Frontiers of the Empire', *Journal of Roman Studies* 69 (1979): 176–78; Mattern, *Rome and the Enemy*, 162–63, 168; and Erskine, *Roman Imperialism*, 40–43.

14 Davies, *Rome, Global Dreams*, 3, 11.

15 Yuri Pines, 'Limits of All-Under-Heaven: Ideology and Praxis of "Great Unity" in Early Chinese Empire', in *The Limits of Universal Rule: Eurasian Empires Compared*, ed. Yuri Pines, Michal Biran, and Jörg Rüpke (Cambridge: Cambridge University Press, 2021), 82–83, 93–94.

16 Michal Biran, 'The Mongol Imperial Space: From Universalism to Glocalization', in *The Limits of Universal Rule: Eurasian Empires Compared*, ed. Yuri Pines, Michal Biran, and Jörg Rüpke (Cambridge: Cambridge University Press, 2021), 222–28.

17 이 용법의 사례로 Alistair Horne, *Hubris: The Tragedy of War in the Twentieth Century* (London: Weidenfeld & Nicolson, 2015), 1, 283–85를 보라.

18 Waldemar Heckel, *In the Path of Conquest: Resistance to Alexander the Great* (Oxford: Oxford University Press, 2020), 9–14; and Edward Anson, *Alexander the Great: Themes and Issues* (London: Bloomsbury, 2013), 46–50.

19 Edmund Bloedow, 'Why Did Philip and Alexander Launch a War Against the Persian Empire?', *L'Antiquité Classique* 72 (2003): 262–73; and Ian Worthington, *By the Spear: Philip II, Alexander the Great, and the Rise and Fall of the Macedonian Empire* (Oxford: Oxford University Press, 2014), 141.

20 Details in Waldemar Heckel, *The Conquests of Alexander the Great* (Cambridge: Cambridge University Press, 2008), 67–74; and Hugh Bowden, *Alexander the Great: A Very Short Introduction* (Oxford: Oxford University Press, 2014), 32–37.

21 Arrian, *The Anabasis*, trans. Martin Hammond (Oxford: Oxford University Press, 2013), 223; and Anson, *Alexander the Great*, 83–85.

22 Heckel, *The Conquests of Alexander the Great*, 54–55; and Worthington, *By the Spear*, 159.

23 Bowden, *Alexander the Great*, 62–65; Anson, *Alexander the Great*, 105–9; and Worthington, *By the Spear*, 182–83.

24 Anson, *Alexander the Great*, 121; F. S. Naiden, *Soldier, Priest, and God: A Life of Alexander the Great* (New York: Oxford University Press, 2019).

25 Heckel, *The Conquests of Alexander the Great*, 112-33; and Heckel, *In the Path of Conquest*, 253-69.

26 Naiden, *Soldier, Priest, and God*, 201.

27 Andrew Collins, 'The Persian Royal Tent and the Ceremonial of Alexander the Great', *Classical Quarterly* 67, no. 1 (2017): 71-76; and Heckel, *The Conquests of Alexander the Great*, 100-108.

28 그의 초기 생애에 관해서는 Charles Esdaile, *Napoleon's Wars: An International History, 1803-15* (London: Allen Lane, 2007), 18-21, 28-32를 보라.

29 나폴레옹에 대한 배경으로서 1790년대의 전쟁에 관해서는 Gunther Rothenberg, 'The Origins, Causes and Extension of the Wars of the French Revolution and Napoleon', *Journal of Interdisciplinary History* 18, no. 4 (1988): 785-89를 보라.

30 Philip Dwyer, 'Napoleon Bonaparte as Hero and Saviour: Image, Rhetoric and Behaviour in the Construction of a Legend', *French History* 18, no. 4 (2004): 381-82.

31 Patrice Gueniffey, *Bonaparte* (Cambridge, MA: Harvard University Press, 2015), 803.

32 *The Table Talk and Opinions of Napoleon Bonaparte* (London: Sampson Lowe & Marston, 1870), 15-16.

33 Bruno Colson, ed., *Napoleon on War* (Oxford: Oxford University Press, 2015), 40.

34 Dwyer, 'Napoleon Bonaparte', 385-89; and Esdaile, *Napoleon's Wars*, 51-55.

35 Alexander Mikaberidze, *The Napoleonic Wars: A Global History* (Oxford: Oxford University Press, 2020), 193-94.

36. Alan Forrest, 'Propaganda and Legitimation of Power in Napoleonic France', *French History* 18, no. 4 (2004): 435-37.

37 Maximilien Novak, 'Napoléon et l'Empire de l'opinion: acteurs et enjeux du contrôle de l'opinion publique sous le Premier Empire', *French Cultural Studies* 32, no. 2 (2021): 70-73.

38 Philp Dwyer, *Citizen Emperor: Napoleon in Power 1799-1815* (London: Bloomsbury, 2013), 212-15; and Forrest, 'Propaganda and Legitimation of Power', 438-39.

39 Dwyer, *Citizen Emperor*, 345-48.

40 Alan Forrest, 'Napoleon's Vision of Empire and the Decision to Invade Russia', in *Russia and the Napoleonic Wars*, ed. Janet Hartley, Paul Keenan, and Dominic Lieven (Basingstoke, UK: Palgrave Macmillan, 2015), 44-47; and Dwyer, *Citizen Emperor*, 355-61.

41 독일에서의 문제가 있는 전투에 관해서는 Michael Leggiere, 'From Berlin to Leipzig: Napoleon's Gamble in North Germany', *Journal of Military History* 67, no. 1 (2003): 47-65를 보라.

42 *The Table Talk and Opinions of Napoleon Bonaparte*, 78-79.

43 자아도취적 성격의 히틀러에 관해서는 John Mankelwicz and Robert Kane, 'Hitler as a Narcissistic Leader', *Journal of Psychohistory* 50, no. 2 (2022): 137-44를 보라.

44 M. Rainer Lepsius, 'The Model of Charismatic Leadership and Its Applicability to the Rule of Adolf Hitler', *Totalitarian Movements and Political Religions* 7, no. 2 (2006): 175-79.

45 Jost Hermand, *Der alte Traum vom neuen Reich: völkische Utopien und Nationalsozialismus* (Weinheim: Beltz Athenäum, 1995), 359.

46 Richard Bessel, *Nazism and War* (London: Weidenfeld & Nicolson, 2004), 32-33; and Hermand, *Der alte Traum*, 315-16.

47 Lepsius, 'The Model of Charismatic Leadership', 185.

48 François Genoud, ed., *The Testament of Adolf Hitler: The Hitler-Bormann Documents* (London: Cassell, 1960), 101-2.

49 Volker Ullrich, *Hitler: Downfall 1939-45* (London: The Bodley Head, 2020), 615; and Mankelwicz and Kane, 'Hitler as a Narcissistic Leader', 149.

50 Angela Kurtz, 'God, Not Caesar: Revisiting National Socialism as "Political Religion"', *History of European Ideas* 35, no. 2 (2009): 246-49.

51 Hermand, *Der alte Traum*, 316; and Ralf Reuth, *Hitler's Tyranny* (London: Haus Publishing, 2022), 164.

52 Hugh Trevor-Roper, ed., *Hitler's Table Talk 1941-44* (London: Weidenfeld & Nicolson, 1973), 383, entry for March 31, 1942. 이것은 히틀러가 했다고 하는 말의 속기 기록이며, 직접적인 인용이 아니라 연설로 전해졌다.

53 Gavriel Rosenfeld, 'Who Was "Hitler" Before Hitler? Historical Analogies and the Struggle to Understand Nazism', *Central European History* 51 (2018): 251-55.

54 Despina Stratigakos, *Hitler's Northern Utopia: Building the New Order in Occupied Norway* (Princeton, NJ: Princeton University Press, 2020), 194–96, 209.

55 Art Padilla, Robert Hogan, and Robert Kaiser, 'The Toxic Triangle: Destructive Leaders, Susceptible Followers, and Conducive Environments', *Leadership Quarterly* 18, no. 3 (2007): 177–81.

56 Richard Breitman, 'Hitler and Genghis Khan', *Journal of Contemporary History* 25, no. 2–3 (1990): 348; and Hermand, *Der alte Traum*, 340.

57 Carl von Clausewitz, *On War* (1832; repr. Oxford: Oxford University Press, 2007), 28.

58 Clausewitz, *On War*, 29.

59 Robert Gilpin, 'The Theory of Hegemonic War', *Journal of Interdisciplinary History* 18, no. 4 (1988): 602–13.

60 Carsten Rauch, 'Challenging the Power Consensus: GDP, CINC, and Power Transition Theory', *Security Studies* 26, no. 4 (2017): 646–52; Michael Beckley, 'The Power of Nations: Measuring What Matters', *International Security* 43, no. 2 (2018–19): 7–11. See also J. David Singer, Stuart Bremer, and John Stuckey, 'Capability Distribution, Uncertainty, and Major Power War, 1820–1965', in *Peace, War, and Numbers*, ed. Bruce Russett (Beverly Hills, CA: Sage, 1972), 19–29.

61 Gilpin, 'The Theory of Hegemonic War', 591–96; and Alexander Debs and Nuno Monteiro, 'Known Unknowns: Power Shifts, Uncertainty and War', *International Organization* 68, no. 1 (2014): 1–2.

62 Stephen Brooks and William Wohlforth, 'The Rise and Fall of the Great Powers in the Twenty-First Century: China's Rise and the Fate of America's Global Position', *International Security* 40, no. 3 (2015): 28–30.

63 Rauch, 'Challenging the Power Consensus', 649–54.

64 Christopher Layne, 'The Unipolar Illusion: Why New Great Powers Will Rise', *International Security* 17, no. 4 (1993): 6–7, 32–37.

65 Peter Gries and Yiming Jing, 'Are the US and China Fated to Fight? How Narratives of "Power Transition" Shape Great Power War or Peace', *Cambridge Review of International Affairs* 32, no. 4 (2019): 456–57; and Steve Chan, *Rumbles of Thunder: Power Shifts and the Dangers of Sino-American War* (New

York: Columbia University Press, 2023), 3, 29-30.

66 Beckley, 'The Power of Nations', 43-44; Christopher Layne, 'The US-Chinese Power Shift and the End of the Pax Americana', *International Affairs* 94, no. 1 (2018): 95-102; Brooks and Wohlforth, 'The Rise and Fall of the Great Powers', 8-11; and Joseph Nye, *The Future of Power* (New York: Public Affairs, 2011), 202-4.

67 Lawrence Freedman, 'The Rise and Fall of Great Power War', *International Affairs* 95, no. 1 (2019): 115-17.

8장 안보

1 Thomas Hobbes, *Leviathan, or The Matter, Forme, & Power of a Common-Wealth Ecclesiasticall and Civil* (1651; repr. London: Penguin, 1985), 187-88.

2 Hobbes, *Leviathan*, 186, 190, 224-25.

3 John Mearsheimer, *The Tragedy of Great Power Politics* (New York: Norton, 2002), 36.

4 Stephen Van Evera, *Causes of War: Power and the Roots of Conflict* (Ithaca, NY: Cornell University Press, 1999), 11, 76-77; Benjamin Miller, 'Polarity, Nuclear Weapons, and Major War', *Security Studies* 3, no. 4 (1994): 602-4; and Jeffrey Taliaferro, 'Security Seeking Under Anarchy: Defensive Realism Revisited', *International Security* 25, no. 3 (2000-2001): 136-42.

5 Colin Gray, 'Nicholas John Spykman, the Balance-of-Power, and World Order', *Journal of Strategic Studies* 38, no. 6 (2015): 879-80.

6 Monika Toft, 'Territory and War', *Journal of Peace Research* 51, no. 2 (2014): 185-86; Monika Toft and Dominic Johnson, 'Grounds for War: The Evolution of Territorial Conflict', *International Security* 38, no. 3 (2013-14): 12; and Paul Hensel, 'Territory: Theory and Evidence on Geography and Conflict', in *What Do We Know About War?*, ed. John Vasquez (Lanham, MD: Rowman & Littlefield, 2000), 57-64.

7 John Vasquez and Marie Henehan, *Territory, War, and Peace* (New York: Routledge, 2011), 6-7, 11-14.

8   Lord George Curzon, *Frontiers: The Romanes Lecture* (London: Dodo Press, 2008), 4. Repr. from the original text.

9   Nicholas Spykman, 'Frontiers, Security, and International Organization', *Geographical Review* 32, no. 3 (1942): 437–38.

10   Barbara Walter, 'Explaining the Intractability of Armed Conflict', *International Studies Review* 5, no. 4 (2003): 137, 149–50; and Robert Mandel, 'The Roots of Modern Interstate Border Disputes', *Journal of Conflict Resolution* 24, no. 3 (1980): 427–30, 437–41.

11   David Dye, 'The Transformation of Mississippi Warfare: Four Case Studies from the Mid–South', in *The Archaeology of Warfare: Prehistories of Raiding and Conquest*, ed. Elizabeth Arkush and Mark Allen (Gainesville: University of Florida Press, 2006), 102–3; and Elsa Redmond and Charles Spencer, 'From Raiding to Conquest: Warfare Strategies and Early State Development in Oaxaca, Mexico', in *The Archaeology of Warfare: Prehistories of Raiding and Conquest*, ed. Elizabeth Arkush and Mark Allen (Gainesville: University of Florida Press, 2006), 342.

12   Timothy Earle, *How Chiefs Come to Power: The Political Economy of Prehistory* (Stanford, CA: Stanford University Press, 1997), 10.

13   Douglas Bamforth, 'Indigenous People, Indigenous Violence: Precontact Warfare on the North American Great Plains', *Man* 29 (1994): 102–5.

14   William Parkinson and Paul Duffy, 'Fortifications and Enclosures in European Prehistory: A Cross–Cultural Perspective', *Journal of Archaeological Research* 15, no. 2 (2007): 98–115; and Jonas Christensen, 'Warfare in the European Neolithic', *Acta Archaeologica* 75 (2004): 148–53.

15   Inés Sastre, 'Community, Identity, and Conflict: Iron Age Warfare in the Iberian North–West', *Current Anthropology* 49, no. 6 (2008): 1022–28.

16   Aribidesi Usman, 'On the Frontiers of Empire: Understanding the Enclosure Walls in Northern Yoruba, Nigeria', *Journal of Anthropological Archaeology* 23, no. 1 (2004): 120–30.

17   Bradley Parker, 'At the Edge of Empire: Conceptualizing Assyria's Anatolian Frontier ca. 700', *Journal of Anthropological Archaeology* 21 (2002): 373–83.

18   Thomas Barfield, *The Perilous Frontier: Nomadic Empires and China 221 to 1757* (Oxford: Blackwell, 1989), 2–7, 16–18; and Nicola di Cosmo, 'Ancient

Inner Asia Nomads: Their Economic Base and Its Significance in Chinese History', *Journal of Asian Studies* 53, no. 4 (1994): 1092–93, 1100.

19 Sechin Jagchid and Van Jay Symons, *Peace, War, and Trade Along the Great Wall* (Bloomington: Indiana University Press, 1999), 24.

20 Mark Lewis, 'Warring States Political History', in *The Cambridge History of Ancient China: From the Origins to 221*, ed. Michael Loewe and Edward Shaughnessy (Cambridge: Cambridge University Press, 1999), 629–30; and Yuri Pines, 'The Earliest "Great Wall"? The Long Wall of Qi Revisited', *Journal of the American Oriental Society* 138, no. 4 (2018): 743–53.

21 Barry Cunliffe, *By Steppe, Desert and Ocean: The Birth of Eurasia* (Oxford: Oxford University Press, 2016), 247–48, 268–71; and Robin Yates, 'Early China', in *War and Society in the Ancient and Medieval Worlds*, ed. Kurt Raaflaub and Nathan Rosenstein (Cambridge, MA: Harvard University Press, 1999), 27–31.

22 Jagchid and Symons, *Peace, War, and Trade*, 32–35, 77.

23 Arthur Waldron, *The Great Wall of China: From History to Myth* (Cambridge: Cambridge University Press, 1990), 87–90, 102–7.

24 Jagchid and Symons, *Peace, War, and Trade*, 173–5; and Waldron, *The Great Wall*, 186.

25 Jagchid and Symons, *Peace, War, and Trade*, 177–83.

26 J. C. Mann, 'Review: Power, Force and the Frontiers of the Empire', *Journal of Roman Studies* 69 (1979): 175–76.

27 David Breeze, 'The Value of Studying the Roman Frontiers', *Theoretical Roman Archaeology Journal* 1, no. 1 (2018): 5–6; and Michael Fulford, 'Territorial Expansion and the Roman Empire', *World Archaeology* 23, no. 3 (1992): 294–96.

28 Conor Whately, 'Strategy, Diplomacy and Frontiers: A Bibliographic Essay', *Late Antique Archaeology* 8, no. 1 (2010– 11): 240–46. 변경의 길이에 관한 수치를 알려 준 Philip Parker에게 감사드린다. 자주 인용되는 수치 5000 또는 7000킬로미터는 분명히 너무 짧다.

29 Hugh Elton, *Frontiers of the Roman Empire* (Bloomington: Indiana University Press, 1996), 62–64.

30 Matthew Symonds, *Protecting the Roman Empire: Fortlets, Frontiers, and the*

Quest for Post-Conquest Security (Cambridge: Cambridge University Press, 2018), 2-5.

31   Rose Mary Sheldon, 'Insurgency in Germany: The Slaughter of Varus in the Teutoburger Wald', *Small Wars and Insurgencies* 31, no. 5 (2020): 1010-23.

32   Tacitus, *The Agricola and the Germania*, trans. H. Mattingley (London: Penguin Books, 1970), 80-81.

33   Jorit Wintjes, "On the Side of a Righteous Vengeance": Counterinsurgency Operations in Roman Britain', *Small Wars and Insurgencies* 31, no. 5 (2020): 1109-19.

34   David Breeze, *The Frontiers of Imperial Rome* (Barnsley, UK: Pen & Sword, 2021), 180-87.

35   A. D. Lee, 'Abduction and Assassination: The Clandestine Face of Roman Diplomacy in Late Antiquity', *International History Review* 31, no. 1 (2009): 3-10.

36   Alexander Sarantis, 'Waging War in Late Antiquity', *Late Antique Archaeology* 8, no. 1 (2010-11): 2-10, 14-18.

37   Breeze, 'The Value of Studying the Roman Frontiers', 6-8; and Mann, 'Review: Power, Force, and the Frontiers', 180-82.

38   Breeze, *The Frontiers of Imperial Rome*, 170-2; and Elton, *Frontiers of the Roman Empire*, 64-72, 111-12.

39   A. D. Lee, *Warfare in the Roman World* (Cambridge: Cambridge University Press, 2020), 10-13.

40   예를 들어 Jakub Grygiel, *Return of the Barbarians: Confronting Non-State Actors from Ancient Rome to the Present* (Cambridge: Cambridge University Press, 2018), chap. 6을 보라.

41   John Grenier, *The First Way of War: American War Making on the Frontier* (Cambridge: Cambridge University Press, 2005), 21ff.

42   David Carter and H. E. Goemans, 'The Making of the Territorial Order: New Borders and the Emergence of Interstate Conflict', *International Organization* 65 (2011): 279-80.

43   Carter and Goemans, 'The Making of the Territorial Order', 294-301; Paul Diehl and Gary Goertz, 'Interstate Conflict over Exchanges of Homeland Territory, 1816-1980', *Political Geography Quarterly* 10, no. 4 (1991): 343-

49. Diehl과 Goertz는 다른 정의를 사용해 영토 교환 사례 160건 중 49건이
전쟁으로 이어졌음을 발견했다.

44   Malcolm Shaw, 'Peoples, Territorialism, and Boundaries', *European Journal of International Law* 8, no. 23 (1997): 492-96, 499-500; and Mark Zacher, 'The Territorial Integrity Norm: International Boundaries and the Use of Force', *International Organizations* 55, no. 2 (2001): 222-23, 234-35.

45   Sumit Ganguly et al., 'India, Pakistan, and the Kashmir Dispute: Unpacking the Dynamics of a South Asian Frozen Conflict', *Asia Europe Journal* 17, no. 1 (2019): 131-38.

46   Victoria Schofield, *Kashmir in Conflict: India, Pakistan, and the Unending War* (London: Bloomsbury, 2020), 261-68; and Myra Macdonald, *White as the Shroud: Pakistan and War on the Frontiers of Kashmir* (Uttar Pradesh, India: Harper Collins, 2021), vii-ix.

47   Reed Chervin, '"Cartographic Aggression": Media Politics, Propaganda, and the Sino-Indian Border Dispute', *Journal of Cold War Studies* 22, no. 3 (2020): 205, 230-32; and Liu Zongyi, 'Boundary Standoff and China-India Relations', *Chinese Quarterly of International Strategic Studies* 6, no. 2 (2020): 227-28.

48   Klaus Pringsheim, 'China, India and Their Himalayan Border (1961-1963)', *Asian Survey* 3, no. 10 (1963): 486-88.

49   M. Taylor Fravel, *Strong Borders, Secure Nation: Cooperation and Conflict in China's Territorial Disputes* (Princeton, NJ: Princeton University Press, 2008), 309-14.

50   Kevin Greene et al., 'Understanding the Timing of Chinese Border Incursions into India', *Humanities and Social Sciences Communications* 8, no. 1 (2021): 2-6.

51   Liu, 'Boundary Standoff', 238-43.

52   Ramesh Thakur, Shatabhisha Shetty, and Waheguru Pal Singh Sidur, 'China-India-Pakistan Nuclear Trilemma and the Imperative of Risk Reduction Measures', *Journal for Peace and Nuclear Disarmament* 5, no. 2 (2022): 215-23; and Rebecca Gibbons and Matthew Kroenig, 'Reconceptualizing Nuclear Risks: Bringing Deliberate Nuclear Use Back In', *Comparative Strategy* 35, no. 5 (2016): 411-14.

53 David Baldwin, 'Security Studies and the End of the Cold War', *World Politics* 48, no. 1 (1995): 119-20.

54 David Ekbladh, 'Present at the Creation: Edward Mead Earle and the Depression-Era Origins of Security Studies', *International Security* 36, no. 3 (2011/12): 108, 115-23, 127-34; and Gray, 'Nicholas John Spykman', 873.

55 Baldwin, 'Security Studies', 119-22.

56 Hedley Bull, *The Anarchical Society: A Study of Order in World Politics*, 3rd edn (Basingstoke, UK: Palgrave Macmillan, 2002), 181.

57 F. H. Hinsley, *Power and the Pursuit of Peace: Theory and Practice in the History of Relations Between States* (Cambridge: Cambridge University Press, 1963), 5-6.

58 Kenneth Waltz, 'The Origins of War in Neorealist Theory', in *The Origin and Prevention of Major Wars*, ed. Robert Rotberg and Theodore Rabb (Cambridge: Cambridge University Press, 1990), 43-44.

59 Kenneth Waltz, 'Realist Thought and Neorealist Theory', *Journal of International Affairs* 44, no. 1 (1990): 30-31.

60 Taliaferro, 'Security Seeking Under Anarchy', 136-40; and Benjamin Frankel, 'Restating the Realist Case: An Introduction', *Security Studies* 5, no. 3 (1996): xii-xv.

61 Eric Hamilton and Brian Rathbun, 'Scarce Differences: Toward a Material and Systemic Foundation for Offensive and Defensive Realism', *Security Studies* 22, no. 3 (2013): 443-46.

62 예를 들어 Evan Montgomery, 'Breaking Out of the Security Dilemma: Realism, Reassurance and the Problem of Uncertainty', *International Security* 31, no. 2 (2006): 159-62를 보라.

63 Sebastian Rosato, 'The Inscrutable Intentions of Great Powers', *International Security* 39, no. 3 (2014-15): 49, 60-64, 87; and Miller, 'Polarity, Nuclear Weapons', 600-604.

64 Barry Buzan and Lena Hansen, *The Evolution of International Security Studies* (Cambridge: Cambridge University Press, 2009), 1-2, 259-61.

65 Taliaferro, 'Security Seeking Under Anarchy', 129.

66 Waltz, 'The Origins of War', 51.

67 Jeffrey Taliaferro and Francis Gavin, 'Critical Dialogue', *Perspectives on Politics*

19, no. 1 (2021): 227-28, 231.

68 Reid Pauley, 'Would U. S. Leaders Push the Button?', *Security Studies* 43, no. 2 (2018): 151-55, 184-85.

결론

1 Kenneth Waltz, 'The Origins of War in Neorealist Theory', in *The Origin and Prevention of Major Wars*, ed. Robert Rotberg and Theodore Rabb (Cambridge: Cambridge University Press, 1989), 41.

2 Michael Mousseau, 'The End of War: How a Robust Marketplace and Liberal Hegemony Are Leading to Perpetual World Peace', *International Security* 44, no. 1 (2019): 160-62.

3 Douglas Fry, *Beyond War: The Human Potential for Peace* (Oxford: Oxford University Press, 2007), 213-14.

4 Azar Gat, *The Causes of War & the Spread of Peace* (Oxford: Oxford University Press, 2017), 249.

5 Lawrence Freedman, *The Future of War: A History* (London: Allen Lane, 2017), 15-26.

6 Hårard Hegre et al., 'Predicting Armed Conflict, 2010-2050', *International Studies Quarterly* 57, no. 2 (2013): 250.

7 Mick Ryan, *War Transformed: The Future of Twenty-First Century Great Power Competition and Conflict* (Annapolis, MD: Naval Institute Press, 2022), 3.

8 Adam Liff, 'Cyberwar: Another "Absolute Weapon"? The Proliferation of Cyberwarfare Capabilities and Interstate War', *Journal of Strategic Studies* 35, no. 3 (2012): 401-8; Gregory Koblentz and Brian Mazanec, 'Viral Warfare: The Security Implications of Cyber and Biological Weapons', *Comparative Strategy* 32, no. 5 (2015): 418-20; and Freedman, *The Future of War*, 230-36.

9 Steve Lambakis, 'Space as a Warfighting Domain: Reshaping Policy to Execute 21st Century Spacepower', *Comparative Strategy* 41, no. 4 (2022): 331-47.

전쟁은 인류의 본능인가,
문명의 발명품인가

류한수 | 역사학자, 상명대학교 역사콘텐츠학과 교수

세계의 현역 역사학자 가운데 가장 뛰어난 군사사 연구자로 손꼽히는 리처드 오버리가 또 한 권의 역작 『전쟁 충동(Why War?)』을 펴냈다. "왜 전쟁을 하는가?"라는 원저의 제목은 간결하지만, 그 물음은 묵직하다. 이 물음은 평화를 사랑한 물리학자 알베르트 아인슈타인이 1932년에 정신분석학자 지크문트 프로이트에게 던졌던 질문이기도 하다. 프로이트는 폭력이 "동물계의 특징"이라며 "투쟁하고 파괴하려는 충동을 억제할 효과적 방법이 없다"라고 보았다. 매정해 보이는 프로이트식 설명은 1970년대까지 지속되다가 과학과 역사 연구에 자리를 내주었다. 전쟁이 오히려 인류의 발전을 촉진한다는 생각이 적지 않은 이들에게 받아들여지던 세기 전환기의 분위기는 결국 제1차세계대전으로 이어졌고, 20년 뒤에는 역사상 최대의 전쟁인 제2차세계대전이 일어났다. 두 차례의 대전을 겪은 뒤에 전쟁을 혐오하는 분위기가 거세진 상황에서도 전쟁

이 인류의 필연적 속성인지, 아니면 문명의 부산물에 지나지 않는지를 놓고 다양한 주장이 엇갈렸다. 이 해묵은 논쟁에 오버리도 뛰어들었다.

리처드 오버리의 대표작과 연구 지형도

우선 『전쟁 충동』을 저술한 리처드 오버리가 어떤 학자인지 살펴보자. 영국 런던에서 1947년 12월 23일에 태어난 오버리는 케임브리지대학교를 졸업한 뒤에 역사학자가 되어서 1972년부터 1979년까지 케임브리지대학교 퀸스칼리지(Queens' College)에서 역사를 가르쳤고, 1994년에 킹스칼리지런던(King's College London)에 역사 교수로 부임했으며, 2004년부터는 엑서터대학교(University of Exeter)에서 연구와 강의를 했다. 지금은 엑서터대학교의 명예교수다. 오버리의 연구 주제는 전간기(戰間期), 즉 제1차세계대전과 제2차세계대전 사이 유럽의 경제와 정치, 제2차세계대전 동안의 영국, 독일, 소련이다. 특히, 전략폭격과 제2차세계대전의 경제에 관해서는 필독서로 손꼽히는 연구서를 여러 권 썼다. 또한 오버리는 영국의 BBC와 ITV 등 여러 방송 매체의 역사 프로그램에 출연해서 역사학과 대중의 접촉면을 늘리는 데 이바지했다.

무려 몇십 권에 이르는 그의 연구서 가운데 대작만 추려도 다음과 같이 기다란 목록이 된다. [별표(*)는 국내 번역본이

있는 저서에 표시했으며, 출간 연도는 원저 기준이다.]

『공중전, 1939-1945(The Air War, 1939-1945)』(1980)

『나치의 경제 회복, 1932-1938(The Nazi Economic Recovery, 1932-1938)』(1982)

『괴링: "철의 사나이"(Goering: The "Iron Man")』(1984)

『제2차세계대전의 기원(The Origins of the Second World War)』(1987)

『전쟁에 이르는 길(The Road to War)』(1989)

『나치 독일의 전쟁과 경제(War and Economy in the Third Reich)』(1994)

『왜 연합국이 승리했는가: 제2차세계대전 승리의 해명(Why the Allies Won: Explaining Victory in World War II)』(1995)

『폭격기사령부, 1939-45(Bomber Command, 1939-45)』(1997)

*『러시아의 전쟁: 인류사상 최대 단일전, 독일-소련 전쟁 1941-1945』(1997)

『심문: 연합국의 수중에 들어간 나치 엘리트, 1945(Interrogations: The Nazi Elite in Allied Hands, 1945)』(2001)

『영국 본토 항공전: 신화와 현실(The Battle of Britain: The Myth and the Reality)』(2004)

*『독재자들: 히틀러 대 스탈린, 권력 작동의 비밀』(2004)

『1939: 전쟁으로의 카운트다운(1939: Countdown to War)』(2009)

『폭격전: 유럽, 1939-1945(The Bombing War: Europe, 1939-1945)』(2013)

* 『피와 폐허: 최후의 제국주의 전쟁, 1931-1945(전 2권)』(2021)

참으로 정력적인 연구자라고 하지 않을 수 없을 오버리는, 지난해에는 78세의 나이를 잊고 전쟁 말기 일본에 관한 연구서를 펴냈다. 그의 저서 가운데 여러 권이 우리말로 옮겨졌으니 이미 우리나라에 낯선 학자는 아닌 셈이다. 1995년에 영국에서 방영된 10부작 텔레비전 다큐멘터리[*]의 자매작으로 1997년에 출간된 *Russia's War: A History of the Soviet Effort: 1941-1945*가 『스탈린과 히틀러의 전쟁』(류한수 옮김, 지식의풍경, 2003)[**]으로 우리나라에 첫선을 보였다. 또한 울프슨역사상(Wolfson History Prize)과 헤셀틸트먼상(Hessell-Tiltman Prize)을 받은 역작 *The Dictators: Hitler's Germany and Stalin's Russia*도 『독재자들: 히틀러 대 스탈린, 권력 작동의 비밀』(조행복 옮김, 교양인, 2008)로 우리나라에 소개되었다. 오버리의 제2차세계대전 연구의 집대성이라고 할 수 있는 *Blood and Ruins: The Great Imperial War, 1931-1945*가 『피와 폐허: 최후의 제국주의 전쟁, 1931-1945(전 2권)』(이재만 옮김, 책과함께, 2024)으로 최근에 빛을 보았다.

오버리는 인류사상 최대의 전쟁인 제2차세계대전의 개별 전투나 전역, 군사 작전이나 전략-전술보다는 교전국의 경제, 사회, 이념, 심성에 초점을 맞추면서 전쟁을 선과 악의 단순 구

[*] 〈러시아의 전쟁: 설원의 피(Russia's War: Blood upon the Snow)〉.

[**] 개정판 『러시아의 전쟁: 인류사상 최대 단일전, 독일-소련 전쟁 1941-1945』(책과함께, 2024).

도로 파악하는 경향을 지양하고 전쟁 수행기구의 복잡한 작동 방식의 정교한 이해를 지향한다. 그런데 연구를 20세기 전반기 유럽의 전쟁에 국한한다는 아쉬움을 사던 오버리가 아예 작정을 했는지 선사시대부터 현대까지를 오가며 전쟁이라는 현상의 발생 원인을 찾아내서 분석하고 규명하는 두툼한 대작을 써냈으니, 바로 이 책『전쟁 충동』이다. 전쟁을 다룬 연구서는 사실 숱하게 많다. 온갖 견해가 난무하는 그 흐름 속에서 이 저작이 지니는 독특한 위상과 의의를 가늠할 때가 되었다.

폭력 감소 담론에 대한 학계의 반박

요란하지만 알맹이 없는 말을 주워섬기며 사람을 속이려고 드는 이를 나무라면서 '어디서 약을 팔아?!'라고 말할 때가 있다. 이 표현의 유래를 이해하려면 반세기 전 한국의 세태를 알아야 한다. 질 좋은 의료 서비스를 받기 어려웠던 1970년대까지만 하더라도 의약 관련 면허도 없는 약장수가 온 나라 방방곡곡 동네를 돌아다니며 약을 팔았다. 약장수는 으레 어설픈 곡예와 차력 쇼로 뭇사람의 눈길을 끌어 공터에 순진한 동네 사람을 죄다 모은 뒤에, '이 약으로 말할 것 같으면'으로 운을 띄우고는 성분이 자못 의심스러운 약을 사라고 선전했다. 효과 없는 약을 만병통치약으로 파는 그 시절 약장수의 허풍에 빗대어 근거가 의심스러운 주장이나 강변에 대꾸하는 '어디서 약을 팔아?!'라는 표현이 생겼던 것이다.

진리를 추구한다는 학계라고 해서 '약장수'가 없지는 않다. 복잡하기 이를 데 없는 현상을 현란하게 분석하고 설명하면서 쾌도난마 격으로 똑소리 나는 간단명쾌한 답을 떡하니 내놓는 학자들이 있다. 그런데 너무나도 어려운 문제에 너무나도 간단한 정답을 보란 듯이 제시하는 학자일수록 의심해 보아야 한다. 좋은 학자는 대중이 듣고 싶어 하는 쉽고도 속 시원한 답을 주는 학자가 아니라 중요한 난제를 둘러싼 다양한 논의를 대중에게 소개하고 같이 고민해야 할 쟁점을 알려 주는 학자다. 인류에게 워낙 중요한 문제인 전쟁이라는 현상에 다가서는 학자라면 더더욱 그러하다.

인지과학자이자 진화심리학자인 스티븐 핑커가 쓴 책『우리 본성의 선한 천사: 인간은 폭력성과 어떻게 싸워 왔는가』[*] 가 한때 전 세계에서 엄청난 인기를 끌었다. 20세기가 가장 폭력적인 세기였다는 생각이 편견에 찬 환상이라고 주장하고 나선 핑커는 수천 년에 걸친 전쟁과 야만과 폭력의 연대기를 통해 인간의 본성을 고찰했다면서 인류의 역사에서 폭력이 꾸준히 감소했다고 못 박았다. 우리 본성의 선한 천사가 악마를 제압함으로써 더 평화로운 시대가 왔다는 핑커의 희망찬 보고에 사람들은 열광했다. 하지만 학계에는 인류의 역사에서 "문명화과정에 따른 폭력성의 순화와 평화화"로 말미암아 폭력성이 줄어들었고 20세기가 유난히 평화로운 시대였다는 핑커의 장밋빛 묘사가 못마땅한 이들이 있었다. 역사학자를 비롯

[*] Steven Pinker, *The Better Angels of Our Nature: Why Violence Has Declined* (2011).

한 여러 분야의 연구자가 한데 모여서는 핑커가 비학문적 논리 전개를 일삼았다면서 그가 제시한 증거와 논지를 조목조목 비판하고 낙관적이기 짝이 없는『우리 본성의 선한 천사』의 결론을 부정하는『우리 본성의 악한 천사: 스티븐 핑커의 역사 이론 및 폭력 이론에 대한 18가지 반박』[✚]이라는 책을 펴낸 것이다. 이 책을 쓴 한 무리의 학자들은 가슴 훈훈한 핑커의 설명이 차가운 현실과 동떨어져 있다고 힘주어 말한다. 이들이 단지 심술궂은 사람이어서 좋은 말에 재를 뿌렸다고 보면 안 된다. 20세기가 전례 없이 평화로운 시대였다는 핑커의 주장을 좇아간다면 서방 국가들이 진보의 이상을 내세우며 저지른 그 잔학한 폭력에 고통을 겪은 이들이 설 자리가 없어진다는 고민이 그 '심술궂은' 학자들의 문제의식이었다.

냉철한 현실 응시로서의 전쟁론

20세기 초엽에「미래파 선언」은 "인류를 정화하고 새로운 시대를 여는 힘"이라면서 전쟁을 찬미했지만, 오늘날 21세기 초엽에 전쟁을 대놓고 찬미하는 사람은 없다. 현재 누구나 다 전쟁을 미워하고 평화를 사랑한다. 우리가 사는 21세기에는 전쟁이 꼭 좀 없어지기를 바라는 사람이 리처드 오버리의『전쟁 충동』을 읽다 보면 얄밉다는 생각이 절로 들 것이다. 듣고

✚ Philip Dwyer & Mark S. Micale (eds.), *The Darker Angels of Our Nature: Refuting the Pinker Theory of Human History and Violence*(2021).

왜 전쟁인가?

싶은 말을 들려주지 않기 때문이다. 전쟁과 인간의 속성에 관한 숱하게 많은 선행 연구를 소개하고 비평하면서 오버리는 인류학자 마거릿 미드 같은 학자들의 편에 서지 않는다. 아득히 먼 옛날에는 전쟁이 없었으며 전쟁은 문명의 부산물일 따름이라는 주장이 딛고 선 기반을 집요하게 허무는 최신 학설이 줄줄이 나열된다. 전쟁이란 것이 없다가 생겼으니만큼 앞으로 언젠가는, 그리고 인간이 애쓰면 아마도 머지않아 없어질 수도 있으리라는 주장이 제발 좀 옳기를 바라는 독자의 기대를 여지없이 깨뜨리는 사람이 바로 오버리인 셈이다. 그렇다고 오버리가 마거릿 미드의 대척점에 있는 나폴리언 섀그넌의 손을 들어 준다고도 하기 힘들다. 섀그넌 유의 학자들은 인간의 본성이 폭력적이어서 전쟁은 문명이 있든 없든 인류와 늘 함께했고 앞으로도 그러리라고 암시하지만, 오버리는 그렇게 딱 잘라 말하지는 않는다. 다만 오버리는 전쟁의 원인이 무엇인지를 따지면서 전쟁이 비정상적 현상이라는 관점을 비판하고, 전쟁이 왜 쉽사리 없어지지 않는지를 정밀하게 분석할 따름이다.

『전쟁 충동』은 두 부분을 대등하게 나누어 전쟁의 원인과 속성을 살펴보는 전략을 취한다. 1부에서 오버리는 전쟁을 "진화론적인 적응, 문화적 결정 또는 생태적 압력의 산물"로 진단하고는 생물학, 심리학, 인류학, 생태학이라는 하위범주에서 정밀하게 들여다본다. 2부에서는 "인간의 인지"를 주요 동력으로 삼아 자원, 신념, 권력, 안보가 각각 어떻게 전쟁의 동기가 되는지를 검토한다. 참으로 많은 연구와 논거가 쉴 새

없이 제시된다. 군사사의 대가인 제러미 블랙이 오버리의 책이 "겉죽만 긁는다. 일종의 입문 강의 모음에 가까운데, 그조차도 빠진 내용이 너무 많다"라는 비판을 했지만, '오버리, 당신 더 잘할 수 있잖아'라는 응원의 추임새이지 '이것밖에 못 하니 한심해'라는 긁기는 아닐 터이니 아끼는 동료 연구자에게 으레 하는 제러미 블랙의 블랙 유머 논평이라고 치면 된다. 개개 전역이나 전투 같은 좁디좁은 특정 주제가 아니라 전쟁 자체의 원인이라는 넓디넓은 일반 주제를 다루는 개설서들 가운데 '긁기'를 모면할 책이 과연 존재할 수 있을까 싶다. 날 선 비평을 하는 제러미 블랙도 "책이 지나치게 20세기에 치중되거나 서구 중심적이지 않을까 걱정했지만 그렇지 않았다"라면서 슬쩍 오버리를 인정해 준다.✢

'전쟁, 그거 뿌리 뽑을 수 있어!'라는 듣고 싶은 말을 들려주지 않는다고 얄미워하는 독자만큼이나 '전쟁이 일어나는 까닭은 바로 이거야!'라고 간단명쾌하게 알려 주며 속 시원한 답을 내놓지 않는다고 서운해하는 독자도 많을지 모른다. 하지만 리처드 오버리는 약장수가 아니다. 전쟁은 복합적이며 따라서 전쟁을 일으키는 원인 딱 하나를 집어낼 수 없다는 것이 오버리의 핵심 주장이다. 비겁한 현실 회피라기보다는 냉철한 현실 응시라고 보아야 한다. 그의 손에 이끌려 수백만 년 전과 오늘날을 쉴 새 없이 오가며 지구의 여기저기 구석구석을 숨가쁘게 누비면서, 전쟁의 속성과 원인을 살펴보는 지적 오디

✢ Jeremy Black, "Review of *Why War?*", *NYMAS Review*, no. 99(2024-11-24).

세이아를 마치면 오버리의 논지에 고개를 끄덕이게 될 독자가 적지 않을 것이다. 전쟁이 앞으로도 쉬이 사라지지 않으리라고 보는 『전쟁 충동』은 안이한 낙관을 허락하지 않지만 날카로운 통찰이 돋보이는 책이다.

이 책에서 거론되지는 않았지만, 가슴은 뜨겁고 머리는 차가운 오버리가 딱히 거부하지는 않았을 움베르토 에코의 슬기로 이 「해제」를 매조지고자 한다. 이탈리아의 기호학자였던 에코는 살아생전에 세계를 뒤흔들었던 걸프전쟁을 보면서 전쟁이 쉽게 사라지리라고 낙관하지는 않으면서도, 전쟁을 영웅화하거나 정화, 필연, 운명처럼 말하는 담론을 비판적으로 해체해야 한다면서 인간에게는 교육, 기억, 언어, 상징의 힘으로 전쟁을 자연스럽거나 영광스러운 것이 아니라 금기(터부)로 삼을 수 있는 슬기도 있다고 보았다. 당대 세계적 석학의 비관과 낙관이 교차하는 예언이 아닐 수 없다. 2022년에 러시아가 우크라이나를 침공하면서 일어난 전쟁이 21세기 초엽의 세계를 뒤흔들었다. "우아한 위선의 시대가 가고 정직한 야만의 시대가 왔다"라는 탄식을 불러일으킨 이 전쟁은 21세기 중후엽 국제 정세의 지각판 자체를 바꾸고 있다. 러시아-우크라이나 전쟁의 원인이 얼마나 다양하고 복잡한지를 가늠하면서 『전쟁 충동』을 읽기를 권한다.

오늘날 끊이지 않는 전쟁 뉴스의 이면을 꿰뚫어 보고 싶은 독자에게 이 책은 가장 정직한 나침반이 되어 줄 것이다. 또한 전쟁을 정직하게 직시해야 평화로 나아가는 첫걸음을 뗄 수 있다. 역설이지만 이것이 진실이다.

지금 세계는 다시금 전쟁의 소용돌이 속으로 빨려 들어가고 있다. 우리 개개인은 평화를 원하지만 집단으로서의 인류는 왜 끊임없이 전쟁으로 되돌아가는가? 리처드 오버리의 『전쟁 충동』은 이 가장 오래된 질문에 대한 단 하나의 해답 대신, 생물학·심리학·인류학·생태학부터 자원·신념·권력·안보까지 여덟 갈래의 냉정한 분석을 제시한다. 저자는 선사시대부터 21세기에 이르는 방대한 연구와 사례를 통해, 전쟁이 인간의 생물학적 본능에 의한 피할 수 없는 숙명이 아니라 결국 '선택의 결과'임을 설득력 있게 보여 준다. 자신의 생각을 큰 소리로 주장하기보다 서로 다른 설명을 균형 있게 보여 주어 독자 스스로 판단하게 만드는 서술 방식이야말로 이 책의 백미다.

이 책의 페이지를 넘길 때마다, 지금 우리 주변의 전쟁들이 겹쳐 보여 "과거는 가장 확실한 미래"라는 명제를 되새기게 한다. 전쟁사 애호가는 물론 위태로운 오늘의 국제 정세를 이해하려는 모든 독자에게 탁월한 안내 지도가 되어 줄 것이다. 지금까지 나온 전쟁 연구서 가운데 가장 방대하면서도 균형 잡힌 이 책을, '왜 전쟁을 하는가'를 다시 진지하게 고민하는 모든 이들에게 권한다.

— 강인욱 | 고고학자, 경희대학교 사학과 교수

왜 인간은 서로 죽이는 일을 멈추지 못할까? 지구상의 어떤 생명체도 인간만큼 조직적으로 대규모 동족 살해를 감행하지 않는다. 인간에게 끔찍한 '전쟁 본능'이라도 있는 걸까? 이 책은 전쟁의 원인을 단지 '악랄한 본성'이 아닌 진화, 인지, 문화, 생태가 결합한 인간의 생존 전략에서 찾는다.

저자는 집단을 만들고 위협을 탐지하며, '우리'와 '그들'을 가르고 특정 가치를 신성시하는 마음의 기제들이 환경·제도·기술과 맞물릴 때 역사적으로 전쟁이 발생해 왔다고 말한다. 전쟁의 기원과 역사를 탐구하는 이 여정은, 결국 '인간다움'에 대한 근원적 물음으로 수렴한다. 어두운 역사를 반복하지 않기 위해 우리가 무엇을 성찰해야 하는지 일깨우는 묵직한 경종이자, 호모사피엔스의 가장 서늘한 자서전으로서 일독을 권한다.

— 구형찬 | 인지종교학자, 서강대학교 K종교학술확산연구소(ACKR) 연구교수

전쟁의 기원을 찾아서

저자가 이 책을 쓸 때 러시아-우크라이나 전쟁이 진행 중이었다. 내가 이 책을 번역할 때도 그 전쟁은 끝나지 않았다. 저자는 전쟁이 늘 있는 일이고, 미래에도 없어지지 않을 것이라고 단언한다. 전쟁이 인간의 발명품이어서 없앨 수도 있다는 인류학자 마거릿 미드의 주장을 여지없이 반박한다. 전쟁은 엄청난 파괴를 가져오고 게다가 없어지지 않는 것이라고 하니, 인간에게 영원한 관심사일 수밖에 없다. 이 책은 그 전쟁 이야기 가운데 가장 근본적인 문제를 다룬다. 즉 전쟁이 일어나는 이유가 무엇인가에 대한 탐구다. 이 책의 원서 제목과 똑같은 제목의 책이 이미 여러 권 나왔다는데, 그만큼 대답이 쉽지 않은 문제라는 얘기겠다.

리처드 오버리는 제2차세계대전과 나치 독일에 대한 연구로 유명한 역사가다. 따라서 그가 전쟁의 '일반론'을 이야기한다고 해서 이상할 것은 없다. 그러나 이 책의 구성 방식을 보면 현대사 쪽에 치우친 그의 이미지를 확 털어 낸 일대 변신이 두드러진다.

1부는 여러 학문 분야에서 전쟁의 원인을 어떻게 살피고 있는지를 보여 준다. 여기서 다룬 것은 생물학, 심리학, 인류학, 생태학 등 네 분야다. 생물학에서는 인간이 공격성을 타고났는지, 그것이 유전적으로 어떻게 전해지는지 등을 살핀다. 여기서 문제는 생물학적 결정론에 빠질 수 있다는 것이다. 심리학에서는 정신분석학, 진화심리학, 사회심리학 등 세부 분야에서 인간이 전쟁을 선택하는 심리적 기제가 있는지에 관해 탐구했던 바를 이야기한다. 심리학 이야기 역시 결정론에 대한 거부감을 촉발할 수 있다. 그런 의미에서 그 대척점에 있는 것이 인류학의 연구다. 전쟁은 인간에게 내재된 것이 아니라 문화적 결과이며, 심지어 먼 옛날에는 전쟁이 없는 평화 시대가 존재했다는 주장까지 있다. 생태학 부분에서는 인구 증가를 비롯한 여러 가지 생태학적인 문제가 전쟁으로 이어졌는지를 살폈다.

2부는 구체적으로 들어가 어떤 일들이 전쟁의 원인이었는지를 살핀다. 저자가 꼽은 것은 크게 자원, 신념, 권력, 안보라는 네 덩어리다. 자원으로 인한 전쟁은 1부 마지막의 생태 문제와 이어질 수 있다. 생태가 더 광범위한 주제겠지만 결국 전쟁으로 가는 것은 생태 문제에 따른 자원 경쟁이기 때문이다. 신념으로 인한 전쟁은 나의 종교를 확산시키고, 남의 종교의 똑같은 시도로 위협받는 나의 종교를 수호하려는 경쟁에서 나온 것이다. 권력으로 인한 전쟁은 개인의 권력욕으로 인한 것도 있지만 공동체 간의 세력 다툼이 더욱 중요하게 다루어진다. 안보 역시 공동체 간의 문제가 중심이며, 이런 측면에서 권력(세력) 문제의 연장선상에 있다.

보다시피 이런 구성은 오버리의 '전공'인 현대사와 군사사를 멀리 벗어나 있다. 1부에 나오는 생물학, 심리학, 인류학, 생태학은 모두 그의 기존 작업들(그리고 일반 역사가의 작업들)과 상당히 멀어 보인다. 그가 엄청난 변신(물론 그의 이전 연구 가운데 전조가 전혀 없었던 것은 아니다)을 보여 준다고 하는 이유다.

이런 분야들을 헤치고 다니다 보니 다루는 시간대도 크게 확대됐다. 자연과학을 넘나들며 긴 시간대를 소화하는 것은 '빅히스토리'의 냄새를 풍긴다. '빅뱅에서 현재까지'를 한 꿰미에 꿴다는 빅히스토리의 언명을 생각한다면 이것은 '미디엄히스토리'쯤으로 불러도 되겠다. 앞부분이 잘려 나갔으니까. 사실 전쟁이란 인간 집단이 전제돼야 하는 것이니 앞부분은 잘릴 수밖에 없다.

물리·화학부터 생명현상과 사회·문화까지를 한데 묶는 것이 무슨 의미가 있을까 싶어 개인적으로 빅히스토리는 그다지 끌리지 않는다. 얼마 전에 기후를 주제로 한 책을 번역할 때도 느꼈지만, 일반사가 아닌 특정 주제의 빅히스토리는 그래도 제법 밀도를 갖출 수 있을 듯하다. 이 책처럼 주제에 따라 '빅'이 '미디엄'으로 바뀌는 것을 전제로 해서다. 아무튼 오버리의 '변신' 때문에 나도 낯선 개념들을 쫓아다니며 씨름해야 했다. 황새 쫓아가는 뱁새 꼴을 면치 못했을 테지만 말이다. 그저 '대의(大義)’라도 전달됐기를 바랄 뿐이다.

　그나저나, 공감을 하지 않는 건 아니지만 전쟁은 사라지지 않을 것이라는 오버리의 결론이 마음을 무겁게 한다. 그래서 확신에 찬 그의 어조도 얄밉다.

참고 문헌

아래 목록은 이 책을 준비하는 데 참고한 가장 중요한 책과 논문을 선별한 것이다. 인용된 자료의 특정 장이나 관련 쪽수 등의 세부 사항은 '주'에서 찾을 수 있다.

- Allen, Mark, and Terry Jones, eds. *Violence and Warfare Among Hunter-Gatherers*. London: Routledge, 2014.
- Anson, Edward. *Alexander the Great: Themes and Issues*. London: Bloomsbury, 2013.
- Anthony, David. *The Horse, the Wheel, and Language: How Bronze-Age Riders from the Eurasian Steppes Shaped the Modern World*. Princeton, NJ: Princeton University Press, 2007.
- Arkush, Elizabeth, and Mark Allen, eds. *The Archaeology of Warfare: Prehistories of Raiding and Conquest*. Gainesville: University Press of Florida, 2006.
- Ashraf, Masood. *ISIS: Ideology, Symbolics and Counter Narratives*. New York: Routledge, 2019.
- Babik, Milan. 'The Christian Historical Consciousness: Understanding War in Twentieth-Century Europe'. *Totalitarian Movements and Political Religions* 5, no. 1 (2004).
- Bacevich, Andrew. *The New American Militarism: How Americans Are Seduced by War*. Oxford: Oxford University Press, 2013.
- Bar, Shmuel. 'Religion in War in the 21st Century'. *Comparative Strategy* 39, no. 5 (2020).
- Barfleld, Thomas. *The Perilous Frontier: Nomadic Empires and China 221 to 1757*. Oxford: Blackwell, 1989.
- Barnett, Michael, and Raymond Duvall. 'Power in International Politics'. *International Organization* 59, no. 1 (2005).
- Barreiros, Daniel. 'Warfare, Ethics, Ethology: Evolutionary Fundamentals for Conflict and Co-operation in the Lineage of Man'. *Journal of Big History* 2, no. 2 (2018).
- Bayliss, Andrew. *The Spartans*. Oxford: Oxford University Press, 2020.
- Beckley, Michael. 'The Power of Nations: Measuring What Matters'.

International Security 43, no. 2 (2018-19).

- Benenson, Joyce, and Henry Markovits. *Warriors and Worriers: The Survival of the Sexes*. Oxford: Oxford University Press, 2014.

- Bichler, Shimshon, and Jonathan Nitzan. 'Arms and Oil in the Middle East: A Biography of Research'. *Rethinking Marxism* 30, no. 3 (2018).

- Boggs, Carl, and Tom Pollard. *The Hollywood War Machine: U. S. Militarism and Popular Culture*. Boulder, CO: Paradigm, 2007.

- Böhm, Robert, Hannes Rusch, and Jonathan Baron. 'The Psychology of Intergroup Conflict: A Review of the Theories and Measures'. *Journal of Economic Behaviour and Organization* 178 (2020).

- Bouthoul, Gaston. *Les Guerres: Éléments de polémologie*. Paris: Payot, 1951.

- Bowden, Hugh. *Alexander the Great: A Very Short Introduction*. Oxford: Oxford University Press, 2014.

- Bowles, Samuel. 'Did Warfare Among Ancestral Hunter Gatherers Affect the Evolution of Human Social Behaviours?'. *Science* 324 (2009).

- Bradley, Keith, and Paul Cartledge, eds. *The Cambridge World History of Slavery: Volume 1*. Cambridge: Cambridge University Press, 2011.

- Brake, Wayne. *Religious War and Religious Peace in Early Modern Europe*. Cambridge: Cambridge University Press, 2017.

- Breeze, David. *The Frontiers of Imperial Rome*. Barnsley, UK: Pen & Sword, 2021.

- BrumfIel, Elizabeth. 'Aztec Religion and Warfare: Past and Present Perspectives'. *Latin American Research Review* 25, no. 2 (1990).

- Brunt, Peter. 'A Marxist View of Roman History'. *Journal of Roman Studies* 72 (1982).

- Brzezinski, Zbigniew. *The Grand Chessboard: American Strategy and Its Geostrategic Imperatives*. New York: Basic Books, 2016.

- Buc, Philippe. *Holy War, Martyrdom, and Terror*. Philadelphia: University of Pennsylvania Press, 2015.

- Bull, Hedley. *The Anarchical Society: A Study of Order in World Politics*. Basingstoke, UK: Palgrave Macmillan, 2002.

- Burke, Marshall, Solomon Hsiang, and Edward Miguel. 'Climate and Conflict'. *Annual Review of Economics* 7 (2015).

- Caplan, Arthur, ed. *The Sociobiology Debate: Readings on the Ethical and Scientific Issues Concerning Sociobiology.* New York: Harper & Row, 1978.
- Carneiro, Robert. 'A Theory of the Origins of the State'. *Science* 169 (1970).
- Chacon, Richard, and Rubén Mendoza, eds. *North American Indigenous Warfare and Ritual Violence.* Tucson: University of Arizona Press, 2013.
- Chan, Steve. *Rumbles of Thunder: Power Shifts and the Danger of Sino-American War.* New York: Columbia University Press, 2023.
- Christensen, Jonas. 'Warfare in the European Neolithic'. *Acta Archaeologica* 75 (2004).
- Clastres, Pierre. *Archéologie de la violence: La guerre dans les sociétés primitives.* Paris: Éditions de l'Aube, 1999.
- Clendinnen, Inga. *Aztecs: An Interpretation.* Cambridge: Cambridge University Press, 1991.
- Coker, Christopher. *Why War?* London: Hurst & Co., 2021.
- Confino, Alon. *A World Without Jews: The Nazi Imagination from Persecution to Genocide.* New Haven, CT: Yale University Press, 2014.
- Cook, David. 'Islamism and Jihadism: The Transformation of Classical Notions of Jihad into an Ideology of Terrorism'. *Totalitarian Movements and Political Religions* 10, no. 2 (2009).
- Cote, Stephen. 'A War for Oil in the Chaco, 1932–1935'. *Environmental History* 18, no. 4 (2013).
- Crook, Paul. *Darwinism, War, and History.* Cambridge: Cambridge University Press, 2009.
- Cunliffe, Barry. *By Steppe, Desert and Ocean: The Birth of Eurasia.* Oxford: Oxford University Press, 2016.
- Dahl, Robert. 'The Concept of Power'. *Behavioral Science* 2, no. 3 (1957).
- Davies, Sarah. *Rome, Global Dreams, and the International Origins of the Empire.* Leiden: Brill, 2019.
- Davis, Natalie. 'The Rites of Violence: Religious Riot in Sixteenth-Century France'. *Past & Present* 59 (1973).
- Dawson, Doyne. 'The Origins of War: Biological and Anthropological Theories'. *History and Theory* 35, no. 1 (1996).
- Donegan, Barbara. 'Did Ministers Matter? War and Religion in England,

1642-1649'. *Journal of British Studies* 33, no. 2 (1994).

- Durbin, Edward, and John Bowlby. *Personal Aggressiveness and War*. London: Kegan Paul, Trench, Trubner & Co., 1939.

- Durham, William. 'Resource Competition and Human Aggression: Part I: A Review of Primitive War'. *Quarterly Review of Biology* 51 (1976).

- Dwyer, Philip. *Citizen Emperor: Napoleon in Power, 1799-1815*. London: Bloomsbury, 2013.

- Dwyer, Philip, and Mark Micale, eds. *The Darker Angels of Our Nature: Refuting the Pinker Theory of History and Violence*. London: Bloomsbury, 2021.

- Earle, Timothy. *How Chiefs Come to Power: The Political Economy in Prehistory*. Stanford, CA: Stanford University Press, 1997.

- Eibl-Eibesfeldt, Irenäus. *The Biology of Peace and War: Men, Animals, and Aggression*. New York: Viking, 1979.

- Elton, Hugh. *The Frontiers of the Roman Empire*. Bloomington: Indiana University Press, 1996.

- Ember, Carol, and Melvin Ember. 'Resource Unpredictability, Mistrust and War: A Cross-Cultural Study'. *Journal of Conflict Resolution* 36 (1992).

- Erskine, Andrew. *Roman Imperialism*. Edinburgh: Edinburgh University Press, 2010.

- Esdaile, Charles. *Napoleon's Wars: An International History, 1803-15*. London: Allen Lane, 2007.

- Evera, Stephen Van. *Causes of War: Power and the Roots of Conflict*. Ithaca, NY: Cornell University Press, 1999.

- Fornari, Franco. *The Psychoanalysis of War*. New York: Doubleday, 1974.

- Freedman, Lawrence. *The Future of War: A History*. London: Allen Lane, 2017.

- ——. 'The Rise and Fall of Great Power War'. *International Affairs* 95, no. 1 (2019).

- Fry, Douglas. *Beyond War: The Human Potential for Peace*. Oxford: Oxford University Press, 2007.

- ——. ed. *War, Peace, and Human Nature: The Convergence of Evolutionary and Cultural Views*. Oxford: Oxford University Press, 2015.

- Fuentes, Agustin. 'Searching for the "Roots" of Masculinity in Primates and the Human Evolutionary Past'. *Current Anthropology* 62, no. S23 (2021).

- Gat, Azar. *The Causes of War & the Spread of Peace*. Oxford: Oxford University Press, 2017.
- ―. 'Is War in Our Nature?'. *Human Nature* 30 (2019).
- ―. 'Proving Communal Warfare Among Hunter-Gatherers: The Quasi-Rousseauan Error'. *Evolutionary Anthropology* 24, no. 1 (2015).
- Gentile, Emilio. *Politics and Religion*. Princeton, NJ: Princeton University Press, 2006.
- Gibbons, Rebecca, and Matthew Kroenig. 'Reconceptualizing Nuclear Risks: Bringing Deliberate Nuclear Use Back In'. *Comparative Strategy* 35, no. 5 (2016).
- Gilpin, Robert. 'The Theory of Hegemonic War'. *Journal of Interdisciplinary History* 18, no. 4 (1988).
- Glover, Edward. *War, Sadism, and Pacifism: Further Essays on Group Psychology and War*. London: George Allen & Unwin, 1947.
- Goldsworthy, Adrian. *Roman Warfare*. London: Cassell, 2000.
- Grayling, Anthony. *War: An Enquiry*. New Haven, CT: Yale University Press, 2017.
- Grenier, John. *The First Way of War: American War Making on the Frontier*. Cambridge: Cambridge University Press, 2005.
- Groebel, Jo, and Robert Hinde, eds. *Aggression and War: Their Biological and Social Basis*. Cambridge: Cambridge University Press, 1989.
- Gueniffey, Patrice. *Bonaparte*. Cambridge, MA: Harvard University Press, 2015.
- Gusterson, Hugh, and Catherine Bestemann. 'Cultures of Militarism'. *Current Anthropology* 60, no. S19 (2019).
- Halsall, Guy. *Warfare and Society in the Barbarian West, 450-900*. London: Routledge, 2003.
- Haslam, Alex, Stephen Reicher, and Rakshi Rath. 'Making a Virtue of Evil: A Five-Step Social Identity Model of the Development of Collective Hate'. *Social and Personality Psychology Compass* 2, no. 3 (2008).
- Hauge, Wenche, and Tanja Ellingsen. 'Beyond Environmental Scarcity: Causal Pathways to Conflict'. *Journal of Peace Research* 35, no. 3 (1998).
- Heckel, Waldemar. *In the Path of Conquest: Resistance to Alexander the Great*.

Oxford: Oxford University Press, 2020.

- Heuser, Beatrice. *War: A Genealogy of Western Ideas and Practices.* Oxford: Oxford University Press, 2022.
- Hillenbrand, Carole. *Crusades: Islamic Perspectives.* Edinburgh: Edinburgh University Press, 1999.
- Hinsley, F. H. *Power and the Pursuit of Peace: Theory and Practice in the History of Relations Between States.* Cambridge: Cambridge University Press, 1963.
- Holt, Mack. 'Putting Religion Back into the Wars of Religion'. *French Historical Studies* 18, no. 2 (1993).
- Homer-Dixon, Thomas. *Environment, Scarcity and Violence.* Princeton, NJ: Princeton University Press, 1999.
- Horn, Christian. 'Trouble in Paradise? Violent Conflict in Funnel-Beaker Societies'. *Oxford Journal of Archaeology* 40, no. 1 (2021).
- Horne, Alistair. *Hubris: The Tragedy of War in the Twentieth Century.* London: Weidenfeld & Nicolson, 2015.
- Husemann, Dirk. *Als der Mensch den Krieg erfand.* Ostflldern: Jan Thorbecke Verlag, 2005.
- Ingrao, Christian. *The Promise of the East: Nazi Hopes and Genocide, 1939-1943.* Cambridge: Polity Press, 2019.
- Isaac, Barry. 'Aztec Warfare: Goals and Battlefleld Comportment'. *Ethnology* 22, no. 2 (1983).
- Jagchid, Sechin, and Van Symons. *Peace, War and Trade Along the Great Wall.* Bloomington: Indiana University Press, 1989.
- Kaldor, Mary, Terry Karl, and Yahia Said, eds. *Oil Wars.* London: Pluto Press, 2007.
- Keeley, Lawrence. *War Before Civilization.* New York: Oxford University Press, 1996.
- Kelly, Raymond. *Warless Societies and the Origin of War.* Ann Arbor: University of Michigan Press, 2000.
- Kennedy, Paul. *The Rise and Fall of the Great Powers: Economic Change and Military Conflict from 1500-2000.* London: Unwin Hyman, 1988.
- Keysen, Carl. 'Is War Obsolete?'. *International Security* 14, no. 4 (1990).
- Kim, Nam, and Marc Kissel. *Emergent Warfare in Our Evolutionary Past.* New

York: Routledge, 2018.

- Klare, Michael. *Resource Wars: The New Landscape of Global Conflict*. New York: Henry Holt, 2001.

- Klein, Herbert. *The Atlantic Slave Trade*. Cambridge: Cambridge University Press, 2012.

- Knauft, Bruce. 'Violence and Sociality in Human Evolution'. *Current Anthropology* 32, no. 4 (1991).

- Kortüm, Hans-Henning, and Jürgen Heinze, eds. *Aggression in Humans and Other Primates: Biology, Psychology, Sociology*. Berlin: De Gruyter, 2013.

- Kurtz, Angela. 'God, Not Caesar: Revisiting National Socialism as "Political Religion"'. *History of European Ideas* 35, no. 2 (2009).

- Lal, Deepak. *War or Peace: The Struggle for World Power*. Oxford: Oxford University Press, 2018.

- Lamb, Hubert. *Climate History and the Modern World*. London: Methuen, 1982.

- Lambakis, Steve. 'Space as a Warfighting Domain: Reshaping Policy to Execute 21st Century Spacepower'. *Comparative Strategy* 41, no. 4 (2022).

- Lambert, Patricia. 'The Archaeology of War: A North American Perspective'. *Journal of Archaeological Research* 10, no. 3 (2002).

- Layne, Christopher. 'The Unipolar Illusion: Why New Great Powers Will Emerge'. *International Security* 17, no. 4 (1993).

- Le Billon, Philippe. *Wars of Plunder: Conflicts and Profits and the Politics of Resources*. London: Hurst & Co., 2012.

- Leblanc, Steven. *Constant Battles: Why We Fight*. New York: St. Martin's Press, 2003.

- Lee, A. D. *Warfare in the Roman World*. Cambridge: Cambridge University Press, 2020.

- Lehmann, Laurent, and Marcus Feldman. 'War and the Evolution of Belligerence and Bravery'. *Proceedings of the Royal Society B: Biological Sciences* 275 (2008).

- Lepsius, M. Rainer. 'The Model of Charismatic Leadership and Its Applicability to the Rule of Adolf Hitler'. *Totalitarian Movements and Political Religions* 7, no. 2 (2006).

- Levy, Jack, and William Thompson. *The Causes of War*. Malden, MA: Wiley-Blackwell, 2010.
- Liebermann, Benjamin, and Elizabeth Gordon. *Climate Change in Human History*. London: Bloomsbury, 2022.
- Liff, Adam. 'Cyberwar: Another "Absolute Weapon"? The Proliferation of Cyberwarfare Capabilities and Interstate War'. *Journal of Strategic Studies* 35, no. 3 (2012).
- Lincoln, Bruce. *Death, War, and Sacrifice: Studies in Ideology and Practice*. Chicago: University of Chicago Press, 1991.
- Liu, Zongyi. 'Boundary Standoff and China-India Relations'. *Chinese Quarterly of International Strategic Studies* 6, no. 2 (2020).
- Lopez, Anthony. 'The Evolutionary Psychology of War: Offense and Defense in the Adapted Mind'. *Evolutionary Psychology* 15, no. 4 (2017).
- Lorenz, Konrad. *On Aggression*. London: Methuen, 1966.
- Lujala, Päivi. 'Deadly Combat over Natural Resources: Gems, Petroleum, Drugs, and the Severity of Armed Civil Conflict'. *Journal of Conflict Resolution* 53, no. 1 (2009).
- Maalouf, Amin. *The Crusades Through Arab Eyes*. London: Al Saqi Books, 1984.
- MacMillan, Margaret. *War: How Conflict Shaped Us*. London: Proflle Books, 2020.
- Majolo, Bonaventura. 'Warfare in Evolutionary Perspective'. *Evolutionary Anthropology* 28 (2019).
- Maleševic, Siniša. *The Rise of Organised Brutality: A Historical Sociology of Violence*. Cambridge: Cambridge University Press, 2017.
- Mankelwicz, John, and Robert Kane. 'Hitler as a Narcissistic Leader'. *Journal of Psychohistory* 67, no. 1 (2022).
- Martin, Debra. 'Violence and Masculinity in Small-Scale Societies'. *Current Anthropology* 62, no. S23 (2021).
- Martin, Debra, Ryan Harrod, and Ventura Pérez, eds. *The Bioarchaeology of Violence*. Gainesville: University Press of Florida, 2012.
- Mattern, Susan. *Rome and the Enemy: Imperial Strategy in the Principate*. Berkeley: University of California Press, 1999.
- Mead, Margaret. 'Warfare Is Only an Invention-Not a Biological Necessity'.

Asia 40 (1940).

- Mearsheimer, John. *The Tragedy of Great Power Politics*. New York: Norton, 2002.

- Miller, Benjamin. 'Polarity, Nuclear Weapons, and Major War'. *Security Studies* 3, no. 4 (1994).

- ——. *States, Nations, and the Great Powers: The Sources of Regional War and Peace*. Cambridge: Cambridge University Press, 2007.

- Miller, Manjari. *Why Nations Rise: Narratives and the Path to Great Power*. Oxford: Oxford University Press, 2021.

- Mousseau, Michael. 'The End of War: How a Robust Marketplace and Liberal Hegemony Are Leading to Perpetual World Peace'. *International Security* 44, no. 1 (2019).

- Nolan, Cathal. *The Allure of Battle: A History of How Wars Have Been Won or Lost*. New York: Oxford University Press, 2017.

- Nolan, Patrick. 'Toward an Ecological-Evolutionary Theory of the Incidence of Warfare in Preindustrial Societies'. *Sociological Theory* 21, no. 1 (2003).

- Nordås, Ragnhild, and Nils Gleditsch. 'Climate Change and Conflict'. *Political Geography* 26 (2007).

- Nye, Joseph. *The Future of Power*. New York: Public Affairs, 2011.

- Obregón, Marco. 'Mexica War: New Perspectives'. In *The Oxford Handbook of the Aztecs*, edited by Deborah Nichols and Enrique Rodríguez-Alegría. Oxford: Oxford University Press, 2016.

- Osgood, Richard, Sarah Monks, and Judith Toms. *Bronze Age Warfare*. Stroud, UK: History Press, 2010.

- Otterbein, Keith. 'The Earliest Evidence of Warfare?'. *Current Anthropology* 52, no. 3 (2011).

- ——. 'A History of Research on Warfare in Anthropology'. *American Anthropologist* 101, no. 4 (2000).

- ——. *How War Began*. College Station: Texas A&M University Press, 2004.

- Padilla, Art, Robert Hogan, and Robert Kaiser. 'The Toxic Triangle: Destructive Leaders, Susceptible Followers, and Conducive Environments'. *Leadership Quarterly* 18, no. 3 (2007).

- Pagel, Mark. 'Lethal Violence Deep in the Human Lineage'. *Nature* 538 (2016).

왜 전쟁인가?

- Parkinson, William, and Paul Duffy. 'Fortifications and Enclosures in European Prehistory: A Cross-Cultural Perspective'. *Journal of Archaeological Research* 15, no. 2 (2007).
- Pauley, Reid. 'Would U. S. Leaders Push the Button'. *Security Studies* 43, no. 2 (2018).
- Pearson, Mike, and I. Thorpe, eds. *Warfare, Violence and Slavery in Prehistory.* Oxford: BAR Publishing, 2016.
- Pennock, Caroline. 'Mass Murder or Religious Homicide? Rethinking Human Sacrifice and Interpersonal Violence in Aztec Society'. *Historische Sozialforschung* 37, no. 3 (2012).
- Peters, Susan. 'Coercive Western Energy Security Strategies–"Resource Wars" as a New Threat to Global Security'. *Geopolitics* 5, no. 1 (2004).
- Pinker, Steven. *The Better Angels of Our Nature: The Decline of Violence in History and Its Causes.* London: Allen Lane, 2011.
- Pitman, George. *Why War? An Inquiry into the Genetic and Social Sources of Human Warfare.* Indianapolis, IN: Dog Ear Publishing, 2015.
- Prior, Charles, and Glenn Burgess, eds. *England's Wars of Religion Revisited.* Farnham, UK: Ashgate, 2011.
- Prum, Michael. 'Perception of War in Darwinist Perspective'. *Revue Lisa* 20 (2022).
- Raaflaub, Kurt, and Nathan Rosenstein, eds. *War and Society in the Ancient and Medieval Worlds.* Cambridge, MA: Harvard University Press, 1999.
- Ratzel, Friedrich. *Der Lebensraum.* Tübingen: Laupp'schen Buchhandlung, 1901.
- Rauch, Carsten. 'Challenging the Power Consensus: GDP, CINC, and Power Transition Theory'. *Security Studies* 26, no. 4 (2017).
- Redfern, Rebecca. 'Iron Age "Predatory Landscapes": A Bioarchaeological and Funerary Exploration of Captivity and Enslavement'. *Cambridge Archaeological Journal* 30, no. 4 (2020).
- Redmond, Elsa. *Tribal and Chiefly Warfare in South America.* Ann Arbor: University of Michigan Museum of Anthropology, 1994.
- Robarchek, Clayton. 'Primitive Warfare and the Ratomorphic Image of Mankind'. *American Anthropologist* 91, no. 4 (1989).

- Roscoe, Paul. 'The Anthropology of War and Violence'. In *Ethnology, Ethnogeography and Cultural Anthropology: Encyclopedia of Life Support Systems*, edited by Paolo Barbaro. Oxford: EOLSS Publishers, 2017.
- —. 'Margaret Mead, Reo Fortune, and Mountain Arapesh Warfare'. *American Anthropologist* 105, no. 3 (2003).
- Rosen, Stephen. *War and Human Nature*. Princeton, NJ: Princeton University Press, 2005.
- Roth, Jonathan. *Roman Warfare*. Cambridge: Cambridge University Press, 2009.
- Ryan, Mick. *War Transformed: The Future of Twenty-First Century Great Power Competition and Conflict*. Annapolis, MD: Naval Institute Press, 2022.
- Sakaguchi, Kendra, Anil Varughese, and Graeme Auld. 'Climate Wars? A Systematic Review of Empirical Analyses on the Links Between Climate Change and Violent Conflict'. *International Studies Review* 19 (2017).
- Sarantis, Alexander. 'Waging War in Late Antiquity'. *Late Antique Archaeology* 8, no. 1 (2010–11).
- Schofield, Victoria. *Kashmir in Conflict: India, Pakistan, and the Unending War*. London: Bloomsbury, 2020.
- Schubiger, Livia, and Matthew Zelina. 'Ideology in Armed Groups'. *PS: Political Science and Politics* 50, no. 4 (2017).
- Schulting, Rick, and Linda Fibiger, eds. *Sticks, Stones, and Broken Bones: Neolithic Violence in European Perspective*. Oxford: Oxford University Press, 2012.
- Segrest, Scott. 'ISIS's Will to Apocalypse'. *Politics, Religion and Ideology* 17, no. 4 (2016).
- Sizgorich, Thomas. *Violence and Belief in Late Antiquity: Militant Devotion in Christianity and Islam*. Philadelphia: University of Pennsylvania Press, 2009.
- Smith, David. *The Most Dangerous Animal: Human Nature and the Origins of War*. New York: St. Martin's Press, 2007.
- Smith, Iain. *The Origins of the South African War*. London: Longman, 1996.
- Snow, Dean. *The Iroquois*. Oxford: Blackwell, 1996.
- Spykman, Nicholas. 'Frontiers, Security, and International Organization'. *Geographical Review* 32, no. 3 (1942).
- Strachey, Alix. *The Unconscious Motives of War: A Psycho-Analytical*

Contribution. London: George Allen & Unwin, 1957.

- Suhler, Charles, and David Friedel. 'Life and Death in a Maya War Zone'. *Archaeology* 51, no. 3 (1998).
- Swenson, Edward. 'Dramas of the Dialectic: Sacrifice and Power in Ancient Polities'. In *Violence and Civilization: Studies of Social Violence in History and Prehistory*, edited by Roderick Campbell. Oxford: Oxbow Books, 2014.
- Symonds, Matthew. *Protecting the Roman Empire: Fortlets, Frontiers, and the Quest for Post-Conquest Security*. Cambridge: Cambridge University Press, 2018.
- Taliaferro, Jeffrey. 'Security Seeking Under Anarchy: Defensive Realism Revisited'. *International Security* 25, no. 3 (2000–2001).
- Taylor, Kathleen. *Cruelty: Human Evil and the Human Brain*. Oxford: Oxford University Press, 2009.
- Toft, Monica. 'Territory and War'. *Journal of Peace Research* 51, no. 2 (2014).
- Tol, Richard, and Sebastian Wagner. 'Climate Change and Violent Conflict in Europe over the Past Millennium'. *Climatic Change* 99 (2010).
- Turner, Christy, and Jaqueline Turner. *Man Corn: Cannibalism and Violence in the Prehistoric American Southwest*. Salt Lake City: University of Utah Press, 1999.
- Tyerman, Christopher. *God's War: A New History of the Crusades*. London: Allen Lane, 2006.
- Vaes, Jeroen, Jacques-Philippe Leyens, Maria Paladino, and Mariana Miranda. '"We Are Human, They Are Not": Driving Forces Behind Outgroup Dehumanization and the Humanization of the Ingroup'. *European Review of Social Psychology* 23, no. 1 (2012).
- Vallance, Edward. 'Preaching to the Converted: Religious Justifications for the English Civil War'. *Huntington Library Quarterly* 65 (2002).
- Vasquez, John, ed. *What Do We Know About War?* Lanham, MD: Rowman & Littlefield, 2000.
- Vasquez, John, and Marie Henehan. *Territory, War, and Peace*. New York: Routledge, 2011.
- Walter, Barbara. 'Explaining the Intractability of Territorial Conflict'. *International Studies Review* 5, no. 4 (2003).

- Waltz, Kenneth. 'The Origins of War in Neorealist Theory'. In *The Origin and Prevention of Major Wars*, edited by Robert Rotberg and Theodore Rabb. Cambridge: Cambridge University Press, 1989.

- —. 'Realist Thought and Neorealist Theory'. *Journal of International Affairs* 44, no. 1 (1990).

- Waterfleld, Robin. *Taken at the Flood: The Roman Conquest of Greece*. Oxford: Oxford University Press, 2014.

- Webster, David. 'Not So Peaceful Civilization: A Review of Maya War'. *Journal of World Prehistory* 14, no. 1 (2000).

- Weezel, Stijn van. 'Local Warming and Violent Conflict in Africa'. *World Development* 126 (2020).

- Wilson, Edward. *On Human Nature*. Cambridge, MA: Harvard University Press, 1978.

- Winter, David. *Roots of War: Wanting Power, Seeing Threat, Justifying Force*. Oxford: Oxford University Press, 2018.

- Wrangham, Richard, and Luke Glowacki. 'Intergroup Aggression in Chimpanzees and War in Nomadic Hunter-Gatherers'. *Human Nature* 23 (2012).

- Wrangham, Richard, and Dale Petersen. *Demonic Males: Apes and the Origins of Human Violence*. London: Bloomsbury, 1996.

- Wright, Quincy. *A Study of War*. Chicago: University of Chicago Press, 1964.

- Zefferman, Matthew, and Sarah Mathew. 'An Evolutionary Theory of Large-Scale Human Warfare: Group-Structural Cultural Selection'. *Evolutionary Anthropology* 24, no. 2 (2015).

- Zhang, David, et al. 'Climate Change and War Frequency in Eastern China over the Last Millennium'. *Human Ecology* 35, no. 4 (2007).

- Zulflqar, Adnan. 'Jurisdiction over *Jihad*: Islamic Law and the Duty to Fight'. *West Virginia Law Review* 120, no. 2 (2017).

ㄱ

국제지구권생물권계획(IGBP) 162

군장사회(君長社會) 39, 50, 87, 94, 102, 112, 120, 144, 150, 186, 192, 216, 266, 304, 307; 고대 중국의 ~ 301; 로마 변경 너머의 ~ 323; ~와 완충지대 311; 초기의 무기 118, 120; 앨라배마의 에토와 115; 더 큰 정치체로의 점진적 변화 118, 129, 133; 철기시대 영국의 ~ 194; 마오리족 143; ~로의 이행 106, 126; 카우카강 유역의 전쟁 123

권력, 충돌의 원동력으로서 12, 351; ~과 고대 로마 265, 268, 305; 권력 평가 297; '강제력' 267; '파괴적 지도력' 개념 294; 군장사회/왕국/제국의 출현 267, 268; ~과 진화 적합성 개념 41; '경성권력' 266; '강대국' 사이의 '패권전쟁' 296, 299; '오만한 권력' 273, 278, 281, 295, 305, 341; 권력 행사를 위한 동기 267, 268, 305; 강대국 사이의 장래 전쟁 가능성 339~341; 융통성 있는 개념으로서 권력 265; 권력 이행론(PTT) 297, 299, 301; 지도자에 대한 전쟁을 하라는 압력 292; 그 자체를 목표로 삼는 ~ 추구 268, 276, 282, 295; 로마의 용어 '임페리움' 264, 269; '연성권력' 266; 1990년대 이후의 '단극체제' 분석 300~302; 섭리의 소명을 내건 전쟁 275, 287~295

그라누피우스(Graupius)산, 전투(83) 324

그레고리우스 7세(Gregorius VII), 교황 223

그로브스, 레슬리(Leslie Groves) 61

그리스, 고대 192, 270; ~와 마케도니아의 필리포스 2세 276; ~의 노예 192; ~와 '야만인'이라는 말 81; 아테네와 스파르타의 전쟁 298

그리스, 현대 329

글로버, 에드워드(Edward Glover) 55, 58, 90

기독교: '마지막 날'에 대한 성서의 관점 225, 231, 234,; 프랑스의 가톨릭 신성동맹 233; 콘스탄티누스에 의한 로마의 ~로의 개종 224; 클레르몽 공의회(1095) 219, 223; 에스파냐령 네덜란드에서의 반란 232, 235; ~와 영국 내전 221, 232; 잉글랜드의 종교개혁 236; 팔레스티나 성지 219, 225, 225, 230; 중세 문화의 핵심에 있는 성전 전사 224; 프랑스의 위그노 233; 칼뱅파 군중의 성상 파괴 폭력 235; 정교회의 동로마 223; 전쟁 사이의 전체주의 운동에 대한 대응 248; 바르톨로메오 성인 축일 학살(1572) 234; 관용과 비폭력의 신학적 전통 261; 종교개혁 이후의 '종교전쟁' 232; [참조] 십자군 시대

기러기 30

남태평양 163

냉전 180, 202, 254, 334, 338, 342

네루, 자와할랄(Jawaharlal Nehru), 인도 총리 333

네안데르탈인 96, 157

노리스팜(Norris Farm), 미국 일리노이주 공동묘지 47

노예: 대서양 노예무역 194~195; 바르바리아 사략선 191; ~의 역사적 최초 증거 192; 그리스 및 로마 세계의 ~ 180, 192~196; 인도양 지역 191; 철기시대 영국의 ~ 194; 이른 시기 ~의 증거 부족 192, 194, 217; 포획 방법 191~196; 꼭 전쟁의 결과인 것은 아니었던 ~ 191; 바이킹의 북유럽 습격 217

누룻딘 젱기(Nūr al-Dīn Zengī) 230

뉴기니 16, 99, 102, 140, 207

뉴컴, 윌리엄(William Newcomb) 101

니찬, 조너선(Jonathan Nitzan) 179

니트라강 184

ㄷ ────────────────────────────

다레이오스 3세(Dāryuš III), 페르시아 왕 277, 280

다윈, 찰스(Charles Darwin) 7, 23, 25, 34, 41, 53, 133, 137, 176

다키아(Dacia), 로마 속주 271, 321

다트, 레이먼드(Raymond Dart) 27

달, 로버트(Robert Dahl) 265

더빈, 에드워드(Edward Durbin) 29

데인버리(Danebury), 성곽 유적지 113

독일 25, 51, 76, 88, 108, 114, 150, 173, 211, 249, 288, 300; 19세기의 통일 329; [참조] 히틀러, 아돌프; 나치 독일

동물계: 고등 영장류의 집단 공격성 17, 28, 47, 53, 56, 65; ~의 행동학적 연구 30, 34, 50; 인간과 고등 영장류의 진화론적 차이 39, 41; 프로이트와 ~의 폭력 9~10; 인간과 고등 영장류의 유사점 31~33; ~의 사회적 행동 32, 34~37

동물행동학 30, 34, 50

될라우어하이데(Dölauer Heide), 독일 서부 114

디오클레티아누스(Diocletianus), 로마 황제 328

ㄹ

머리, 길버트(Gilbert Murray) 90

메메트 2세(Mehmed II), 오스만 술탄 188

메소포타미아 문화들 192

멕시코 문화 146, 185, 222, 311

모디, 나렌드라(Narendra Modi) 332

모라비아(Moravia) 184

모모, 조지프(Joseph Momoh), 장군 206

모아(moa), 조류 144

몽골제국 273, 317

무소, 마이클(Michael Mousseau) 348

무솔리니, 베니토(Benito Mussolini) 153

무슬림 형제단, 이집트 256

무제(武帝), 한나라 황제 317

무화과말벌 32

묵돌(冒頓), 흉노 선우 317

문두루쿠(Munduruku)족, 브라질 부족 149

뮌헨협정(1938) 291

미국: 서아시아의 중앙사령부(CENTCOM) 210; 내전 178; ~과 기후변화 135; 히틀러의 ~에 대한 선전포고 250, 341; ~의 문화에 내재된 군국주의 74; 페르시아만에서 현대의 전쟁 179, 210, 213; 핵전쟁 연습 343~344; ~이 보유한 핵탄두 342; 중국과의 충돌 가능성 300, 302, 353; 현재의 세력 300~304; ~과 제2차세계대전 250~253; ~에서의 안보학 335, 337; 위성 공격 능력 추구 354; 스틱스넷 컴퓨터웜 354; ~과 수에즈 위기(1956) 212; 1990년대의 '단극체제' 분석 300~302; 베트남전쟁 18, 80, 179, 254, 300

미드, 마거릿(Margaret Mead) 93, 99, 102, 133, 348

미어샤이머, 존(John Mearsheimer) 308

민족지학 14, 46, 62, 93, 103, 132, 140, 147~150, 174, 240, 309

민중을위한과학(SftP) 운동 34

밀그램, 스탠리(Stanley Milgram) 88

밀너, 앨프리드(Alfred Milner) 199

부르고스(Burgos), 에스파냐 14, 108

부르키나파소 330

부리엔, 루이 드(Louis de Bourrienne) 284

부시, 조지 H. W.(George H. W. Bush) 301

부시, 조지 W.(George W. Bush) 254

부족사회: 미국과 캐나다 북쪽 북극의 ~ 16, 38, 147~150; 전쟁을 둘러싼 인류학 논쟁 94, 101, 348; 로마 변경 너머의 ~ 323; ~와 문화−생물의 공진화 50, 350; 안다만제도의 씨족들 38, 81; 생태 자원을 둘러싼 충돌 44, 148, 167, 351; ~의 우주론 105, 124, 131, 183, 220, 239; ~에 관한 다윈의 견해 24~~25; 초기 무기 118; 동아프리카의 ~ 163; 평등한 ~ 102, 111, 121, 181; 사회구조의 증거 120; '친구(내집단) 또는 적(외집단)' 관념 77, 81, 90; 더 큰 정치체로의 점진적인 이행 126~129, 133, 139, 183; ~와 홉스의 자연 상태 307; 뉴기니의 수렵민 16, 99, 102, 140, 207; 마오리족의 '장총 전쟁' 101; 현대/최근의 수렵채집민 공동체 15, 36, 99, 101, 107, 139, 144, 156, 239, 311; 아메리카 원주민 공동체 85, 101, 124, 143, 148, 329; 부족 전쟁의 심리 66, 71, 76, 85; 폭력적 충돌을 통한 자원 추구 44, 147~150, 166, 175, 183; 사회적 협력 43; '부족민 지역' 이론 101; 다른 부족의 식량 영토 침입 35~36, 147~150

북아메리카: 축성에 관한 고고학 112; 아주 북쪽의 극지 부족들 16, 63; 활과 화살 전래 119; 기후 위기와 전쟁 159; 알래스카 서부의 에스키모 147~150; 유럽의 ~ 식민지화 329; 허드슨만의 이누이트족 주민 147; 오대호 동쪽의 이로쿼이 부족 148; 삼림지 문화 후기 117; 저지크리족 147; 미시시피강 및 테네시강 유역 115, 117, 311; 아메리카 원주민 공동체 85, 101, 124, 143, 148, 329; 고(古)원주민 117; 중부 및 서남부 지역의 폭력(900~1300) 142~143; 유카탄반도 120, 128, 130, 185

북아일랜드 갈등 221, 331

북한 342

불, 헤들리(Hedley Bull) 337

브라질 149

브루스, 스티브(Steve Bruce) 53

브리지, 윌리엄(William Bridge) 237

브리티시컬럼비아(British Columbia), 캐나다 117

비디오게임, 폭력적 74

비리우스 루푸스(Virius Lupus) 325

비흘러, 심숀(Shimshon Bichler) 179

빈라덴, 오사마(Usāma bin Lādin) 260

빌헬름 2세(Wilhelm II), 카이저 90

전성/용감성의 진화 46, 69, 75, 97, 245, 255, 350; 여성의 전투 참여 47, 74~75; 충돌로 인한 여성의 적합도 손실 47; 남성 전사 가설 67, 73; 중석기시대 '미녀' 모형 192; ~과 공격의 심리학 60, 64, 89; 충돌 동안의 여성 포획 38, 46, 87, 148, 186, 188, 192, 217, 277, 314

세계대전, 제1차: ~ 동안의 아르메니아인 대학살 83; ~ 이후 공격성의 추동자로서 신앙 247, 249, 291; ~의 역도태 효과 28; 히틀러의 ~ 참전 287~288; 심리학계에 대한 영향 25~27, 56, 83, 89~90; ~과 국제주의적 세계관 252; ~에 대한 마르크스레닌주의의 관점 176~178, 182; ~의 발발 25, 73; ~과 '생존을 위한 투쟁' 개념 23

세계대전, 제2차: 히로시마와 나가사키에 대한 원자폭탄 투하 253; 공중 폭격/초토화 작전 190; 독일 도시 폭격 253; ~ 동안의 석유 자원 통제 175, 210; ~ 동안의 이례적인 폭력 79, 83~84, 253, 350; 히틀러의 폴란드에 대한 블리츠크리크 76; 심리학계에 미친 영향 51, 61; ~ 동안의 약탈 179; ~에 대한 마르크스레닌주의의 견해 178, 181; 적국민에 대한 감정 동원 83; ~ 동안 나치의 대학살 79, 83~84; ~의 발발 252; 태평양전쟁 80, 87, 190, 204, 211; 자유주의 국가들의 폭력 수준의 역설 253; 병사들의 소단위/친족집단에 대한 헌신 51~52

세계무슬림연맹 258

셀추크(Selçuk), 튀르크 225, 230

셉티미우스 세베루스(Septimus Severus), 로마 황제 325

셰리프, 무자페르(Muzaffer Şerif) 78

소련: 미국의 핵전쟁 연습 343~344; CINC 점수 300; ~과 냉전 180~181; ~의 붕괴(1990~1991) 181, 300, 330, 352; 폴란드와의 충돌(1920) 330; 방어적 국가로서 ~ 249, 254; 아프가니스탄 침공(1979) 256; 나치의 주민 비인간화 88~89; 나치의 ~ 침공(1941년 6월) 152, 173, 179, 211, 292; 붕괴 후 이데올로기 포기 221; 불신자들에 대한 공포의 통치 248; 수에즈 위기(1956) 212

소말리아 257

쇠닝겐(Schöningen), 독일 107

수단 205, 221

수바(Suva)섬 195

수보로보(Suvorovo), 문화 141

수에즈(Suez) 위기(1956) 212

일 329; 순동기/청동기시대의 무역과 부 184~185

인공위성 기술 354

인구 증가 136~139, 143, 147, 154; 19세기 이후의 폭발 150; 후진국에서의 ~(1945
년 이후) 154; ~와 현대 '자원전쟁' 203; 충돌에 대한 신맬서스주의의 설명
154~155

인도 242, 278, 342

인도네시아 208, 257

인류학: 현대의 전쟁과 ~ 133; 전쟁/폭력의 주 변화 시도 39~40, 107, 128, 133,
349; ~과 전쟁의 원동력으로서 신앙 221, 262; 문화와 생물의 공진화 개념 50,
350; ~과 우주론적 설명 222, 350; 전쟁의 문화적 절박성 11, 37, 104, 122; ~과 '문
화 상대주의' 102; 전쟁의 출현을 둘러싼 논쟁 94, 101, 112, 122; 초기 사회의 평
화/전쟁을 둘러싼 논쟁 8, 10, 28, 94, 306, 348; ~과 생태학적 인자들 147; '기능
적(emic)' 의미 222; ~과 국가 이전 시기 폭력의 증거 11, 13, 27, 38, 86~87, 101,
103~105, 107, 123; 현대 전쟁의 진화론적 관점 101, 138; 문화적 다윈주의 개
념 133; ~과 언어 72, 79, 81, 94, 107, 350; 현대/최근의 수렵채집민 공동체 15,
36, 99, 101, 107, 139, 144, 156, 239, 311; 의례적 살해/풍습 105, 116, 123, 128,
143~147, 191, 240; '부족민 지역' 이론 101; ~과 유네스코 성명(1951) 28; 문화적
발명품으로서 전쟁 93, 133, 348; 현대 부족들과의 유사성에 의한 연구 101, 112,
122; [참조] 고고학

인종/민족: 분쟁 중인 영토/경계를 둘러싼 충돌 309, 311, 329; 충돌의 원동력으로서
민족 차이 83; ~과 전쟁 관련 진화 이론 42; ~과 '포괄적합도' 패러다임 42; ~과 무
솔리니의 로스파치오비탈레 153; 독립 이후 서방의 견해 103; ~과 사회생물학 32;
제3제국 정책 28~30, 151, 249~251; 유네스코 성명(1951) 28

일로팡고(Ilopango), 화산 분출(536) 139

일본 51, 80, 87, 111, 153, 189, 211, 249, 272, 300, 335; 히로시마와 나가사키에 대
한 원자폭탄 투하 253; 패권 도전 299; ~의 전설 속 황제들 272

잉글랜드 내전 221, 232

ㅈ ————————————————————————————

자메체크(Zámeček), 슬로바키아 114

탈적 동기들과의 분리 196~197, 213, 216; 본보기로서 시에라리온 및 앙골라 내전 205; 바이킹의 북유럽 습격 217; [참조] 자원, 충돌의 원동력으로서

정부간기후변화협의체(IPCC) 162

정신분석: 전쟁에 대한 ~의 적용 57, 58~63, 90; 크로노스 콤플렉스 63; 개인 수준 이상으로의 이동 63; ~과 공격성의 기원 58~63, 90; 전쟁에 관한 비유로서 억압된 성적 공포 62; 개인의 내적 삶의 뿌리로의 귀환 64; 유아의 공격성 이론 60, 90

정지궤도상황인식프로그램(GSSAP) 354

정통제(正統帝), 명나라 황제 318

제국주의, 유럽 101, 120, 148, 150, 177, 186~188; 대영제국 199, 212, 269, 273; 제1차세계대전 이후 ~의 붕괴 329; 북아메리카의 식민지화 329; 다른 제국들과의 경쟁 329; ~와 노예 수요 191~196; 변경 안보 329; ~에 대한 이슬람권의 대응 255; 민족 또는 종교 충돌의 유산 212; 베이징 약탈(1900) 189; ~와 현대의 '자원전쟁' 204, 206, 214, 216; ~와 석유 자원 212; ~와 남아프리카 전쟁 198; 라틴아메리카에서의 에스파냐 330; ~와 두 차례에 걸친 세계대전 사이의 두 파쇼주의 국가 249

젠틸레, 에밀리오(Emilio Gentile) 248

조지아 344, 353

존슨, 윌리엄(William Johnson) 333

종교전쟁, 16세기 84

종교전쟁, 프랑스 232

중국: 위성 공격 연습 354; 의화단 진압 이후의 베이징 약탈 189; CINC 점수 300; 금속 기술 발전 119; 인도 및 파키스탄과의 변경을 둘러싼 '동결분쟁' 331~332; 만리장성 316; 1980년대 이래의 성장/상승 301, 337; 한 왕조 317; ~의 변경의 역사 158, 168, 315, 333, 351; ~의 장성(長城) 312, 316~317, 318; 명 왕조 318; 몽골 원 왕조 318; 오르도스사막 317~319; 미국과의 충돌 가능성 300, 302, 353; 진 제국 316; ~과 러시아-우크라이나 전쟁 344~345; ~의 노예 192; 태평천국 운동(1850년대) 159; 스텝 유목민으로부터의 위협 158, 168, 315; 정착으로의 이행 114; 초기 문화 우주론 속의 전쟁 240; '전국시대' 313, 316

중앙아메리카 101, 126, 139, 313; [참조] 마야 사회

진화생물학: 문화와 생물의 공진화 50, 350; 문화 발전에 대한 능력 50; ~과 기후변화 157; ~과 집단 공격성/집단 간 폭력 10, 17, 28~32, 39, 64, 94, 104, 140, 144, 311; 인간 뇌의 발달 40; 적합도 개념 41~43, 50; ~과 히틀러의 '생존 공간' 분석

왜 전쟁인가?

ㅌ

Philos 044

전쟁 충동

1판 1쇄 인쇄 2026년 2월 10일
1판 1쇄 발행 2026년 3월 12일

지은이 리처드 오버리
옮긴이 이재황
펴낸이 김영곤
펴낸곳 (주)북이십일 아르테

책임편집 김지영
기획편집 장미희 최윤지
디자인 어나더페이퍼

출판부문 출판1본부 본부장 장미희
마케팅 남정한 김윤
마케팅영업부문 본부장 정지은
영업 강경남 김도연
e커머스 장철용 황성진
해외기획 홍희정 소은선
제작 이영민 권경민

출판등록 2000년 5월 6일 제406-2003-061호
주소 (10881) 경기도 파주시 회동길 201(문발동)
대표전화 031-955-2100 팩스 031-955-2151 이메일 book21@book21.co.kr

(주)북이십일 경계를 허무는 콘텐츠 리더

북이십일 채널에서 도서 정보와 다양한 영상자료, 이벤트를 만나세요!

인스타그램	페이스북	
instagram.com/21_arte	facebook.com/21arte	
instagram.com/jiinpill21	facebook.com/jiinpill21	

블로그	홈페이지	유튜브
blog.naver.com/21_arte	arte.book21.com	www.youtube.com/@sgmk
blog.naver.com/21c_editors	book21.com	www.youtube.com/@book21pub

ISBN 979-11-7357-774-1 (03900)

20세기 중반, 인류 역사상 가장 치명적인 시대를 훌륭히 조망해 온 리처드 오버리는, 이제 폭력적 갈등이 왜 인간사의 지속적인 특징으로 남아 있는지에 대한 설명을 펼친다. 끝없는 전쟁의 시대에, 경쾌하면서도 통찰이 빛나는 이 연구는 필수적이며 눈을 뜨이게 한다.

— 새뮤얼 모인 Samuel Moyn, 예일대학교 법학·역사학 교수, 『인권이란 무엇인가』 저자

리처드 오버리는 세계 최고의 군사 사학자이며, 오늘날 영어권에서 제2차세계대전사를 가장 탁월하게 서술하는 역사학자일 것이다. 그는 이번에 인류가 역사의 시작에서부터 "왜 전쟁에 가담해 왔는가"라는 난해한 질문에 도전한다. 질문 자체는 단순해 보이지만, 리처드 오버리가 장마다 보여 주듯 그 해답은 놀라울 정도로 복잡하다.

1945년에 구축된 국제 규범 체제가 다양한 이유로 증가하는 압력에 직면하면서, 세계는 다시 대국 간 경쟁으로 돌아가고 있으며 대국 간 전쟁 위험도 커지고 있다. 이 책은 전쟁을 예방하고 제2차세계대전 이후 거의 80년간 이어져 온 대국 간 평화를 유지하는 데 관심 있는 이들에게 시의적절하다.

— 마크 밀리 Mark Milley, 제20대 미 합참의장(2019-2023)

이 우아하고 간결한 책에서, 현존하는 가장 위대한 군사 사학자인 저자가 인류를 전쟁으로 기울게 만든 요인, 전쟁의 직접적 원인이 되어 온 요인을 훌륭하게 개관한다. 지극히 매혹적이어서 결코 놓쳐서는 안 될 작품이다.

— 데이비드 A. 벨 David A. Bell, 『말 위의 남자들(Men on Horseback: The Power of Charisma in the Age of Revolution)』 저자

리처드 오버리는 심리학, 생물학, 생태학, 인류학의 전쟁 이론의 발전을 능숙하게 해부한 뒤, 자원과 신념을 둘러싼 투쟁에서 전통적 요인인 권력과 안보에 이르기까지 전쟁의 촉발 요인으로 확인된 다양한 동기들로 나아간다. 저자는 그 어떤 단일 이론으로 전쟁을 설명하지 못한다고 결론짓는다. 유일한 가정은 인류가 전쟁 없는 세계에 가까이 있지 않다는 것이다. 저자의 폭넓은 학식은 그의

야심에 걸맞다.
— 로런스 D. 프리드먼 Lawrence D. Freedman, 《포린어페어스(Foreign Affairs)》

우리 스스로를 파괴하는 두드러진 능력에 대한 경쾌하고 광범위한 개괄.
— 도미닉 그린 Dominic Green, 《월스트리트저널(Wall Street Journal)》

지극히 흥미진진하다. 이 작은 책에 지혜가 넘쳐 난다.
— 제임스 홀랜드 James Holland, 《데일리텔레그래프(Daily Telegraph)》

1면을 장식하는 두 전쟁이 한창인 현재에, 리처드 오버리의 이 책은 마땅히 받아야 할 관심과 주목을 이끈다. 반드시 읽어야 할 가치가 있는 책.
— 에드워드 N. 루트왁 Edward N. Luttwak, 《타임스리터러리서플먼트(Times Literary Supplement)》

전쟁 연구에 대한 훌륭한 입문서. 예견 가능한 미래에도 전쟁이 계속된다면, 우리는 그 이유에 대해 잘 이해해야 한다. 이 책은 그 출발점으로 탁월하다.
— 제러미 슈 Jeremy Hsu, 《뉴사이언티스트(New Scientist)》

"왜 전쟁을 하는가"가 가리킨 질문을 전문가적으로 탁월하게 탐구했다. 날카롭지만 불편한 통찰!
— 《커커스리뷰 Kirkus Reviews》